高等职业教育计算机类课程
新形态一体化教材

信息技术
（WPS Office）

主编　门雅范　秦英翔　连　静

中国教育出版传媒集团

高等教育出版社·北京

内容简介

本书为高等职业教育计算机类课程新形态一体化教材，依据教育部最新颁布的《高等职业教育专科信息技术课程标准（2021 年版）》编写。

本书分为基础篇和拓展篇，对应课程标准的基础模块和拓展模块的内容。基础篇在编写过程中注重中华优秀传统文化与信息素养的融入，结合河南省经济发展及地域文化特色，以文档处理、电子表格处理、演示文稿制作、信息检索等项目为载体，合理设计任务，培养学习者基本的信息技术应用与实践能力，强化信息意识及信息社会责任。拓展篇基于真实教学情境编写，通过项目管理、大数据技术、人工智能技术、物联网技术等 12 个项目，融入信息技术领域的新标准、新知识、新技术、新方法、新思维，进一步提升不同专业学习者的计算思维和数字化创新发展能力。

本书内容实用、图文并茂、条理清晰、操作翔实，注重基础性、启发性、应用性和拓展性，引导学习者积极思考，强化实践运用，着力培养学习者的信息素养、协作能力和创新思维。

本书配套有微课视频、授课用 PPT、电子教案、案例素材、习题答案等数字化资源。与本书配套的数字课程在"智慧职教"平台（www.icve.com.cn）上线，学习者可登录平台在线学习，授课教师可调用本课程资源构建符合自身教学特色的 SPOC 课程，详见"智慧职教"服务指南。授课教师如需要本书配套教辅资源，请登录"高等教育出版社产品信息检索系统"（xuanshu.hep.com.cn）搜索下载。

本书可作为高等职业院校信息技术课程的教材，也可供信息技术爱好者阅读和参考，亦可作为 WPS 办公应用"1+X"证书的中、高级认证相关教学和培训教材。

图书在版编目（CIP）数据

信息技术：WPS Office / 门雅范，秦英翔，连静主编 . -- 北京：高等教育出版社，2024.10（2025.7重印）.

ISBN 978-7-04-063170-8

Ⅰ. TP317.1

中国国家版本馆 CIP 数据核字第 20241ER649 号

Xinxi Jishu（WPS Office）

| 策划编辑 傅 波 | 责任编辑 傅 波 | 封面设计 张 志 | 版式设计 明 艳 |
| 责任绘图 李沛蓉 | 责任校对 胡美萍 | 责任印制 赵 佳 | |

出版发行	高等教育出版社		网 址	http://www.hep.edu.cn
社 址	北京市西城区德外大街 4 号			http://www.hep.com.cn
邮政编码	100120		网上订购	http://www.hepmall.com.cn
印 刷	天津市银博印刷集团有限公司			http://www.hepmall.com
开 本	889 mm×1194 mm 1/16			http://www.hepmall.cn
印 张	18.25			
字 数	480 千字		版 次	2024 年 10 月第 1 版
购书热线	010-58581118		印 次	2025 年 7 月第 2 次印刷
咨询电话	400-810-0598		定 价	49.00 元

▥ "智慧职教"服务指南

"智慧职教"（www.icve.com.cn）是由高等教育出版社建设和运营的职业教育数字教学资源共建共享平台和在线课程教学服务平台，与教材配套课程相关的部分包括资源库平台、职教云平台和 App 等。用户通过平台注册，登录即可使用该平台。

● 资源库平台：为学习者提供本教材配套课程及资源的浏览服务。

登录"智慧职教"平台，在首页搜索框中搜索"信息技术（WPS Office）"，找到对应作者主持的课程，加入课程参加学习，即可浏览课程资源。

● 职教云平台：帮助任课教师对本教材配套课程进行引用、修改，再发布为个性化课程（SPOC）。

1. 登录职教云平台，在首页单击"新增课程"按钮，根据提示设置要构建的个性化课程的基本信息。

2. 进入课程编辑页面设置教学班级后，在"教学管理"的"教学设计"中"导入"教材配套课程，可根据教学需要进行修改，再发布为个性化课程。

● App：帮助任课教师和学生基于新构建的个性化课程开展线上线下混合式、智能化教与学。

1. 在应用市场搜索"智慧职教 icve"App，下载安装。

2. 登录 App，任课教师指导学生加入个性化课程，并利用 App 提供的各类功能，开展课前、课中、课后的教学互动，构建智慧课堂。

"智慧职教"使用帮助及常见问题解答请访问 help.icve.com.cn。

ⅢⅠ 前言

本书基于《高等职业教育专科信息技术课程标准（2021 年版）》（以下简称《新课标》）编写，遵循职业教育特点进行内容设计，着力于培养高素质技术技能人才，采用"基于工作过程导向"的项目任务驱动法编写，充分结合新知识、新技术及行业新标准，突出新一代信息技术技能实践能力提升，强化信息素养和创新能力培养，凸显了课程思政、技能思政的育人特色。

本书共 18 个项目，分为基础篇和拓展篇。其中基础篇共有 6 个项目，拓展篇共有 12 个项目。在每个项目中先构建一个学习情境，分析学习目标，然后阐明完成该项目需要的准备知识，再进行项目实施的任务与流程设计。在具体项目实施环节中，将项目分解为多个任务并详细讲解操作步骤，学生通过实践操作体验真实的信息技术应用、操作流程，在考核评价环节中对项目完成情况进行评价，最后通过项目实训巩固拓展专业能力。

本书具有以下特点。

一、基于信息技术《新课标》的内容和要求编写

本书基于信息技术《新课标》，以弘扬中华优秀传统文化、乡村振兴为编写背景，每个项目贯穿一个主题，每个任务都融入相关的思政元素和职业素养，如中原古都文化、河南民俗产品、黄河乡村风情等。通过设计技能目标，让学生热爱家乡、宣传家乡，深挖乡村振兴的精神内涵，以加强文化自信。

二、响应国家信息创新战略，以 WPS Office 办公软件为学习基础

本书文档处理、电子表格处理和演示文稿制作项目采用的是国产软件金山 WPS Office，具体任务基于 WPS 365 版本实现。学习内容与 WPS 办公应用"1+X"证书考核标准进行融通，使学习者完成学习后可以达到 WPS 办公应用"1+X"中、高级职业技能水平要求，为高质量就业提供有效帮助。

三、以真实情境和任务为载体，以实际操作完成任务为主线编写

理论知识以"实用、适用、够用"为原则，任务完成步骤清晰、图文并茂、操作性强，所有操作可按照实际情况分步骤实现，同时各项目任务都配有完整的视频操作演示教学资源包，便于教师授课和学生学习。

四、新形态一体化教材，资源丰富

正文中设置二维码，扫描可以观看操作演示视频，配套数字化教学资源，包含微课视频、授课用 PPT、电子教案、案例素材、习题答案等。

本书由郑州工业安全职业学院门雅范、南阳工艺美术职业学院秦英翔、河南信息工程学校连静担任主编，负责全书的架构设计、编写思路、体例及全书审稿和统稿。河南信息工程学校马飞、卢捷、李淄担任副主编，徐玉霞、张瑞、程雅青等参编，金山公司提供技术支持。项目 1 由秦英翔编写，项目 2 由门雅范编写，项目 3、项目 15 由连静编写，项目 4、项目 5 由李淄编写，项目 6、项目 7 由张瑞编写，项目 8、

项目 9、项目 10 由马飞编写，项目 11、项目 12、项目 13 由卢捷编写，项目 14 由门雅范、程雅青共同编写，项目 16、项目 17、项目 18 由程雅青编写。本书在编写过程中得到了金山公司和高等教育出版社的大力支持和帮助，在此表示衷心的感谢。

由于编者水平有限，书中难免会有错误和不妥之处，敬请广大师生和读者批评指正。

编　者

2024 年 8 月

▋▋目录

基 础 篇

拓 展 篇

基础篇

项目 1　文档处理

项目介绍

WPS Office 是由北京金山办公软件股份有限公司自主研发的办公软件，可以实现文字、表格、演示等多种功能。近年来，WPS Office 在我国政府部门及企事业单位的应用十分广泛。本项目通过 4 个典型任务，详细介绍 WPS Office 中文字处理软件的使用方法，包括基本操作、版面设计、表格的制作和处理、图文混排、模板与样式的使用等。

学习目标

【知识目标】

① 熟悉 WPS 文字工作界面，掌握创建、打开、保存、打印、关闭文档的方法。

② 掌握 WPS 文字中设置字体和段落格式、页面设置等基本排版技术。

③ 掌握 WPS 文字中插入、编辑和美化表格的方法。

④ 掌握 WPS 文字中插入和编辑图形、图片、文本框、艺术字的方法。

⑤ 掌握 WPS 文字中样式的使用。

⑥ 掌握 WPS 文字中自动生成目录、插入页眉和页脚的方法。

【技能目标】

① 能熟练完成 WPS 文字文档创建、打开、保存、打印、关闭等操作。

② 能熟练设置字体和段落格式及页面布局。

③ 能熟练运用样式工具进行排版。

④ 能熟练插入、编辑和美化表格。

⑤ 能熟练插入和编辑图形、图片、文本框、艺术字等对象，进行图文混排。

⑥ 会在文档中插入页眉页脚，会插入自动生成的目录。

【素养目标】

① 养成严谨、规范的办公软件操作习惯。

② 具备精益求精的职业素养，提升互帮互助的协作意识。

任务 1.1　编写新学期个人规划

 任务简介

新学期开始了，作为大一新生的郑小安同学需要编写个人规划帮助自己明确目标，提高效

微课 1–1

编写新学期个

人规划

3

率，更加合理地安排时间，培养自律和良好的学习习惯，请和他一起完成这项任务吧！

 知识准备

1. WPS 文字

金山开发的 WPS Office 由一系列软件共同组成，它们各司其职，满足人们实际工作中不同场合的需求，其中 WPS 文字是其最基本的部分，负责文字文档的处理。

（1）启动与关闭 WPS Office

启动 WPS Office 是指将 WPS 系统的核心程序调入内存，退出 WPS Office 是指结束 WPS Office 应用程序的运行，同时关闭所有的 WPS 文档。

① 启动 WPS Office 应用程序。下面以 Windows 10 操作系统为例进行介绍，选择下列方法之一，可以启动 WPS Office 应用程序。

- 单击任务栏中的"开始"按钮，在弹出的菜单中选择 WPS Office→WPS Office 命令。
- 在文件夹中双击扩展名为 .wps 或 .wpt 的文件，启动 WPS，并打开该文字文档。
- 如果桌面上有 WPS Office 的快捷方式图标，双击快捷方式图标即可。
- 在"开始"菜单的搜索框中输入 WPS，在显示的列表中选择 WPS Office 选项。

② 关闭 WPS Office 应用程序。选择下列方法之一，可以关闭 WPS Office 应用程序。

- 单击标题栏中的"关闭"按钮。
- 按 Alt+F4 组合键。
- 单击快速访问工具栏左侧的"文件"按钮，在弹出的下拉菜单中选择"退出"命令。

（2）WPS 文字工作界面

WPS 文字的工作界面如图 1.1.1 所示，部分功能介绍如下。

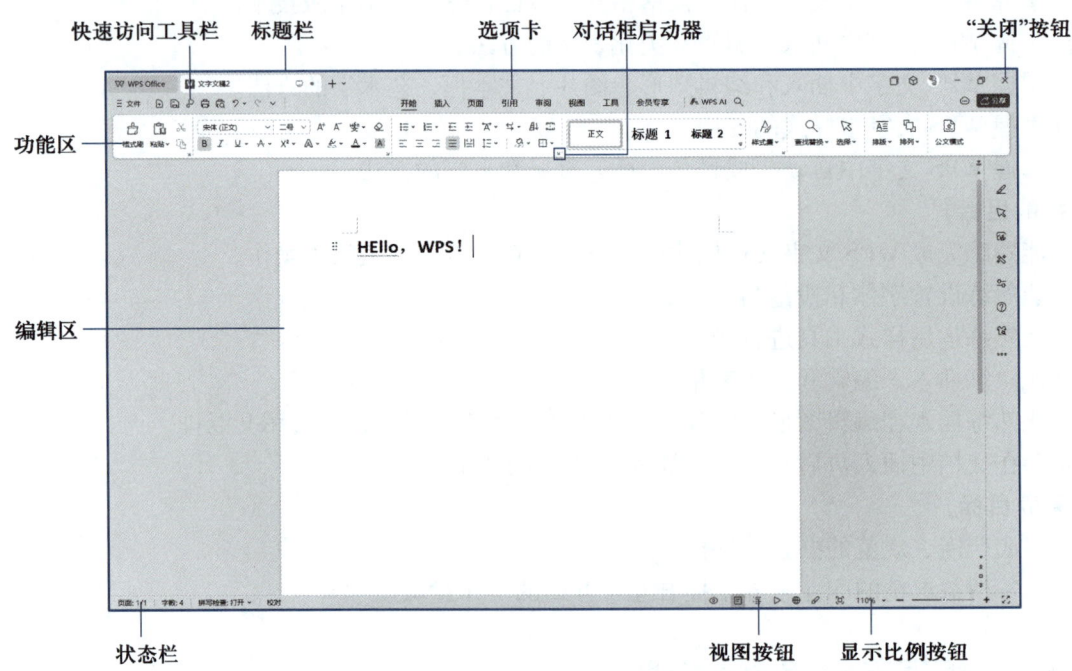

图 1.1.1　WPS 文字工作界面

① 标题栏。标题栏包括"WPS"、文档名称和窗口控制按钮等部分。

② 功能区。用于放置常用的功能按钮以及下拉菜单等调整工具。

③ 编辑区。编辑区是 WPS Office 窗口的主体部分，用于显示文档的内容供用户进行编辑。

④ "对话框启动器"按钮。单击功能区中某些选项组右下角的"对话框启动器"按钮，即可打开该功能区对应的对话框或任务窗格，将鼠标指针悬停在按钮上，可以看到选项组名称。

⑤ 状态栏。状态栏位于主窗口的底部，其中显示了多项状态信息。例如，单击"字数"按钮，可以打开"字数统计"对话框，其中显示了文档的一些统计信息。

（3）新建空白文件

如果在操作已有文件后需要新建空白文件，执行下列操作：

① 按 Ctrl+N 快捷键，立即创建一个新的空白文件。

② 在快速访问工具栏左侧单击"文件"按钮，在弹出的下拉菜单中选择"新建"命令（选择"文件"→"新建"命令），弹出"新建"页面，单击"文字"按钮，在打开的窗口中列出了一些新建文件推荐模板，单击"空白文档"图标，即可创建一个新的空白文件。

（4）保存和命名文件

① 保存新文件。可使用下列方法打开"另存为"对话框。

● 单击快速访问工具栏中的"保存"按钮。

● 按 Ctrl+S 快捷键。

● 在打开的"另存为"对话框中设置保存路径和文件名称，单击"保存"按钮。

② 保存已存盘的文件。可以使用步骤①中的方法完成该操作，不会再自动弹出"另存为"对话框。

③ 将文件另外保存。选择"文件"→"另存为"命令，在打开的"另存为"对话框中选择不同于当前文档的保存位置，然后单击"保存"按钮。

（5）打开文件

① 打开单个文件。在文件夹窗口中双击文件图标，或将文字文档拖曳到 WPS Office 工作区。

也可以按 Ctrl+O 快捷键，或选择"文件"→"打开"命令，在打开的对话框中选择文件所在位置并选中文件，再单击"打开"按钮。

② 同时打开多个文件。若要一次性打开多个连续的文件，在"打开"对话框中单击第一个文件名称，然后按住 Shift 键并单击最后一个文件名称，最后单击"打开"按钮。若要一次性打开多个不连续的文件，在"打开"对话框中，按住 Ctrl 键，依次单击要打开的多个不连续文件，最后单击"打开"按钮。

2. WPS 文字处理的基础操作

（1）视图模式

为扩展使用文档的方式，WPS 文字提供了多种工作环境，称为视图。切换到"视图"选项卡，单击相关按钮，可以启用相应的视图。

① 阅读版式：阅读版式视图允许用户在同一个窗口中以单页或者多页形式显示文档。此时，用户可以通过键盘的上、下、左、右键来切换页面。

② 页面视图：页面视图是 WPS 文字默认的视图模式，用于显示页面的布局与大小，产生"所见即所得"的效果。

③ Web 版式：Web 版式视图呈现文档在 Web 浏览器中的显示效果。

④ 大纲视图：大纲视图可以清楚地显示文档的目录，方便用户快速跳转到所需的章节。

⑤ 写作模式：写作模式提供了章节统计、素材推荐、文档校对及设置护眼模式等功能。

（2）输入文本

用户要学会使用 WPS Office 编辑文档的方法，首先要掌握如何将内容输入到文档中。

① 定位插入点。首先确定光标（闪烁的黑色竖线"｜"，也称为插入点）的位置，切换到适

当的输入法，接下来就可以在文档中输入英文、汉字和其他字符了。鼠标在编辑区单击，可以实现光标的定位。有时，使用键盘按键控制光标的位置更加便捷，具体方法见表1.1.1。

表1.1.1　在WPS Office中用键盘按键控制光标的方式

键盘按键	作用	键盘按键	作用
←、→、↑、↓	光标上、下、左、右移动	Shift+F5	返回到上次编辑的位置
Home	光标移至行首	End	光标移至行尾
Page Up	向上滚过一屏	Page Down	向下滚过一屏
Ctrl+↑	光标移至上一段落的段首	Ctrl+↓	光标移至下一段落的段首
Ctrl+←	光标向左移动一个汉字（词语）或英文单词	Ctrl +→	光标向右移动一个汉字（词语）或英文单词
Ctrl+Page Up	光标移至上页顶端	Ctrl+Page Down	光标移至下页顶端
Ctrl+Home	光标移至文档起始处	Ctrl+End	光标移至文档结尾处

注意，对光标的定位也可以使用滚动条实现，垂直滚动条中的 ▲ 和 ▼ 按钮分别表示上移、下移。单击垂直滚动条间的浅灰色区域可以向上或向下滚动一屏。

② 输入符号。一些常见的中、英文符号可从键盘直接输入。无法通过键盘上的按键直接输入的符号，可以从WPS文字提供的符号集中选择，方法为：将插入点移至目标位置，切换到"插入"选项卡，单击"符号"按钮，从弹出的下拉列表框中选择在文档中已使用过的符号，如图1.1.2所示。或选择"其他符号"命令，打开"符号"对话框，在"子集"下拉列表框中选择符号的种类，然后从下方的列表框中选择要插入的符号并单击"插入"按钮，最后单击"关闭"按钮。

（3）选取文本

使用鼠标或键盘均可实现对文本内容的选取，方法如下。

① 用鼠标选取文本的常用方法见表1.1.2。

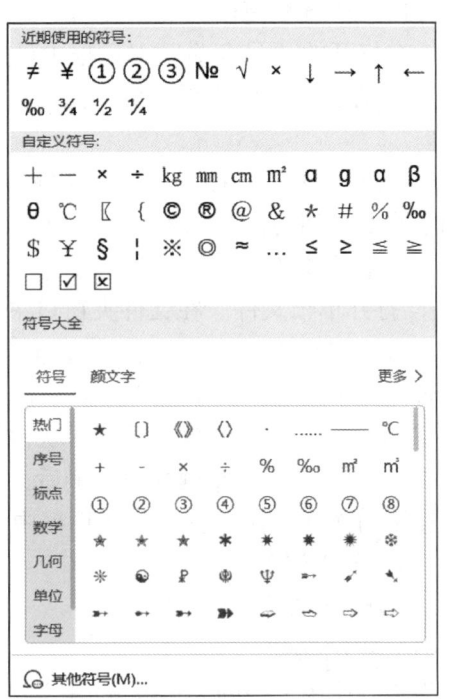

图1.1.2　"符号"对话框

表1.1.2　用鼠标选取文本的常用方法

选取对象	操作	选取对象	操作
任意字符	拖动要选取的字符	字或单词	双击该字或单词
一行文本	单击该行左侧的选中区	多行文本	在字符左侧的选中区中拖动
大块区域	单击文本块的起始处，然后按住Shift键单击文本块的结束处	句子	按住Ctrl键，并单击句子中的任意位置
一个段落	双击段落左侧的选中区或在段落中三击	多个段落	在选中区拖动鼠标
整个文档	3次单击选中区	矩形文本区域	按住Alt键，再用鼠标拖动

② 用键盘选取文本。使用功能键可以方便、快捷地选取文本，具体方法见表 1.1.3。

表 1.1.3　用键盘选取文本的常用方法

组 合 键	作 用	组 合 键	作 用
Shift+→	向右选取一个字符	Ctrl+Shift +↑	插入点与段落开始之间的字符
Shift+←	向左选取一个字符	Ctrl+Shift +↓	插入点与段落结束之间的字符
Shif+↑	向上选取一行	Ctrl+Shift +Home	插入点与文档开始之间的字符
Shift+↓	向下选取一行	Ctrl+Shift +End	插入点与文档结束之间的字符
Shift+Home	插入点与行首之间的字符	Ctrl+A	整个文档
Shift+End	插入点与行尾之间的字符		

（4）删除文本

删除文本是指将指定内容从文档中清除，操作方法如下。

① 按 Backspace 键可以删除插入点左侧的内容，按 Ctrl+Backspace 快捷键可以删除插入点左侧的一个单词。

② 按 Delete 键可以删除插入点右侧的内容，按 Ctrl+Delete 快捷键可以删除插入点右侧的一个单词。

③ 如果要删除的文本较多，可以先将这些文本选中，按 Backspace 键或 Delete 键将它们一次性全部删除。

（5）复制和移动文本

① 一般方法。选取文本后，切换到"开始"选项卡，使用"剪贴板"选项组中的命令或快捷键即可完成复制或移动文本的操作，具体方法见表 1.1.4。

表 1.1.4　复制与移动文本的方法

操作方式	复 制	移 动
选项卡按钮	① 切换到"开始"选项卡，在"剪贴板"选项组中单击"复制"按钮。 ② 单击目标位置，然后单击"粘贴"按钮	将"复制"步骤中的第①步改为单击"剪切"按钮
快捷键	① 按 Ctrl+C 快捷键。 ② 在目标位置按 Ctrl+V 快捷键	将"复制"步骤中的第①步改为按 Ctrl+X 快捷键
鼠标	① 如果要在短距离内容复制文本，按住 Ctrl 键，然后拖动选择的文本块。 ② 到达目标位置后，先释放鼠标左键，再松开 Ctrl 键	在"复制"步骤中不按 Ctrl 键
快捷菜单	① 将鼠标指针移至选取内容上，按下鼠标右键的同时拖动到目标位置。 ② 松开鼠标右键后，从弹出的快捷菜单中选择"复制到此处"命令	在"复制"步骤的第②步中选择"移动到此处"命令

② 选择性粘贴。复制或移动文本后，切换到"开始"选项卡，在"剪贴板"选项组中单击"粘贴"按钮下方的箭头按钮（下拉按钮），从弹出的下拉列表中选择适当的命令可以实现选择性粘贴。

③ 使用剪贴板。复制文本后，即可将选中的内容放入"剪贴板"任务窗格中。当需要使用"剪贴板"中某个项目的内容时，只需单击该项目即可实现粘贴操作。所有在"剪贴板"任务窗格列表中的内容均可反复使用。单击该任务窗格中的"全部粘贴"按钮，可以将列表中的所有项目按"先复制，先粘贴"的原则，首尾相连粘贴到光标处。

（6）撤销与恢复

可以使用快速访问工具栏中的按钮或快捷键撤销和恢复上一次操作，具体方法见表 1.1.5。

表 1.1.5 撤销和恢复一次操作的方法

操 作 方 式	撤销前一次操作	恢复撤销的操作
工具栏按钮	单击快速访问工具栏中的"撤销"按钮	单击快速访问工具栏中的"恢复"按钮
快捷键	按 Ctrl+Z 快捷键	按 Ctrl+Y 快捷键

单击"撤销"下拉按钮，将弹出包含之前每一次操作的列表。其中，最新的操作在最顶端。移动鼠标指针选定其中的多次连续操作，单击鼠标即可将它们一起撤销。

 任务实施

1. 启动 WPS Office

双击桌面上的 WPS Office 快捷方式图标，启动 WPS Office。

2. 新建文档

选择"文件"→"新建"命令，弹出"新建"窗口，单击"文字"按钮，在打开的窗口中列出了一些新建文件推荐模板，如图 1.1.3 所示，单击"空白文档"图标，即可创建一个新的空白文件。

图 1.1.3 "新建"文字文件

3. 输入文字内容

可参照个人规划模板，输入相应文字内容，如图 1.1.4 所示。注意正确输入中文、英文、标点、特殊符号等，灵活应用文字的选择、复制、粘贴等输入技巧。

4. 保存文档

选择"文件"→"保存"命令，打开如图 1.1.5 所示的"另存为"对话框，设置保存路径，如"F:\WPS"文件夹，输入文件名"新学期个人规划"，单击"保存"按钮。

5. 关闭文档并退出 WPS Office

任务完成后，需要退出 WPS Office，可单击 WPS Office 窗口右上角的"关闭"按钮或者选择"文件"→"退出"命令。

退出 WPS Office 时，若文档被修改过且尚未保存，则 WPS Office 会弹出一个对话框，询问是

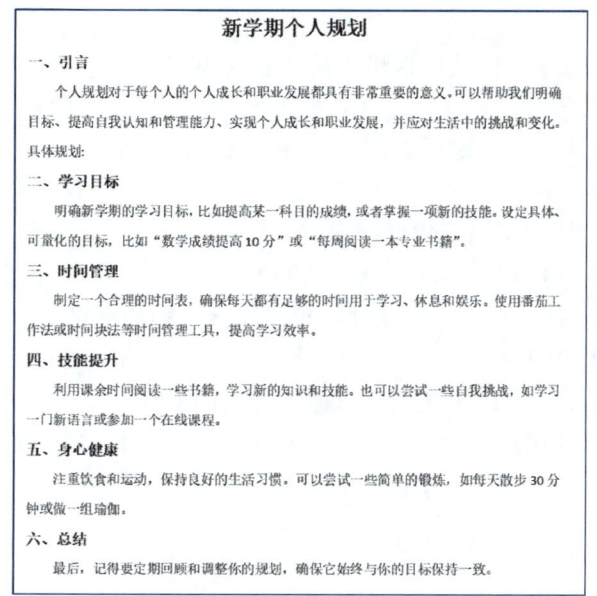

图 1.1.4 　个人规划模板

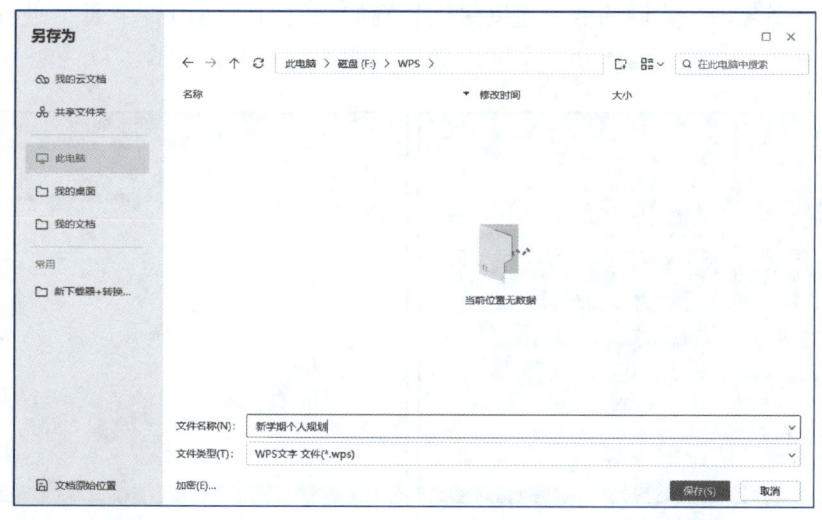

图 1.1.5 　"另存为"对话框

否要保存该文档，单击"保存"按钮，则保存当前文档后退出；若单击"不保存"按钮，则直接退出 WPS Office；单击"取消"按钮，则取消这次操作，可以继续进行编辑工作。

 任务评价

1. 自我评价

任 务 要 求	掌握的操作有	仍需加强的有	不理解的有
新建文档			
编辑文档			
文档保存			
在本次任务实施过程中，自我评价的结果	A. 优秀　　B. 良好　　C. 仍需努力　　D. 不清楚		

2. 测试评价

① 在 WPS Office 中，（　　　）选项卡可以用于新建 WPS 文字文档。

A. 文件　　　　　B. 开始　　　　　C. 插入　　　　　D. 布局

② 在 WPS Office 中，（　　　）键可以用于选择不连续的文本。

A. Alt　　　　　B. Shift　　　　　C. Ctrl　　　　　D. Tab

③ 在 WPS Office 中，保存文档的快捷键是（　　　）。

A. Ctrl+A　　　　　B. Ctrl+X　　　　　C. Ctrl+S　　　　　D. Shift+空格

④ 在 WPS Office 中，使用（　　　）键可以删除光标右侧的字符。

A. Backspace　　　　　B. Delete　　　　　C. Enter　　　　　D. Insert

⑤ 在 WPS Office 中，（　　　）快捷键可以撤销之前的操作。

A. Ctrl+A　　　　　B. Ctrl+X　　　　　C. Ctrl+Y　　　　　D. Ctrl+Z

任务拓展

挑战文字输入速度

文字的输入是进行信息处理与应用的重要技能，要提高文字输入的速度和准确率应掌握有一些必要的技巧并勤加练习。请选择一款打字练习软件，进行有针对性的训练，比较不同输入方法的差异，看看通过强化训练后谁的输入速度更快。例如，使用"金山打字通"进行文字输入训练时，主界面、键位练习、英文输入和汉字输入操作界面如图 1.1.6 所示。

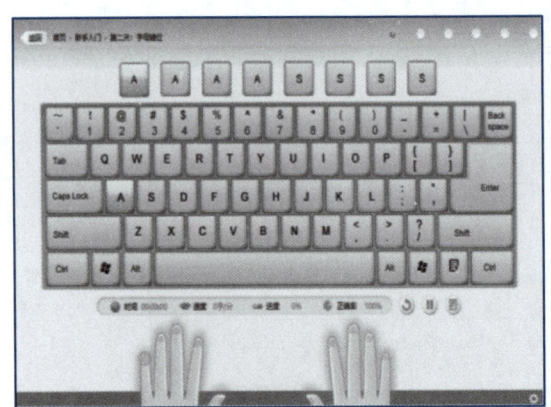

(a) 主界面

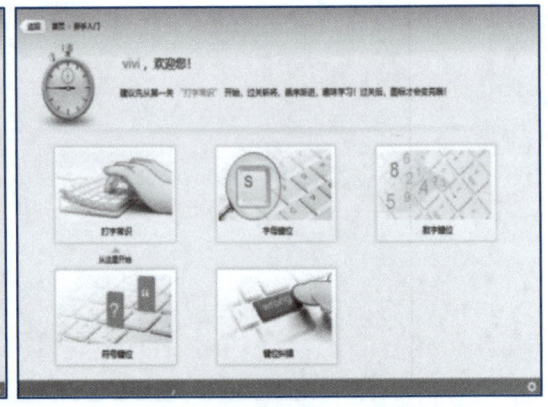

(b) 键位练习

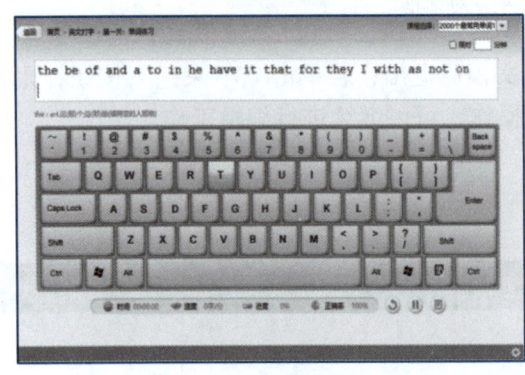

(c) 英文输入

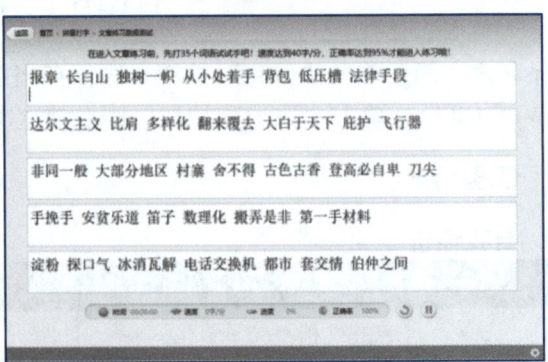

(d) 中文输入

图 1.1.6　使用"金山打字通"

挑战目标要求：

（1）盲打英文速度不低于 165 字符/分钟或中文输入速度不低于 65 字/分钟，统计成绩时间不低于 5 分钟。

（2）熟悉键盘布局，熟悉键盘上 Ctrl、Alt、Shift 等常用键的用法。

请同学们开启你的挑战吧！

任务 1.2　制作《故乡黄河情——黄河文化公园游园攻略》文稿

微课 1-2

制作《故乡黄河情——黄河文化公园游园攻略》文稿

 任务简介

郑小安同学作为一名旅游策划员，要为即将来郑州旅游的同学策划编写一份黄河文化公园详细的游园攻略。这份攻略不仅要为游客提供详细的景点介绍，还要指导他们如何度过一个愉快的游园时光。因此，需要充分运用信息技术中的文档制作技能来完成这项任务。

 知识准备

1. 录入与编辑文本

启动 WPS Office，并创建一个新的空白文档，如图 1.2.1 所示。

将此文档命名为"故乡黄河情——黄河文化公园游园攻略 .wps"，并将其保存到指定的文件夹中，如图 1.2.2 所示。

打开创建好的文档，会在文档中看到一个闪烁的插入点光标"│"，这个光标用于指示将要在文档中输入文字和图形的当前位置。通过鼠标单击或使用键盘上的箭头键，可以改变插入点的位置。在保持插入点处于目标位置后，选择一种中文输入法，并确保输入法已经被激活，可以输入中文字符，如图 1.2.3 所示。

单击空白部分将插入点定位在文档的开头，输入标题"故乡黄河情——黄河文化公园游园攻略"。在输入完标题后，按下 Enter 键，插入点将自动移动到下一行开始处，准备输入正文内容。在输入正文过程中，插入

图 1.2.1　创建新文档

点会随着文字的输入向后移动，输入完一整行后，输入点会自动跳转下一行。如果一行没有输入完，需要在下一行重新输入下一个文字段，只要按下 Enter 键，插入点将自动跳转到下一行开始处。

在输入文字时，如果需要添加空格，可以按下空格键，空格在文档中会被当成一个字符保存。如果输入了错误的文字，选中需要删除的文字按退格键（Backspace）即可删除，再重新输入正确的文字。当输入的文字达到文档右侧页边距时，插入点会自动折回到下一行行首继续输入。

对于输入的文本，在进行文本编辑时，可以通过按住鼠标左键并拖曳鼠标来选定需要编辑的文本。被选定的文本部分会变为选定状态显示，表示已经选定，如图 1.2.4 所示。在选定文本后，可以对其进行多种操作，如删除、移动、复制以及更改格式等。

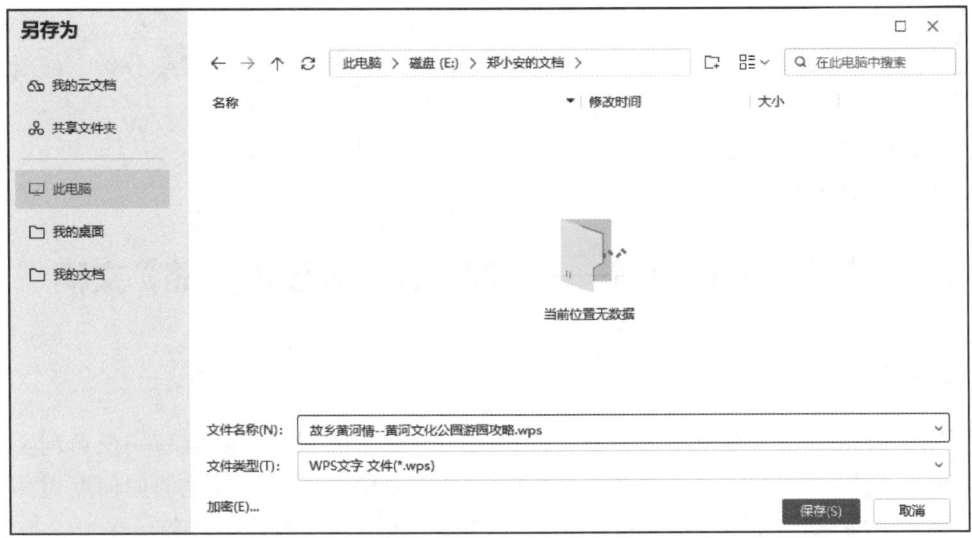

图 1.2.2　保存文档到指定位置

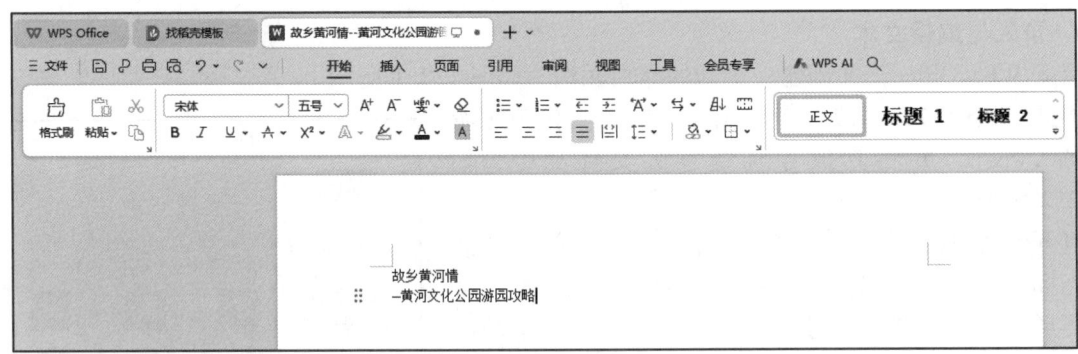

图 1.2.3　输入文字

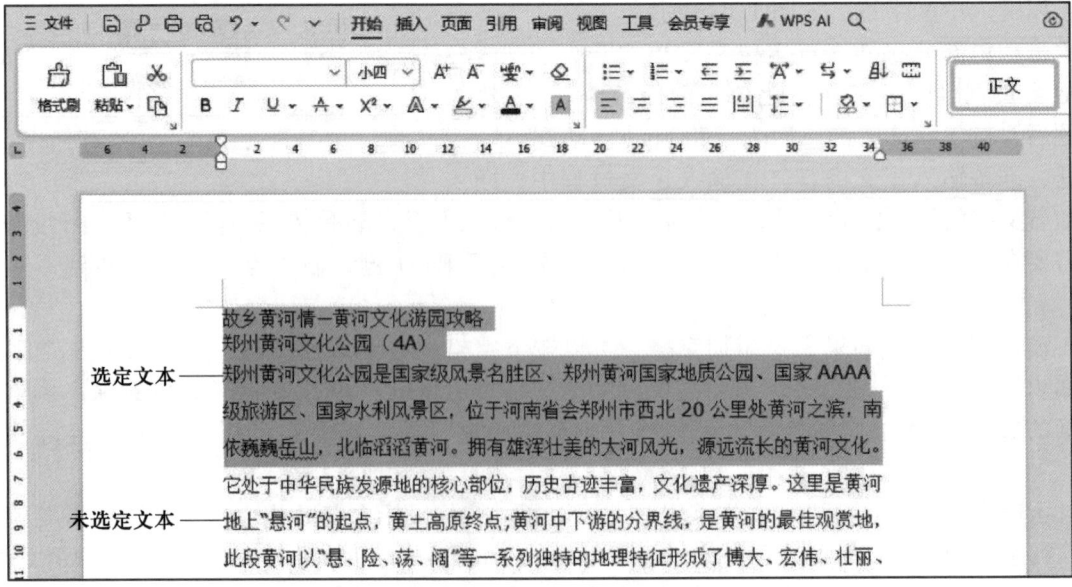

图 1.2.4　文本选定状态

2. 设置字符与段落

（1）设置字符

字符格式包括字体、字号、颜色、字形（如粗体、斜体、下画线）等。默认情况下，字号为五号，中文字体为宋体，西文字体为 Times New Roman。

① 设置字符格式的方法。可以在输入字符之前设置其格式，这样后续输入的字符将按设置的格式显示，如图 1.2.5 所示。也可以先选定文本，再设置格式，此方法只对选定的文本起作用。

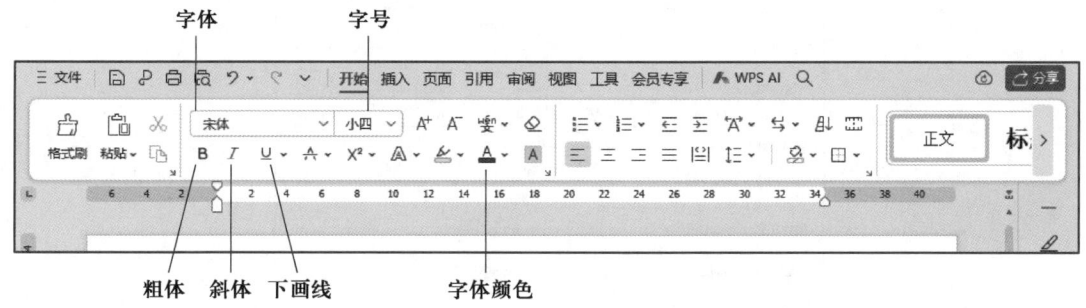

图 1.2.5　字符格式的设定

② 设置字体和字号。

● 选中目标文本后，在窗口弹出的浮动工具栏上，单击"字体"下拉按钮，从弹出的下拉列表中选择所需设置的字体，如选择"宋体"。字体设置后，再设置字体的大小，如图 1.2.6 所示。

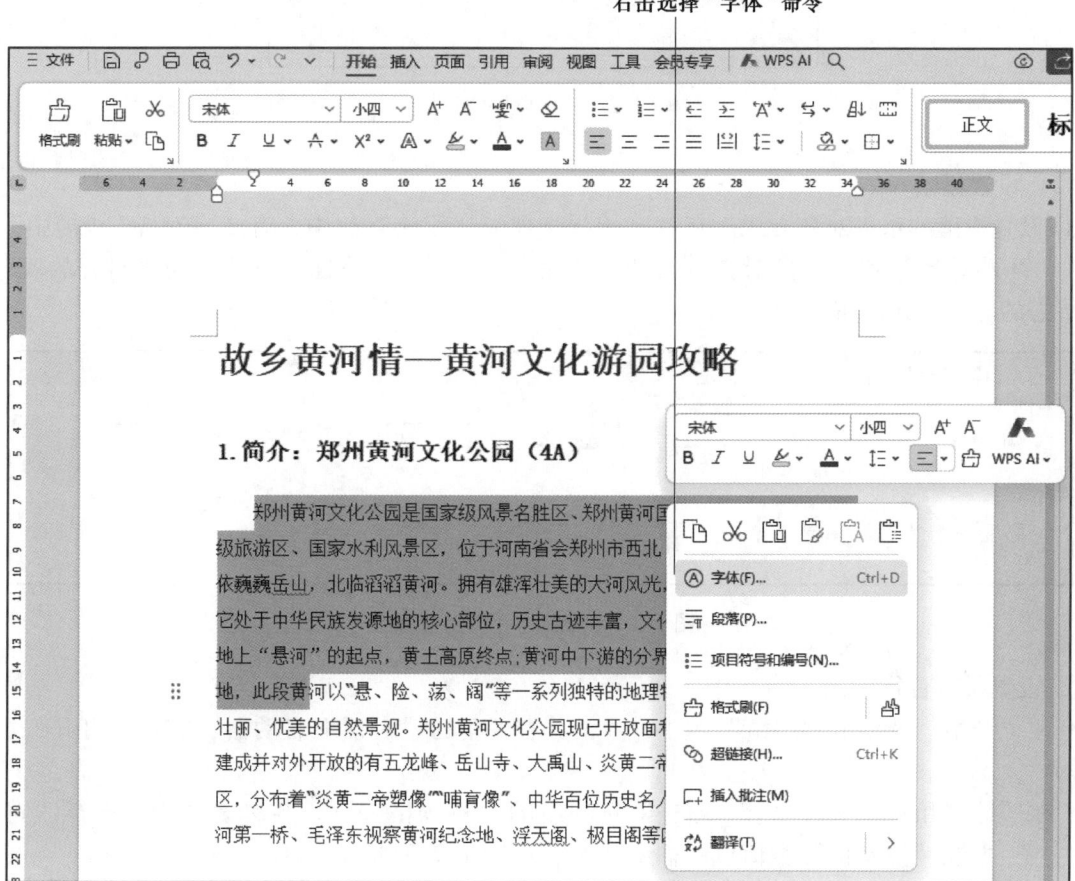

图 1.2.6　字体字号设置

● 单击"字号"下拉按钮，从弹出的"字号"下拉列表中选择所需字号，如选择"小四"，作为所选文本的字号。

③ 使用"字体"对话框中进行设置。选定要更改的文本后，右击，在弹出的快捷菜单中选择"字体"命令，在打开的"字体"对话框中进行设置，如图 1.2.7 所示。

图 1.2.7　字体格式设置

（2）设置段落

① 设置段落的水平对齐方式。在"开始"选项卡"段落"组中，有"左对齐""居中""右对齐""两端对齐"和"分散对齐"按钮，如图 1.2.8 所示。将插入点置于需要对齐的段落中，单击所需的对齐方式按钮即可。

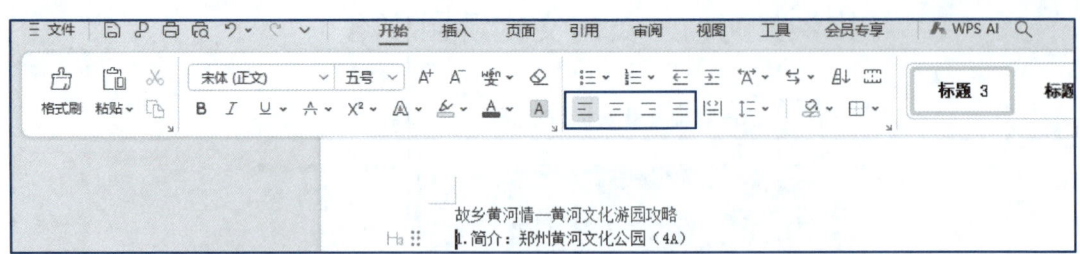

图 1.2.8　段落水平对齐方式

② 设置段落首行缩进。

● 在"开始"选项卡"段落"组中，单击其右下角的"对话框启动器"按钮，打开"段落"对话框。

● 在"缩进和间距"选项卡"缩进"选项组的"特殊格式"下拉列表框中，选择"首行缩进"选项，并在"度量值"数值框中输入"2"，如图 1.2.9 所示。

此设置将使选中的段落及后续输入的所有段落的首行缩进 2 个字符。

③ 设置行距。

● 选中目标段落，在"开始"选项卡"段落"组中，单击右下角的"对话框启动器"按钮，打开"段落"对话框。

● 如果要应用预设的行距设置，则选择所需行距对应的选项（如"1.5 倍行距"）。

● 如果要设置更精确的行距，则在"段落"对话框的"缩进和间距"选项卡中"行距"下拉列表框中选择"多倍行距"选项，再在右侧的"设置值"数值选择框中设置精确行距（如设置行距为"1.25 倍行距"），如图 1.2.10 所示。

图 1.2.9　首行缩进设置

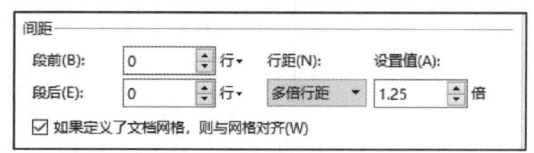

图 1.2.10　行间距设置

（3）设置段落对齐和特殊格式

① 选中标题"故乡黄河情——黄河文化游园攻略"所在行，在"开始"选项卡"段落"组中，单击"居中"按钮，如图 1.2.11 所示。

② 对标题进行行距设置，单击"行距"下拉按钮，从弹出的下拉列表中选择"1.5"，如图 1.2.12 所示。

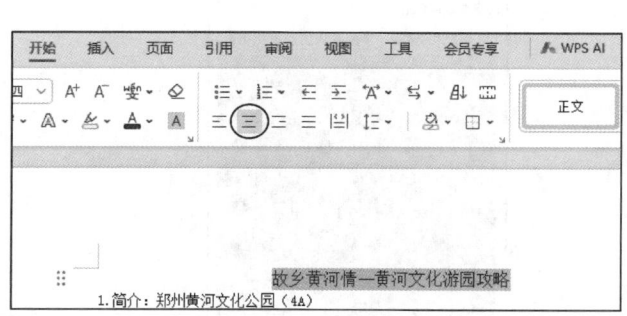

图 1.2.11　标题位置设置

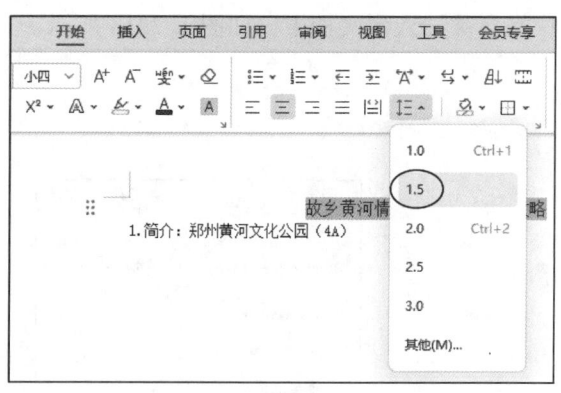

图 1.2.12　标题行距设置

③ 选中"故乡黄河情——黄河文化游园攻略"标题后面的段落。

④ 在"开始"选项卡"段落"组中，单击其右下角的"对话框启动器"按钮，打开"段落"对话框，在"缩进和间距"选项卡的"常规"组中，选择"对齐方式"为"两端对齐"，如图 1.2.13 所示。

在"缩进"组中，选择"特殊格式"为"首行缩进"，"度量值"为"2 字符"，如图 1.2.14 所示。

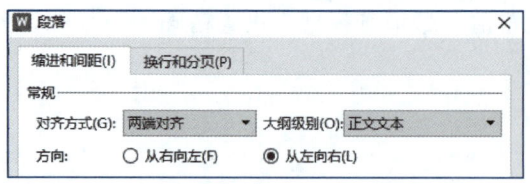

图 1.2.13　标题后段落对齐方式设置

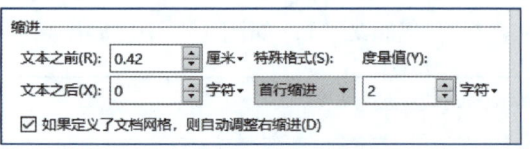

图 1.2.14　标题后段落缩进设置

在"间距"组的"行距"下拉列表框中，选择"1.5 倍行距"。单击"确定"按钮，如图 1.2.15 所示。

⑤ 选中"计划人"和"日期"两行，在打开的"段落"对话框"缩进和间距"选项卡中，对齐方式选择"右对齐"选项，如图 1.2.16 所示。

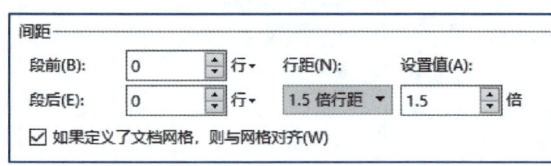

图 1.2.15　标题后段落行距设置

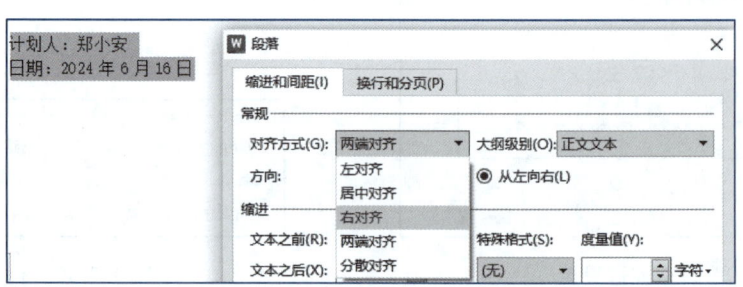

图 1.2.16　落款格式设置

3. 插入风景图片

① 将插入点光标定位到文档中需要插入图片的位置。

② 在"插入"选项卡"插图"组中，单击"图片"下拉按钮，在弹出的下拉列表中选择"本地图片"命令，如图 1.2.17 所示。

③ 在打开的对话框中，选择图片所在的位置，选中需要插入的图片并单击"插入"按钮，图片将会被插入到文档中，如图 1.2.18 所示。

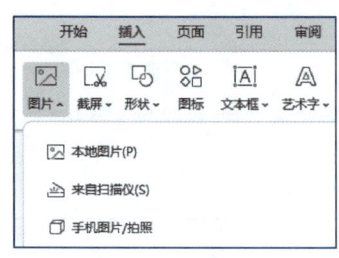

图 1.2.17　插入图片

图 1.2.18　将图片插入到文档中

16

④ 选中插入的图片，在图片右侧会显示编辑选项，可以通过这些选项编辑图片，也可以直接拖曳图片到合适的位置，如图 1.2.19 所示。

⑤ 若需改变图片的文字环绕方式，可以单击图片，在弹出的浮动工具栏中单击"布局选项"按钮，在弹出的下拉面板中选择合适的环绕方式，如"紧密型环绕"或"上下型环绕"等，以确保图片与文字的布局更加美观，如图 1.2.20 所示。

图 1.2.19　图片编辑　　　　　　图 1.2.20　图片与文字布局设置

4. 页面美化与输出

（1）页面设置

① 打开"页面设置"对话框。在 WPS 文档中，在"页面"选项卡"页面设置"组中，单击右下角的"对话框启动器"按钮，打开"页面设置"对话框。

② 设置纸张方向。在"页面设置"对话框的"页边距"选项卡中，将纸张"方向"设置为"纵向"，如图 1.2.21 所示。

③ 设置页边距。在"页边距"选项组中，按以下数值设定页边距：上为 3.7 厘米，下为 3.5 厘米，左为 2.8 厘米，右为 2.6 厘米。

④ 确认设置。单击"确定"按钮，保存页面边距设置。

（2）输出为 PDF 的详细步骤

① 打开文件。打开需要转换为 PDF 的 WPS 文档。

② 选择保存为 PDF。选择"文件"→"输出为 PDF"命令，如图 1.2.22 所示。在打开的对话框中选择保存位置。

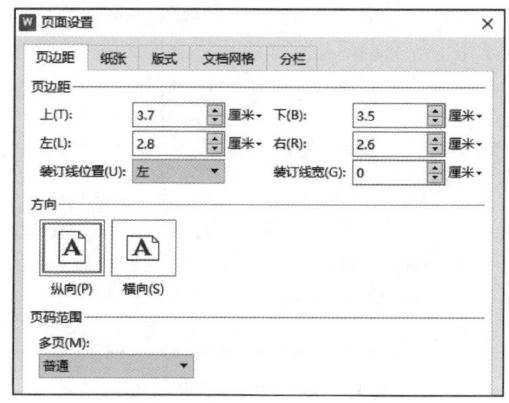

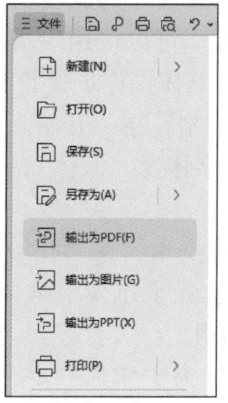

图 1.2.21　文档页面设置　　　　　图 1.2.22　选择"输出为 PDF"格式命令

③ 添加要输出为 PDF 格式的文件，单击"开始输出"按钮。完成上述步骤后，WPS 文档将被转换为 PDF 格式文档。如图 1.2.23 所示。

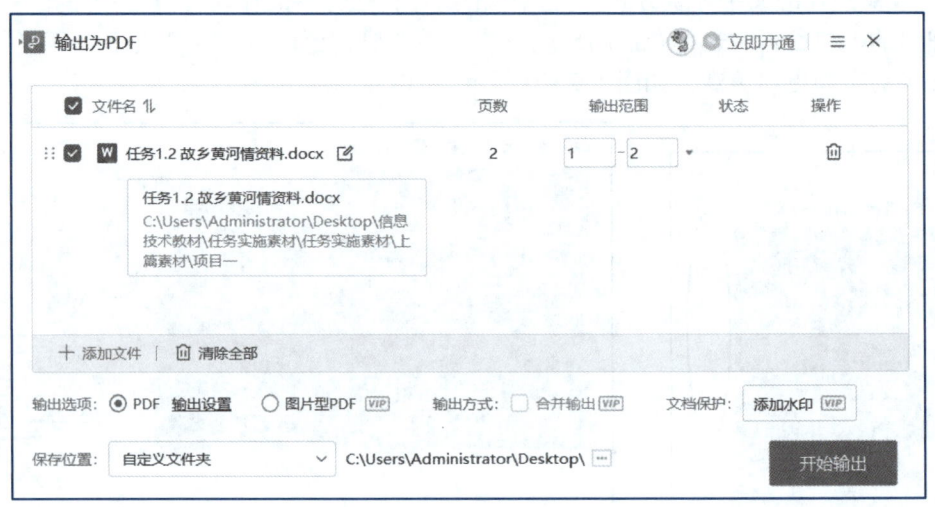

图 1.2.23　PDF 格式输出

任务实施

1. 文本录入与编辑

首先，根据收集到的资料，录入黄河文化公园的相关介绍、景点信息、游园路线等内容。确保内容准确、无误。具体操作步骤如下：

① 双击桌面上的 WPS Office 快捷方式图标启动 WPS Office。

② 选择"文件"→"新建"命令，在打开窗口中单击"文字"按钮，在打开的窗口中单击"空白文档"图标，即可创建一个新的空白文件。

③ 在新建的空白文档中，录入黄河文化公园的相关介绍、景点信息、游园路线等内容，如图 1.2.24 所示。

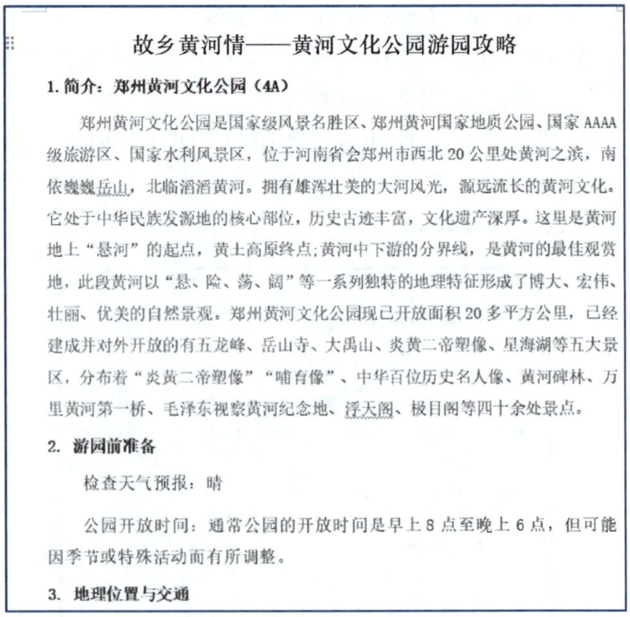

2. 字符与段落设置

设置文本的字体、字号，使文档看起来美观且易于阅读。可以使用段落样式来统一文稿的格式。具体操作步骤如下：

① 选中正文文本，在"开始"选项卡"字体"组中设置字体为"宋体"，字号为"小四"。

② 选中总标题文本，在"开始"选项卡"字体"组中设置字体为"宋体"，字号为"小二"，加粗。

③ 副标题设置为"宋体"，字号设置为"小四"，加粗。

故乡黄河情——黄河文化公园游园攻略

1. 简介：郑州黄河文化公园（4A）

　　郑州黄河文化公园是国家级风景名胜区、郑州黄河国家地质公园、国家 AAAA 级旅游区、国家水利风景区，位于河南省会郑州市西北 20 公里处黄河之滨，南依巍巍岳山，北临滔滔黄河。拥有雄浑壮美的大河风光，源远流长的黄河文化。它处于中华民族发源地的核心部位，历史古迹丰富，文化遗产深厚。这里是黄河地上"悬河"的起点，黄土高原终点；黄河中下游的分界线，是黄河的最佳观赏地，此段黄河以"悬、险、荡、阔"等一系列独特的地理特征形成了博大、宏伟、壮丽、优美的自然景观。郑州黄河文化公园现已开放面积 20 多平方公里，已经建成并对外开放的有五龙峰、岳山寺、大禹山、炎黄二帝塑像、星海湖等五大景区，分布着"炎黄二帝塑像""哺育像"、中华百位历史名人像、黄河碑林、万里黄河第一桥、毛泽东视察黄河纪念地、浮天阁、极目阁等四十余处景点。

2. 游园前准备

　　检查天气预报：晴

　　公园开放时间：通常公园的开放时间是早上 8 点至晚上 6 点，但可能因季节或特殊活动而有所调整。

3. 地理位置与交通

图 1.2.24　文本录入与编辑

④ 在"段落"组中，设置段落的对齐方式，正文段落设置为"两端对齐"，行距设置为"1.5"，首行缩进设置为"2"，段落间距为"0.5"，总标题设置为"居中"。

⑤ 落款格式：设置为右对齐，在"开始"选项卡"字体"组中，设置字体为"宋体"，字号为"小四"。

3. 插入风景图片

在合适的地方插入黄河文化公园的风景图片。图片应清晰且与内容相关，可以适当添加图片说明，以便于读者理解。具体操作步骤如下：

① 将光标放置在需要插入图片的位置。

② 单击"插入"选项卡中的"图片"下拉按钮，在弹出的下拉列表中选择"本地图片"命令，打开"插入图片"对话框，从本地文件中选择相关图片插入文档中。

③ 对所插入的图片进行适当的大小调整和位置调整。

④ 在图片下方添加图片说明，描述图片内容。

4. 页面美化与输出

通过页面边距、页眉页脚、分页符等设置，使文档整体排版美观。最后，将文档输出为 PDF 格式，方便打印和分发。具体操作步骤如下：

① 在"页面设置"对话框的"页边距"选项卡中，将纸张方向设置为"纵向"。

② 在"页边距"选项组中，按以下数值设定页边距：上为 3.7 厘米，下为 3.5 厘米，左为 2.8 厘米，右为 2.6 厘米。

③ 选择"文件"→"另存为"命令，在打开的对话框中选择保存路径并输入文件名，选择保存的文件类型为"PDF"，单击"保存"按钮，最后效果如图 1.2.25 所示。

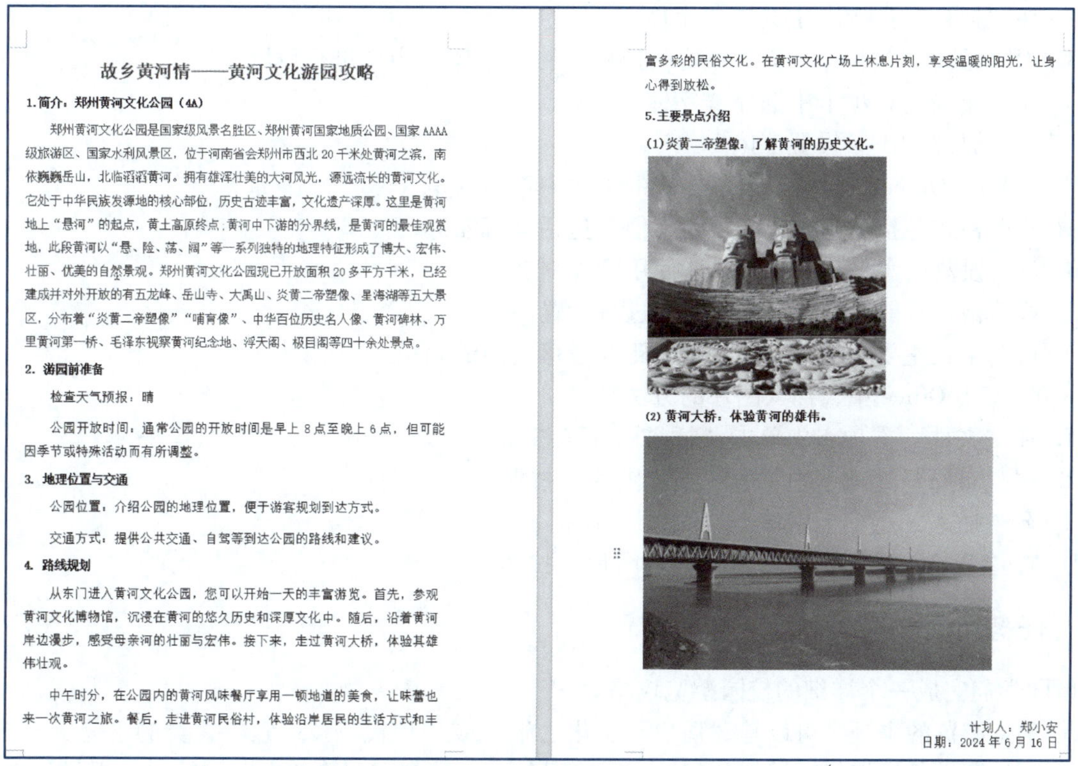

图 1.2.25　样例展示

任务评价

1. 自我评价

任 务 要 求	掌握的操作有	仍需加强的有	不理解的有
录入与编辑文本			
设置字符与段落格式			
插入风景图片			
页面美化与输出			
在本次任务实施过程中，自我评价的结果	A. 优秀　　B. 良好　　C. 仍需努力　　D. 不清楚		

2. 测试评价

① 在 WPS Office 中，将插入点光标定位到某个位置后，编辑文本时插入点光标会（　　　）。

A. 保持不动

B. 自动移动到行尾

C. 随着输入的文本向右移动

D. 自动移动到文档开头

② 在 WPS Office 中，设置段落首行缩进的方法是（　　　）。

A. 在"插入"选项卡中找到首行缩进选项进行设置

B. 在"开始"选项卡"段落"组中进行设置

C. 鼠标右击选定段落后在弹出的快捷菜单中选择"首行缩进"命令

D. 用快捷键 Ctrl+H 设置首行缩进

③ 在 WPS Office 中，设置字符格式的正确步骤是（　　　）。

A. 在"插入"选项卡中选择"字体"

B. 用鼠标选定文本后，在"开始"选项卡的"字体"组中进行设置

C. 在"布局"选项卡中选择"字体"

D. 用快捷键 Ctrl+F 设置字体

④ 在 WPS Office 中，关于段落格式的说法中正确的是（　　　）。

A. 段落格式包括对齐方式和行距，但不包括首行缩进

B. 设置段落的水平对齐方式只能使用"左对齐"

C. 段落格式只能通过右键快捷菜单进行设置

D. 段落格式主要包括对齐方式、行距和段落之间的间距

⑤ 在 WPS Office 中，插入图片的方法是（　　　）。

A. 在"文件"选项卡中单击"插入图片"按钮

B. 在"布局"选项卡中单击"插入图片"按钮

C. 在"插入"选项卡中单击"图片"按钮

D. 在"开始"选项卡中单击"插入图片"按钮

 任务拓展

请同学们完成一个详细的校园游览攻略。

① 确定游览的主题，可以是"历史与文化之旅"或"现代科技探索"之类的主题。

② 对校园进行详细的区域划分与设计，确保每个区域都有明确的主题和特色。提供每个区域的设施与服务介绍，包括建筑物的用途、开放时间和相关的服务信息。

③ 安排与规划相关的活动与节目，如讲解员导览、互动体验和文化表演等，增加游览的趣味

性与参与感。

④ 查找相关资料，确保内容翔实准确，并使用地图、图表、照片等多种方式进行设计与呈现。

⑤ 最后提交电子版报告或展示板。报告应包含游览路线、推荐时间、注意事项及附带的实用信息。

此任务旨在锻炼同学们的组织策划能力、资料搜集能力和综合表达能力。

任务 1.3　绘制《中原古都——历史与文化交融的辉煌之地》表格

微课 1–3
绘制《中原古都——历史与文化交融的辉煌之地》表格

　任务简介

郑小安同学是一名热爱历史和文化的大学生，正在完成一项关于中原古都历史与文化的课程作业。教师要求他通过制作一个详细的表格来展示中原古都的历史节点和文化事件。为了做到这一点，郑小安同学选择使用 WPS 文字中的表格工具，以便更好地组织和展示信息。

　知识准备

1. 插入和编辑表格

（1）插入表格

① 打开 WPS Office 并创建一个新的文档。

② 单击"插入"选项卡中的"表格"下拉按钮，在弹出的下拉面板中用鼠标指针悬停在"插入表格"选项上，根据制作表格的需要选择行数和列数即可。以插入 3 行 6 列表格为操作示例，如图 1.3.1 所示。

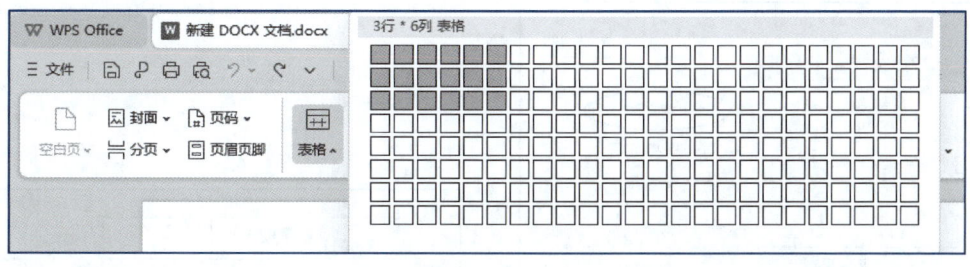

图 1.3.1　快速插入表格

③ 如果所制作的表格行数或列数太多，还可以在"表格"下拉面板中选择"插入表格"命令，在打开的"插入表格"对话框中手动输入插入表格的行数和列数，如图 1.3.2 所示。

④ 单击"确定"按钮，表格将会插入到文档中的指定位置。

（2）编辑表格

① 输入内容。单击表格中需要输入文字的单元格，输入相关文字，如图 1.3.3 所示。

② 调整表格大小。

● 调整行高：将光标悬停在表格行的边框处，当光标变成双箭头形状

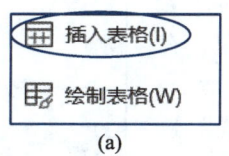

(a)

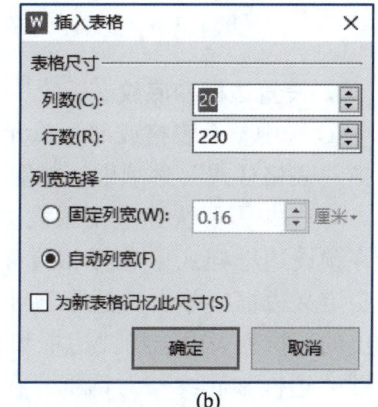

(b)

图 1.3.2　复杂表格插入

时，按住鼠标左键并拖曳来调整表格行的高度，如图 1.3.4 所示。

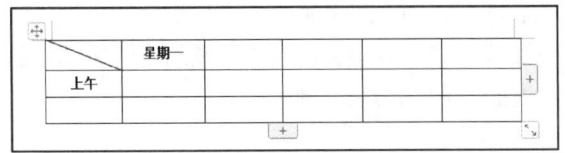
图 1.3.3　表格中输入文字

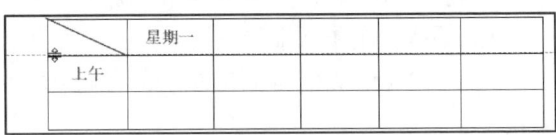
图 1.3.4　快速调整行高

● 调整列宽：将光标悬停在表格列的边框处，当光标变成双箭头形状时，按住鼠标左键并拖曳来调整表格列的宽度，如图 1.3.5 所示。

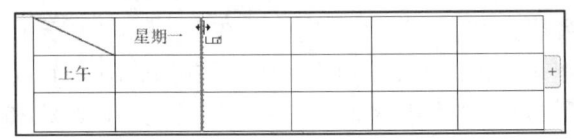
图 1.3.5　快速调整列宽

2. 合并和拆分单元格

① 合并单元格。单击需要合并的首个单元格，按住左键并拖曳选中需要合并的两个或多个相邻的单元格，右击，在弹出的快捷菜单中选择"合并单元格"命令，所选的单元格将合并为一个单元格，如图 1.3.6 所示。

② 拆分单元格。选中需要拆分的单元格，右击，在弹出的快捷菜单中选择"拆分单元格"命令，在打开的对话框中设置拆分的行数和列数，如图 1.3.7 所示。

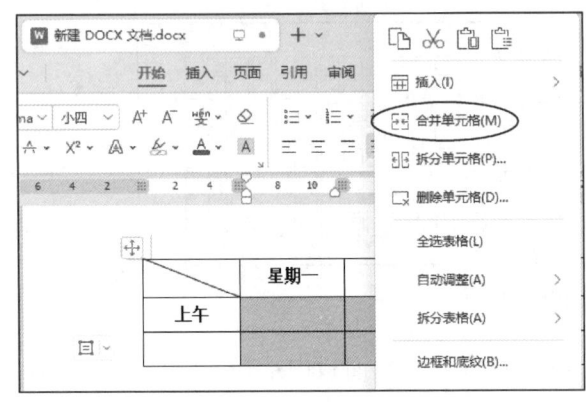
图 1.3.6　合并单元格

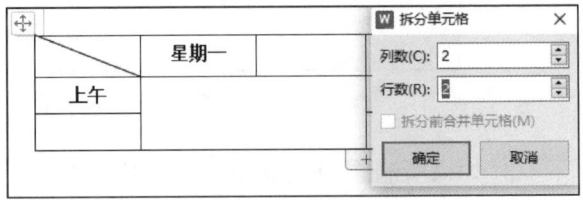
图 1.3.7　拆分单元格

3. 设置边框和底纹

① 选中整个表格或部分单元格，会自动加载"表格工具"选项卡和"表格样式"选项卡，选择"表格样式"选项卡，如图 1.3.8 所示。

② 如果需要快速应用预设边框样式，直接在预设边框样式中选择相应样式即可。若要自定义边框，单击"边框"下拉按钮，在弹出的下拉列表中选择"边框和底纹"命令，打开"边框和底纹"对话框。在"边框"选项卡中，选择线型、颜色和宽度，利用预览窗口调整至满意效果，如图 1.3.9 所示。

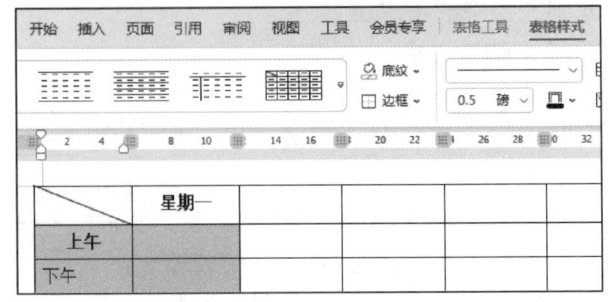
图 1.3.8　"表格样式"选项卡

③ 切换至"底纹"选项卡，选择底纹颜色或保持透明，确保选择适用于整个表格或特定区域。设置完成后，单击"确定"按钮保存设置。如果需要为某个单元格设置填充颜色，在"表格样式"选项卡中，单击"底纹"下拉按钮，在弹出的"底纹"下拉面板中，选择需要填充的颜色即可，如图 1.3.10 所示。

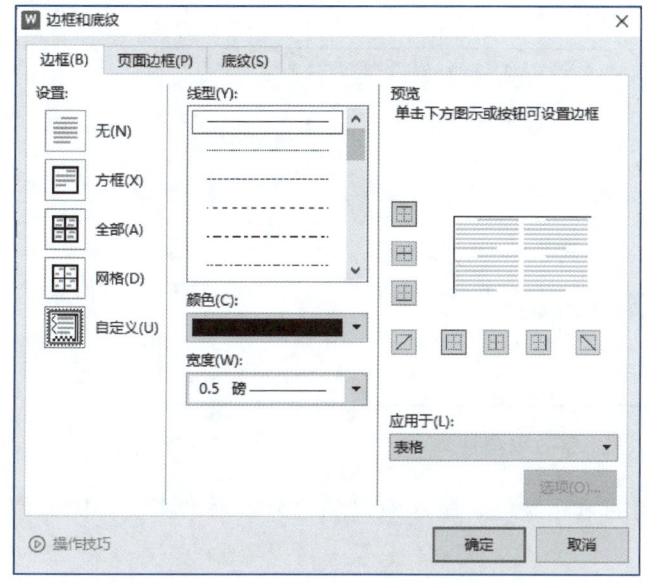

图 1.3.9　边框线条设置

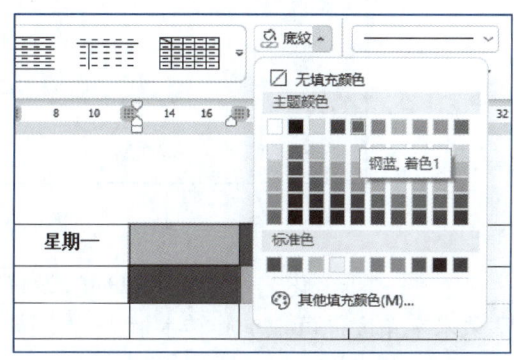

图 1.3.10　单元格底纹设置

4. 插入艺术字

艺术字功能非常适合用于制作标题、强调文本或添加视觉吸引力。WPS Office 的艺术字库中包含了丰富的样式，可以满足不同的设计需求。

① 单击"插入"选项卡中的"艺术字"下拉按钮，弹出"艺术字"下拉面板，在其中选择想要的艺术字样式，如图 1.3.11 所示。

图 1.3.11　艺术字的使用

23

② 选择预设的艺术字，出现一个文本框，在文本框内输入想添加的文字。

③ 艺术字的调整。在 WPS Office 中调整艺术字，首先选中艺术字以激活编辑状态，然后拖曳艺术字边缘的调整手柄来改变大小，或单击并拖曳以移动位置。通过"文本工具"选项卡"艺术字样式"组可以快速更换样式，单击艺术字后，可更改文本内容。可以使用"文本工具"调整文本格式，包括字体、大小、颜色等，如图 1.3.12 所示。

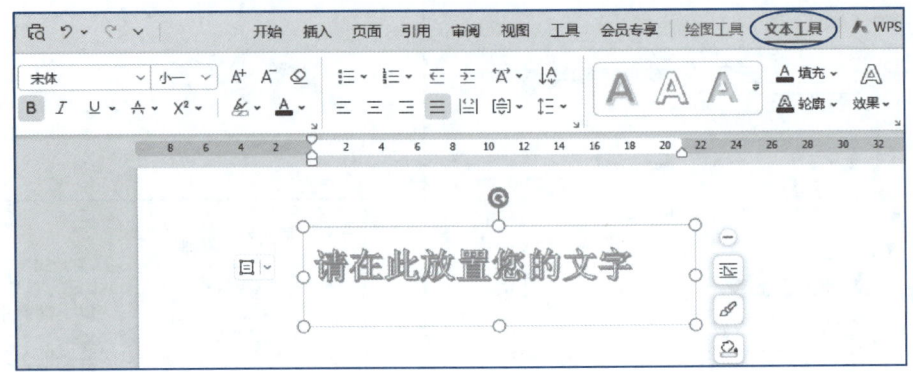

图 1.3.12　艺术字效果调整

④ 进一步美化艺术字。可以通过设置不同的填充颜色、添加效果和轮廓效果来实现。例如调整艺术字角度，可拖曳旋转手柄进行旋转。

5. 美化表格

① 使用"开始"选项卡中的"字体"组和"段落"组，调整字体大小、颜色、加粗等。

② 可以为表格添加背景颜色，使其更加美观，如图 1.3.13 所示。

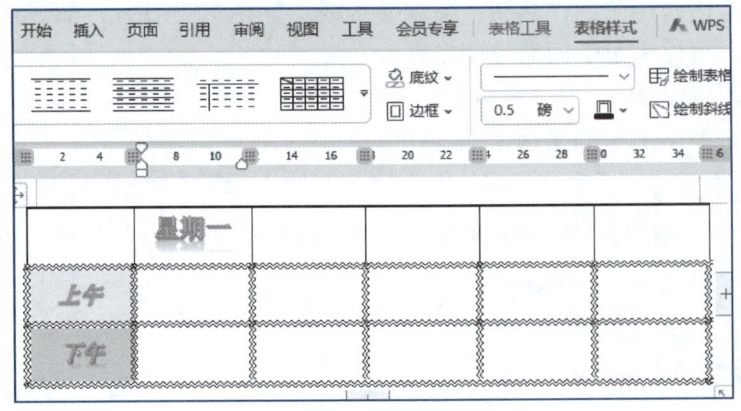

图 1.3.13　美化表格

6. 保存和打印文档

① 完成所有编辑后，选择"文件"→"保存"或"另存为"命令，保存文档，将做好的文档保存到指定的文件夹，方便查找使用。

② 如需要打印此文档，选择"文件"→"打印"命令进行打印。

任务实施

1. 打开 WPS Office，创建或打开一个文档

① 启动 WPS Office 应用程序。

② 单击"新建"按钮，在打开的窗口中单击"文字"按钮，在打开的窗口中单击"空白文

档"图标以创建一个新的空白文档。

2. 插入一个合适大小的表格，并输入相关信息

① 选择"插入"选项卡。

② 单击"表格"下拉按钮，在弹出的下拉面板中根据需要选择行和列的数量。例如，插入一个 4 列 12 行的表格。

③ 在表格中输入以下信息：

● 第 1 行设置为表头，分别为城市、历史节点/文化事件、年份、描述或备注。

● 其他行输入各城市和历史节点的具体信息，如图 1.3.14 所示。

城市	历史节点/文化事件	年份	描述或备注
郑州	郑国兴起	春秋初年	郑国在春秋初年成为诸侯国中强国之一
郑州	荥阳城兴起	战国时期	鸿沟开凿，荥阳逐渐成为中原地区的政治、经济中心
郑州	郑州地区政治中心转移	隋唐以后	郑州地区的政治经济中心逐渐转移到管城（今郑州市区）
洛阳	东周建都	公元前 770 年	周平王东迁，洛阳成为东周都城
洛阳	魏晋南北朝建都	220—589 年	曹魏、西晋、北魏等在此建都，洛阳成为政治文化中心
开封	战国时期魏国都城	公元前 364 年	魏惠王建都大梁（今开封）
开封	北宋建都	960—1127 年	北宋时期，开封成为繁华的"东京"
开封	清明上河图	北宋时期	描绘了北宋东京（开封）的繁华景象
安阳	盘庚迁殷	公元前 1300 年	商王盘庚将都城迁至殷（今安阳），安阳成为殷商国都
安阳	甲骨文发现	20 世纪初	殷墟出土甲骨文，是中华民族最早使用的文字，安阳作为殷商文化的一部分具有重要地位
安阳	后母戊鼎出土	20 世纪	出土世界上最大的青铜器——后母戊鼎

图 1.3.14　输入信息

3. 绘制和调整表格，设置边框和底纹

① 选中整个表格，右击，在弹出的快捷菜单中选择"边框和底纹"命令。

② 在打开的对话框中设置表格的边框线型和颜色，使其美观且易读。

③ 设置表格的底纹颜色：可以为表头设置深色底纹，表中内容底纹以淡蓝和无填充颜色交替，以区分内容区域。

4. 插入图片和艺术字，丰富表格内容

① 选择"插入"选项卡。

② 单击"艺术字"下拉按钮，在弹出的下拉面板中选择任意一款预设的"艺术字"，插入标题"中原古都——历史与文化交融的辉煌之地"，并设置艺术字字体为"宋体、二号、蓝色"，如图 1.3.15 所示。

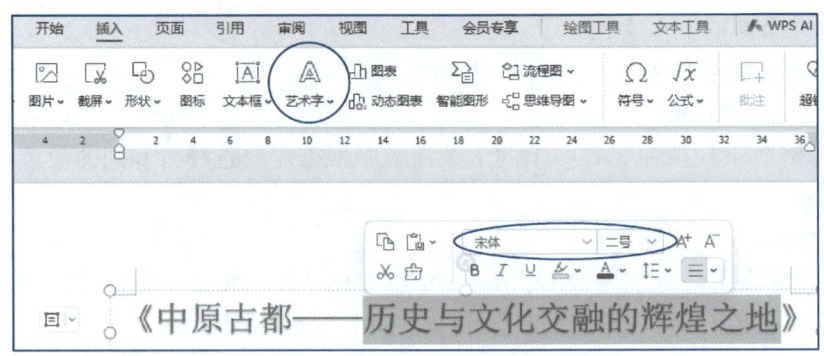

图 1.3.15　插入图片和艺术字

5. 美化表格，调整字体、颜色等

① 选中表头，将表头文字选中后在"开始"选项卡中设置为"加粗"，使得表头更醒目。

② 选中表格中的文字，出现浮动工具栏。

③ 在浮动工具栏中，设置字体为"宋体、小四"，使其统一且美观。

④ 选中全部单元格，调整其对齐方式，可以选择居中对齐方式，使表格内容整齐。

6. 预览并打印表格

① 选择"文件"→"打印"→"打印预览"命令。

② 在"打印预览"窗口检查表格的整体布局和美观性，如图 1.3.16 所示。

③ 确认无误后，选择打印机和设置打印选项，单击"打印"按钮，完成打印。

《中原古都——历史与文化交融的辉煌之地》

城市	历史节点/文化事件	年份	描述或备注
郑州	郑国兴起	春秋初年	郑国在春秋初年成为诸侯国中强国之一
郑州	荥阳城兴起	战国时期	鸿沟开凿，荥阳逐渐成为中原地区的政治、经济中心
郑州	郑州地区政治中心转移	隋唐以后	郑州地区的政治经济中心逐渐转移到管城（今郑州市区）
洛阳	东周建都	公元前 770 年	周平王东迁，洛阳成为东周都城
洛阳	魏晋南北朝建都	220—589 年	曹魏、西晋、北魏等在此建都，洛阳成为政治文化中心
开封	战国时期魏国都城	公元前 364 年	魏惠王建都大梁（今开封）
开封	北宋建都	960—1127 年	北宋时期，开封成为繁华的"东京"
开封	清明上河图	北宋时期	描绘了北宋东京（开封）的繁华景象
安阳	盘庚迁殷	公元前 1300 年	商王盘庚将都城迁至殷（今安阳），安阳成为殷商国都
安阳	甲骨文发现	20 世纪初	殷墟出土甲骨文，是中华民族最早使用的文字，安阳作为殷商文化的一部分具有重要地位
安阳	后母戊鼎出土	20 世纪	出土世界上最大的青铜器——后母戊鼎

图 1.3.16　表格打印预览效果

任务评价

1. 自我评价

任 务 要 求	掌握的操作有	仍需加强的有	不理解的有
插入和编辑表格			
绘制和调整表格			
设置边框和底纹			
插入图片及艺术字			
美化与打印表格			
在本次任务实施过程中，自我评价的结果	A. 优秀　　B. 良好　　C. 仍需努力　　D. 不清楚		

2. 测试评价

① 在 WPS Office 中，插入一个 3 行 4 列表格的方法是（　　　）。

A. 在"文件"选项卡中单击"插入表格"按钮

B. 在"布局"选项卡中单击"插入表格"按钮

C. 在"插入"选项卡中单击"表格"按钮，在弹出的下拉面板中选择 3 行 4 列表格

D. 在"开始"选项卡中单击"表格"按钮

② 在 WPS Office 中，调整表格列宽的方法是（　　　）。

A. 右击选定列，在弹出的快捷菜单中选择"调整列宽"命令

B. 将光标悬停在列的边框处，按住并拖曳调整列宽

C. 在"插入"选项卡中找到列宽调整选项

D. 用快捷键 Ctrl+L 设置列宽

③ 在 WPS Office 中，合并单元格的方法是（　　　）。

A. 在"插入"选项卡中单击"合并单元格"按钮

B. 选中需要合并的单元格，右击，在弹出的快捷菜单中选择"合并单元格"命令

C. 在"布局"选项卡中单击"合并单元格"按钮

D. 用快捷键 Ctrl+M 合并单元格

④ 在 WPS Office 中，设置表格单元格的边框和底纹的方法是（　　　）。

A. 在"插入"选项卡中单击"设置单元格格式"按钮

B. 右击选中的单元格，在弹出的快捷菜单中选择"边框和底纹"命令

C. 在"布局"选项卡中单击"设置单元格格式"按钮

D. 用快捷键 Ctrl+B 设置边框和底纹

⑤ 在 WPS Office 中，插入图片到表格中的方法是（　　　）。

A. 在"文件"选项卡中单击"插入图片"按钮

B. 在"插入"选项卡中单击"图片"按钮

C. 在"布局"选项卡中单击"插入图片"按钮

D. 在"开始"选项卡中单击"插入图片"按钮

⑥ 在 WPS Office 中，保存文档的方法是（　　　）。

A. 使用快捷键 Ctrl+Y

B. 选择"文件"→"保存"或"另存为"命令

C. 右击页面，在弹出的快捷菜单中选择"保存"命令

D. 在"开始"选项卡中单击"保存"按钮

⑦ 在 WPS Office 中，打印文档的方法是（　　　）。

A. 选择"文件"→"打印"命令　　　　B. 在"插入"选项卡中单击"打印"按钮

C. 用快捷键 Ctrl+F　　　　　　　　D. 在"开始"选项卡中单击"打印"按钮

 任务拓展

设计并制作一个表格，用于展示郑州各个历史博物馆及其相关简要信息。表格应包括博物馆名称、地址、建立时间、主要展品、开放时间及票价等内容。通过这种方式，可以全面展示和了解各博物馆的详细信息及其特色，原表格见表 1.3.1。确保表格设计美观、信息清晰，并且可以插入相关的图片或艺术字来丰富表格内容，增强视觉效果。

表 1.3.1　郑州各历史博物馆相关信息

名　　称	地　　址	建立时间	主要展品	开放时间	票价
郑州博物馆	河南省郑州市中原区嵩山南路	1957 年	青铜器、陶瓷器、玉器	9:00-17:00	免费
河南省博物院	河南省郑州市农业路 8 号	1927 年	河南历史文物	9:00-17:00	免费
郑州商代遗址博物馆	河南省郑州市二七区铭功路	1975 年	商代青铜器、甲骨文	9:00-17:00	免费
郑州黄河博物馆	河南省郑州市金水区经三路	1957 年	黄河流域文物、水利设施模型	9:00-17:00	免费
郑州石佛寺遗址博物馆	河南省郑州市中原区石佛寺	1985 年	石器、古代建筑遗址	9:00-17:00	免费

任务 1.4　制作《家乡名片——伏牛山的四季》宣传画册

微课 1-4

制作《家乡名片——伏牛山的四季》宣传画册

 任务简介

郑小安在学习了一定的文档内容知识后，想制作一本宣传画册，展示伏牛山的四季美景。伏牛山位于我国河南省西部，作为秦岭山脉的东段，它是我国中部地区的重要山脉之一。这里山峦起伏，植被丰富，四季景色各异，春天山花烂漫，夏天绿树成荫，秋天层林尽染，冬天白雪皑皑，是摄影爱好者和自然探索者的理想之地。这本画册将通过精心的设计与编排，让读者仿佛身临其境，感受到伏牛山的自然之美。

 知识准备

1. 定义与应用样式

在 WPS Office 中，定义样式是指为文本设置特定的格式，如字体、字号、颜色、对齐方式、行距等。通过定义样式，可以确保文档中的文本格式统一，提升文档的专业性和美观性。

（1）打开样式设置窗口

① 在 WPS Office 中，单击"开始"选项卡"样式集"组右下角的"对话框启动器"按钮 ，然后在弹出的"样式和格式"任务窗格单击"新样式"按钮，如图 1.4.1 和图 1.4.2 所示。

图 1.4.1　样式集

② 在打开的"新建样式"对话框中，给新样式命名，并设置其各项属性，如字体、字号、颜色、对齐方式、行距等，如图 1.4.3 所示。

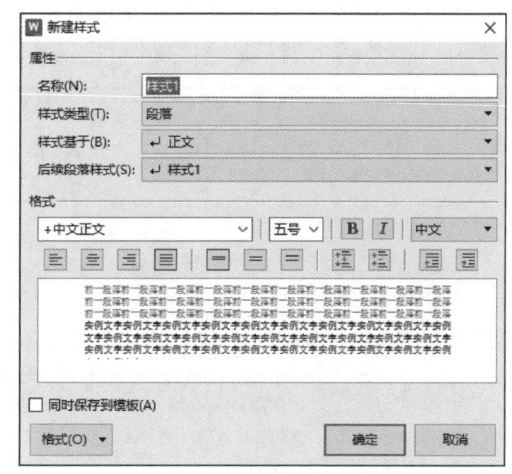

图 1.4.2　新建样式　　　　　　　　　图 1.4.3　新建样式属性设置

③ 设置完成后，单击"确定"按钮保存样式。

（2）应用样式

应用样式是指将已定义的样式应用于文档中的特定文本。通过应用样式，可以快速对文档中的文本进行格式化，提升工作效率。以下是应用样式的方法。

① 选中文本。用鼠标选中需要应用样式的文本。

② 在"开始"选项卡"样式"组中，找到已定义的样式。

③ 单击该样式，选中的文本会自动应用该样式的格式。

（3）修改样式

① 选中需要设置为标题的文本。

② 在"样式"组中找到"标题 1"样式，右击"标题 1"样式，在弹出的快捷菜单中选择"修改"命令，如图 1.4.4 所示。

③ 在打开的"修改样式"对话框中修改字体、字号、颜色、对齐方式、行距等格式，单击"确定"按钮，如图 1.4.5 所示。单击"标题 1"样式，所选文本就应用了修改后的标题样式。

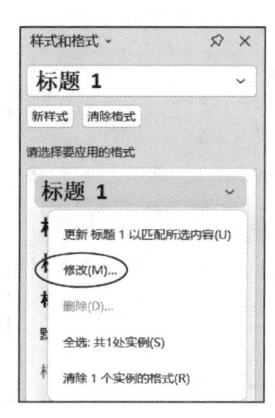

图 1.4.4　样式"修改"命令　　　　　　　图 1.4.5　修改样式

2. 插入页眉页脚和页码

（1）页眉和页脚设置

① 进入页眉页脚编辑。打开 WPS Office 文档，在"页面"选项卡中单击"页眉页脚"按钮，如图 1.4.6 所示，将激活页眉页脚的编辑模式。

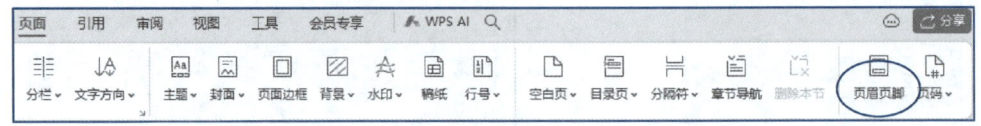

图 1.4.6　页眉页脚编辑

② 编辑页眉内容。在页眉区域，输入用户希望显示的文本，如文档标题、章节名称或公司标志等。同时，可以调整字体样式、大小和颜色以符合整体设计，如图 1.4.7 所示。

图 1.4.7　页眉编辑模式

③ 编辑页脚内容。在页脚区域，可以添加页码或其他信息，如页脚文本。页脚通常用于显示页码，但也可以包含版权信息、文档作者或联系信息，如图 1.4.8 所示。

（2）页码设置

① 插入页码。在页脚编辑状态下，单击"插入页码"下拉按钮，在弹出的面板中选择页

图 1.4.8　页脚编辑模式

码的样式和位置。可以选择页码的对齐方式，如居中、左侧或右侧等，还可以选择页码的样式，如数字、字母或罗马数字。WPS 提供了多种页码样式和位置选项，如图 1.4.9 所示。

② 选择页码样式。在"页码设置"中，可以自定义页码的起始数字和编号方式，例如，可以从某个特定的页码开始计数，或者在页码"样式"中使用罗马数字标注等，如图 1.4.10 所示。

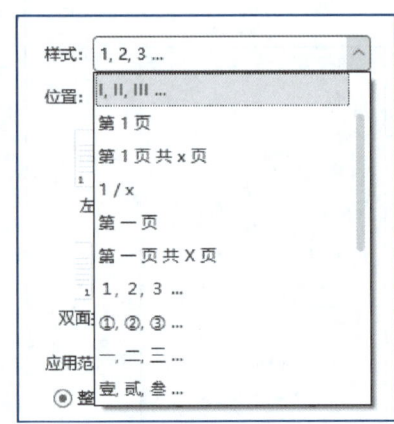

图 1.4.9　插入页码　　　　　　　　图 1.4.10　页码样式设置

③ 应用并预览。完成页眉页脚和页码的编辑后，单击"确定"按钮，关闭页眉页脚工具栏。此时，文档将更新以显示新的页眉和页码。检查每一页以确保页眉和页码的显示符合要求，如有需要，可重新进入页眉页脚编辑模式进行调整。

3. 设置分节与分页

（1）分节设置

在 WPS Office 文档中，单击"页面"选项卡中的"分隔符"下拉按钮，在弹出的下拉列表中选择不同的分隔符命令来进行分节设置，如"下一页分节符"或"连续分节符"，如图 1.4.11 所示。

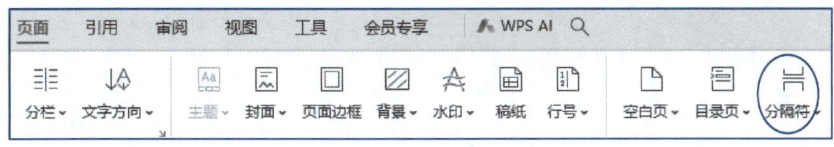

图 1.4.11 "分隔符"按钮

在文档中需要开始新节的位置，单击"分隔符"下拉按钮，在弹出的下拉列表中选择"下一页分节符"命令来开始一个新的章节在下一页的顶部开始新的编辑。或者"连续分节符"命令，在当前页的当前位置开始新章节，如图 1.4.12 所示。

在插入分节符后，选择"页面"选项卡，然后在其中对当前节的页面属性进行设置。在这里，可以调整文字方向、页边距、纸张大小和纸张方向等属性。设置好的页面格式与前一节页面的格式不会统一。这样在一个文档中就可以有横向页面和纵向页面同时存在。例如，设置此页面纸张方向为横向，页面大小为 A6 幅面，文字方向为垂直方向，如图 1.4.13 所示。

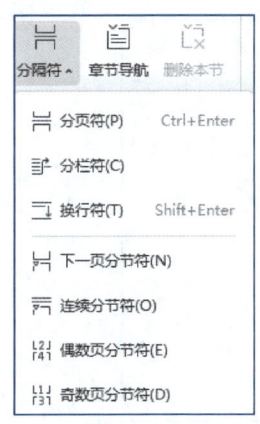

图 1.4.12 插入分节符

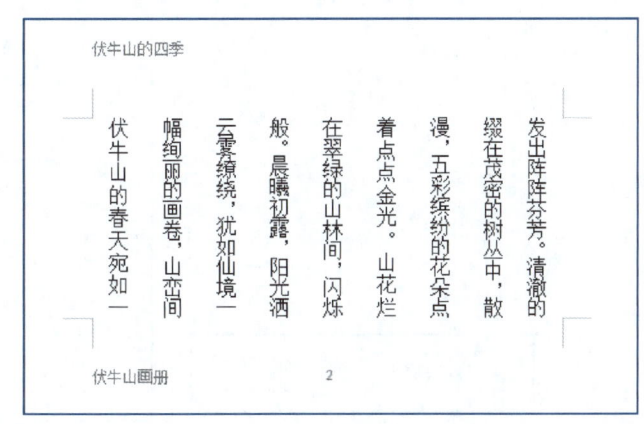

图 1.4.13 页面分节设置后

（2）分页设置

分页功能允许用户将文档内容分割成不同的页面，这对于打印和组织内容非常有用。将光标放置在文档中需要进行分页的位置，然后按 Ctrl+Enter 快捷键，将在当前位置强制插入一个分页符，实现手动分页，文档内容将从新的一页开始。

完成分页设置后，使用 WPS 文字的预览功能，检查分页是否符合要求。如果分页位置不正确或需要调整，可以回到文档编辑视图，重新定位光标并使用 Ctrl+Enter 快捷键进行调整。

4. 创建与使用模板

（1）创建模板

WPS Office 提供了许多内置模板，可以在"新建"窗口中浏览和使用。在 WPS Office 的首页，单击"新建"→"文字"按钮，在打开的窗口中浏览并选择一个适合需求的模板类型，如报告、简历或宣传册，进行编辑，如图1.4.14所示。

图1.4.14　创建模板

完成编辑后，选择"文件"→"另存为"命令，打开"另存为"对话框，在文件类型中选择"WPS文字模板文件（∗.wpt）"，为模板命名并保存在合适的位置。

（2）使用模板

使用用户创建的模板，可以在WPS Office中单击"新建"按钮，在打开的窗口中选择"我的模板"，进入我的模板，找到之前保存的模板，单击该模板自动打开。模板中的预设内容和格式将被加载，如图1.4.15所示。

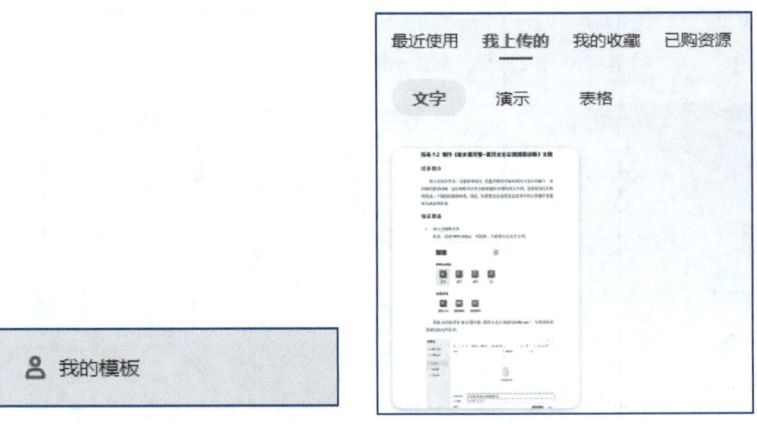

图1.4.15　使用模板

根据需要，可以对模板中的内容进行修改，如添加或删除文本内容、调整图片和布局等。同时，可以通过调整字体样式、字号和颜色来使模板更加符合需求。

5. 生成目录与封面

（1）生成目录

① 设置标题样式。首先，确保文档中的所有章节标题都应用了WPS Office内置的标题样式，如"标题1""标题2"等。

② 插入目录。将光标放置在希望目录出现的页面上，单击"引用"选项卡中的"目录"下拉按钮，在弹出的下拉列表中选择一种目录样式后即可自动生成目录，如图1.4.16所示。

③ 自定义目录格式。可以通过在"目录"下拉列表中选择"自定义目录"命令，在打开的

"目录"对话框中调整目录的格式、字体和间距，如图 1.4.17 所示。

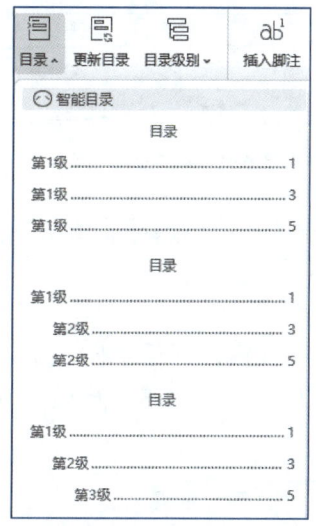

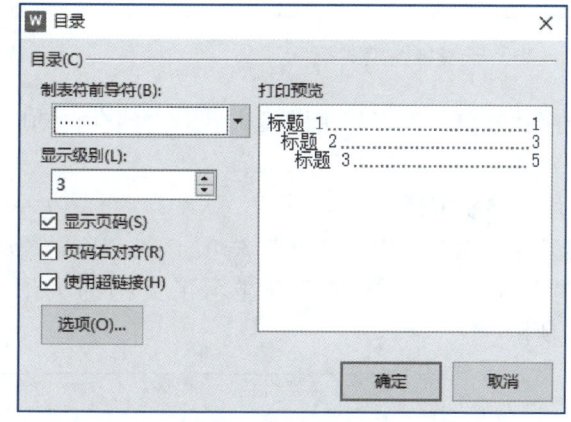

图 1.4.16　插入目录

图 1.4.17　自定义目录格式

④ 更新目录。在文档编辑过程中，如果章节标题有更改，可单击"更新目录"按钮，以确保目录内容的准确性，如图 1.4.18 所示。

（2）插入封面页

① 设计封面。在文档的开始位置，规划封面的布局，包括文档的标题、副标题、作者名、公司或组织名称等元素。

② 插入封面。WPS Office 提供了多种封面模板。单击"页面"选项卡中的"封面"下拉按钮，如图 1.4.19 所示，在弹出的下拉面板"预设封面页"处，浏览并选择一个适合需求的封面模板，单击"立即使用"按钮即可快速应用到文档中。

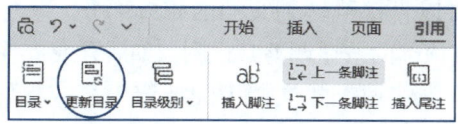

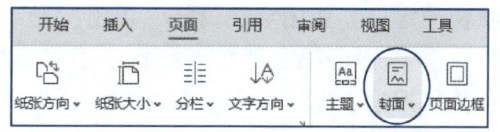

图 1.4.18　更新目录

图 1.4.19　插入封面

③ 应用样式和颜色。以求职简历为例，对封面内容进行编辑，为封面上的文本和图形元素选择合适的样式、颜色和字体，以增强视觉效果，如图 1.4.20 所示。

6. 视图与导航窗格

（1）查看视图

① 选择"视图"选项卡。

② 选择视图模式。在功能区中，可以选择不同的视图模式，如"页面""阅读版式""Web 版式"等，如图 1.4.21 所示。

③ 调整视图设置。某些视图模式下，还可以进一步调整设置，如在"页面"视图模式下，可以设置是

图 1.4.20　封面内容编辑

否显示标尺、网格线等，如图 1.4.22 所示。

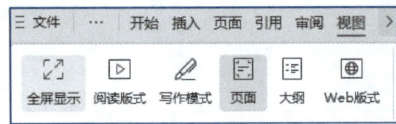

图 1.4.21　选择视图模式　　　　　　　　　图 1.4.22　视图模式调整设置

④ 应用并预览。选择好视图模式后，文档会自动应用所选视图，可以预览文档在不同视图下的效果。

（2）使用导航窗格

① 打开导航窗格。在"视图"选项卡中，单击"导航窗格"按钮，打开导航窗格。

② 浏览文档结构。导航窗格显示了文档的大纲结构，包括章节标题、页码等信息，如图 1.4.23 所示。

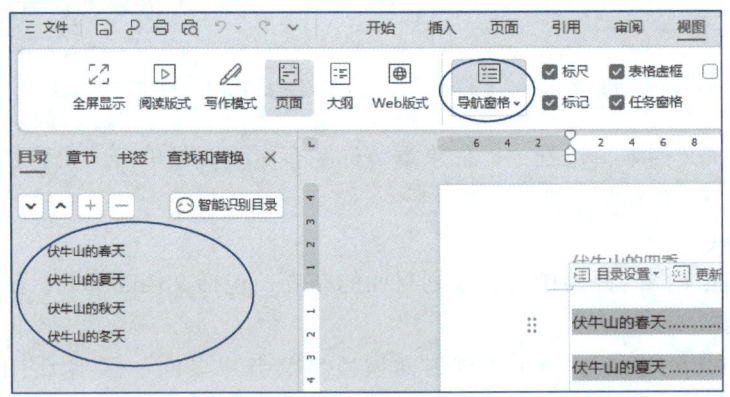

图 1.4.23　打开导航窗格

③ 快速定位。使用导航窗格，单击标题或页码，可以直接跳转到文档的相应部分。

④ 调整导航窗格视图。如果需要，可以通过导航窗格顶部的按钮调整其视图，如展开或折叠章节。

⑤ 使用搜索功能。在导航窗格中，还可以使用搜索框快速查找文档中的特定内容或标题，如图 1.4.24 所示。

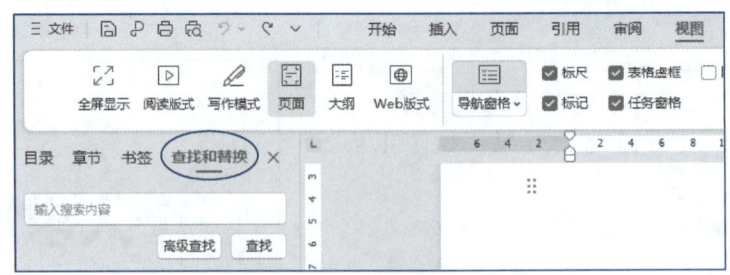

图 1.4.24　搜索定位

 任务实施

1. 定义与应用样式

（1）定义样式

① 单击"开始"选项卡"样式"组中的"其他"按钮，在弹出的下拉列表中选择"新建

样式"命令。

②　在打开的对话框中，命名新样式为"画册正文"，单击左下角的"格式"下拉按钮，在弹出的下拉列表中选择"字体"命令，在打开的"字体"对话框中设置字体为"宋体、小四"；在弹出的"格式"下拉列表中选择"段落"命令，在打开的"段落"对话框中设置行距为1.5，首行缩进为2。

③　单击"确定"按钮保存样式。

（2）应用样式

选中文本，在"开始"选项卡"样式"组中，找到并单击"画册正文"样式，如图1.4.25所示。

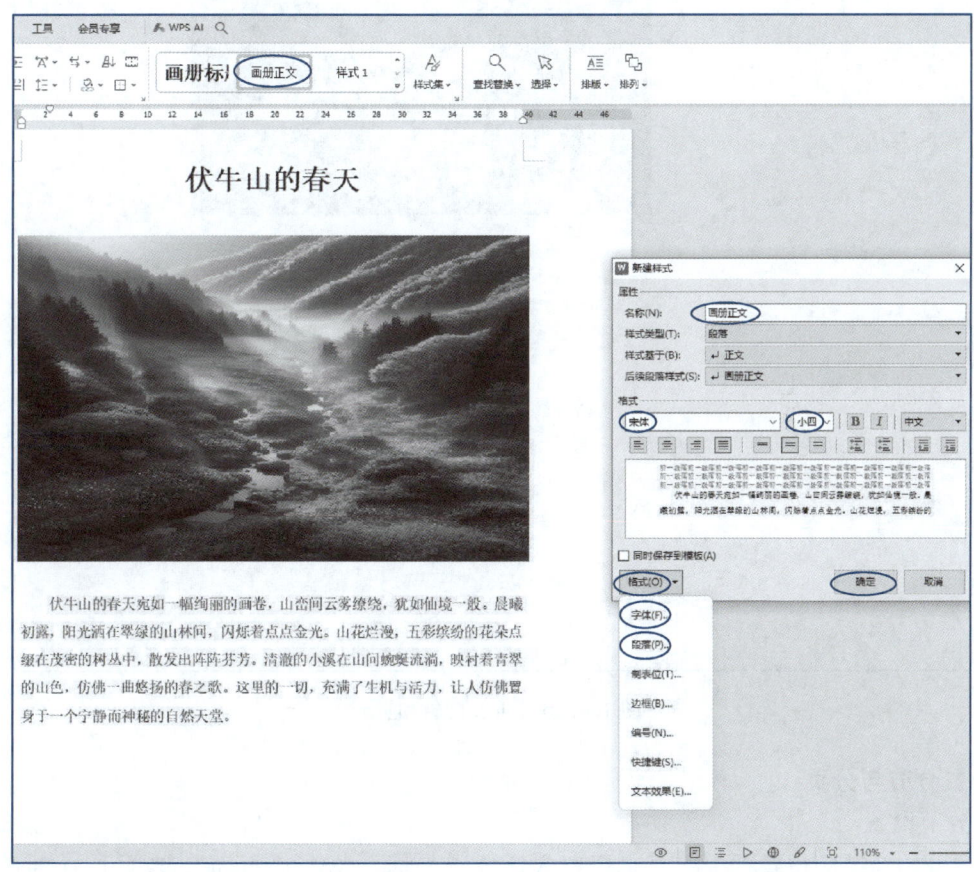

图 1.4.25　新建并应用样式

2. 插入页眉页脚和页码

（1）设置页眉与页脚

①　单击"页面"选项卡中的"页眉页脚"按钮。

②　在页眉区域输入所需文本，如"伏牛山的四季"，调整字体样式为"宋体、小四"。

③　在页脚区域输入所需内容，如"我的家乡"等。

（2）插入页码

①　在页脚编辑状态下，单击"插入页码"按钮，在弹出的面板中设置位置为"居中"，应用范围为"整篇文档"。

②　单击"确定"按钮，预览并检查页眉和页码显示效果，如图1.4.26所示。

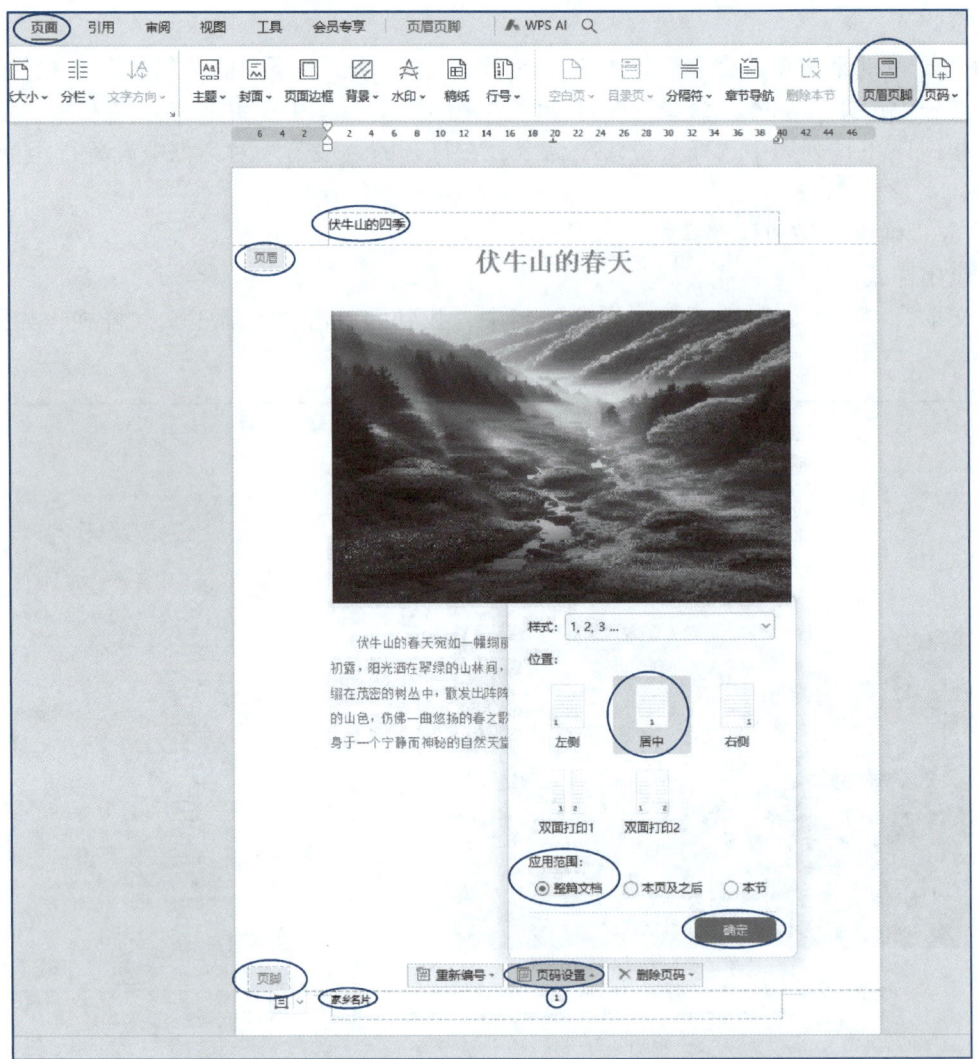

图 1.4.26　插入页眉和页码

3. 设置分节与分页

（1）分节设置

在需要开始新节的位置的上一行末尾置入插入点光标，单击"页面"选项卡中的"分隔符"下拉按钮，在弹出的下拉列表中选择"连续分节符"命令。

（2）分页设置

① 在"伏牛山的春天真美！"后置入插入点。

② 单击"页面"选项卡中的"分隔符"下拉按钮，在弹出的下拉列表中选择"分页符"命令，成功转到下一页，继续编辑。单击"确定"按钮，预览并检查页眉和页码显示效果，如图 1.4.27 所示。

4. 生成封面与目录

（1）创建封面

① 在文档的开始位置，规划封面布局，包括标题、副标题、作者名。"家乡名片"为标题 1，其字体格式为"宋体、二号"；"——伏牛山的四季"为副标题，字体格式为"宋体、三号"。制作人和制作时间的字体格式为"宋体、小四"。

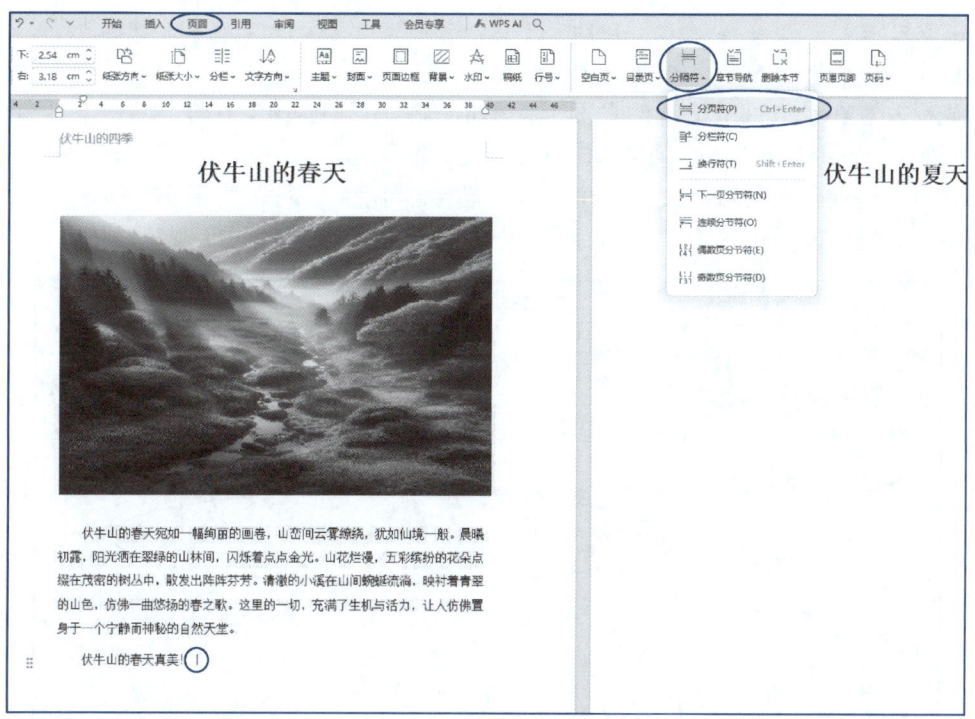

图 1.4.27　设置分页

② 为封面加入图片以丰富整体封面效果，如图 1.4.28 所示。

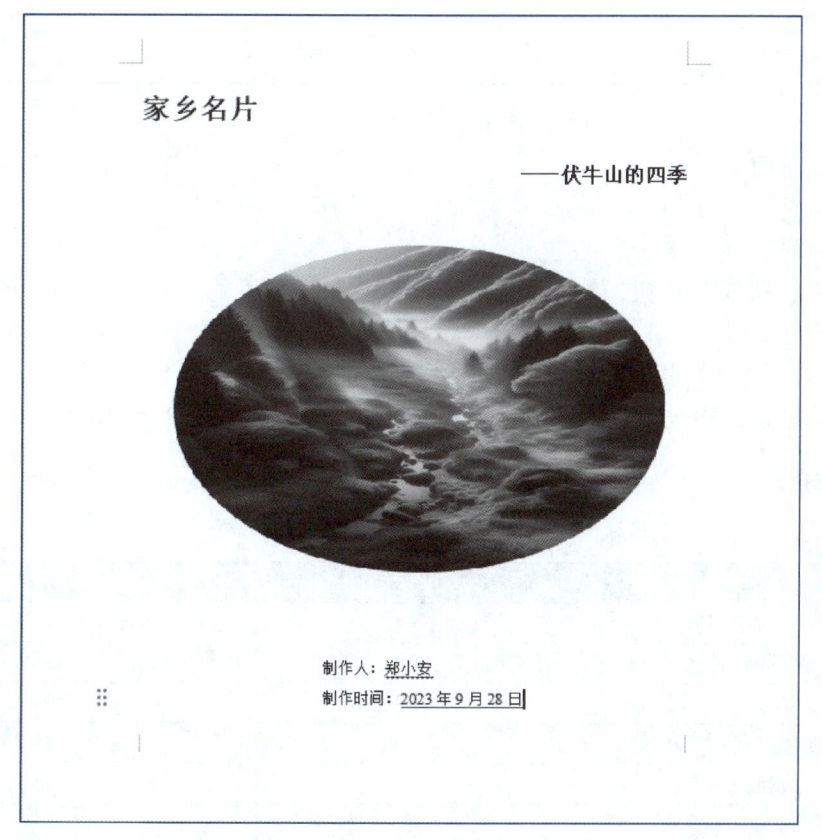

图 1.4.28　生成封面

（2）生成目录

① 确保文档中的所有章节标题都应用了标题样式。

② 将光标放置在希望目录出现的页面上，单击"引用"选项卡中的"目录"下拉按钮，在弹出的下拉列表中选择自动生成目录样式，如图 1.4.29 所示。

③ 调整目录格式，选中目录文本，将字号设置为"小四"，行距为 1.5。

④ 在章节标题更改后，单击"更新目录"按钮以确保目录内容的准确。

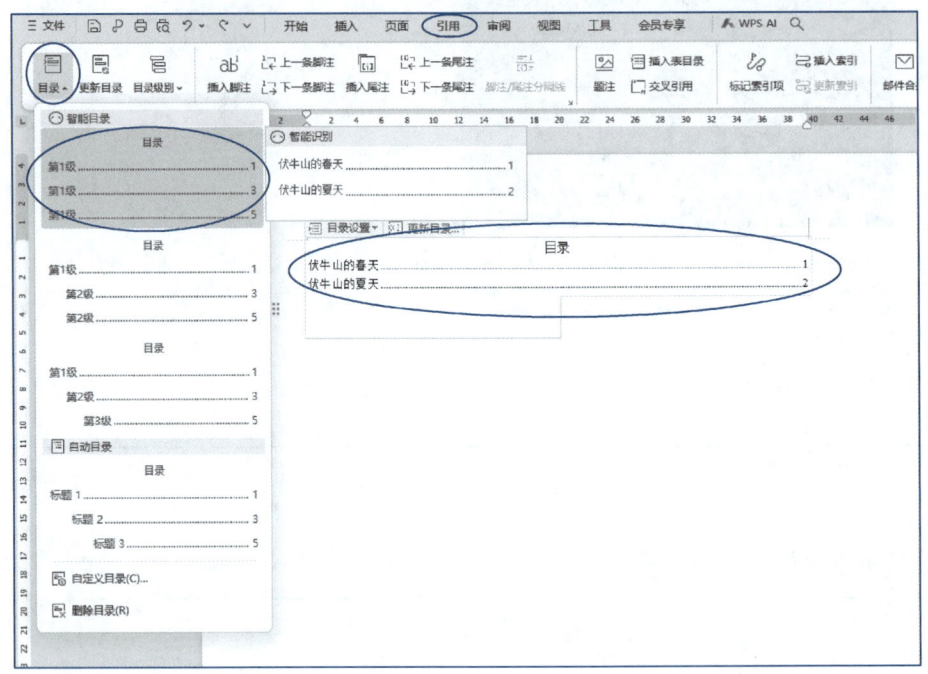

图 1.4.29　生成目录

5. 视图与导航窗格

（1）查看视图

① 选择"视图"选项卡。

② 单击"阅读版式"按钮，查看画册效果。

（2）使用导航窗格

① 在"视图"选项卡中，单击"导航窗格"按钮，打开导航窗格。

② 浏览文档结构，检查章节标题、页码等信息是否完整，如图 1.4.30 所示。

任务评价

1. 自我评价

任　务　要　求	掌握的操作有	仍需加强的有	不理解的有
定义与应用样式			
插入页眉页脚和页码			
设置分节与分页			
创建与使用模板			
生成目录与封面			
视图与导航窗格			
在本次任务实施过程中，自我评价的结果	A．优秀　　B．良好　　C．仍需努力　　D．不清楚		

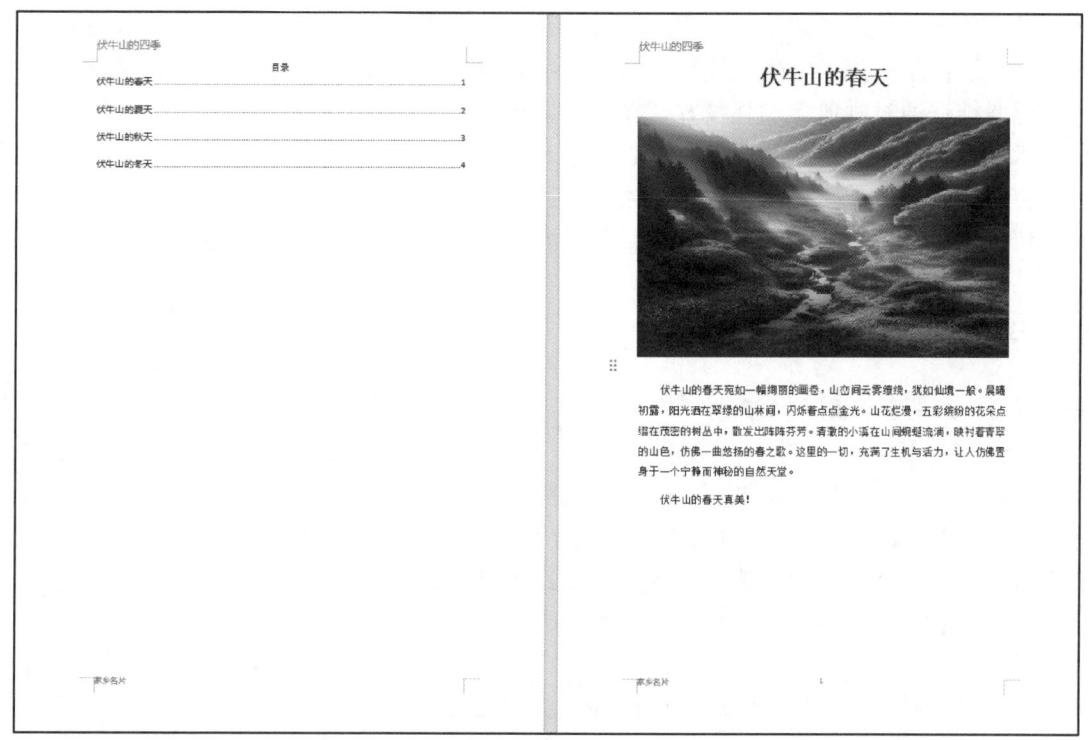

图 1.4.30 浏览文档

2. 测试评价

① 在 WPS Office 中，如果用户想要快速应用统一的格式到文档中，应该使用（　　）功能。

A. 插入图片　　　　B. 定义与应用样式　　　C. 设置页边距　　　D. 插入页眉和页码

② 当用户需要在文档的不同部分显示不同的页码时，WPS Office 提供了（　　）功能来实现这一需求。

A. 插入页眉　　　　B. 插入页码　　　　C. 设置分节与分页　　D. 创建与使用模板

③ WPS Office 中的模板主要用于（　　）。

A. 定义文档的样式　　　　　　　　B. 快速创建具有特定格式和布局的文档

C. 插入文档的封面　　　　　　　　D. 生成文档目录

④ 在 WPS Office 中，生成目录通常需要的步骤是（　　）。

A. 手动输入目录内容　　　　　　　B. 选择文档中的标题并应用内置样式

C. 插入页眉和页码　　　　　　　　D. 设置文档的视图

⑤ WPS Office 中的视图与导航窗格主要用于（　　）。

A. 定义文档的打印格式　　　　　　B. 快速定位文档的不同部分

C. 插入文档的页眉和页脚　　　　　D. 设置文档的分栏

任务拓展

在成功制作《家乡名片——伏牛山的四季》宣传画册后，郑小安决定将他的创意和热情投入到新的项目中。这次，他将镜头对准了自己的校园，一个充满活力、知识和青春气息的地方。《校园名片——校园的四季》是一本旨在捕捉并展示校园在不同季节中独特风貌和氛围的宣传画册。

- 校园特色展示：通过照片和文字，展现校园在春、夏、秋、冬四季中的变化和特色。
- 学生生活记录：记录学生在校园中的日常生活和活动，反映丰富多彩的校园文化。
- 情感联结：通过画册，加强校友、在校学生和教职工与校园的情感联结。
- 艺术与设计：采用专业的设计和排版技术，使画册在视觉上具有吸引力。
- 教育意义：通过展示校园四季的变化，传达季节更替和自然美的教育意义。
- 宣传推广：利用画册作为宣传材料，吸引潜在的学生和其家长，提升校园形象。

 ## 项目小结

任务 1.1　编写新学期个人规划
① 学会了在 WPS Office 中启动和关闭软件。
② 熟悉了 WPS 文字的工作界面，包括标题栏、功能区、编辑区和状态栏。
③ 掌握了新建文档、输入和编辑文本、保存和关闭文档的基本操作。

任务 1.2　制作《故乡黄河情——黄河文化公园游园攻略》文稿
① 学会了在 WPS 文字中录入与编辑文本。
② 掌握了设置字符与段落格式的方法。
③ 学习了如何插入风景图片以及进行页面美化和输出。

任务 1.3　绘制《中原古都——历史与文化交融的辉煌之地》表格
① 学会了插入和编辑表格，绘制和调整表格的技能。
② 掌握了设置表格边框和底纹、插入图片及艺术字的方法。
③ 学习了如何美化和打印表格，使表格更加美观和实用。

任务 1.4　制作《家乡名片——伏牛山的四季》宣传画册
① 学会了定义与应用样式，插入页眉和页码。
② 掌握了设置分节与分页，创建与使用模板的方法。
③ 学会了生成目录与封面，视图与导航窗格的应用。

 ## 项目实训

实训任务单

实 训 任 务	01-文档处理
任务名称	制作《校园名片——校园的四季》宣传画册
实训目标	1. 掌握使用文档处理软件进行宣传画册的设计与排版的方法。 2. 深入了解校园文化和四季变化，通过画册展现校园特色。 3. 培养创意思维和审美能力，提升视觉传达效果
任务描述	本任务要求学生创作一本校园宣传画册。学生需要展示其对画册从策划到执行全过程的理解与掌握。
实训要求	1. 根据实训目标，完成宣传画册的设计与制作，包括确定画册主题、内容结构、视觉风格等。 2. 遵循设计原则，确保画册内容的创意性、逻辑性和审美性，同时满足实用性和教育性。 3. 实施画册制作计划，进行具体的设计和排版工作，并进行成果展示和评估

续表

实训成果示例	1. 封面设计： 标题：《校园名片——校园的四季》 副标题：四季更迭，校园风采 图片：校园的标志性建筑或景观，四季变换的抽象图案 设计元素：校徽、校训、校园地图等 2. 目录： 春季：花开校园 夏季：绿意盎然 秋季：金色收获 冬季：银装素裹 结语：四季如歌，校园常新 ……
实训步骤	1. 资料收集：搜集校园四季的图片、历史资料和学生活动信息。 2. 需求分析：分析目标受众的需求，确定画册的教育目标和文化传播方向。 3. 设计制作：使用文档处理软件进行画册的版面设计和图文排版…… （请按照实际操作填写实训步骤）
实训心得	
小组评价	
教师评价	

项目 2　电子表格处理

项目介绍

WPS Office 中的电子表格工具能处理数据输入、计算、分析和可视化。通过本项目的学习，将掌握高效使用 WPS 表格进行数据管理的方法。本项目通过 3 个典型任务，详细介绍 WPS 表格的使用方法，包括数据输入与编辑、表格样式设置、公式与函数应用、数据分析与可视化等内容。

学习目标

【知识目标】

① 了解 WPS 表格的工作界面，掌握创建、打开、保存、打印、关闭 WPS 表格的方法。

② 掌握 WPS 表格中数据输入、编辑和格式设置的方法。

③ 掌握 WPS 表格中公式与函数的使用方法。

④ 了解数据有效性设置的原理与方法。

⑤ 学会创建和使用数据透视表进行数据分析。

⑥ 掌握在 WPS 表格中插入图表并进行美化的技巧。

【技能目标】

① 能熟练完成 WPS 表格的创建、打开、保存、打印、关闭等操作。

② 能灵活运用公式与函数进行数据计算与分析。

③ 能设置数据有效性，确保数据输入准确和有效。

④ 能熟练插入和编辑图表，进行数据的可视化展示。

⑤ 能创建和使用数据透视图，进行多维度的数据分析。

⑥ 能合理设置表格样式，提升表格的美观性。

【素养目标】

① 养成严谨、规范的数据处理习惯，提高工作效率。

② 具备分析和解决数据问题的能力，提升数据处理的职业素养。

任务 2.1　制作《参加黄河沿线红色文化研学报名表》

微课 2-1

制作《参加黄河沿线红色文化研学报名表》

任务简介

郑小安同学作为一名学校活动的组织者，为即将开展的黄河沿线红色文化研学活动编制一份详细的报名表。这份报名表不仅要收集参加者的基本信息，还要确保数据完整和准确，以便活动顺利进行。因此，需要充分运用信息技术中的电子表格处理技能来完成这项任务。

 知识准备

1. WPS 表格

WPS 表格是 WPS Office 套件中的电子表格应用，它提供了一系列先进的数据处理功能，包括但不限于数据录入、编辑、分析和可视化。利用其强大的公式计算引擎，用户能够执行复杂的数值分析，并通过数据透视图等工具对数据集进行深入洞察。此外，WPS 表格支持丰富的图表类型，使用户能够将数据以图形化方式展现，增强信息的传达效果。其用户界面友好，功能区的直观布局便于快速访问各种命令和工具，同时，宏录制和 VBA 编程功能为自动化任务提供了强大的支持。WPS 表格还具备高度的兼容性，能够无缝导入和导出多种文件格式。

2. 创建和打开工作表

（1）创建工作表

① 新建工作簿。在 WPS 界面，单击"新建"按钮，在打开的窗口中单击"表格"按钮，创建一个新的空白表格工作簿，如图 2.1.1 所示。

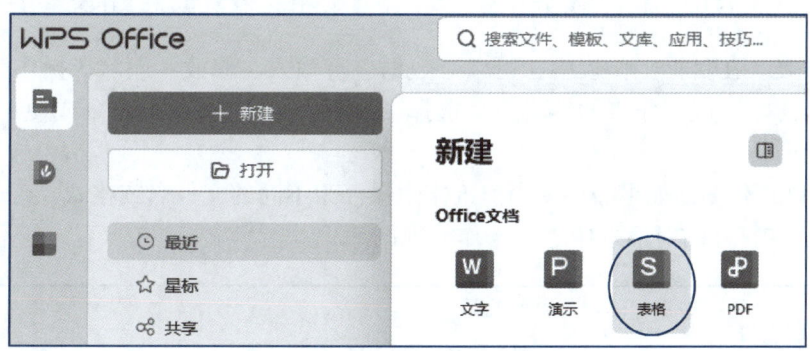

图 2.1.1 新建空白工作簿

② 添加工作表。在新创建的工作簿中，默认会有一个工作表。若需添加更多工作表，单击工作表标签栏右侧的"+"按钮，如图 2.1.2 所示。

③ 重命名工作表。对于新添加的工作表，双击其标签或其右键菜单中选择"重命名"命令，输入新的名称以提高工作表的可识别性，如图 2.1.3 所示。

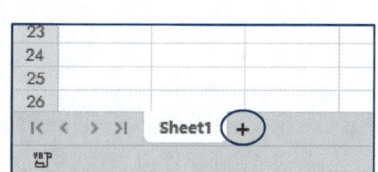

图 2.1.2 添加新工作表

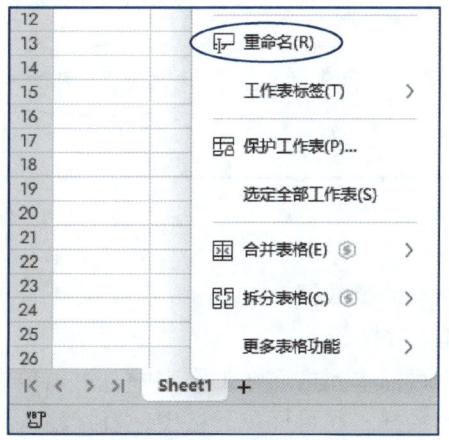

图 2.1.3 重命名工作表

（2）打开工作表

① 打开现有工作簿。在 WPS 表格中，选择"文件"→"打开"命令，如图 2.1.4 所示，在打开的对话框中浏览并选择需要打开的工作簿文件。

② 定位至特定工作表。工作簿文件打开后，其所有工作表的标签将显示在工作簿底部的标签栏中。

③ 切换至目标工作表。单击任一工作表标签，切换至该工作表，开始查看或编辑其中的数据，如图 2.1.5 所示。

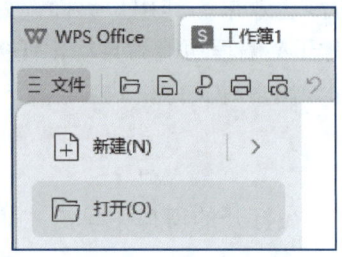
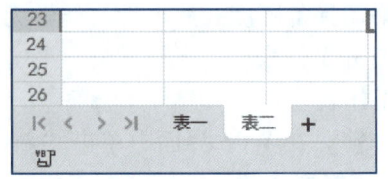

图 2.1.4　打开工作表　　　　　　　　　　图 2.1.5　切换工作表

④ 编辑工作表。在目标工作表中，可以对数据进行输入、修改、删除等操作。

⑤ 保存工作簿。完成工作表的编辑后，选择"文件"→"保存"命令或使用快捷键 Ctrl+S，保存所做的更改。

⑥ 另存为其他工作簿。如果需要将当前工作簿保存为不同的文件名或格式，可选择"文件"→"另存为"命令，在打开的对话框中进行操作，如图 2.1.6 所示。

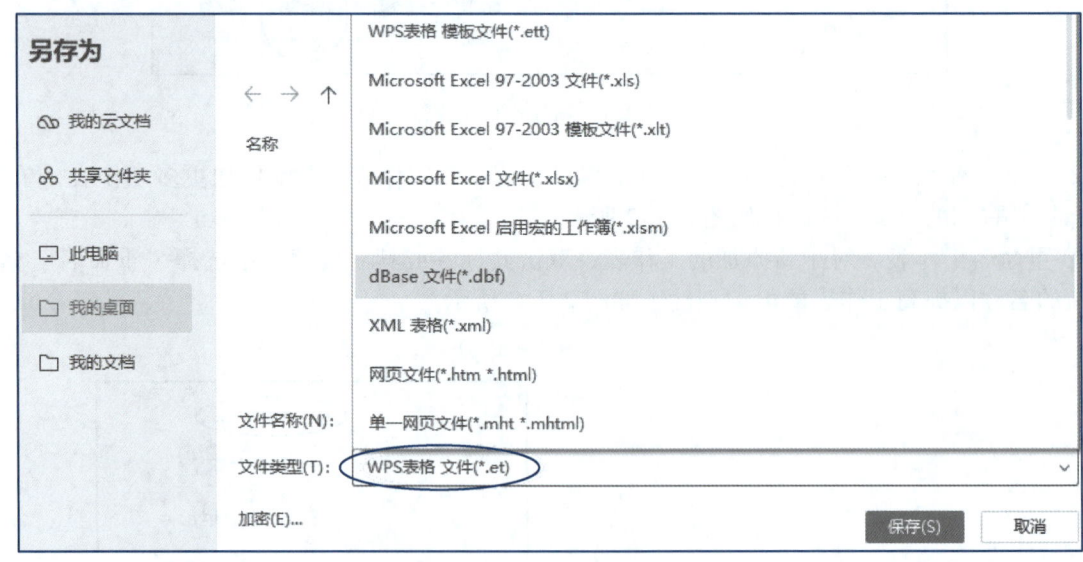

图 2.1.6　保存为其他格式

3. 插入与编辑数据

（1）插入数据

① 选择目标单元格。在工作表中，可以单击或使用键盘定位到准备插入数据的单元格。

② 输入数据。在目标单元格中，直接输入所需数据，或通过粘贴操作从剪贴板插入数据，如图 2.1.7 所示。

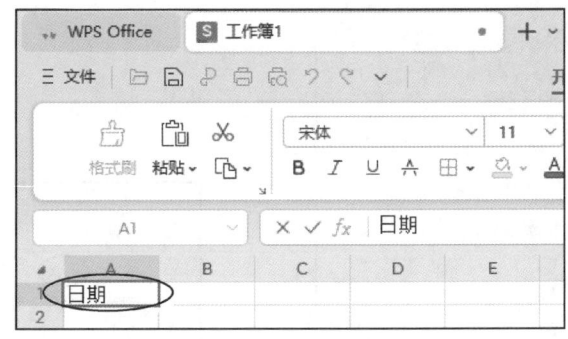

图 2.1.7　输入数据

③ 使用自动填充。完成初始数据输入后，如需快速填充连续单元格，可使用自动填充功能，如通过向下拖曳单元格右下角的填充柄，或双击以应用序列或复制格式，如图 2.1.8 所示。

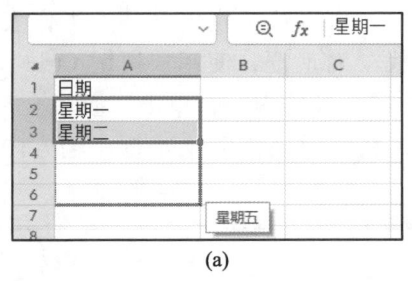
(a)
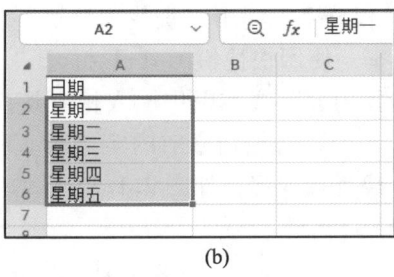
(b)

图 2.1.8　自动填充操作

（2）编辑数据

① 选择单元格。单击工作表中需要编辑的单元格，以选中并激活该单元格，如图 2.1.9 所示。

② 修改单元格内容。在激活的单元格中直接输入新数据，如图 2.1.10 所示。

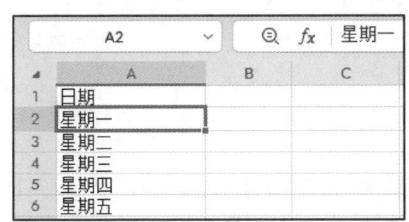
图 2.1.9　激活目标单元格

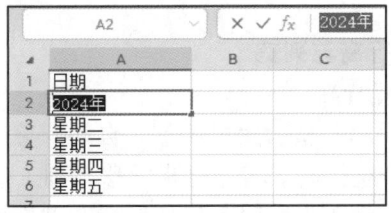
图 2.1.10　修改目标单元格中的数据

③ 清除单元格。要删除单元格中的数据，可在其右键菜单中选择"清除内容"命令，或选中单元格后按 Delete 键。

④ 剪切和复制单元格。选中需要复制的单元格后，右击所选中的单元格，在弹出的快捷菜单中单击"复制"按钮，或者使用快捷键 Ctrl+X 进行剪切，以及使用快捷键 Ctrl+C 进行复制，可以在工作表内移动或复制数据，如图 2.1.11 所示。

⑤ 粘贴单元格数据。如果要将单元格中的数据重复使用，需要将数据复制和粘贴到指定的单元格中。在选中单元格上右击，在弹出的快捷菜单中选择"粘贴"命令或按快捷键 Ctrl+V，可将数据粘贴到目标位置，如图 2.1.12 所示。

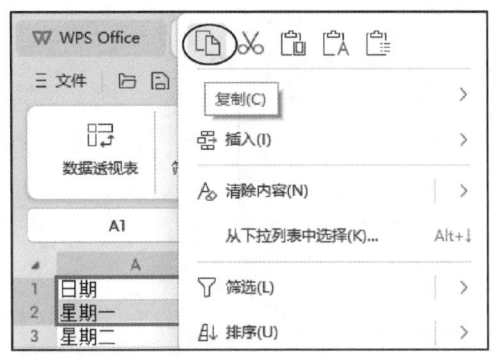

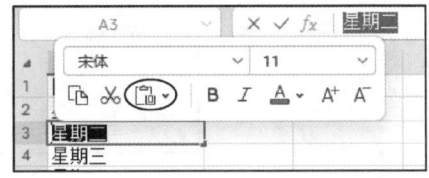

图 2.1.11　复制单元格　　　　　　　　图 2.1.12　粘贴单元格数据

⑥ 撤销和重做操作。在编辑过程中，若需撤销前一步的操作，可以使用快捷键 Ctrl+Z；若需重做操作，可以使用快捷键 Ctrl+Y 来完成。

⑦ 使用查找和替换。利用"查找和替换"功能，可以快速定位并替换工作表中的文本或数据，提高编辑效率。使用快捷键 Ctrl+F 打开"查找"对话框，使用快捷键 Ctrl+H 打开"替换"对话框，在"查找内容"文本框中输入相应要查找或替换的内容，单击"查找全部""查找上一个"或"查找下一个"等按钮来对内容进行查找，在"替换为"文本框中输入内容，单击"替换"按钮即可替换查找内容，如图 2.1.13 所示。

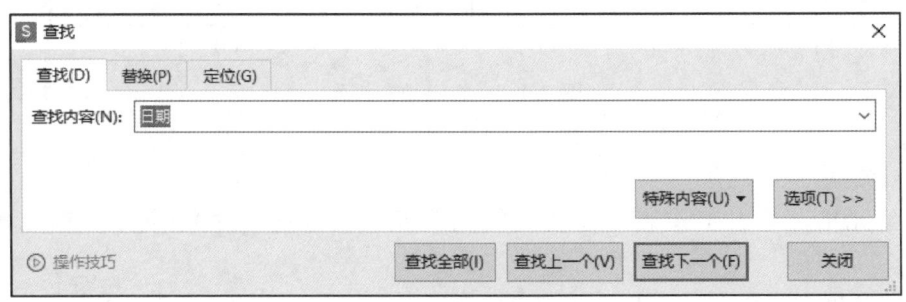

图 2.1.13　查找和替换

4. 设置行高与列宽

（1）设置行高

可通过手动调整、菜单调整、自动调整等方式设置行高。

● 手动调整行高。将鼠标指针移动到工作表需要调整行高的任意行号的上边界上，鼠标指针变为双头垂直箭头形状时，按住鼠标左键拖曳以调整行高，如图 2.1.14 所示。

● 使用菜单调整行高。选中一个或多个行，右击工作表中的任意行号，在弹出的快捷菜单中选择"行高"命令，在打开的对话框中输入具体数值后单击"确定"按钮确认，以统一设置选中行的行高，如图 2.1.15 所示。

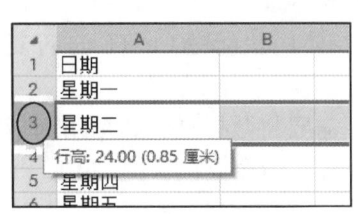

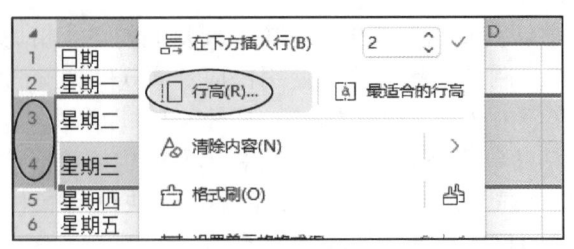

图 2.1.14　手动调整行高　　　　　　　图 2.1.15　批量设置行高

● 自动调整行高。选中一个或多个行，右击工作表中的任意行号，然后在弹出的快捷菜单中选择"最合适的行高"命令，所选行将自动根据内容调整行高。

（2）设置列宽

可通过手动调整、菜单调整、自动调整等方式设置列宽。

● 手动调整列宽。将鼠标指针移动到任意列标的边界上，指针变为双头水平箭头时，按住鼠标左键拖曳以调整列宽，如图 2.1.16 所示。

● 使用菜单调整列宽。选中一个或多个列，右击工作表中的任意列标，在弹出的快捷菜单中选择"列宽"命令，在打开的"列宽"对话框中输入具体数值后单击"确定"按钮确认，以统一设置选中列的列宽，如图 2.1.17 所示。

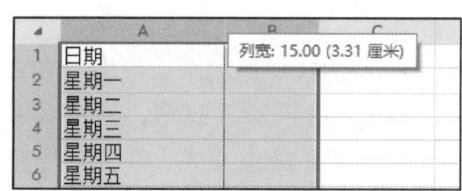

图 2.1.16　手动调整列宽

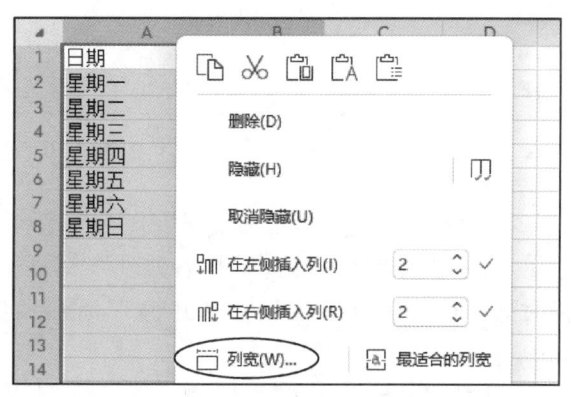

图 2.1.17　批量设置列宽

● 自动调整列宽。选中一个或多个列，右击工作表中的任意列标，在弹出的快捷菜单中选择"最适合的列宽"命令，所选列将自动根据内容调整列宽。

5. 设置数据有效性

（1）定义数据有效性规则

① 选择数据范围。在工作表中确定并选择需要设置数据有效性的单元格或单元格区域。

② 打开"数据有效性"对话框。选中单个或多个单元格后，在"数据"选项卡中单击"有效性"按钮，如图 2.1.18 所示，打开"数据有效性"对话框。

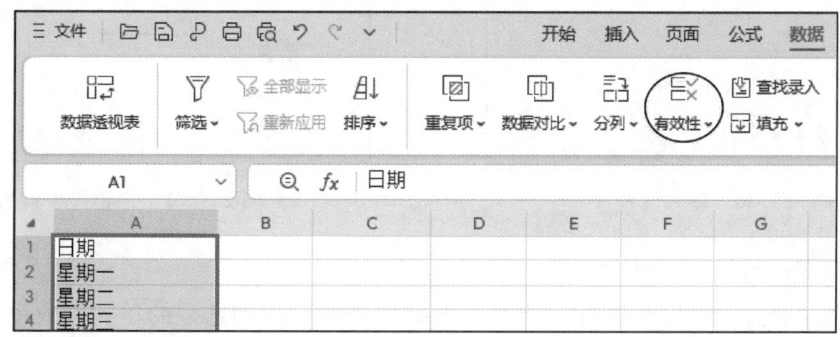

图 2.1.18　数据有效性设置

③ 选择有效性类型。在对话框中，选择"设置"选项卡，然后在"允许"下拉列表框中选择数据有效性类型，如"整数""小数""日期"等。

④ 设置条件规则。根据所选的类型，配置相应的条件规则，如"介于""等于"或"自定义"等，如图 2.1.19 所示。

47

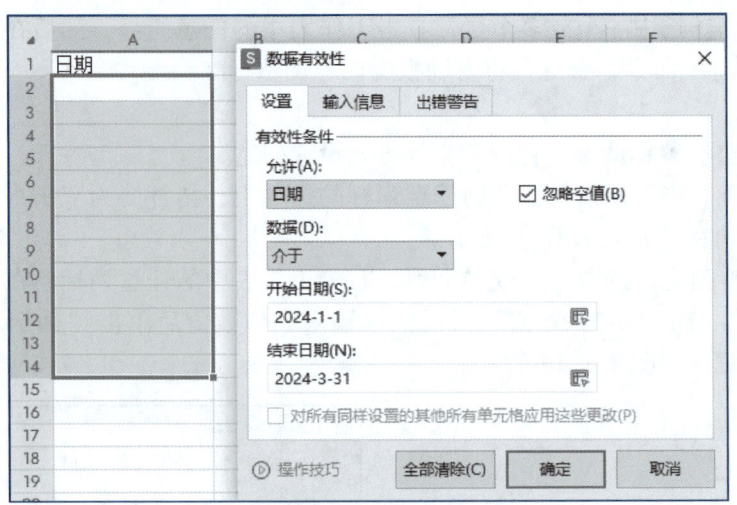

图 2.1.19　设置条件规则

（2）设置数据输入提示和错误警告

① 设置输入提示。在"数据有效性"对话框中，选择"输入信息"选项卡，选中"选定单元格时显示输入信息"复选框，并输入标题和信息文本，以指导用户输入数据，如图 2.1.20 所示。

② 设置错误警告。在"出错警告"选项卡中，选中"输入无效数据时显示出错警告"复选框，选择警告样式，并输入标题和错误信息文本，如图 2.1.21 所示。

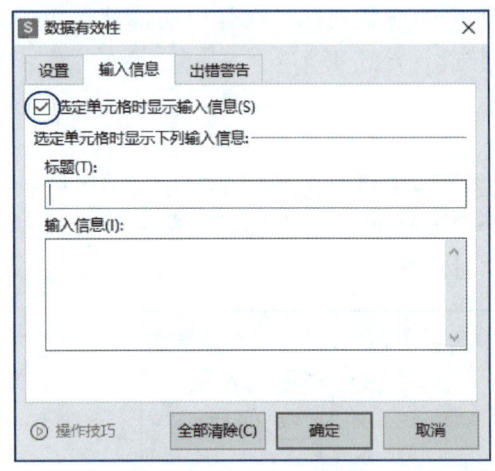

图 2.1.20　输入设置

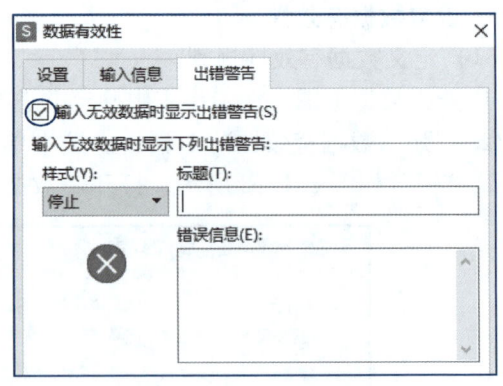

图 2.1.21　出错警告设置

（3）应用和测试数据有效性

完成设置后，单击"确定"按钮，将数据有效性规则应用到选定的单元格或单元格区域。

在应用了数据有效性的单元格中尝试输入数据，以验证是否符合设置的规则，检查是否显示了输入提示和错误警告，如图 2.1.22 所示。

6. 设置表格样式

（1）选择单元格样式

① 应用单元格格式。选中需要格式化的单元格或单元格区域，在"开始"选项卡中使用"字体""颜色"等工具进行基础格式设置，如图 2.1.23 所示。

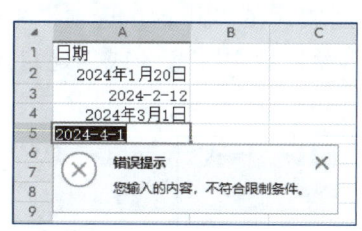

图 2.1.22 有效性错误提示

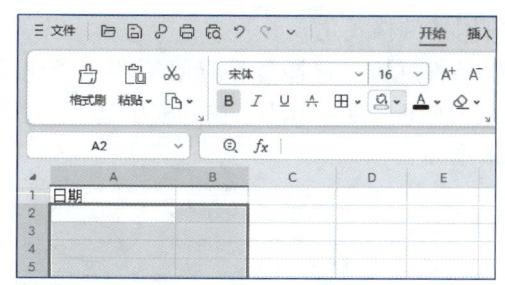

图 2.1.23 设置基础格式

② 使用样式模板。在"开始"选项卡中单击"套用表格样式"下拉按钮 ，如图 2.1.24 所示，在弹出的下拉面板中浏览并选择预设的单元格样式模板，单击以应用到选定的单元格。

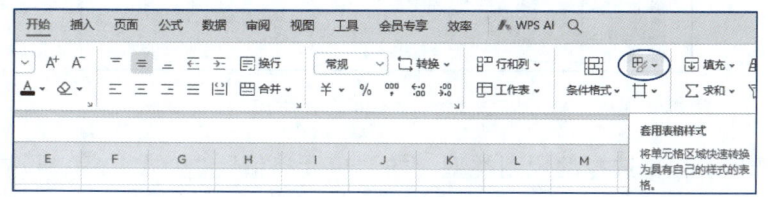

图 2.1.24 使用样式模板

③ 自定义单元格样式。单击"样式"组中的"新建表格样式"按钮，设置"样式名称"和"格式"选项，创建个性化的单元格样式，如图 2.1.25 所示。

（2）设置表格格式

① 设置边框样式。选中需要设置边框的单元格区域，然后在"开始"选项卡中单击"边框"下拉按钮 ，在弹出的下拉列表中选择合适的边框样式，或选择"其他边框"命令，在打开的对话框中自定义边框样式，如图 2.1.26 所示。

② 填充单元格背景。对于需要突出显示的单元格，可以在"开始"选项卡中单击"填充颜色"下拉按钮 ，在弹出的下拉面板中选择合适的填充色以增强数据的可视性，如图 2.1.27 所示。

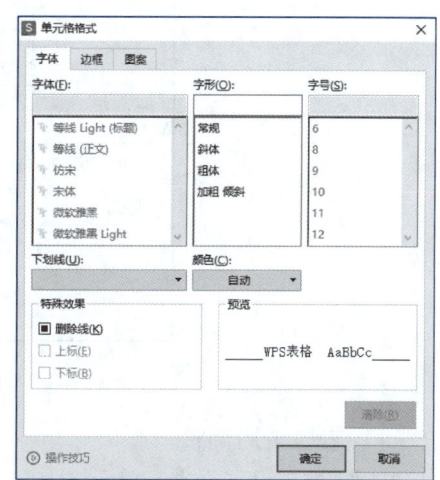

图 2.1.25 单元格格式设置

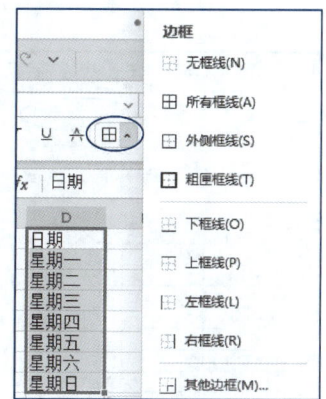

图 2.1.26 表格边框样式设置

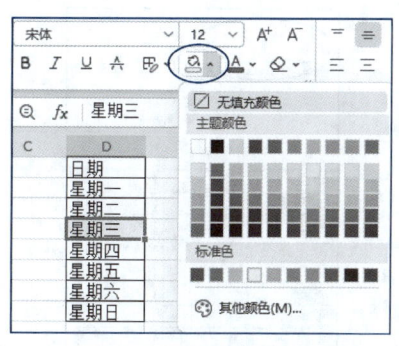

图 2.1.27 单元格背景设置

（3）应用条件格式化

① 设定条件规则。选择需要应用条件格式化的单元格区域，在"开始"选项卡中单击"条件格式"下拉按钮，在弹出的下拉列表中选择"突出显示单元格规则"命令或创建自定义规则，如图 2.1.28 所示。

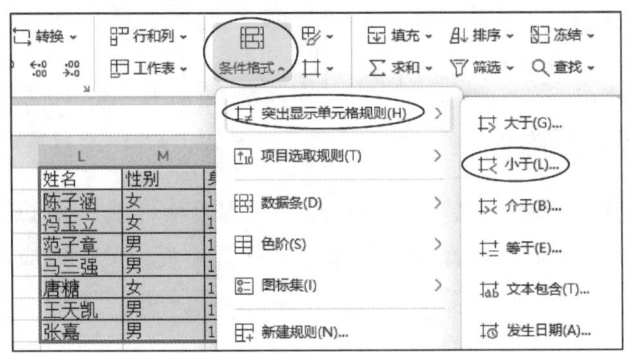

图 2.1.28 条件格式应用

② 配置规则选项。根据选择的规则类型，如"单元格值""公式"等，设置条件和相应的格式样式，如改变字体颜色、填充颜色等，如图 2.1.29 所示。

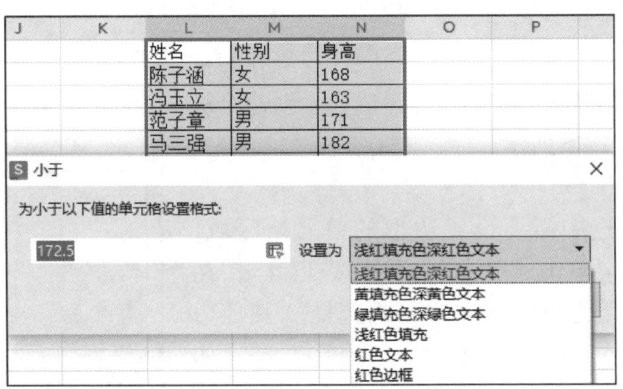

图 2.1.29 单元格值设置

（4）表格布局调整

根据需要，设置文本在单元格中文本的对齐方式，包括水平对齐和垂直对齐，如图 2.1.30 所示。

对于设置了特定样式的表格，可以使用"锁定"功能，防止在编辑过程中意外更改样式，如图 2.1.31 所示。

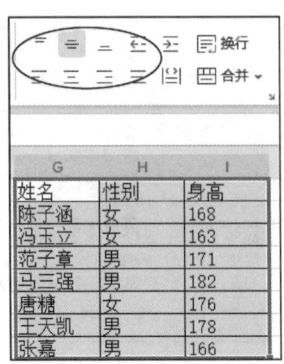

图 2.1.30 单元格文本的对齐方式设置

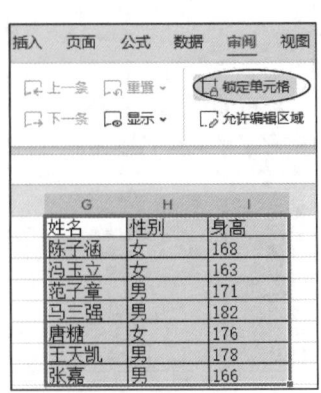

图 2.1.31 锁定表格样式

任务实施

1. 创建工作表

启动 WPS 表格并新建工作簿，重命名为"参加黄河沿线红色文化研学报名表"。

2. 输入报名表格式

① 在第 1 行（A1:E1）合并单元格并输入标题"参加黄河沿线红色文化研学报名表"，使标题跨列显示。

② 在第 2 行输入字段名称，其中 A2 为"序号"，B2 为"姓名"，C2 为"性别"，D2 为"年龄"，E2 为"联系方式"。

3. 输入示例数据

① 在第 3 行中输入示例数据，如 A3 为"1"、B3 为"张三"、C3 为"男"、D3 为"18"、E3 为"13800000000"。

② 使用自动填充功能快速填充序号或日期等有规律的数据。

4. 编辑与调整数据

① 对已输入的数据进行编辑和修改，确保信息的准确性。

② 利用剪切、复制和粘贴功能调整数据布局，如图 2.1.32 所示。

5. 设置行高与列宽

根据内容需要，手动或自动调整行高和列宽，在这里选择最适合列宽确保工作表的整洁和易读性。

6. 设置数据有效性

① 为关键字段设置数据有效性规则，如限定性别选项或年龄范围，如 18 岁以上。将 D2 的年龄错误设置为忽略。

② 配置输入提示和错误警告，指导用户正确填写数据，如图 2.1.33 所示。

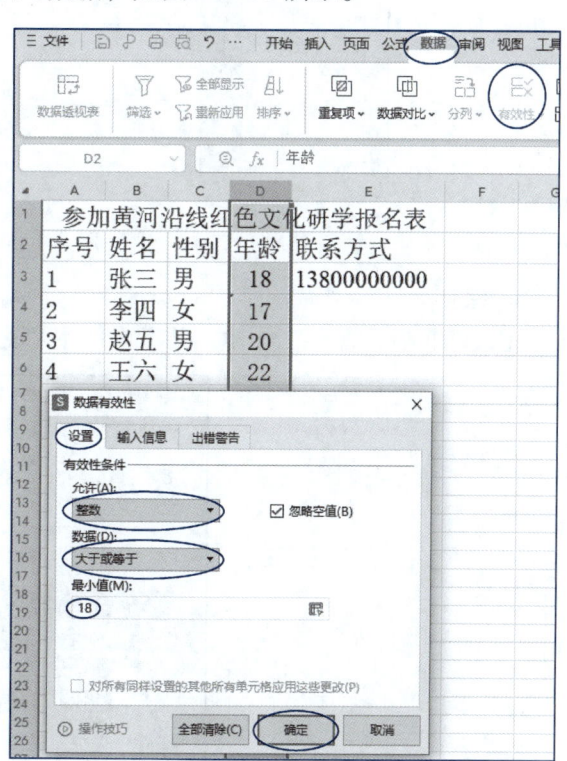

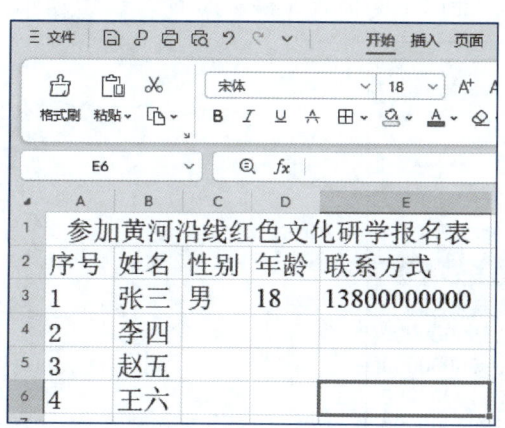

图 2.1.32　输入数据与编辑调整

图 2.1.33　数据有效性

7. 应用表格样式

① 选择并应用单元格样式，增强工作表的视觉效果，如图 2.1.34 所示。

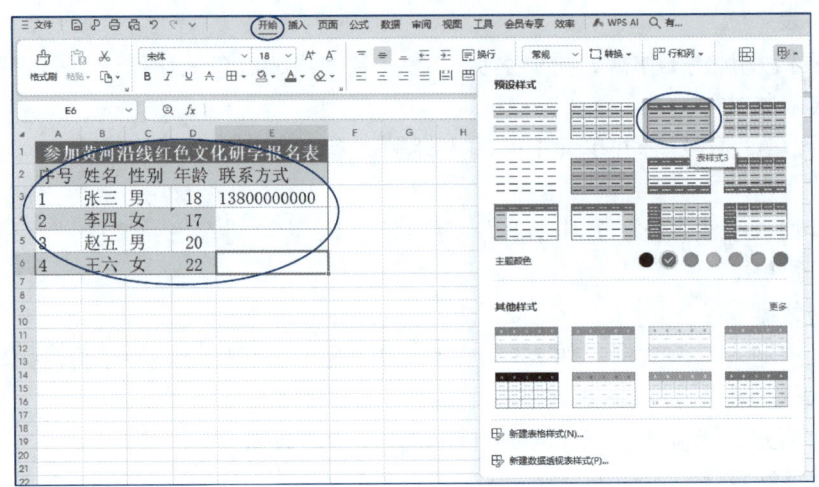

图 2.1.34　应用表格样式

② 使用"突出显示单元格规则"对条件格式化满足特定条件的数据，如图 2.1.35 所示。

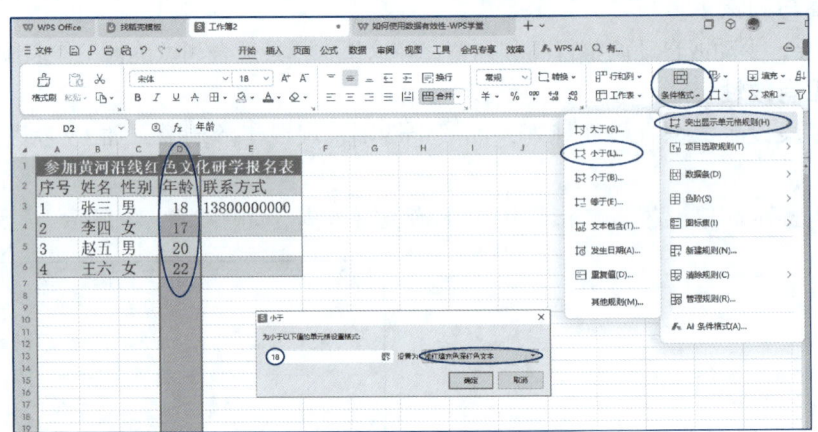

图 2.1.35　条件样式

8. 保存

完成编辑后，保存工作簿，并考虑使用"另存为"功能以不同格式保存，如图 2.1.36 所示。

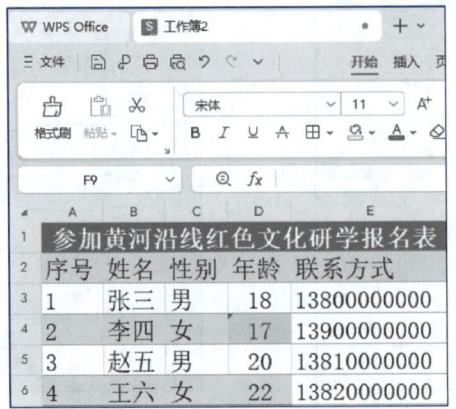

图 2.1.36　任务 2.1 最终成果

任务评价

1. 自我评价

任 务 要 求	掌握的操作有	仍需加强的有	不理解的有
创建和打开工作表			
插入与编辑数据			
设置行高与列宽			
设置数据有效性			
设置表格样式			
在本次任务实施过程中，自我评价的结果	A. 优秀　B. 良好　C. 仍需努力　D. 不清楚		

2. 测试评价

① 在 WPS 表格中，若要对选定的单元格区域设置相同的行高和列宽，其操作为（　　　）。

A. 单独调整每个单元格的行高和列宽

B. 使用"格式刷"功能复制已有的行高和列宽

C. 利用"分布行"和"分布列"功能

D. 在"页面布局"中设置统一的行高和列宽

② WPS 表格中的数据有效性功能可以用于（　　　）。

A. 改变单元格的外观　　　　B. 限制用户输入的数据类型或范围

C. 自动计算单元格数据　　　　D. 插入图片或图表

③ 在 WPS 表格中，若要对数据进行排序，应使用（　　　）。

A. "开始"选项卡中的"字体"组功能

B. "插入"选项卡中的"表格"功能

C. "数据"选项卡中的"排序"功能

D. "页面布局"选项卡中的"方向"功能

④ WPS 表格中，以下（　　　）操作是设置条件格式化的正确步骤。

A. 在"开始"选项卡中单击"条件格式化"按钮

B. 在"插入"选项卡中单击"条件格式化"按钮

C. 在"页面布局"选项卡中单击"条件格式化"按钮

D. 在"数据"选项卡中单击"条件格式化"按钮

⑤ 在 WPS 表格中，若要在单元格内输入日期型数据，其操作为（　　　）。

A. 使用"插入"选项卡中的"图片"功能

B. 使用"插入"选项卡中的"文本"功能

C. 使用"开始"选项卡的单元格格式里"数字"选项卡中选择"日期"

D. 手动输入日期

⑥ 在 WPS 表格中，若要对工作表进行重命名，以下操作正确的是（　　　）。

A. 右击工作表标签，在弹出的快捷菜单中选择"重命名"命令

B. 单击工作表标签

C. 选择"文件"→"另存为"命令

D. 选择"页面布局"中的"工作表名称"

任务拓展

郑小安作为高职学校学生会主席，需要设计一个易于操作的"科技展览活动报名及信息管理系统"，该系统需利用 WPS 表格，具备直观的用户界面和填写指导，确保参展者信息准确录入；集成数据有效性检查，自动统计参展项目和人数，并通过条件格式化突出关键信息；同时，系统应支持数据的快速排序、筛选，图表化展示统计结果，以及设置打印格式以优化纸质输出效果；此外，系统还需具备数据保护功能、防止信息误改等。

微课 2-2
制作《乡村振兴
观摩考察情况》
数据报表

任务 2.2　制作《乡村振兴观摩考察情况》数据报表

 任务简介

数据分析员郑小安受邀为当地政府制作《乡村振兴观摩考察情况》数据报表。该报表不仅需要展示对各村庄的考察情况，还要分析农民收入变化，提供数据支持以帮助制订进一步的振兴计划。这项任务将锻炼小安的数据整理和分析能力。

 知识准备

1. 公式和函数

（1）公式基础

① 公式的概念。在 WPS 表格中，公式用于执行单元格之间的数值计算。公式以等号（=）开始，后跟数学运算符和单元格引用。

② 公式的构成。公式可以包含数字、运算符（+、-、*、/ 等）、单元格引用（如 A1、B2等）和常量，如图 2.2.1 所示。

③ 公式的输入与编辑。单击目标单元格，输入等号（=），然后输入计算表达式。按 Enter 键确认，或单击编辑栏中的"√"按钮，如图 2.2.2 所示。

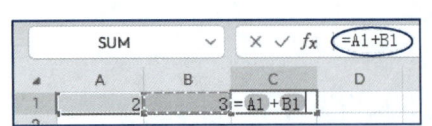

图 2.2.1　公式的结构

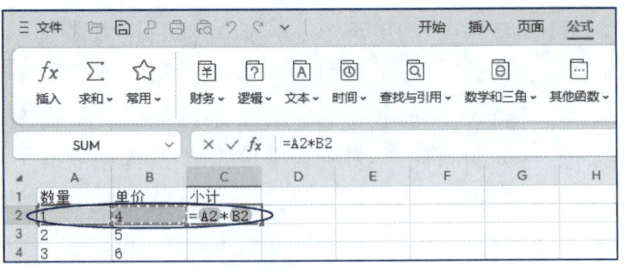

图 2.2.2　输入公式

（2）函数应用

① 函数的概念。函数是预定义的公式，执行特定的计算任务，并返回一个结果。函数以等号（=）开始，后跟函数名和参数。

② 函数的分类。WPS 表格提供了多种类型的函数，在"公式"选项卡中，单击"插入"按钮，打开"插入函数"对话框，在"或选择类别"下拉列表中包括数学与三角函数、统计函数、财务函数和日期与时间函数等，如图 2.2.3 所示。

③ 函数的使用。单击目标单元格，输入等号（=），然后输入函数名，如 SUM（A2：A9），按 Enter 键完成函数输入，如图 2.2.4 所示。

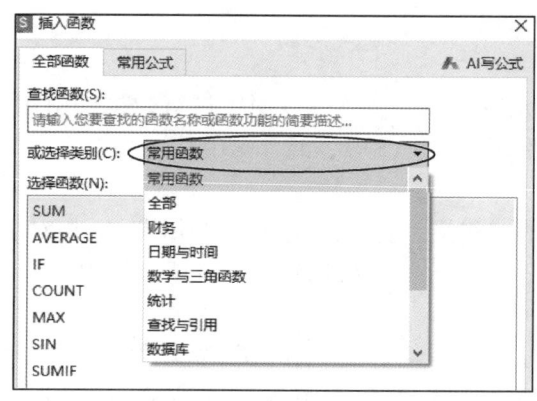

图 2.2.3　插入公式

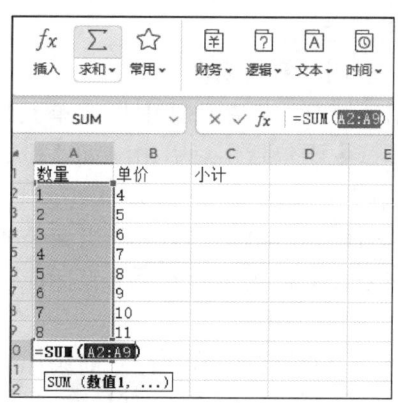

图 2.2.4　函数输入

（3）公式与函数的高级应用

① 范围引用。使用冒号（：）表示一系列连续的单元格，如 A2:A9 表示 A 列第 2 行到第 9 行的所有单元格，如图 2.2.5 所示。

② 函数的嵌套。可以在一个公式中使用多个函数，或在一个函数的参数中使用另一个函数，实现复杂的计算，如图 2.2.6 所示。

图 2.2.5　冒号的使用

③ 错误检查。WPS 表格会对公式进行错误检查，并在状态栏显示错误提示，如"#DIV/0!"表示除数为零错误，如图 2.2.7 所示。

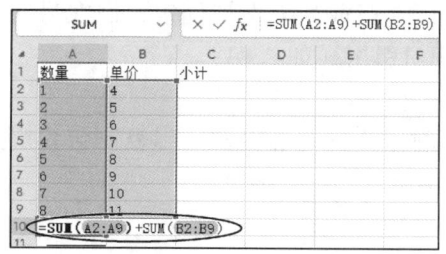

图 2.2.6　多函数使用

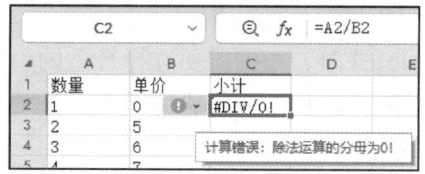

图 2.2.7　错误检查

（4）公式与函数的调试

① 逐步求值。使用"公式求值"工具逐步计算公式的每个部分，帮助理解公式的计算过程，如图 2.2.8 所示。

② 错误检查。使用"错误检查"工具可对整个表格中的公式使用进行检查，发现公式中的潜在错误，如引用错误或循环引用，如图 2.2.9 所示。

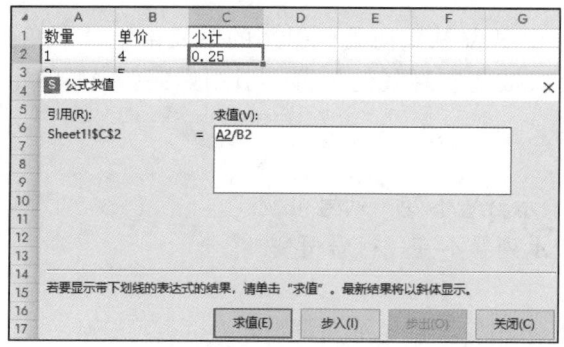

图 2.2.8　"公式求值"工具的使用

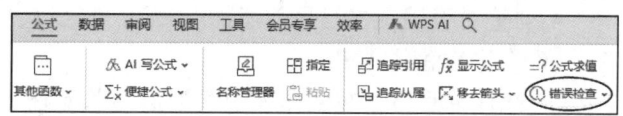

图 2.2.9　"错误检查"工具

2. 引用运算符

（1）引用运算符简介

引用运算符用于在公式中指定单元格或单元格区域的位置，以便于进行数据的引用和计算。引用运算符主要包括相对引用（如 A1）、绝对引用（如$A$1）、混合引用。

（2）相对引用

相对引用表示单元格相对于当前公式位置的偏移量，复制公式时会自动调整。相对引用在使用时，在公式中直接使用单元格坐标即可，如"=A2"或"=SUM（A2:A9）"，如图 2.2.10 所示。

（3）绝对引用

绝对引用通过在列号和行号前添加美元符号（$），使得在复制公式时，引用的单元格地址不会改变，在需要固定引用特定单元格时使用，如"=$A$1"，如图 2.2.11 所示。

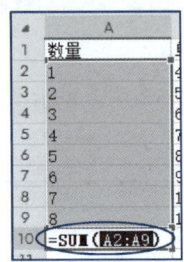

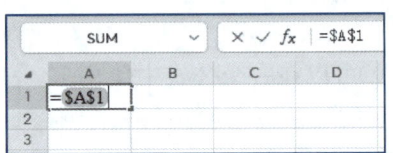

图 2.2.10　相对引用　　　　　　　图 2.2.11　绝对引用

（4）混合引用

混合引用结合了相对引用和绝对引用的特点，可以在行或列上保持固定，而在另一维度上相对变化，如行绝对列相对引用（如$A1），列绝对行相对引用（如 A$1）。

（5）引用运算符的应用

在编写公式时，根据需要选择合适的引用类型，确保计算的准确性。当复制包含引用的公式到其他位置时，引用运算符决定了单元格地址的调整方式。

3. 引用单元格

（1）单元格引用的基本概念

单元格引用用于在公式中指定特定单元格或单元格区域的位置，以便于执行数据的读取和计算。

（2）单元格引用的类型

单元格引用分为相对引用、绝对引用和混合引用。

（3）相对引用

相对引用根据公式所在位置相对于被引用单元格的位置进行调整。例如，若在 B2 单元格输入公式"=A1"，当该公式复制到 C2 时，公式将自动变为"=B1"，如图 2.2.12 所示。

（4）绝对引用

绝对引用在引用前添加美元符号（$），使得无论公式复制到何处，引用的单元格地址不变。例如，若在 B2 单元格输入公式"=$A$1"，即使公式被复制到其他位置，引用始终为 A1 单元格，如图 2.2.13 所示。

（5）混合引用

● 行绝对引用。在列号前添加$符号，如 A$1，表示行号不变，列号可变。

● 列绝对引用。在行号前添加$符号，如$A1，表示列号不变，行号可变。

（6）引用操作

① 选择单元格。在工作表中单击选中单元格，其引用地址将显示在编辑栏。

② 输入引用。在编辑栏或公式中直接输入单元格地址，如"=B2"，如图 2.2.14 所示。

56

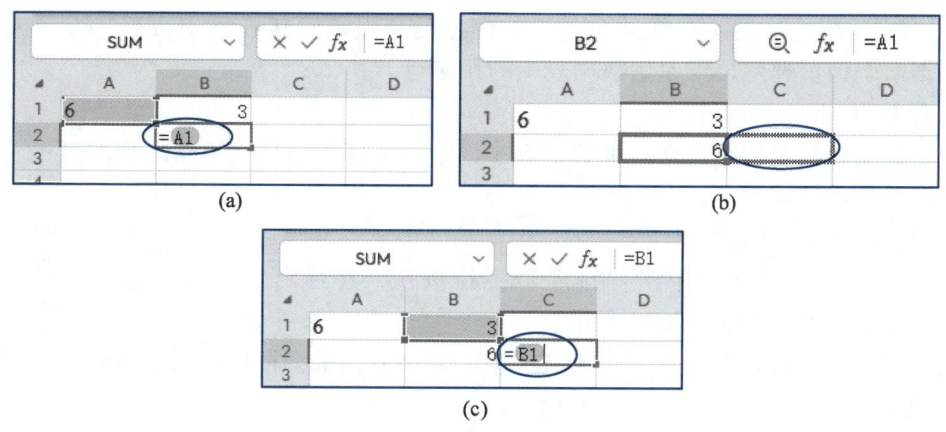

图 2.2.12　单元格相对引用

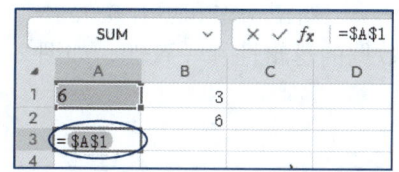

图 2.2.13　绝对单元格引用

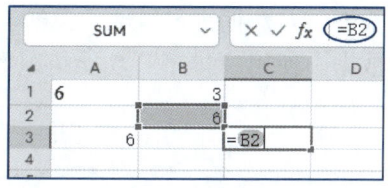

图 2.2.14　输入引用

（7）范围引用

① 连续区域。使用英文半角冒号（：）表示一系列连续的单元格，如 A1：A10 表示 A 列第 1 行到第 10 行的所有单元格。

② 非连续区域。使用逗号（，）分隔不同的单元格或区域，如 A1，C5，E9。

（8）引用运算符的应用

① 使用公式。在公式中结合使用不同类型的引用运算符，实现复杂的数据计算。

② 动态引用。利用名称管理器定义的名称或使用 INDIRECT 函数实现单元格区域的动态引用。

（9）引用错误处理

避免公式中出现循环引用，即直接或间接引用自身造成的无限循环。还应检查公式中的引用是否指向正确的单元格，避免出现"#REF！"等错误。

4. 使用索引与排序

（1）使用索引

① 打开原始数据表，如图 2.2.15 所示。

② 创建索引表格。

● 在原始数据表旁边添加一个新列，命名为"索引"。

● 根据工号或姓名为每个员工分配一个索引值。这里使用工号作为索引值。

③ 索引表格示例，如图 2.2.16 所示。

	A	B	C
1	工号	姓名	部门
2	001	张三	市场部
3	002	李四	财务部
4	003	王五	技术部
5	...	...	...
6			

图 2.2.15　源数据示例

	A	B	C	D
1	索引	工号	姓名	部门
2	1	001	张三	市场部
3	2	002	李四	财务部
4	3	003	王五	技术部
5	...	...	...	...
6				

图 2.2.16　索引数据表

④ 使用索引表格。当需要查找某个员工的信息时，可以直接在索引表格中找到对应的索引值。然后根据索引值快速定位到原始数据表中的相应行。

（2）排序数据

排序是将数据集按照特定规则（如数值大小、字母顺序等）进行重新排列的过程。

简单排序操作步骤如下。

① 选中需要排序的数据区域。

② 在"数据"选项卡中，单击"排序"下拉按钮，在弹出的下拉列表中选择"升序"或"降序"命令进行排序，如图 2.2.17 所示。

如需进行高级排序设置，打开"自定义排序"对话框，选择根据一列或多列进行排序。

5. 生成报表

（1）准备数据源

① 收集数据。确保所有需要生成报表的数据已被收集并输入 WPS 表格中。

② 清洗数据。对数据进行清洗，包括手动去除重复项、纠正错误和填补缺失值。

③ 组织数据。使用"排序"功能组织数据，确保数据的逻辑性和一致性，如图 2.2.18 所示。

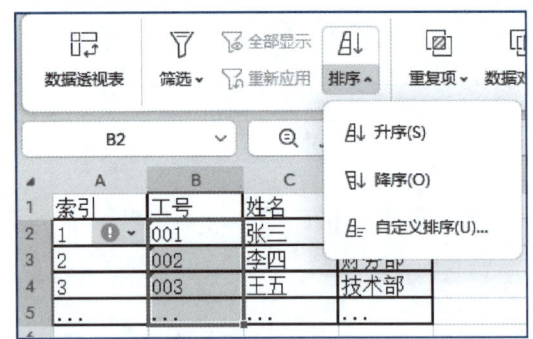

图 2.2.17　排序

采购清单			
名称	数量	单价	价格小计
足球	1	4	4
篮球	2	5	10
乒乓球	3	6	18
羽毛球	4	7	28
毽子	5	8	40
钢笔	6	9	54
文具盒	7	10	70
排球	8	11	88
价格合计			312

图 2.2.18　组织数据

（2）创建基本报表

① 应用公式和函数。利用公式和函数对数据进行基本的计算和分析。

② 使用条件格式化。根据数据条件修改单元格的格式，以突出显示关键信息。

③ 插入图表。根据需要插入图表，如柱形图、折线图或饼图，以可视化数据趋势，如图 2.2.19 所示。

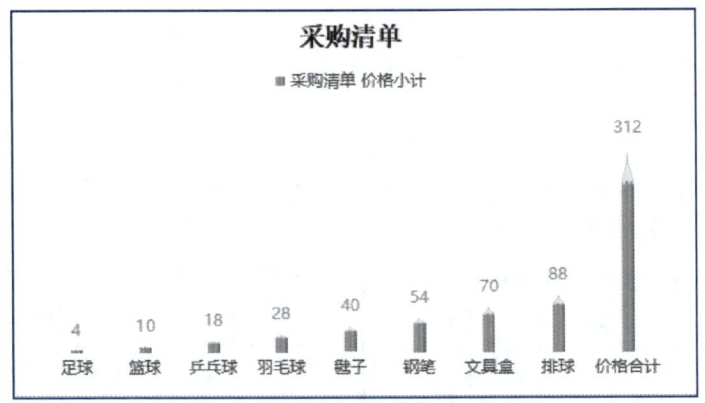

图 2.2.19　图表展示

任务实施

1. 启动 WPS 表格并准备数据

打开 WPS Office，新建一个工作簿，命名为"《乡村振兴观摩考察情况》"，并输入相应数据。

2. 设计报表格式

（1）报表标题

在新工作簿的第 1 个工作表中，合并 A1:E1 单元格，并输入标题"《乡村振兴观摩考察情况》"。

（2）输入字段名

在第 2 行输入字段名，如 A2 为"序号"、B2 为"地区"、C2 为"人口（万）"、D2 为"人均 GDP（万）"、E2 为"2022 年 GDP（亿）"。

3. 输入数据

从第 3 行开始输入各地区的具体数据，如图 2.2.20 所示。

	A	B	C	D	E
1	《乡村振兴观摩考察情况》				
2	序号	地区	人口（万）	人均GDP（万）	2022年GDP（亿）
3	1	濮阳市	374.4	5.05	1889.53
4	2	周口市	885.3	4.09	3616.99
5	3	安阳市	542.3	4.63	2512.1
6	4	商丘市	772.3	4.22	3262.68
7	5	南阳市	962.9	4.73	4555.4

图 2.2.20 输入信息

4. 设置行高和列宽

选中内容所在行，右击，在弹出的快捷菜单中选择"最适合的行高"命令，选中内容所在列，右击，在弹出的快捷菜单中选择"最适合的列宽"命令，以适应内容，如图 2.2.21 所示。

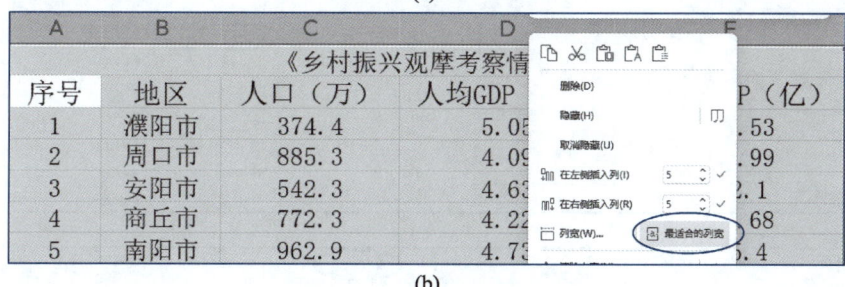

图 2.2.21 最适合的行高和列宽

5. 数据排序

选中包含数据的区域，单击"数据"选项卡中的"排序"下拉按钮，在弹出的下拉列表中按需要选择合适的方式对数据进行排序。例如，选中"人均 GDP（万）"区域，单击"数据"选项卡中的"排序"下拉按钮，在弹出的下拉列表中选择"升序"命令，在打开的对话框中单击"排序"按钮，如图 2.2.22 所示。

《乡村振兴观摩考察情况》
序号
地区
人口（万）
人均GDP（万）
2022年GDP（亿）
排序警告
WPS表格 发现在选定区域旁边还有数据，这些数据将不参与排序。
给出排序依据
扩展选定区域(E)
以当前选定区域排序(C)
排序(S)
取消
5.05
4.09
4.63
4.22
4.73
4.54
1889.53
3616.99
2512.1
3262.68
4555.4
3167.34

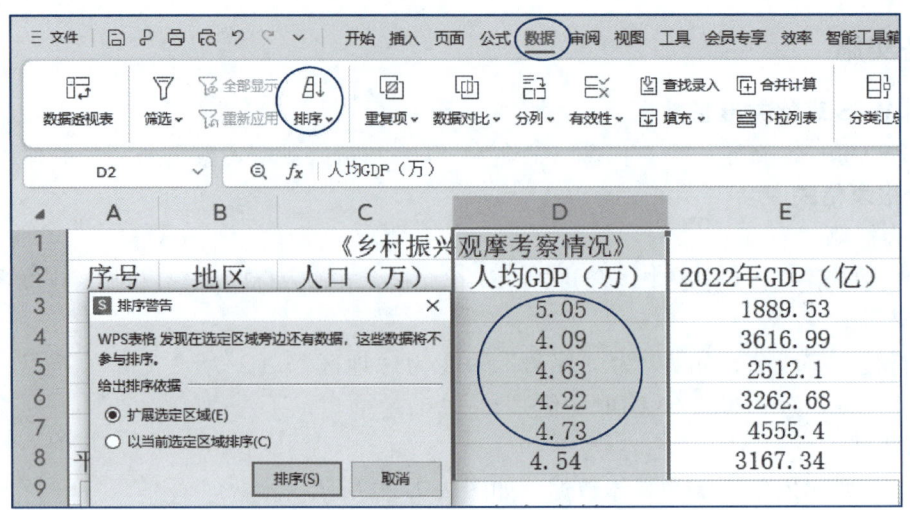

图 2.2.22　数据排序

6. 使用公式计算

在数据下方的单元格中使用公式计算总和、平均值或其他统计数据。例如，在 C8 单元格输入“=AVERAGE(C3:C7)”，在 D8 单元格输入“=AVERAGE(D3:D7)”，如图 2.2.23 所示。

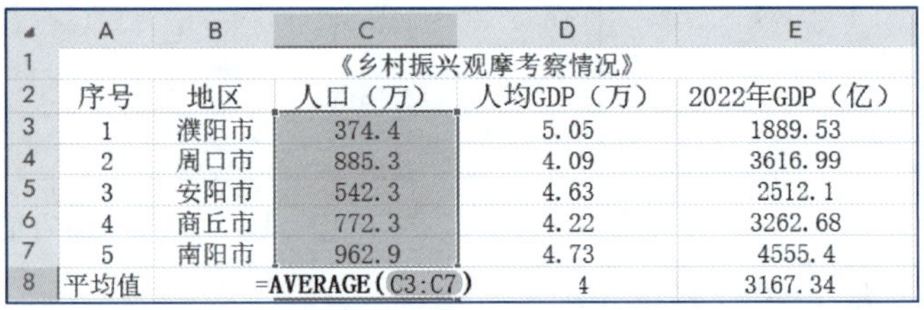

《乡村振兴观摩考察情况》
序号 地区 人口（万） 人均GDP（万） 2022年GDP（亿）
1 濮阳市 374.4 5.05 1889.53
2 周口市 885.3 4.09 3616.99
3 安阳市 542.3 4.63 2512.1
4 商丘市 772.3 4.22 3262.68
5 南阳市 962.9 4.73 4555.4
平均值 =AVERAGE(C3:C7) 4 3167.34

图 2.2.23　平均值计算

7. 条件格式

使用条件格式高亮显示关键数据，如高于平均收入的村庄。选中“人均 GDP（万）”列的单元格，单击“开始”选项卡“条件格式”下拉按钮，在弹出的下拉列表中选择“突出显示单元格规则”→“小于”命令，在打开的对话框中填入 4.54，单击“确定”按钮，如图 2.2.24 所示。

《乡村振兴观摩考察情况》
突出显示单元格规则(H)
小于(L)...
平均值 707.44 4.54 3167.34

(a)

平均值 707.44 4.54 3167.34
小于
为小于以下值的单元格设置格式:
4.54
设置为 浅红填充色深红色文本
确定
取消

(b)

图 2.2.24　条件格式设置

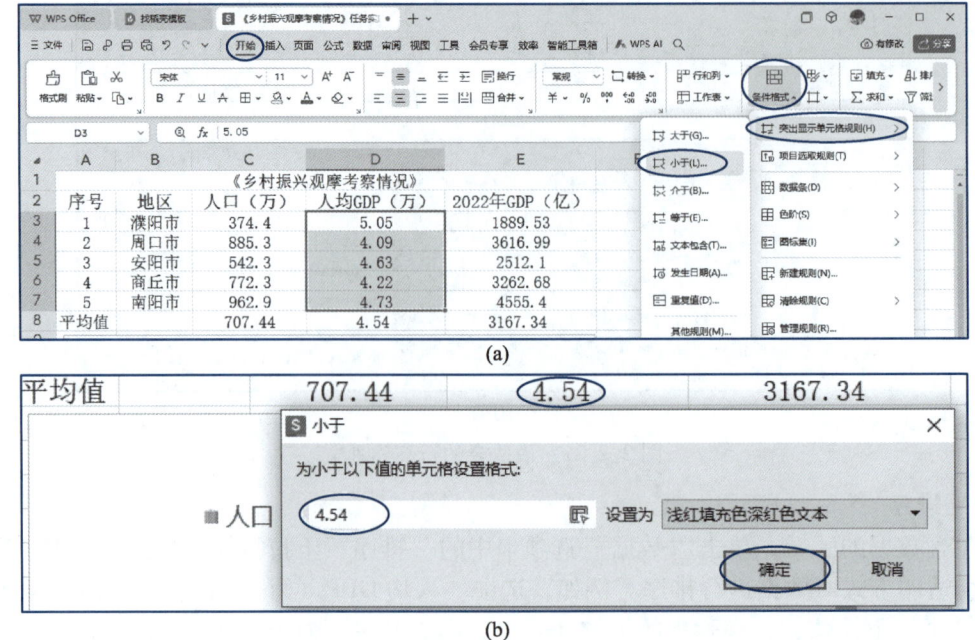

8. 插入图表

选中数据区域，在"插入"选项卡中单击"图表"按钮，在打开的对话框中选择合适的图表类型，以图表来可视化数据趋势，将表格标题改为"《乡村振兴观摩考察情况》"，如图 2.2.25 所示。

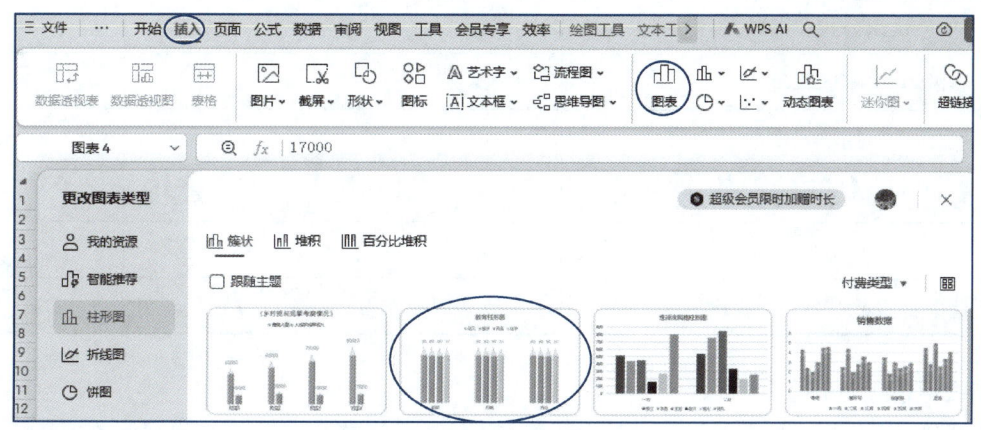

图 2.2.25　插入图表

9. 保存报表

完成报表后，单击"保存"按钮即可，如图 2.2.26 所示。

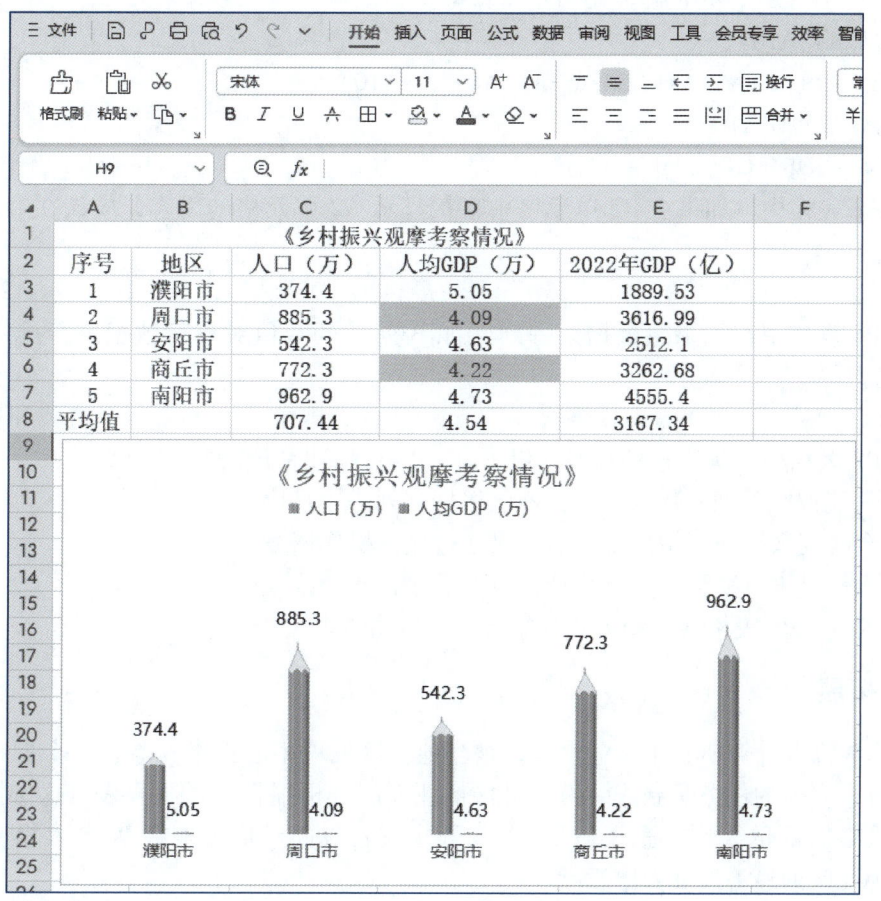

图 2.2.26　保存报表

任务评价

1. 自我评价

任 务 要 求	掌握的操作有	仍需加强的有	不理解的有
认识公式和函数			
引用运算符			
引用单元格			
使用索引与排序			
生成报表			
在本次任务实施过程中，自我评价的结果	A. 优秀　　B. 良好　　C. 仍需努力　　D. 不清楚		

2. 测试评价

① 在 WPS 表格中，如果要计算 A1 单元格与 B1 单元格的和，并将结果显示在 C1 单元格，应该使用以下（　　）公式。

A. C1 = A1+B1　　　　B. SUM（A1,B1）　　　　C. A1+B1　　　　D. =SUM（A1,B1）

② 在 WPS 表格中，如果想引用 A 列中第 1 行到第 10 行的所有单元格，并计算它们的总和，应该使用（　　）公式，并正确使用引用运算符。

A. =SUM（A1:A10）

B. =SUM（A1+A2+A3+A4+A5+A6+A7+A8+A9+A10）

C. =SUM（A1 TO A10）

D. =SUM（INDIRECT（"A1:A10"））

③ 在 WPS 表格中，如果在 D2 单元格中直接显示 A2 单元格的内容，应该在 D2 单元格中输入（　　）。

A. =A2　　　　　　　B. A2　　　　　　　C. D2 = A2　　　　　　D. 显示 A2

④ 在 WPS 表格中，如果想根据某一列（如 B 列）的数值对整行数据进行排序，应该使用（　　）功能。

A. 筛选　　　　　　B. 条件格式　　　　　　C. 排序　　　　　D. 查找和替换

⑤ 在 WPS 表格中，关于排序功能，以下（　　）描述是正确的。

A. 排序只能按照单列的数据进行，不能根据多列进行排序

B. 排序会改变数据的原始位置，但可以通过撤销操作恢复

C. 排序操作是不可逆的，一旦执行，数据顺序将永久改变

D. 排序时，WPS 表格会自动创建数据备份，以防数据丢失

 任务拓展

郑小安作为高职计算机技术专业学生，被当地社区发展中心选中，参与一个旨在提升社区商业活力的项目中。他的任务是制作一份《社区商业发展分析报告》数据报表，这份报表将成为社区商业发展策略的重要参考。通过这项工作，郑小安不仅能够应用他在 WPS 表格中学习到的技能，还能够为社区的经济发展做出贡献。

任务 2.3　制作《河南各地市主要农作物情况》调查表

 任务简介

微课 2-3

制作《河南各地市主要农作物情况》调查表

　　郑小安正准备进行一项任务：编制《河南各地市农作物情况》调查表。通过分析河南省不同地区的农作物种植数据，进行分类汇总并计算总数与平均值。利用 WPS 表格等工具，他将创建数据透视图，以图形化方式展示农作物分布和产量，帮助人们快速理解复杂数据，同时为河南省的农业策略和教育提供数据支持。这项任务不仅可以帮助郑小安同学学习实践知识，而且能提升数据处理技能，也是对河南省农业的深入研究。

 知识准备

1. 分类汇总各类数据

（1）数据准备

① 数据排序。确保数据按照需要汇总的列进行排序，这有助于分类汇总功能的准确执行。

② 检查数据。检查数据是否有误，确保汇总的准确性。

（2）使用分类汇总功能

① 选择汇总范围。选择需要进行分类汇总的数据区域，如图 2.3.1 所示。

② 打开"分类汇总"对话框。在"数据"选项卡中单击"分类汇总"按钮，如图 2.3.2 所示。

图 2.3.1　选中汇总数据　　　　　　　　图 2.3.2　"分类汇总"按钮

③ 设置汇总选项。

● 在打开的"分类汇总"对话框中，选择分类字段。以选择"产品类别"为例，如图 2.3.3 所示。

● 选择汇总方式（如求和、平均值、最大值、最小值等），以选择"求和"为例，如图 2.3.4 所示。

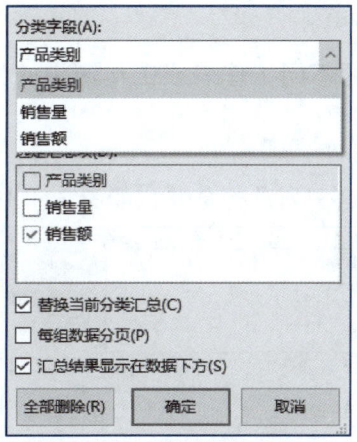　　　　

图 2.3.3　选择分类字段　　　　　　　　图 2.3.4　选择汇总方式

● 选择所需的汇总项，以展示结果。以选择"销售额"为例，如图 2.3.5 所示。

④ 应用分类汇总。单击"确定"按钮，将根据设置的要求对数据进行分类汇总，如图 2.3.6 所示。

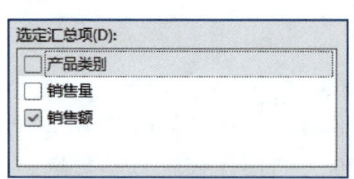

图 2.3.5　选择汇总项

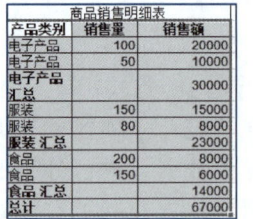

图 2.3.6　分类汇总结果展示

⑤ 检查分类汇总结果。检查分类汇总结果是否符合预期。

2. 合并计算数量

（1）数据准备

① 数据定位，确定需要进行合并计算的数据在各工作表或工作簿中的位置。

② 数据一致性，确保所有需要合并的数据具有相同的结构和格式。

（2）执行合并计算

假设有两个工作表，分别记录了不同地区在不同时间段的销售数据，需要将这两个工作表中相同产品的销售数量进行合并计算。

① 选择合并计算工具。在"数据"选项卡中单击"合并计算"按钮，如图 2.3.7 所示。

② 设置引用范围。在合并计算操作之前，新添加一个工作表，命名为"合并计算汇总"。在打开的"合并计算"对话框中，在工作表 1"地区 1"和工作表 2"地区 2"中找到需要合并计算的产品销售数据，可以是整个数据表，也可以选定需要汇总的项目类别，如图 2.3.8 所示。

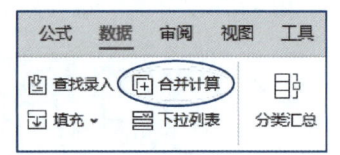

图 2.3.7　"合并计算"按钮

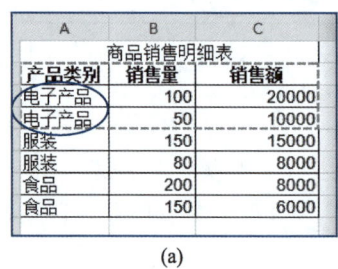

(a)

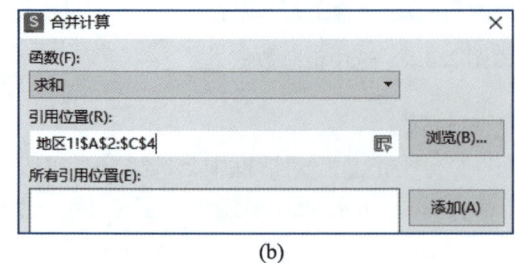

(b)

图 2.3.8　选定汇总计算项类别

③ 添加数据源。单击"添加"按钮，选择需要合并的不同工作表或工作簿中的相应数据区域，如图 2.3.9 所示。

④ 定义合并规则。

● 选择合并的依据列，通常是分类列，确保数据根据这一列进行合并，如图 2.3.10 所示。

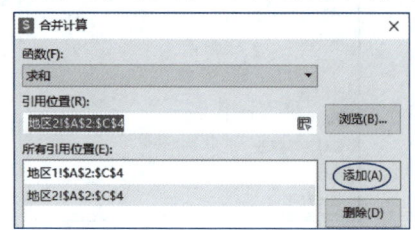

图 2.3.9　添加数据源

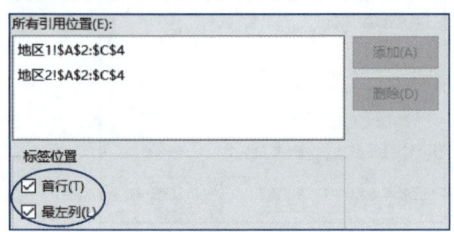

图 2.3.10　引用位置设置

● 选择汇总函数，如求和、平均值、最大值、最小值等。

⑤ 应用合并计算。单击"确定"按钮，将根据设置合并数据并计算数量，如图 2.3.11 所示。

⑥ 检查合并结果。检查合并后的数据是否正确反映了所有数据源的汇总信息。

3. 计算数量总和

（1）选择计算范围

确定数据区域：选择需要计算总和的单元格区域，如图 2.3.12 所示。

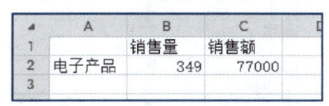

图 2.3.11　汇总结果

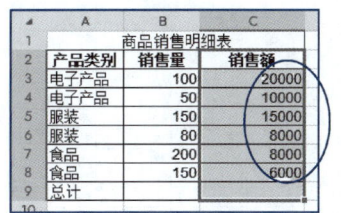

图 2.3.12　选择求和数据

（2）应用求和函数

① 输入求和公式。在选定区域下方或旁边的一个单元格中输入求和函数 SUM（范围），其中"范围"是所选数据区域的引用，如图 2.3.13 所示。

② 按 Enter 键。输入公式后，按下 Enter 键，将自动计算并显示所选范围内所有数值的总和，如图 2.3.14 所示。

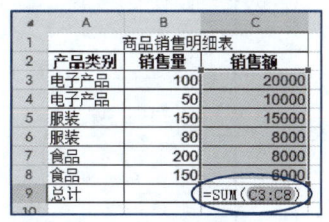

图 2.3.13　求和函数应用

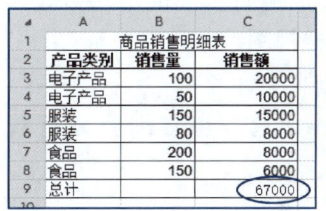

图 2.3.14　求和结果

（3）使用快捷工具

求和按钮：在"开始"选项卡中，单击"求和"按钮，直接对选定的数据区域进行求和，如图 2.3.15 所示。

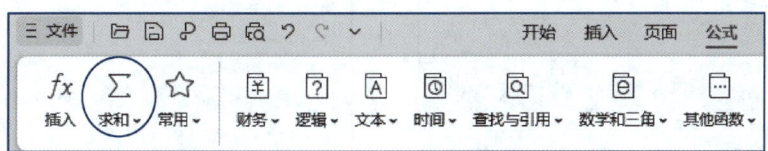

图 2.3.15　"求和"按钮

（4）检查结果

验证总和，检查计算出的总和是否符合预期。

4. 计算平均值

（1）选择计算范围

确定数据区域：选择需要计算平均数的单元格区域。用学生成绩表为例，其中包含多行学生的成绩数据。需要计算这些成绩的平均值。

（2）应用平均值函数

① 输入求平均值公式。在选定区域下方或旁边的一个单元格中输入平均值函数 AVERAGE（范围），其中"范围"是所选数据区域的引用，以语文平均成绩为例，如图 2.3.16 所示。

② 按 Enter 键。输入公式后，按下 Enter 键，将自动计算并显示所选范围内数值的平均值，如图 2.3.17 所示。

	A	B	C	D
1	**成绩表**			
2	姓名	语文	数学	英语
3	陈子涵	93	83	97
4	范豪	89	76	85
5	李萍	95	73	94
6	胡佳洁	78	84	86
7	李木涵	82	88	73
8	莫明	75	79	93
9	王中华	68	89	86
10	杨幸亦	80	94	77
11	张成诚	72	80	70
12	赵明	88	72	79
13	平均值	=AVERAGE(B3:B12)		

图 2.3.16　输入求平均值公式

成绩表			
姓名	语文	数学	英语
陈子涵	93	83	97
范豪	89	76	85
李萍	95	73	94
胡佳洁	78	84	86
李木涵	82	88	73
莫明	75	79	93
王中华	68	89	86
杨幸亦	80	94	77
张成诚	72	80	70
赵明	88	72	79
平均值	82		

图 2.3.17　求平均值结果

（3）使用快捷工具

在"开始"选项卡中，单击"平均值"按钮（通常显示为一个带有平均值符号的按钮），直接对选定的数据区域进行平均值计算。

（4）检查结果

验证平均值，检查计算出的平均数是否符合预期。

5. 创建数据透视图

（1）选择数据区域

确定数据范围，选择包含需要分析数据的整个区域，如图 2.3.18 所示。

（2）插入数据透视图

① 访问数据透视图工具。在"插入"选项卡中单击"数据透视图"按钮，打开"创建数据透视图"对话框，如图 2.3.19 所示。

分店	销售月份	商品	数量	总金额
沈阳	2023年6月	洗碗机	46	220800
沈阳	2023年6月	冰柜	53	159000
沈阳	2023年6月	扫地机	29	130500
海口	2023年6月	洗碗机	62	186000
海口	2023年6月	冰柜	51	244800
海口	2023年6月	扫地机	21	94500
郑州	2023年6月	洗碗机	46	138000
郑州	2023年6月	冰柜	40	192000
郑州	2023年6月	扫地机	53	238500

图 2.3.18　数据整理

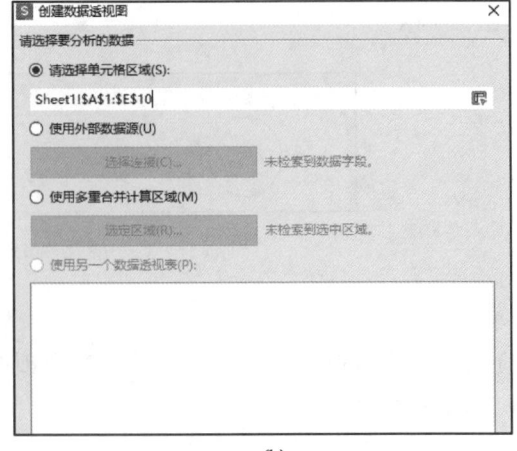

（a）　　　　　　　　　　　　　　　　（b）

图 2.3.19　创建透视图

66

② 选择数据透视图类型。根据需要选择适当的数据透视图样式，如图 2.3.20 所示。

图 2.3.20　选择数据透视图样式

（3）配置数据透视图字段

拖曳字段。在数据透视图字段列表中，将需要分析的字段拖曳到"图例（系列）""轴（类别）""值"或"筛选器"区域，如图 2.3.21 所示。

- 轴（类别）：用于在数据透视图的行上进行分组。
- 图例（系列）：用于在数据透视图的列上进行分组。
- 值：用于计算和显示数据的汇总信息。
- 筛选器：用于对数据进行筛选，以显示特定的数据子集。

（4）调整数据透视图设置

① 设置汇总方式。为"值"字段选择汇总方式，如求和、平均、计数等。

② 调整布局。根据需要调整数据透视图的布局，如行列顺序、汇总数据的显示方式等，如图 2.3.22 所示。

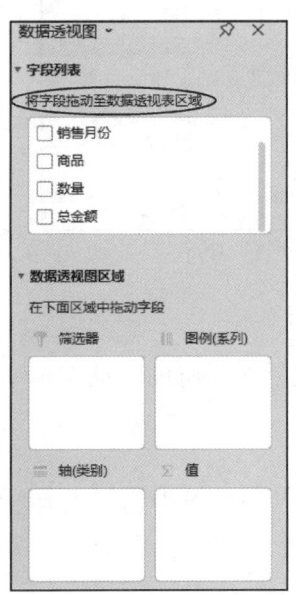

图 2.3.21　透视图字段区域

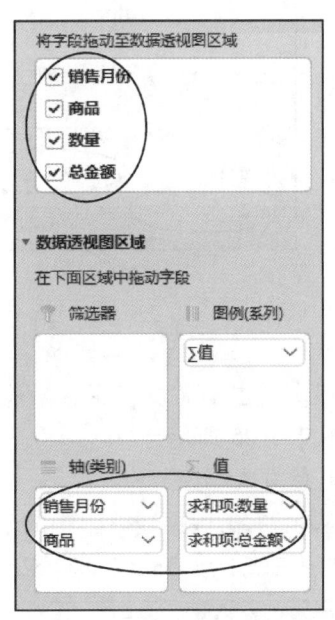

图 2.3.22　透视图值设置

（5）完成并查看数据透视图

① 应用更改。完成字段配置和设置后，单击"确定"按钮以生成数据透视图。

② 检查数据透视图。查看生成的数据透视图，确保正确反映了数据的汇总和分析结果，如图 2.3.23 所示。

6. 编辑数据透视图

（1）调整字段布局

① 修改字段位置。在字段列表中，拖动字段到不同的区域（如"图例（系列）""轴（类别）""值"或"筛选器"）以改变数据透视图的布局，如图 2.3.24 所示。

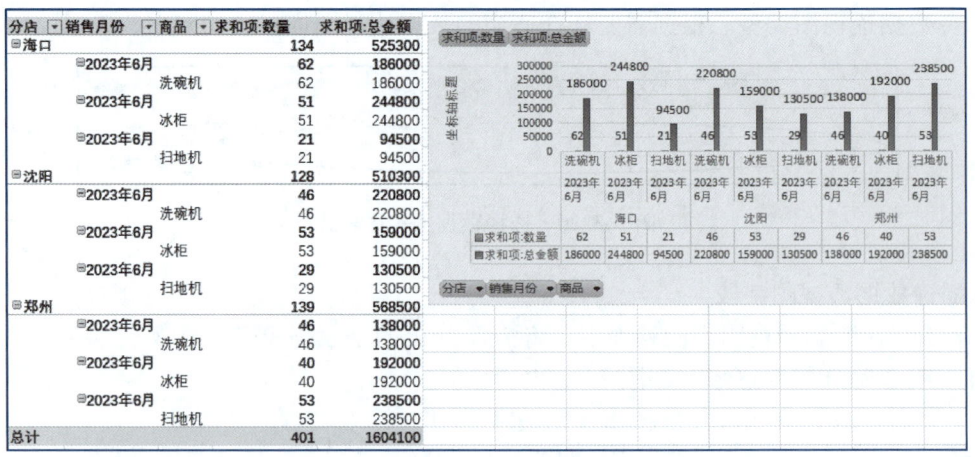

图 2.3.23　数据透视图

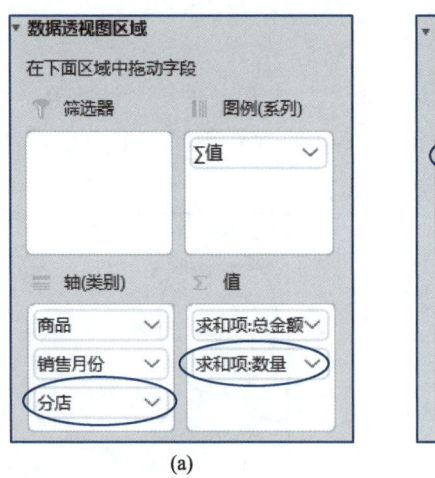

(a)

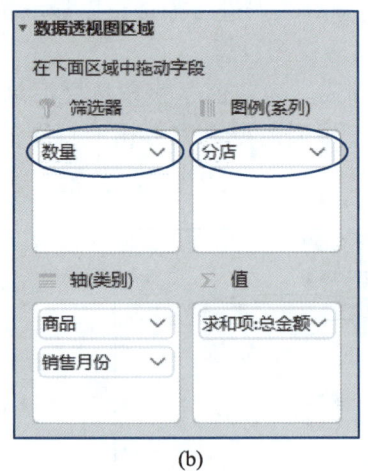

(b)

图 2.3.24　调整字段区域

② 删除字段。右击不需要显示在数据透视图中的字段，在弹出的快捷菜单中选择"删除字段"命令，如图 2.3.25 所示。

（2）更改汇总方式

设置汇总函数。右击数据透视图中的值字段，在弹出的快捷菜单中选择"值字段设置"命令，在打开的对话框中更改汇总方式（如求和、平均值、最大值等），如图 2.3.26 和图 2.3.27 所示。

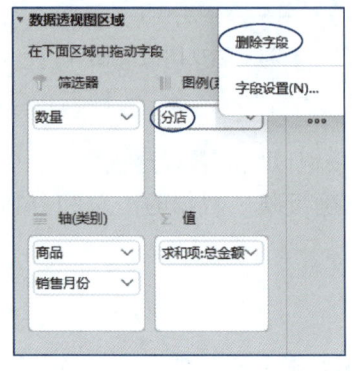

图 2.3.25　删除字段

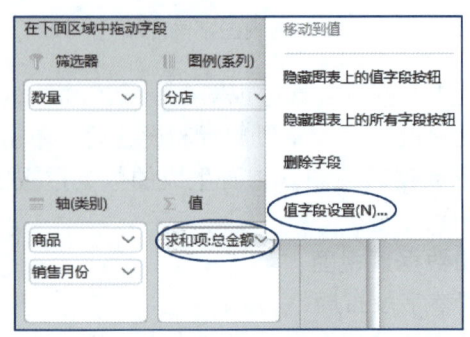

图 2.3.26　值字段设置

（3）刷新数据透视图

如果原始数据源发生变化，右击图表，在弹出的快捷菜单中选择"刷新"命令以更新数据透视图的显示，如图 2.3.28 所示。

图 2.3.27 "值字段设置"对话框

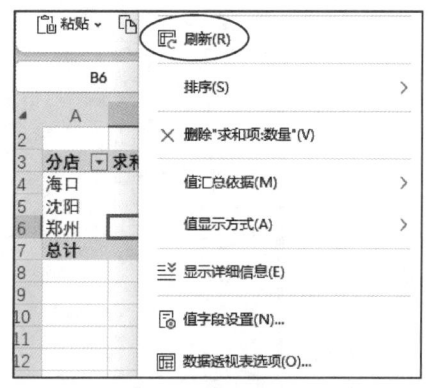

图 2.3.28 刷新数据透视图

（4）美化数据透视图

使用"开始"选项卡中的字体、颜色和边框工具，格式化数据透视图中的文字和单元格，如图 2.3.29 所示。

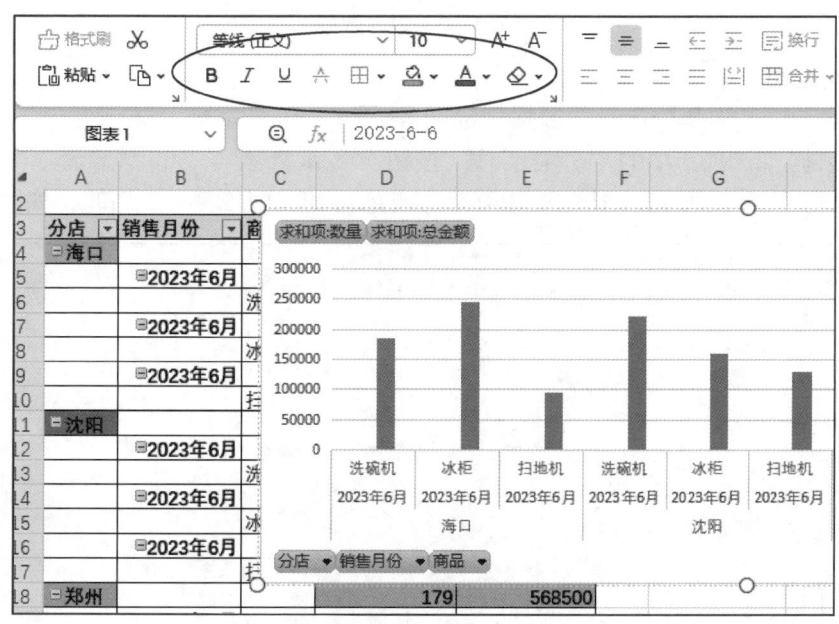

图 2.3.29 数据透视图美化

（5）完成编辑

检查数据透视图以确保其满足需求，然后关闭字段列表，保存工作簿。

任务实施

1. 数据输入与检查

① 按照图 2.3.30 输入数据，并进行检查。

② 再次检查数据准确性，修正输入错误。

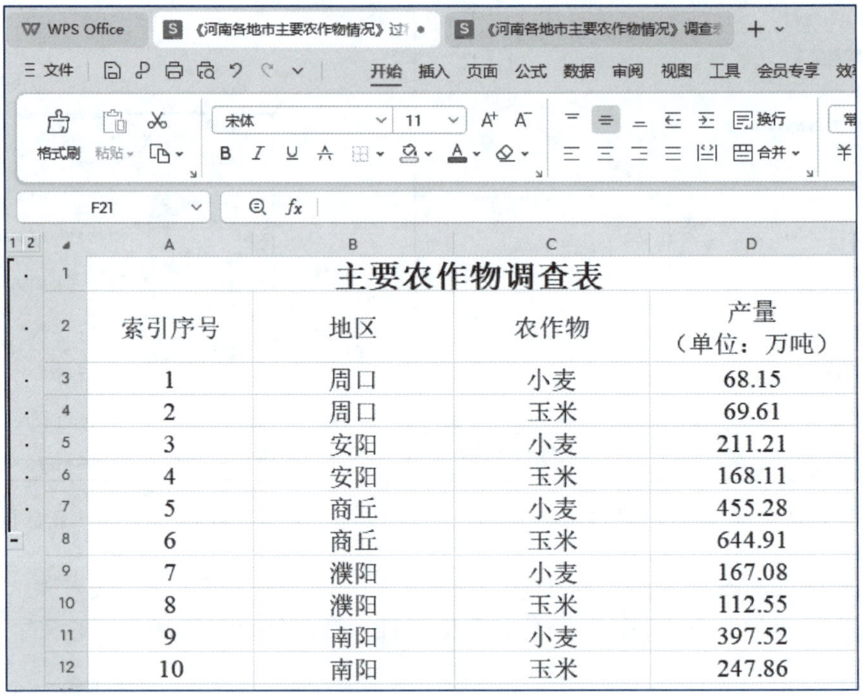

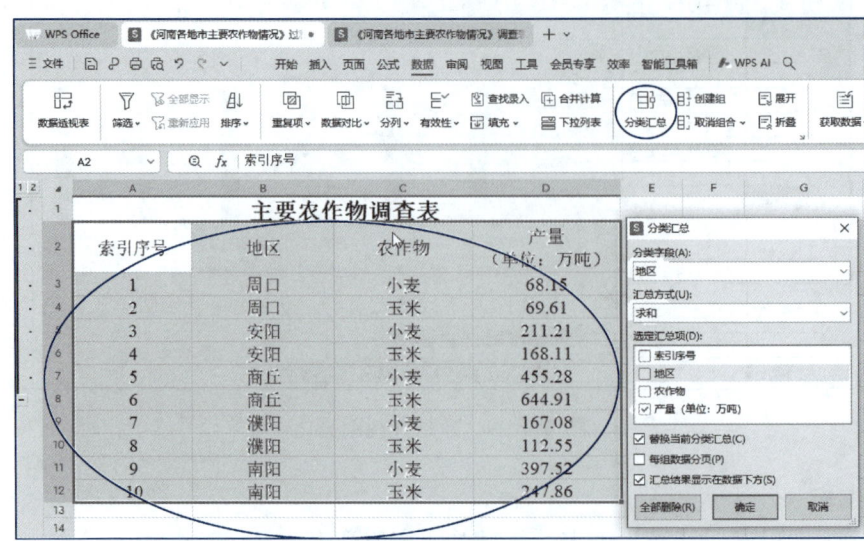

图 2.3.30　输入数据

2. 使用分类汇总

① 选择包含地区和农作物产量的数据区域。

② 单击"数据"选项卡中的"分类汇总"按钮。

③ 设置分类字段为"地区"，选定汇总项为"产量"，汇总方式为"求和"，如图 2.3.31 所示。

图 2.3.31　分类汇总

④ 应用汇总并检查结果，如图 2.3.32 所示。

索引序号	地区	农作物	产量 （单位：万吨）
1	周口	小麦	68.15
2	周口	玉米	69.61
	周口 汇总		137.76
3	安阳	小麦	211.21
4	安阳	玉米	168.11
	安阳 汇总		379.32
5	商丘	小麦	455.28
6	商丘	玉米	644.91
	商丘 汇总		1100.19
7	濮阳	小麦	167.08
8	濮阳	玉米	112.55
	濮阳 汇总		279.63
9	南阳	小麦	397.52
10	南阳	玉米	247.86
	南阳 汇总		645.38
	总计		2542.28

图 2.3.32　分类汇总结果

3. 合并计算

① 确定需要合并的工作表或工作簿中的数据位置，如 F2 单元格。

② 单击"数据"选项卡中的"合并计算"按钮。

③ 在打开的对话框中设置引用范围，添加数据源。

④ 定义合并规则，选择汇总函数，应用合并计算，如图 2.3.33 和图 2.3.34 所示。

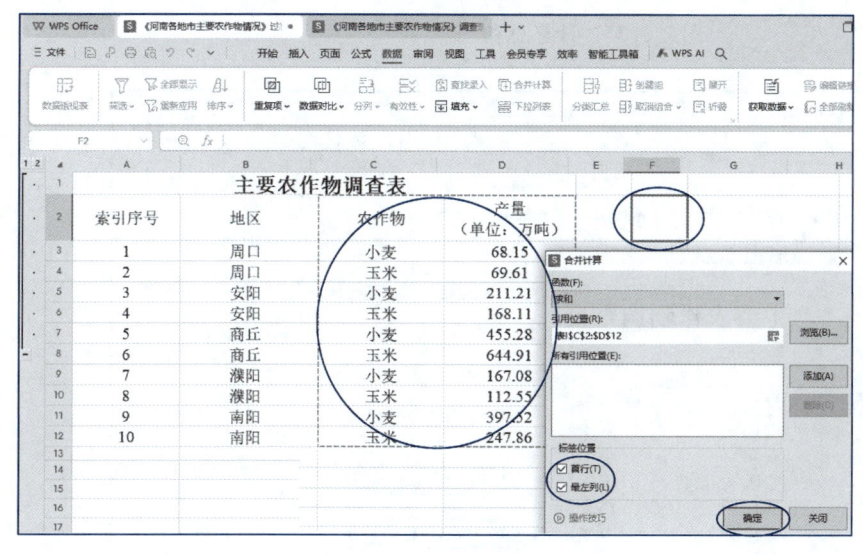

图 2.3.33　合并计算　　　　　图 2.3.34　合并计算结果

4. 计算总和与平均数

① 选择产量数据区域。

② 在数据表下方输入" =SUM（D3:D12）"和" =AVERAGE（D4,D6,D8,D10,D12）"，如图 2.3.35 和图 2.3.36 所示。

③ 检查计算结果。

5. 创建数据透视图

① 选择包含所有分析数据的区域。

71

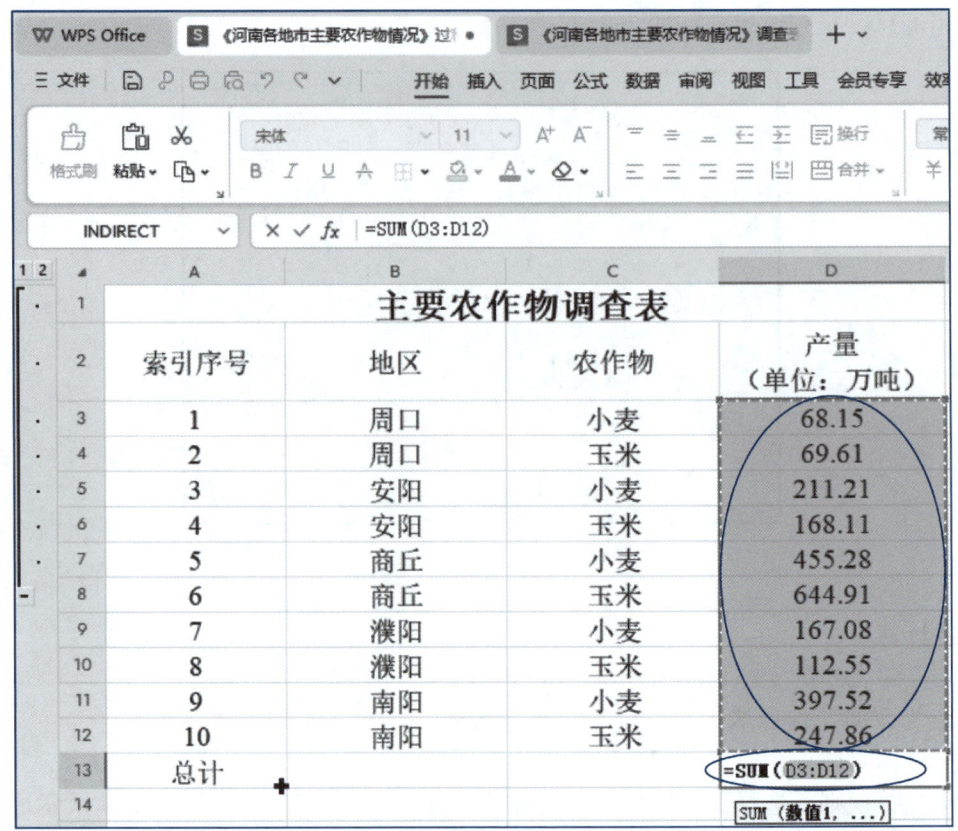

图 2.3.35　计算总和

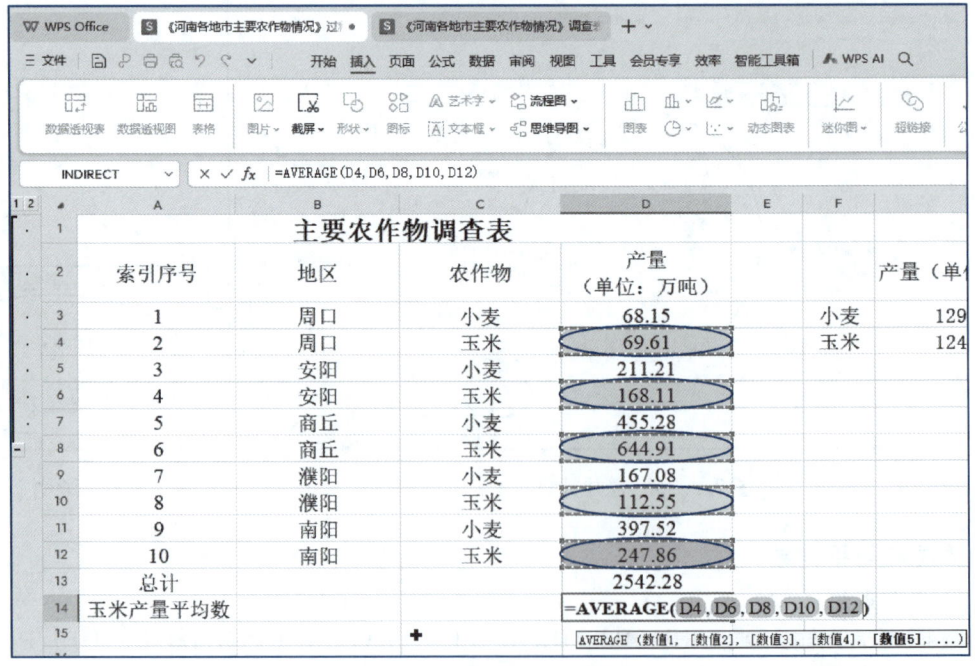

图 2.3.36　计算平均值

②单击"插入"选项卡中的"数据透视图"按钮，在打开的对话框中设置，如图 2.3.37 所示。

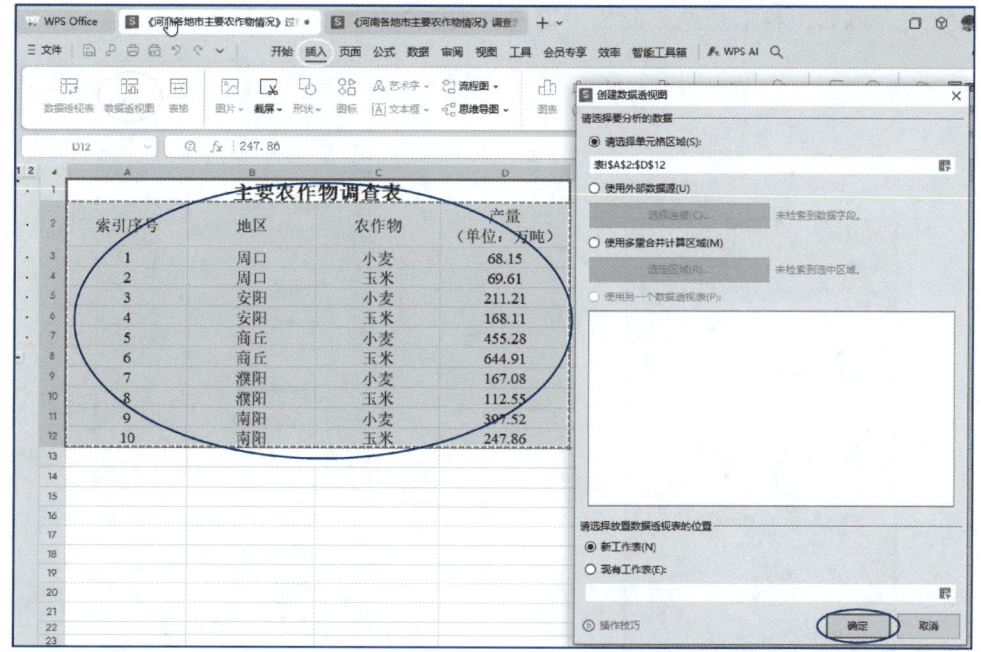

图 2.3.37　创建数据透视图

③ 拖曳"地区"到"轴（类别）"，拖曳"产量"到"值"区域，即可得到每个地区的玉米和小麦产量之和的汇总图表，如图 2.3.38 所示。

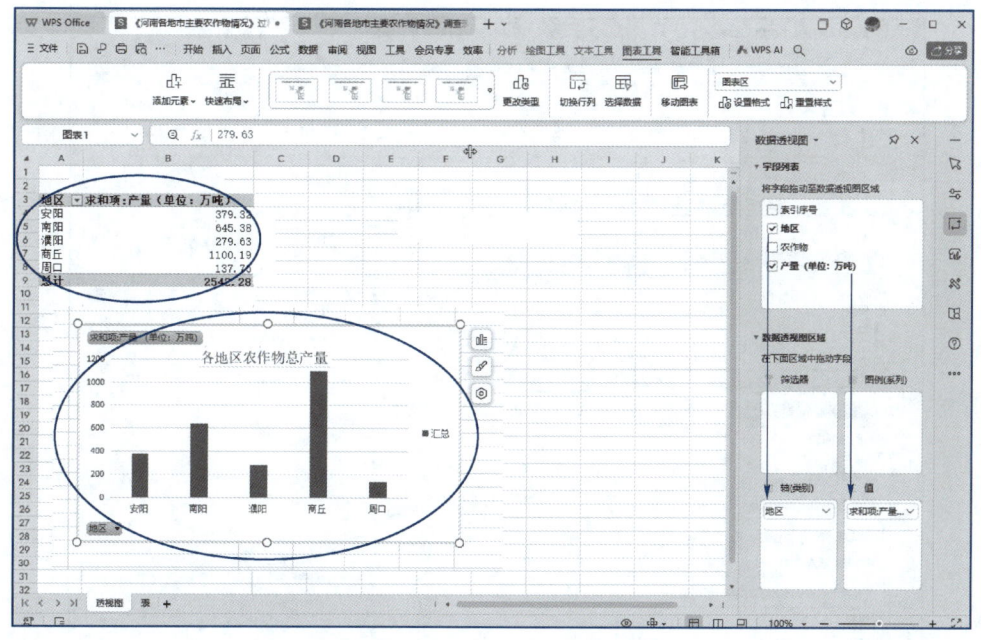

图 2.3.38　各地区玉米小麦产量之和汇总

6. 编辑数据透视图

① 根据需要调整字段位置或删除字段。例如，拖曳"农作物"到"图例（系列）"中，如图 2.3.39 所示。

② 单击"值"字段，在弹出的下拉列表中选择"值字段设置"命令，在打开的对话框中可

以更改汇总方式。例如，将汇总结果改为平均值，如图 2.3.40 和图 2.3.41 所示。

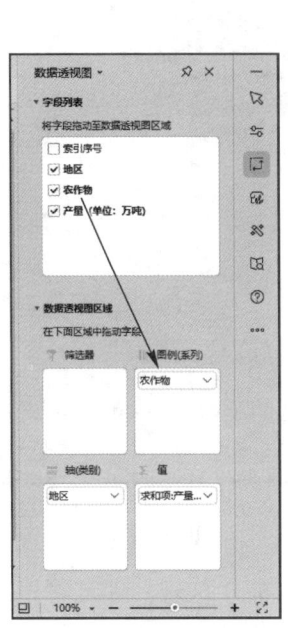

图 2.3.39　新增"农作物"到图例（系列）

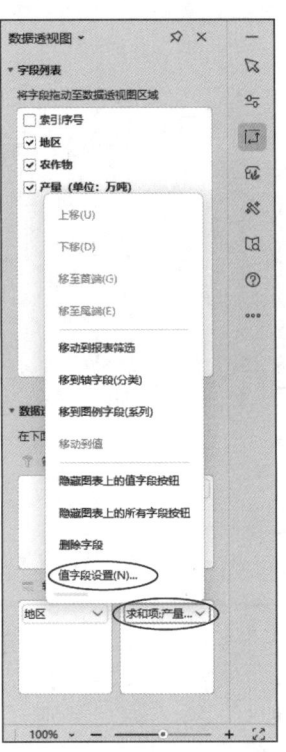

图 2.3.40　更改汇总方式

图 2.3.41　更改汇总方式结果

③ 选中生成的数据透视图，在"图表工具"选项卡中选择不同数据透视图样式，使数据透视图更合适、更美观，如图 2.3.42 所示。

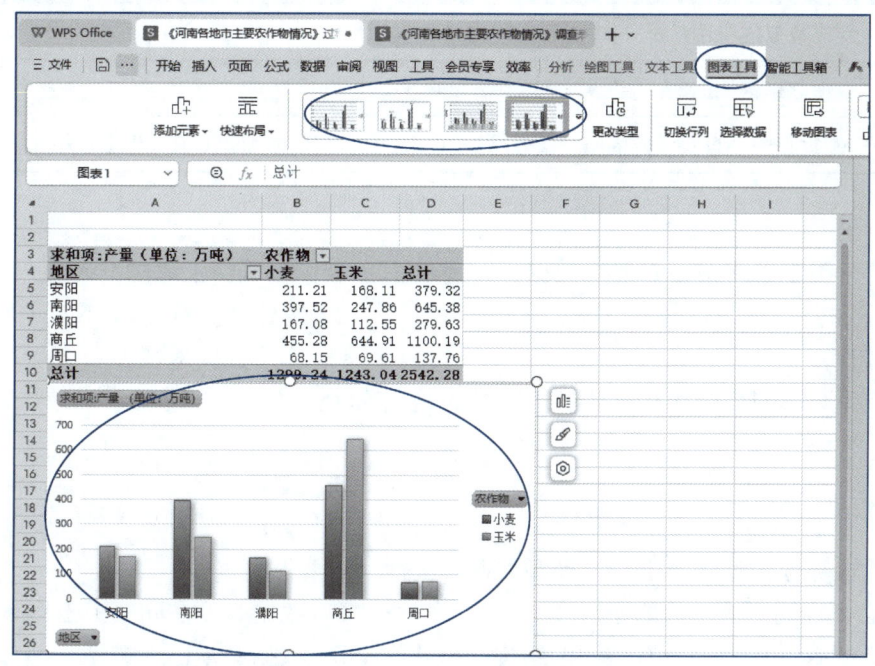

图 2.3.42 修改数据透视图样式

7. 最终检查与保存

① 综合检查分类汇总、合并计算和数据透视图。

② 确保所有数据准确无误，展示清晰。

③ 依据得到的结果重新制作一个工作表并保存，如图 2.3.43 所示。

	主要农作物调查表				
地区	周口	安阳	商丘	濮阳	南阳
小麦产量（单位：万吨）	68.15	211.21	455.28	167.08	397.52
玉米产量（单位：万吨）	69.61	168.11	644.91	112.55	247.86
粮食总产量（单位：万吨）	137.76	379.32	1100.19	279.63	645.38

图 2.3.43 最终检查与保存

 任务评价

1. 自我评价

任 务 要 求	掌握的操作有	仍需加强的有	不理解的有
分类汇总各类数据			
合并计算数量			
计算数量总和			

续表

任务要求	掌握的操作有	仍需加强的有	不理解的有
创建数据透视图			
编辑数据透视图			
在本次任务实施过程中，自我评价的结果	A. 优秀　　B. 良好　　C. 仍需努力　　D. 不清楚		

2. 测试评价

① 在执行分类汇总之前，需要对数据执行（　　　）操作以确保汇总的准确性。

　　A. 插入求和公式　　　　　　　　　　　B. 设置数据有效性

　　C. 数据排序　　　　　　　　　　　　　D. 应用数据透视表

② 若要在 WPS 表格中使用分类汇总功能，应首先在（　　　）选项卡中单击"分类汇总"按钮。

　　A. 文件　　　　　　　　　　　　　　　B. 编辑

　　C. 数据　　　　　　　　　　　　　　　D. 视图

③ 在合并计算数量的任务中，为确保数据一致性，需要保证（　　　）。

　　A. 数据必须在同一个工作簿中　　　　　B. 数据必须在同一个工作表中

　　C. 所有需要合并的数据具有相同的结构和格式　　D. 数据必须已经排序

④ 在 WPS 表格中，若要对选定的数据区域使用求和函数，应输入（　　　）公式。

　　A. AVERAGE（　）　　　　　　　　　　B. SUM（　）

　　C. COUNT（　）　　　　　　　　　　　D. MAX（　）

⑤ 创建数据透视图时，若要更改数据透视图中值字段的汇总方式，以下（　　　）操作是正确的。

　　A. 直接在数据透视图的值字段上右击，在弹出的快捷菜单中选择汇总方式

　　B. 重新创建数据透视图并选择不同的汇总方式

　　C. 在数据透视图字段列表中选择不同的字段

　　D. 在"数据"选项卡中单击"更改汇总方式"按钮

⑥ 在编辑数据透视图时，如果要删除不需要显示在数据透视图中的字段，其操作应是（　　　）。

　　A. 在字段列表中，将字段拖出数据透视图区域

　　B. 右击数据透视图中的字段，在弹出的快捷菜单中选择"删除字段"命令

　　C. 清除数据透视图中的字段单元格

　　D. 在"设计"选项卡中单击"删除字段"按钮

⑦ 以下（　　　）操作是调整数据透视图样式的正确方法。

　　A. 在"设计"选项卡中选择不同的数据透视图样式

　　B. 在"开始"选项卡中选择字体和颜色

　　C. 使用"格式刷"复制其他图表的样式

　　D. 重新创建数据透视图并选择新样式

任务拓展

在完成项目 2 的学习后，请记录并反思所获得的知识和技能。通过一系列具体的任务，如制

作《参加黄河沿线红色文化研学报名表》《乡村振兴观摩考察情况》数据报表以及《河南各地市主要农作物情况》调查表，不仅学会了 WPS 表格的基本操作，如创建工作表、编辑数据、设置行高和列宽，还掌握了数据有效性的设置和表格样式的调整。此外，还更深入地探索了公式和函数的应用，理解了引用运算符和单元格的方法，学会了使用索引排序和生成报表，以及如何进行数据的分类汇总、合并计算、创建和编辑数据透视图。

写下自己的学习心得，这不仅是对所学知识的总结，也是个人技能提升的证明。在学习心得中，可以分享在学习过程中遇到的挑战、解决问题的策略以及在完成任务时的创新思维。同时，思考这些技能如何帮助你在未来的学习和工作中更有效地处理数据和信息。

请将学习心得与同学们分享，不仅可以加深对所学知识的理解，还能通过交流获得新的视角和启发。

项目小结

任务 2.1　制作《参加黄河沿线红色文化研学报名表》

① 掌握了 WPS 表格的基本操作，包括创建工作簿、添加和重命名工作表。

② 学习了数据输入与编辑，包括自动填充、剪切、复制和粘贴数据。

③ 理解了设置行高与列宽、数据有效性以及表格样式的重要性。

任务 2.2　制作《乡村振兴观摩考察情况》数据报表

① 学习了公式和函数的应用，包括基本数学计算和统计分析。

② 掌握了引用运算符的使用，包括相对引用、绝对引用和混合引用。

③ 探索了数据排序和高级排序设置，以及如何生成基本的数据报表。

任务 2.3　制作《河南各地市主要农作物情况》调查表

① 掌握了分类汇总和合并计算的方法，进行数据的汇总和分析。

② 学习了如何计算总和与平均数，并对数据进行基本的数值分析。

③ 理解了创建和编辑数据透视图的重要性，以及如何通过图形展示复杂数据。

项目实训

实训任务单

实 训 任 务	02-制作电子表格
任务名称	制作《社区商业发展分析报告》报表
实训目标	1. 掌握使用电子表格软件（如 Excel）进行数据分析和报表制作的方法。 2. 深入了解社区商业发展的关键指标和分析方法。 3. 提升数据整理、分析和可视化的能力
任务描述	本任务要求通过收集和分析社区商业发展相关的数据，使用电子表格软件制作一份详细的《社区商业发展分析报告》报表。需要展示对数据收集、处理、分析和呈现的全过程的理解与掌握
实训要求	1. 根据实训目标，完成《社区商业发展分析报告》报表的制作，包括数据收集、整理、分析和可视化展示。 2. 遵循数据分析原则，确保报表的准确性、逻辑性和可读性。 3. 实施报表制作计划，进行数据的具体分析，并做好记录和反思

实训成果示例	商业类型	店铺数量	月营业额（万元）	同比增长（%）	客流量（千人次）
	餐饮	50	300	5	100
	零售	80	200	3	150
	服务	30	150	8	80

实训步骤	1. 数据收集：搜集社区商业相关的数据，如营业额、顾客流量、市场趋势等。 2. 数据整理：使用电子表格软件对收集的数据进行清洗和整理。 3. 数据分析：运用统计学方法和工具，对数据进行深入分析，识别关键指标和趋势。 4. 报表制作：根据分析结果，制作包含图表、图形和关键数据的报表 …… （请按照实际操作填写实训步骤）
实训心得	
小组评价	
教师评价	

项目 3　演示文稿制作

项目介绍

在数字化浪潮的推动下，演示文稿已成为商务沟通、教育培训、产品展示等场合的核心工具。本项目致力于培养学生使用 WPS 演示制作出具有专业水准的演示文稿，以适应多样化的信息传递和视觉展示需求。

通过本项目的学习，学生将深入掌握演示文稿的设计理念，并能够独立完成从构思到成品的全过程。通过制作、美化、放映《中原红色文化深度游》演示文稿，系统地介绍 WPS 演示的使用方法。

学习目标

【知识目标】

① 理解 WPS 演示的基本功能和操作界面，掌握创建、打开、保存、打印、关闭演示文稿的方法。

② 学会设计演示文稿的主题与背景，掌握色彩搭配和布局设计原则。

③ 掌握文字素材的导入和编辑技巧，包括字体、大小、颜色和排版。

④ 学会插入并编辑图片、图表、视频等对象，理解多媒体素材在演示文稿中的作用。

⑤ 掌握幻灯片的复制、删除和排序操作，理解幻灯片组织的重要性。

⑥ 了解母版视图的作用，掌握编辑母版以统一演示文稿风格的方法。

⑦ 掌握设置动画效果和超链接，理解它们在增强演示文稿互动性和引导观众注意力中的作用。

⑧ 学会插入背景音乐，理解背景音乐在营造氛围和增强演示效果中的作用。

⑨ 掌握切换幻灯片动画效果的方法，理解动画在平滑过渡和吸引观众注意力中的作用。

⑩ 掌握在不同场景下演示文稿放映、打印和导出方法。

【技能目标】

① 能熟练使用 WPS 演示创建和编辑演示文稿。

② 能独立设计演示文稿的主题和背景，使演示文稿具有专业和吸引力。

③ 能高效地导入和编辑文字素材，提升演示文稿的信息传递效果。

④ 能灵活地插入和编辑多媒体对象，丰富演示文稿的表现形式。

⑤ 能合理地组织幻灯片，使演示文稿结构清晰、逻辑性强。

⑥ 能熟练设置动画效果和超链接，提高演示文稿的互动性和引导性。

⑦ 能恰当地使用背景音乐，增强演示文稿的情感表达和氛围营造。

⑧ 能根据不同需求进行演示文稿的放映、打印和导出，满足不同场景的应用需求。

【素养目标】

① 培养审美意识和设计思维，提高演示文稿的视觉吸引力。

② 养成结构化思维，提升信息组织和逻辑表达能力。

③ 培养创新意识，鼓励在演示文稿中尝试新颖的表现手法和创意设计。

④ 培养团队协作能力，理解在多人协作中完成演示文稿的重要性。

微课 3–1

制作《中原红色文化深度游》演示文稿

任务 3.1　制作《中原红色文化深度游》演示文稿

 任务简介

老师发布了一个新的任务，制作一份《中原红色文化深度游》的演示文稿。为了完成这项任务，郑小安同学需要利用 WPS 演示精心设计演示文稿的主题和背景，以确保内容与红色文化的深刻内涵相得益彰。他将学习如何巧妙地导入文字素材，丰富演示内容，同时掌握插入和编辑图片、图表等对象的方法，使演示更加生动和直观。在制作过程中，还需学会如何灵活地复制和删除幻灯片，以优化演示流程。这份文稿不仅是对其信息技术能力的又一次考验，也是他深入了解和传承中原红色文化的宝贵机会。

知识准备

1. WPS 演示

WPS 演示是金山 WPS Office 套件中的核心组件之一，专门用于创建和编辑演示文稿。它以其直观的操作界面和强大的功能，帮助用户高效地展示信息和想法。

（1）启动与关闭 WPS 演示

① 启动 WPS 演示。可以通过以下方式启动 WPS 演示。

● 单击任务栏中的"开始"按钮，选择"WPS Office"→"新建""演示"命令，如图 3.1.1 所示。

● 双击扩展名为 pptx 的演示文稿文件，自动启动 WPS 演示并打开该文件。

● 如果桌面上有 WPS 演示的快捷方式图标，双击图标即可启动。

② 关闭 WPS 演示。可以通过以下方式关闭程序。

● 单击标题栏的"关闭"按钮。

● 使用快捷键 Alt+F4。

● 选择"文件"→"退出"命令。

图 3.1.1　启动 WPS 演示

（2）WPS 演示工作界面

WPS 演示的工作界面设计简洁而直观，便于用户快速上手，如图 3.1.2 所示。

① 标题栏。显示文档的标题和常用的窗口控制按钮。

② 功能区。集中了演示文稿制作所需的各种工具和命令。

③ 幻灯片缩略图窗格。提供了所有幻灯片的预览图，便于管理和导航。

④ 编辑区。演示文稿的主体部分，用户可以在这里添加和编辑幻灯片内容。

⑤ 状态栏。位于窗口底部，显示当前文档的状态信息。

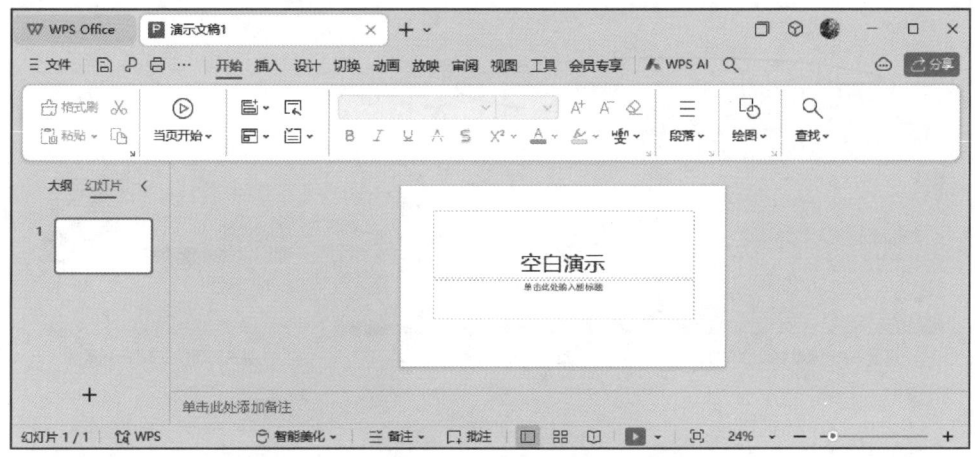

图 3.1.2　WPS 演示工作界面

（3）新建演示文稿

当需要创建一个新的演示文稿时，可以通过以下两种方法。

● 使用快捷键 Ctrl+N 快速新建一个空白演示文稿。

● 选择"文件"→"新建"命令，在弹出的页面中选择模板或创建空白文档。

（4）保存和命名演示文稿

保存演示文稿是将其内容存储到计算机上，以便日后使用或分享。

① 保存新演示文稿。可以通过单击快速访问工具栏中的"保存"按钮或使用快捷键 Ctrl+S 来打开"另存为"对话框，设置文件名和保存路径后单击"保存"按钮。

② 保存已存在的演示文稿。如果演示文稿已经保存过，可以通过上述方法直接保存更改，区别在于不会打开"另存为"对话框。

（5）打开演示文稿

① 打开单个演示文稿。可以通过双击演示文稿文件图标或使用快捷键 Ctrl+O，或选择"文件"→"打开"命令来加载单个演示文稿。

② 打开多个演示文稿。如果想同时打开多个演示文稿，可以在"打开"对话框中按 Shift 键或 Ctrl 键，单击选择多个文件，然后单击"打开"按钮。

2. 设计主题

（1）选择主题样式

① 打开 WPS 演示，新建或打开一个演示文稿。

② 选择"设计"选项卡，如图 3.1.3 所示。

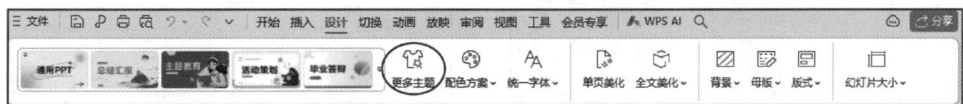

图 3.1.3　"设计"选项卡

③ 在"主题"组中，浏览并选择一个预设的主题样式。例如，选择"简约"主题样式，它通常适用于商务演示，如图 3.1.4 所示。

（2）自定义主题颜色

① 在"设计"选项卡的"主题"组中，单击"配色方案"下拉按钮。

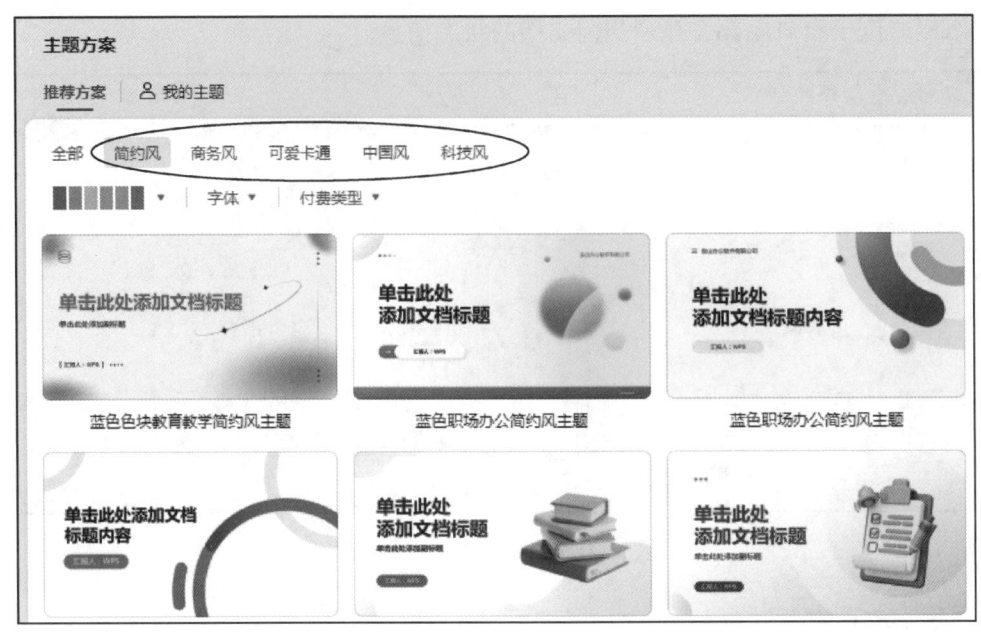

图 3.1.4　主题风格选择

　　② 在弹出的下拉面板中，选择或自定义颜色方案。例如，如果演示文稿是关于环保主题的，可以选择绿色系的颜色方案，如图 3.1.5 所示。

　　（3）设置主题字体

　　① 在"设计"选项卡的"主题"组中，单击"统一字体"下拉按钮。

　　② 在弹出的下拉面板中选择一个预设的字体样式或自定义标题和正文的字体类型和大小。例如，为标题选择"宋体、加粗"，为正文选择"宋体"，如图 3.1.6 所示。

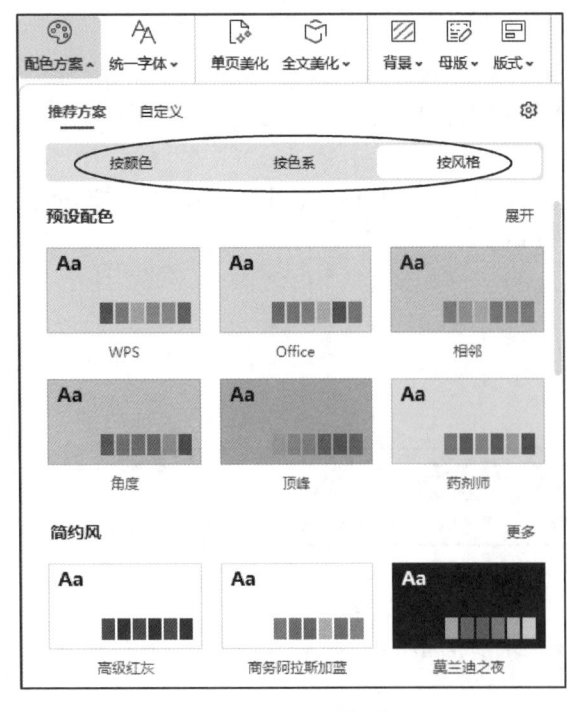

图 3.1.5　主题颜色

图 3.1.6　主题字体

3. 设计背景

（1）选择背景样式。

① 在"设计"选项卡中，单击"背景"下拉按钮。

② 在弹出的下拉面板中选择"背景填充"命令，打开"对象属性"任务窗格，其中提供了多种背景填充选项，如图 3.1.7 所示。

（2）应用背景颜色或渐变

① 在"对象属性"任务窗格中，选中"纯色填充"或"渐变填充"单选按钮。

② 选择颜色或自定义渐变效果。例如，选择从浅蓝到深蓝的渐变效果，以营造天空的效果，如图 3.1.8 所示。

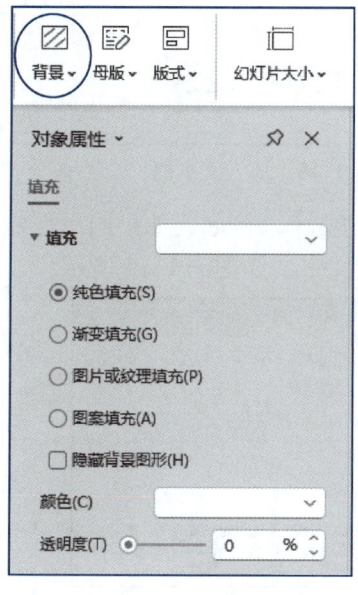

图 3.1.7　背景色设置

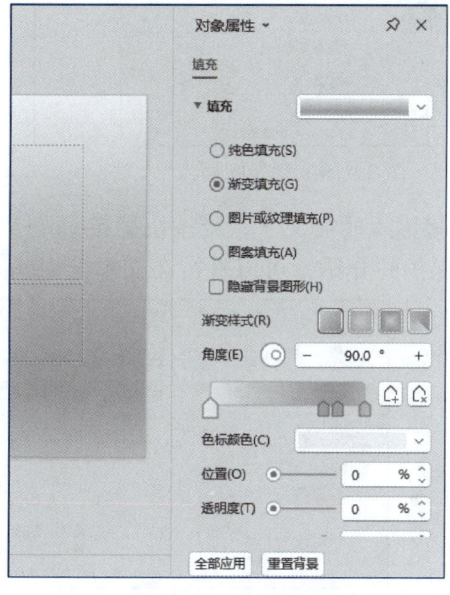

图 3.1.8　渐变色设置

（3）插入背景图片。

① 在"对象属性"任务窗格中，选中"图片或纹理填充"单选按钮。

② 在"图片填充"下拉列表框中选择"本地文件"选项，在打开的对话框中选择一张与演示主题相关的图片作为背景。例如，选择一张森林的图片，以强化环保主题，如图 3.1.9 所示。

4. 导入文字素材

（1）打开演示文稿

① 启动 WPS 演示软件。

② 打开一个已有的演示文稿或创建一个新的演示文稿。

（2）选择文本框

① 在幻灯片中，选择"插入"选项卡。

② 单击"文本框"下拉按钮，在弹出的下拉列表中选择"横向文本框"或"竖向文本框"命令，根据需要创建文本框。选择文本框后，幻灯片上会出现一个可编辑的文本区域，如图 3.1.10 所示。

（3）输入或粘贴文本

① 单击文本框，将光标置于文本框内。

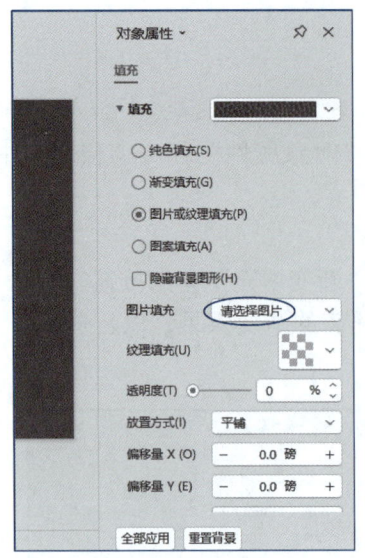

图 3.1.9　背景图插入

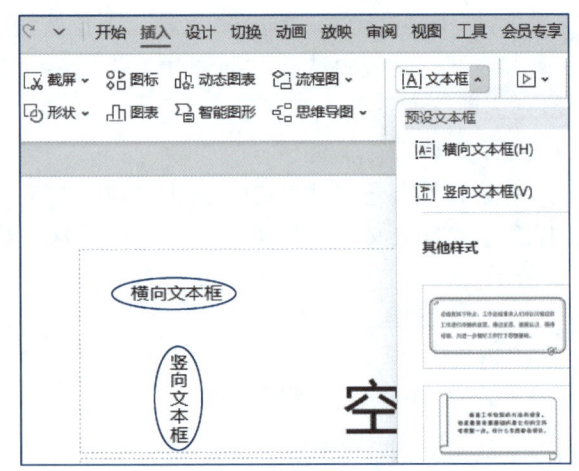

图 3.1.10　插入文本框

② 直接输入所需文字，或按快捷键 Ctrl+V 粘贴已复制的文本。例如，如果用户需要导入一段关于环境保护的介绍，可以直接在文本框中输入或粘贴这段文字，如图 3.1.11 所示。

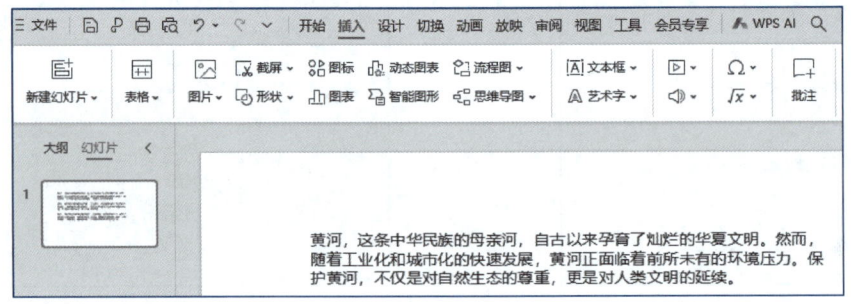

图 3.1.11　输入文本

（4）调整文本格式

① 选中文本框中的文本。

② 使用"开始"选项卡中的"字体""段落"等组来设置字体大小、颜色、加粗、斜体等文本属性。例如，可以将标题设置为加粗并增大字号，以突出显示，如图 3.1.12 所示。

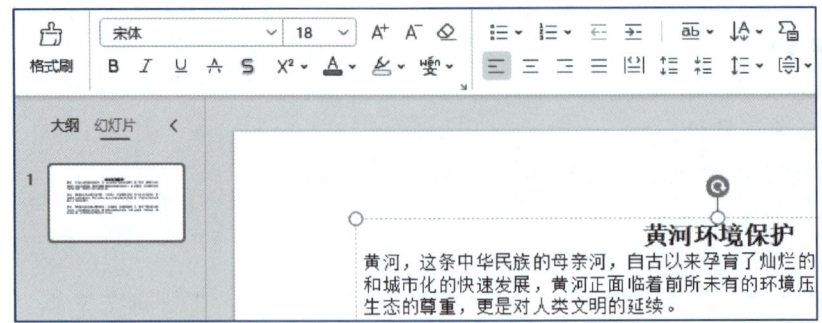

图 3.1.12　调整文本格式

5. 插入并编辑对象

（1）插入对象

① 选择插入对象类型。打开 WPS 演示文稿，选择"插入"选项卡。在"插入"选项卡

中，根据需要选择不同类型的对象，如"图片""图表""形状""文本框"或"媒体"等，如图 3.1.13 所示。

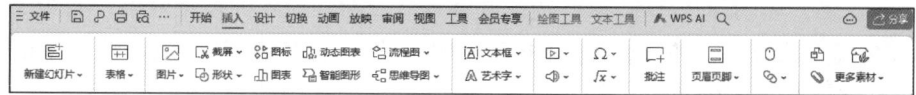

图 3.1.13　插入对象类型

② 插入对象。单击相应的对象按钮，如"图片"，在弹出的下拉列表中选择"本地图片"或"在线图片"命令。在打开的对话框中浏览并选择要插入的文件，单击"插入"按钮，它将被加载到幻灯片中，如图 3.1.14 所示。

图 3.1.14　插入图片对象

③ 调整对象位置和大小。选中插入的对象，拖动边缘调整大小，或拖动对象以改变其在幻灯片中的位置。

在"图片工具"选项卡中，可以进一步调整对象的样式和效果，如图 3.1.15 所示。

图 3.1.15　图片的调整

（2）编辑对象

① 选择对象。选中幻灯片中的对象，通常会出现边框或手柄，表示对象已被选中。

② 编辑对象内容。对于文本框，双击文本框进入编辑模式，可以输入或修改文本。对于图

表，单击图表后，可以编辑图表的数据或格式。

③ 应用样式和效果。选中对象后，在"图片工具"选项卡或右侧相应"对象属性"任务窗格中，应用样式和效果，如阴影、3D 效果、颜色调整等，以增强对象的视觉效果，如图 3.1.16 所示。

④ 对齐和分布。选中多个对象后，使用"开始"选项卡中的"对齐"和"分布"功能，可以快速对齐对象或使其均匀分布。

6. 复制和删除幻灯片

（1）复制幻灯片

① 选择幻灯片。在左侧的幻灯片缩略图窗格中，单击以选中需要复制的幻灯片。如果要复制多张幻灯片，可以按住 Ctrl 键并单击幻灯片进行多选。

② 复制操作。选中幻灯片后，按快捷键 Ctrl+C 进行复制，或者右击选中的幻灯片，在弹出的快捷菜单中选择"复制幻灯片"命令，如图 3.1.17 所示。

图 3.1.16　应用样式和效果

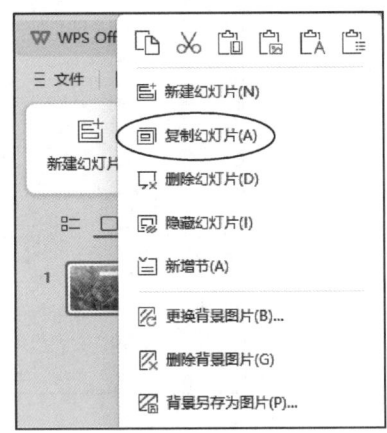

图 3.1.17　复制幻灯片

③ 粘贴幻灯片。确定粘贴位置，然后在幻灯片缩略图窗格中单击该位置，按快捷键 Ctrl+V 进行粘贴，或者右击并在弹出的快捷菜单中选择"粘贴幻灯片"命令，复制的幻灯片将出现在指定位置，如图 3.1.18 所示。

（2）删除幻灯片

① 选择幻灯片。在 WPS 演示文稿中，同样在左侧的幻灯片缩略图窗格中，单击以选中需要删除的幻灯片。

② 删除操作。选中幻灯片后，右击，在弹出的快捷菜单中选择"删除幻灯片"命令，如图 3.1.19 所示。

图 3.1.18　粘贴幻灯片

图 3.1.19　删除幻灯片

③ 确认删除。系统会弹出提示框询问是否确认删除，单击"是"按钮以确认删除操作，选中的幻灯片将从演示文稿中移除。

 任务实施

1. 启动 WPS 演示并创建新文档

① 选择"开始"→"WPS Office"命令，或在桌面双击 WPS Office 的快捷方式图标。

② 在打开的窗口中单击"新建"→"演示"→"空白演示文稿"图标，创建新的演示文稿。

2. 设定演示文稿主题和配色方案

① 选择"设计"选项卡。

② 选择一个预设主题样式，如图 3.1.20 所示。

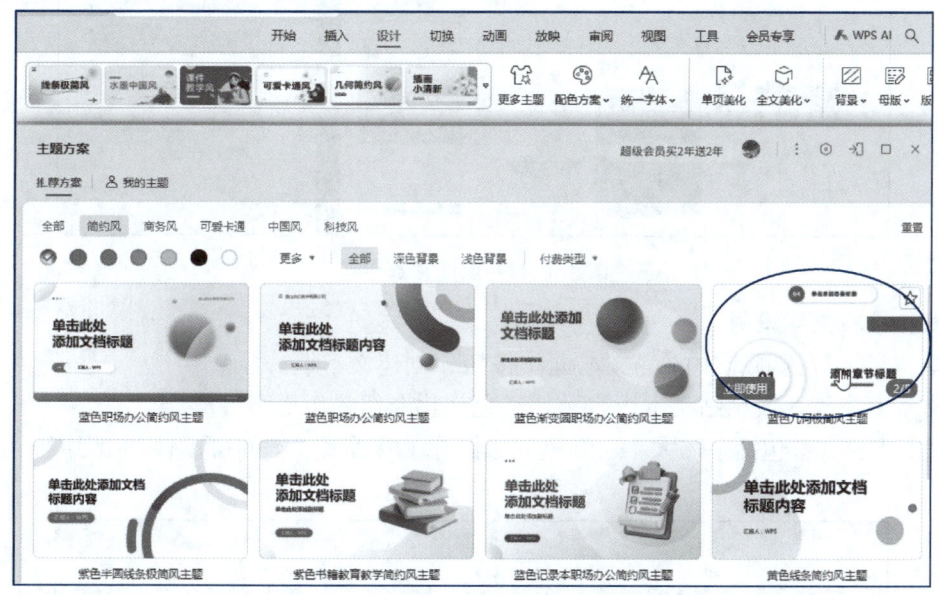

图 3.1.20　选择预设主题样式

③ 单击"配色方案"下拉按钮，在弹出的下拉面板中选择颜色方案，如使用"高级红灰"以体现主题，如图 3.1.21 所示。

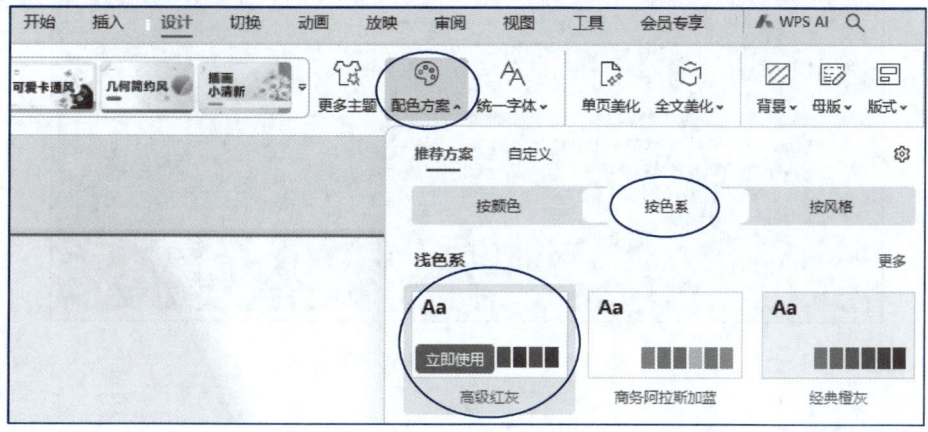

图 3.1.21　配色方案

87

3. 设计背景样式

① 在"设计"选项卡中，单击"背景"下拉按钮，在弹出的下拉面板中选择"红色"选项。

② 在右侧"对象属性"任务窗格中选中"纯色填充"或"渐变填充"单选按钮，根据主题选择合适的颜色，如图 3.1.22 所示。

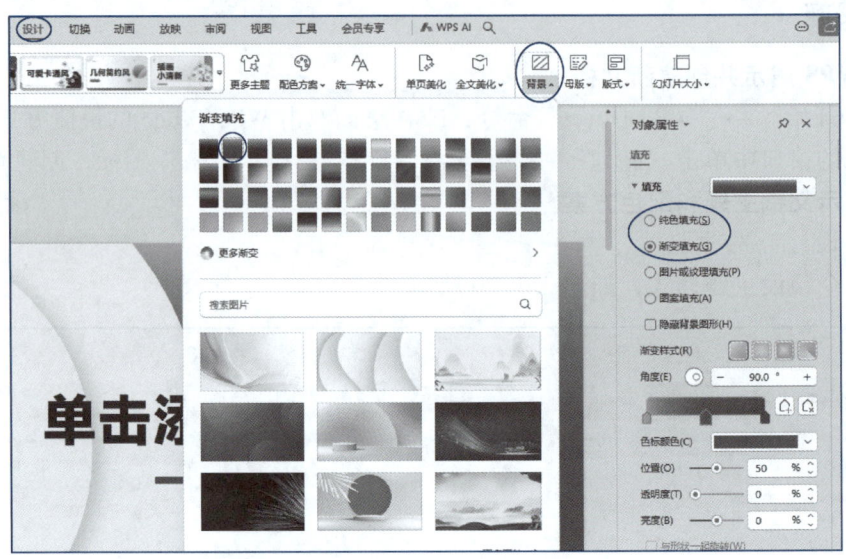

图 3.1.22　设计背景样式

4. 导入和编辑文字素材

① 单击"插入"选项卡中的"文本框"按钮，创建文本框。

② 在文本框中输入或粘贴文本内容，如红色文化介绍、历史事件等。

③ 调整文本格式，包括字体大小、颜色、加粗等，以增强文本的可读性和吸引力，如图 3.1.23 所示。

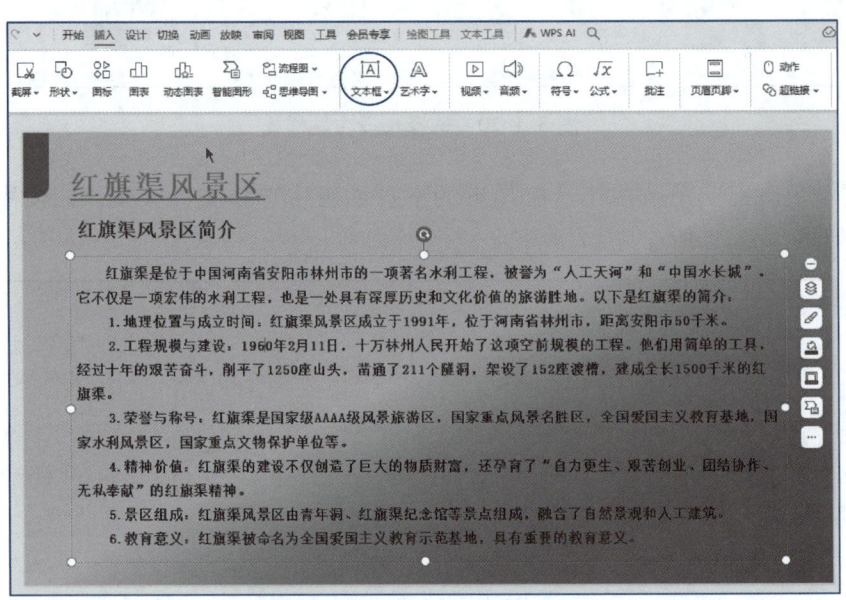

图 3.1.23　导入编辑文字素材

5. 插入和编辑图片

① 在"插入"选项卡中，根据需要选择红旗渠图片。

② 插入图片后，调整其大小和位置，确保文稿内容与设计协调。

③ 应用样式和效果，为图片添加阴影，如图 3.1.24 所示。

图 3.1.24　为图片添加阴影

6. 复制和删除幻灯片

① 在左侧的幻灯片缩略图窗格中，选中需要复制的幻灯片。

② 右击选中的幻灯片，在弹出的快捷菜单中选择"复制幻灯片"命令，然后将复制的幻灯片粘贴到相应的位置，如图 3.1.25 所示。

③ 如需删除幻灯片，右击选中的幻灯片，在弹出的快捷菜单中选择"删除幻灯片"命令。

7. 保存和命名演示文稿

① 完成编辑后，选择"文件"→"保存"命令或使用快捷键 Ctrl+S。

② 在打开的对话框中输入文件名"中原红色文化深度游"，选择保存位置，然后单击"保存"按钮。

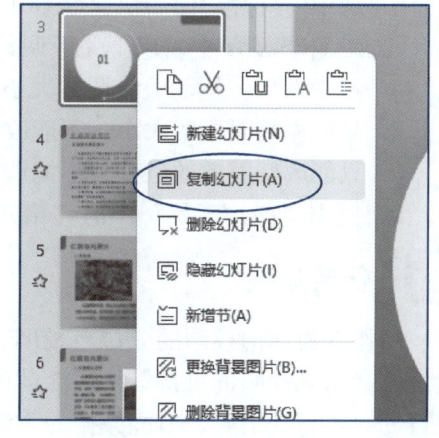

图 3.1.25　复制幻灯片

 任务评价

1. 自我评价

任 务 要 求	掌握的操作有	仍需加强的有	不理解的有
新建演示文稿			
设计主题与背景			

89

续表

任 务 要 求	掌握的操作有	仍需加强的有	不理解的有
导入文字素材			
插入并编辑对象			
复制和删除幻灯片			
在本次任务实施过程中，自我评价的结果	A. 优秀　　B. 良好　　C. 仍需努力　　D. 不清楚		

2. 测试评价

① 在 WPS 演示中快速新建一个空白演示文稿方法是（　　　）。

A. 使用快捷键 Ctrl+O　　　　　　　　B. 使用快捷键 Ctrl+N

C. 选择"文件"→"打开"命令　　D. 选择"文件"→"退出"命令

② 在 WPS 演示的（　　）中可以设置演示文稿的主题和背景。

A. "视图"选项卡　　　　　　　　B. "设计"选项卡

C. "动画"选项卡　　　　　　　　D. "幻灯片放映"选项卡

③ 如果需要在 WPS 演示中插入一张与演示主题相关的背景图片，其操作方法是（　　　）。

A. 在"设计"选项卡中单击"背景"按钮，然后选择"图片或纹理填充"选项

B. 在"插入"选项卡中单击"图片"按钮，然后插入本地图片

C. 直接将图片文件拖曳入幻灯片中

D. 在"页面布局"选项卡中单击"背景"按钮

④ 在 WPS 演示中，复制一张幻灯片的方法是（　　　）。

A. 选中幻灯片，使用快捷键 Ctrl+C　　B. 选中幻灯片，使用快捷键 Ctrl+V

C. 选中幻灯片，使用快捷键 Ctrl+X　　D. 选中幻灯片，然后选择"文件"→"复制"命令

⑤ 在 WPS 演示中，以下关于调整插入对象的位置和大小描述正确的是（　　　）。

A. 选中对象，拖动边缘调整大小，或拖动对象以改变其位置

B. 只能调整对象的大小，不能改变位置

C. 只能改变对象的位置，不能调整大小

D. 使用"图片工具"中的"格式"按钮，但不能同时调整位置和大小

📝 任务拓展

制作一份面向校园的《绿色校园行动计划》演示文稿，目的是提升学生的环保意识，并鼓励同学们参与到校园的可持续发展活动中。演示文稿应包含校园环境现状、环保的重要性、校园内可行的绿色行动措施、节能减排的方法、垃圾分类和回收利用的指导以及校园绿色活动的案例分享等要素。

确保演示文稿内容既具有教育意义，又能激发行动，通过使用 WPS 演示的丰富功能，插入校园环境的图片、图表来展示能源消耗和垃圾产生量的数据，利用信息图表来清晰地说明垃圾分类的方法。此外，设计互动环节，如小测验或问答，以增加同学们的参与感和兴趣。

使用 WPS 演示的主题和背景设计功能，选择清新自然的主题风格，为演示文稿营造绿色环保的氛围。合理布局每一张幻灯片，确保信息传达清晰、有逻辑，同时利用动画和过渡效果让演示更加生动有趣。

任务 3.2 美化《中原红色文化深度游》演示文稿

微课 3-2
美化《中原红色
文化深度游》演
示文稿

任务简介

在任务 3.1 中，郑小安同学已经掌握了演示文稿的基本编辑技能。在当前任务中，他将进一步学习如何提升演示文稿的美观度，从而增强视觉吸引力。郑小安将专注于幻灯片布局的精细调整，巧妙地搭配色彩方案，并精心挑选合适的背景图片，以期制作出一个既内容深刻又具有美感的演示作品。除此之外，他还将运用 WPS 演示提供的多样化设计工具，如动画效果、过渡效果和图表设计，来进一步丰富演示文稿内容，让整个演示过程更加生动和直观。

通过这一系列的美化工作，郑小安不仅能够提升自己的设计技能，也能够使《中原红色文化深度游》的演示文稿在传递知识的同时，给人以美的享受。

知识准备

1. 进入母版视图

（1）打开 WPS 演示文稿

启动 WPS 演示软件，并打开新的演示文稿。

（2）切换至"视图"选项卡

单击"视图"选项卡中不同的显示模式按钮，以显示不同的视图模式，如图 3.2.1 所示。

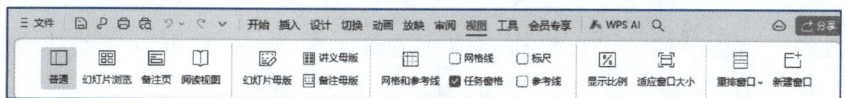

图 3.2.1 "视图"选项卡

（3）进入幻灯片母版

在"视图"选项卡中，单击"幻灯片母版"按钮。此时，演示文稿将展示所有幻灯片的母版布局，允许用户进行统一设计和调整，用户还可以在此视图中看到演示文稿的全局布局概览，如图 3.2.2 所示。

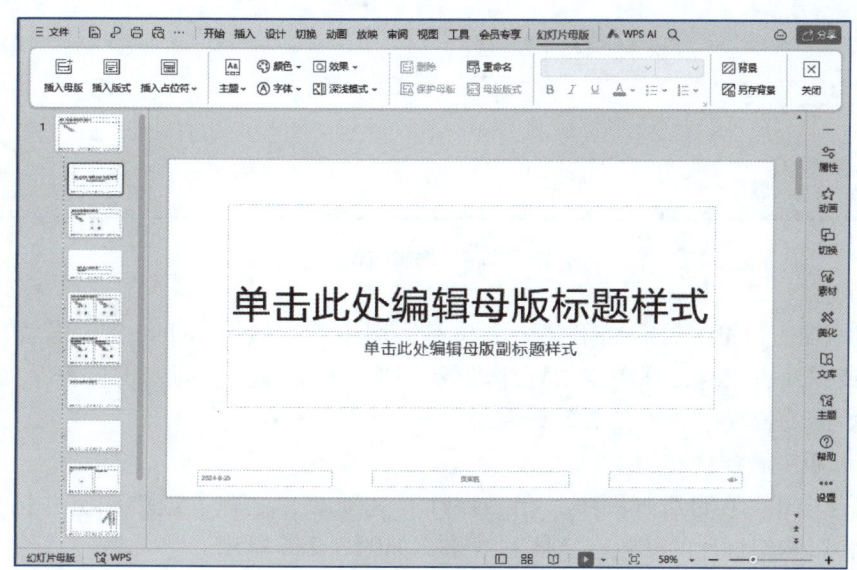

图 3.2.2 幻灯片母版界面

2. 编辑母版

（1）调整母版布局

① 定位占位符。在母版视图中，用户可以通过单击左侧的母版缩略图来选择一个特定的母版进行编辑。选中后，界面将展示该母版的详细布局。占位符是幻灯片中的虚线框，其功能是为文本、图片等对象指定位置，对占位符移动位置、调整大小、设置格式或者删除的方法与图形或文本框操作类似，如图 3.2.3 所示。

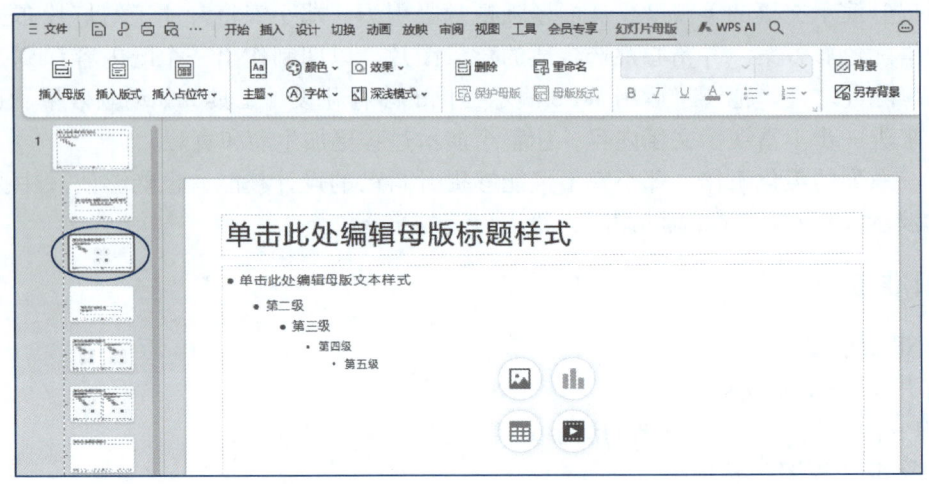

图 3.2.3　对指定母版进行编辑

② 编辑占位符。选中任何一个占位符，如标题或文本框，用户可以拖动其边缘来调整大小，或者拖动占位符本身来改变其在幻灯片中的位置，如图 3.2.4 所示。

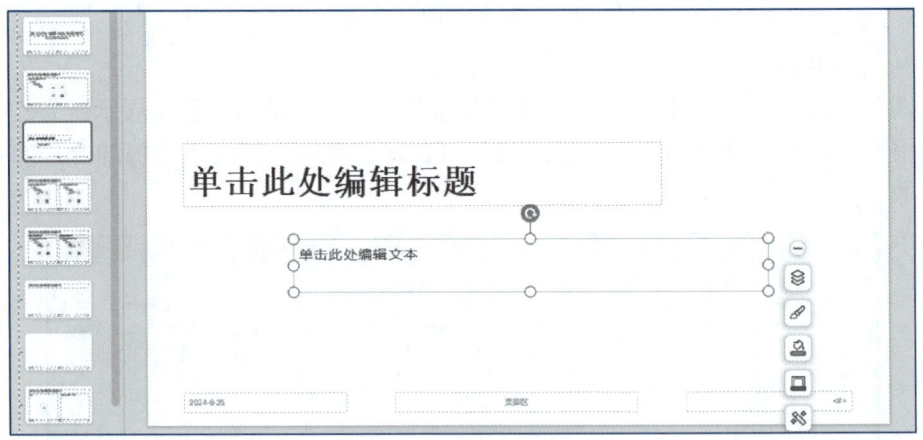

图 3.2.4　编辑占位符

③ 删除或添加占位符。若需删除某个占位符，选中后直接按 Delete 键。若需添加新的占位符，如文本框或图片占位符，可在"幻灯片母版"选项卡中单击"插入占位符"按钮进行添加，并将其放置在所需的位置，如图 3.2.5 所示。

（2）设置母版主题样式

① 选择主题样式。在母版视图中，在"设计"选项卡"主题"组中浏览并选择一个预设的主题样式，这将影响幻灯片的颜色、字体和效果，如图 3.2.6 所示。

② 自定义配色方案。单击"设计"选项卡中的"配色方案"下拉按钮，在弹出的下拉面板

中选择一个预设的配色方案或自定义颜色，以匹配演示文稿的主题，如图 3.2.7 所示。

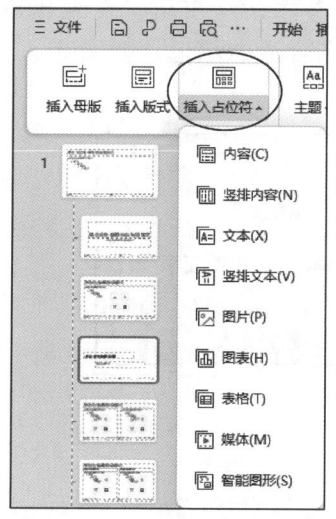

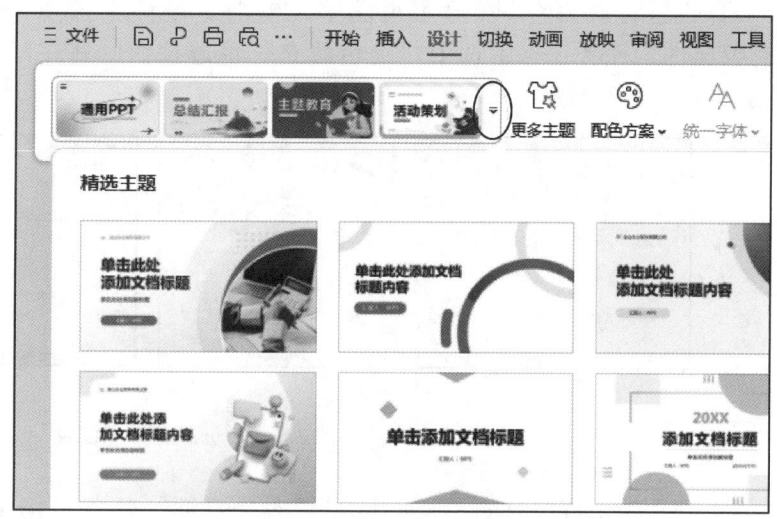

图 3.2.5 插入占位符   图 3.2.6 母版主题样式

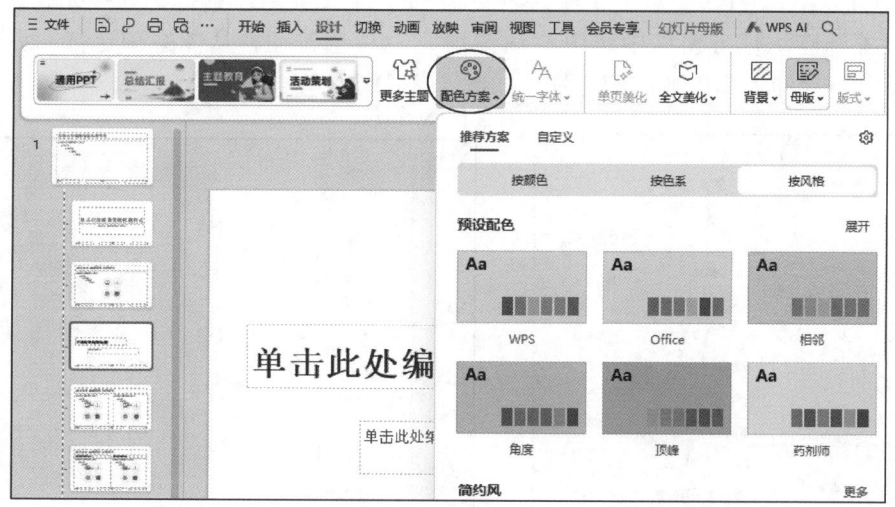

图 3.2.7 母版配色方案

③ 设置字体样式。在"设计"选项卡"字体"组中，用户可以为标题和正文选择不同的字体样式和大小，如图 3.2.8 所示。

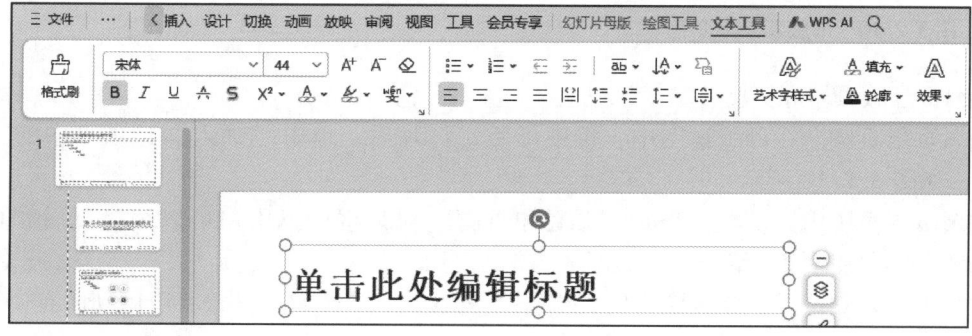

图 3.2.8 母版字体设置

（3）更改母版背景设计

① 设置背景颜色。在母版视图中，单击"设计"选项卡中的"背景"按钮，在弹出的"对象属性"任务窗格中选中"纯色填充"单选按钮，并在其中挑选合适的颜色，如图 3.2.9 所示。

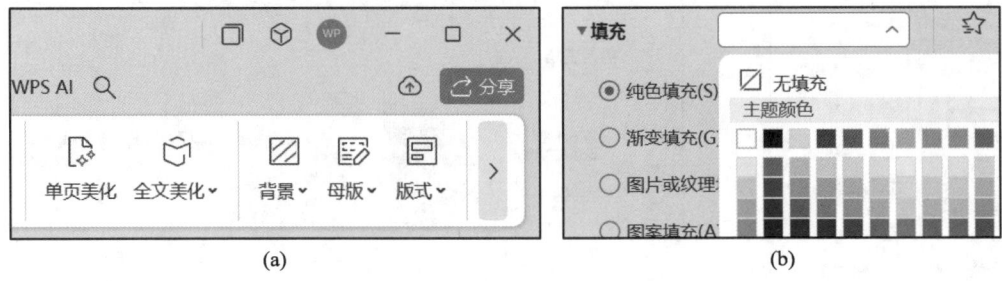

图 3.2.9 母版背景色设置

② 应用渐变或纹理背景。同样在"对象属性"任务窗格中，也可以选中"渐变填充"或"图片或纹理填充"单选按钮，根据需要调整角度、颜色和纹理样式，如图 3.2.10 所示。

③ 插入背景图案。WPS 演示提供了多种内置图案样式供用户选择，如线条、纹理、几何图形等。在"对象属性"任务窗格中选中"图案填充"单选按钮，从图案中选择一张图片作为背景，调整图片的布局和大小以适应幻灯片，如图 3.2.11 所示。

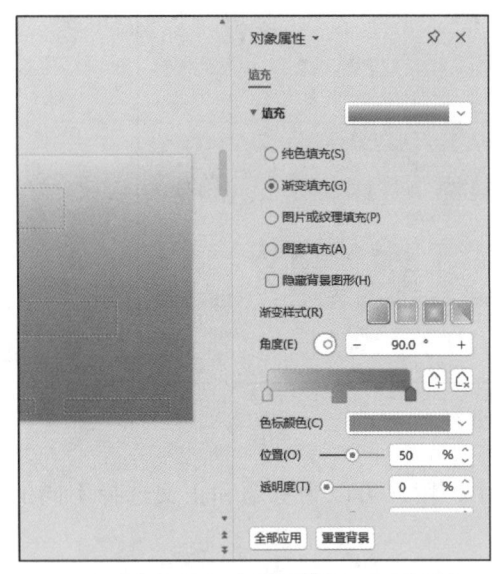

图 3.2.10 母版背景渐变色

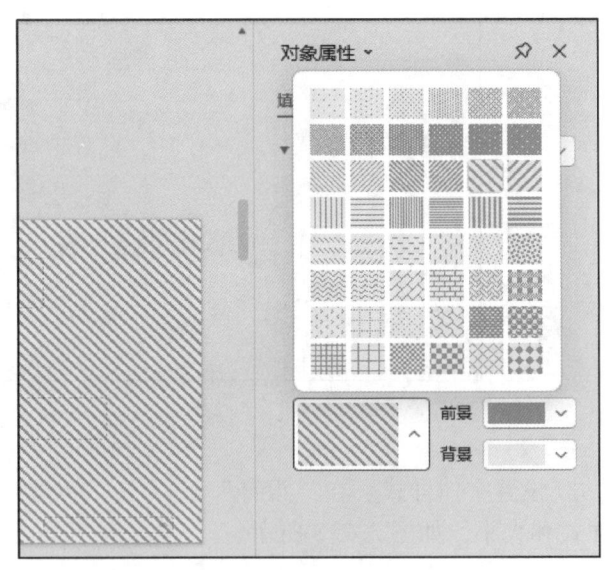

图 3.2.11 背景图案

（4）编辑母版页眉和页脚

① 插入页眉页脚。在母版视图中，选中母版幻灯片后，单击"插入"选项卡中的"页眉页脚"按钮，如图 3.2.12 所示。

② 编辑页眉页脚内容。在打开的"页眉和页脚"对话框中，用户可以编辑页眉和页脚的内容，如标题、日期和时间、编号等，如图 3.2.13 所示。

③ 应用页眉页脚设置。完成编辑后，单击"全部应用"按钮，设置将应用到所有使用该母版的幻灯片上。

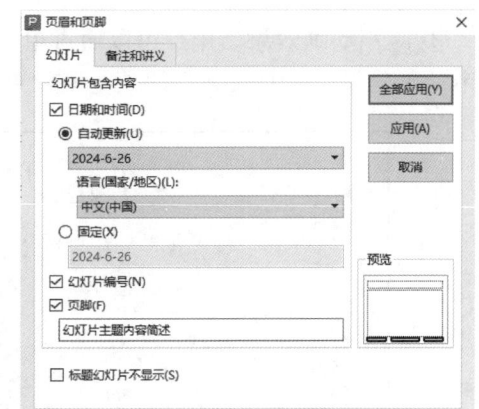

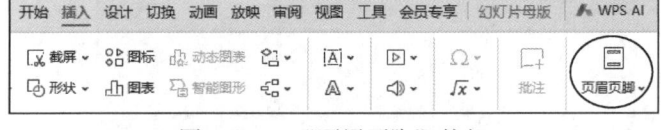

图 3.2.12 "页眉页脚"按钮　　　　　　　图 3.2.13 页眉页脚编辑内容

3. 设置动画效果

（1）选择和配置动画

① 打开动画选项。在 WPS 演示中，用户首先要选中需要添加动画的对象。然后，选择"动画"选项卡，如图 3.2.14 所示。

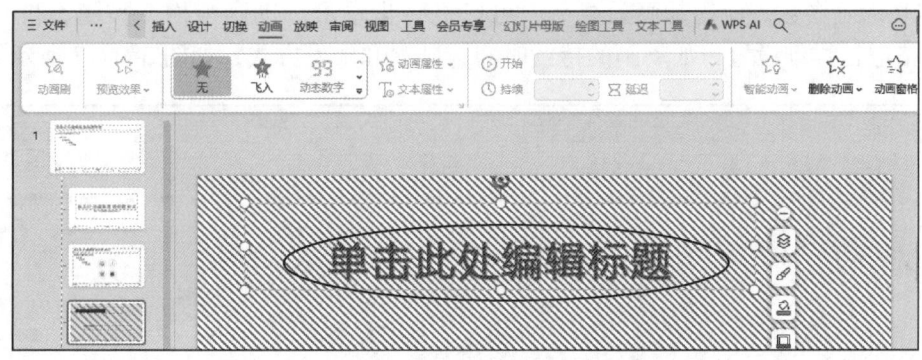

图 3.2.14 选中需要添加动画的对象

② 浏览动画库。在"动画"选项卡中，用户可以浏览各种预设的动画效果。动画库通常分为"进入""强调"和"退出"等类别，如图 3.2.15 所示。

图 3.2.15 动画库

③ 应用动画效果。用户可以通过单击特定的动画效果，将其立即应用到选中的对象上。选择一个动画效果后，对象会立即预览该效果，如图 3.2.16 所示。

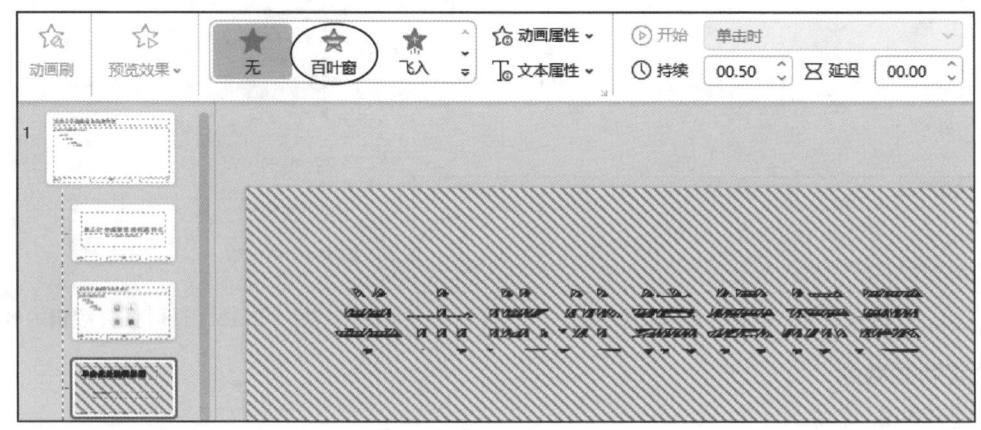

图 3.2.16　"百叶窗"动画效果展示

④ 自定义动画参数。应用动画效果后，可以进一步单击"动画窗格"按钮，打开"动画窗格"任务窗格进行详细设置，如动画的持续时间、延迟和触发方式，如图 3.2.17 所示。

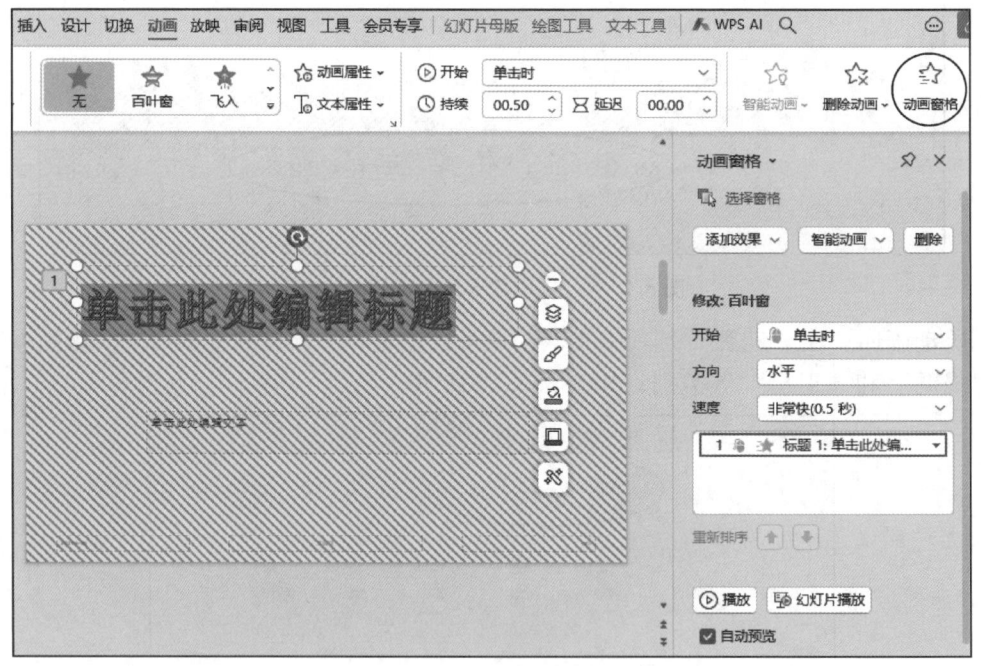

图 3.2.17　动画窗格设置

（2）调整和完善动画

① 调整动画顺序和时间。在"动画窗格"任务窗格中，用户可以通过拖动动画条来调整动画的顺序，还可以单击动画条上的下拉箭头来设置开始时间和持续时间，如图 3.2.18 所示。

② 设置动画触发器。用户可以为每个动画设置触发器，如"单击"或"与上一个动画同时"等，以控制动画的播放条件，如图 3.2.19 所示。

③ 编辑动画路径。对于具有路径的动画，用户可以通过单击"添加效果"下拉按钮，在弹出

的下拉列表中选择"动作路径"选项,然后拖动路径点来自定义动画的运动轨迹,如图 3.2.20 所示。

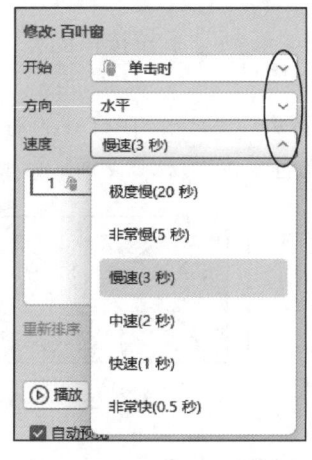

图 3.2.18 调整动画顺序和时间

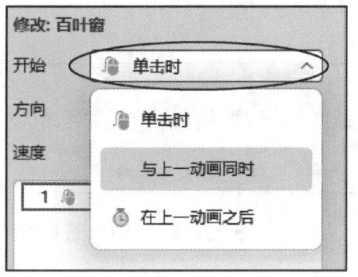

图 3.2.19 设置动画触发器

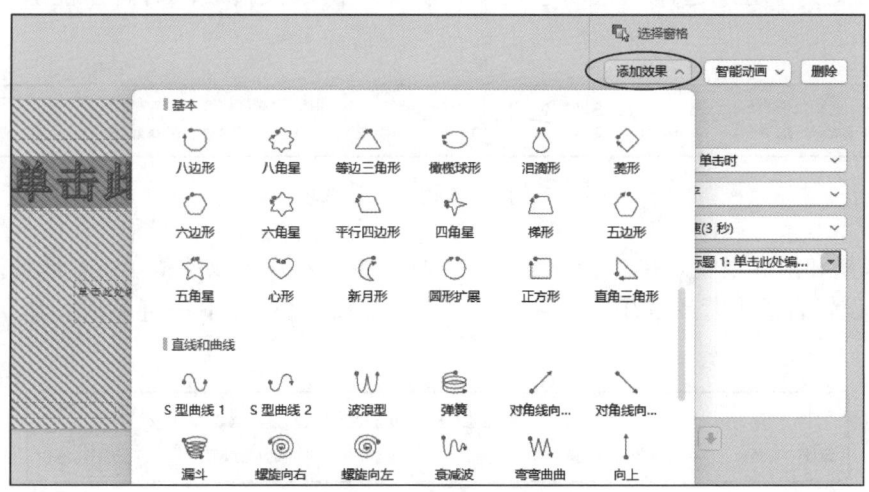

图 3.2.20 编辑动画运动轨迹

④ 预览动画效果。完成动画设置后,用户可以单击"放映"选项卡中的"当页开始"等按钮来预览动画效果,如图 3.2.21 所示。

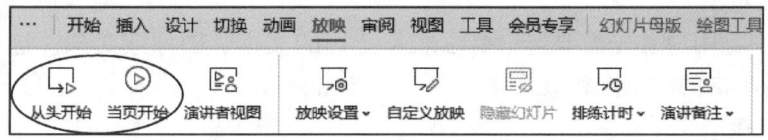

图 3.2.21 幻灯片放映

4. 插入背景音乐

(1)准备音乐文件

① 获取音乐文件。背景音乐文件格式通常为 MP3 或 WAV,文件应存储于易于访问的位置,以便插入到演示文稿中。

② 检查文件路径。确认音乐文件的路径正确无误,以避免在插入过程中出现路径错误的问题。

（2）在 WPS 演示中插入音乐

① 打开演示文稿。启动 WPS 演示软件，并打开要插入背景音乐的演示文稿。

② 选择"插入"选项卡，以访问媒体插入功能。

③ 选择"音频"选项。在"插入"选项卡中，单击"音频"下拉按钮图标，弹出下拉列表，如图 3.2.22 所示。

④ 插入背景音乐。从弹出的下拉列表中选择"嵌入音频"命令，在打开的对话框中找到音乐文件所在的位置，选择文件并单击"打开"按钮以插入音乐，如图 3.2.23 所示。

图 3.2.22　插入音频按钮

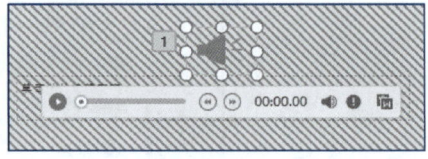

图 3.2.23　插入音频文件

⑤ 设置播放选项。音乐文件插入后，会出现一个音频播放器，并自动加载"音频工具"选项卡，在"播放"组中选择"自动"选项，确保在演示文稿放映时音乐能够自动播放，如图 3.2.24 所示。

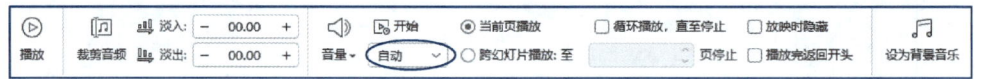

图 3.2.24　"音频工具"选项卡

⑥ 调整音量和播放设置。在"音频工具"选项卡中，用户可以调整音量、调整播放图标至任何位置，还可设置音乐为背景音乐，以便整个幻灯片在放映过程中一直播放音乐，如图 3.2.25 所示。

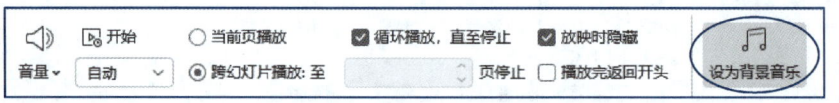

图 3.2.25　设置为背景音乐

⑦ 保存设置。完成设置后，单击"保存"按钮，保存音频设置。

5. 设置超链接

（1）选择链接对象

在 WPS 演示中，用户首先需要选中要添加超链接的文本、图像或对象。这可以是一段文本、一个图片或任何可单击的演示文稿元素。

（2）插入超链接

① 打开"插入超链接"对话框。选中对象后，单击"插入"选项卡中的"超链接"按钮，如图 3.2.26 所示，打开"插入超链接"对话框。

② 选择链接类型。在"插入超链接"对话框中，用户可以选择不同的链接类型。通常包括"文件或网页""本文档中的位置""电子邮件地址"等选项，如图 3.2.27 所示。

③ 指定链接目标。根据所选链接类型，指定链接的目标。例如，如果选择"文件或网页"，则需要浏览并选择一个文件，如图 3.2.27 所示；如果选择"内部链接"，则需要选择一张演示文稿内的幻灯片作为链接目标。

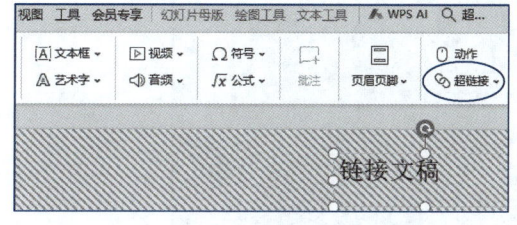

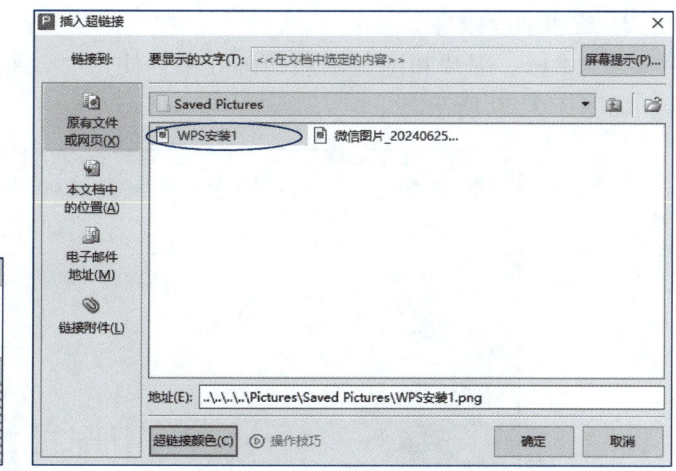

图 3.2.26 "超链接"按钮   图 3.2.27 "插入超链接"对话框

④ 确认并应用。设置完毕后，单击"确定"按钮应用超链接。此时，选中的对象将具有超链接功能。

（3）测试超链接

在演示文稿中，在放映模式下单击超链接来测试其功能，确保超链接按预期工作。

任务实施

1. 细化母版设置

① 进入"幻灯片母版"，统一调整页眉和页脚，确保每张幻灯片都有统一的标识和信息。

② 在母版中设置统一的占位符样式，包括字体、颜色和大小，以保证文本的一致和专业，如图 3.2.28 所示。

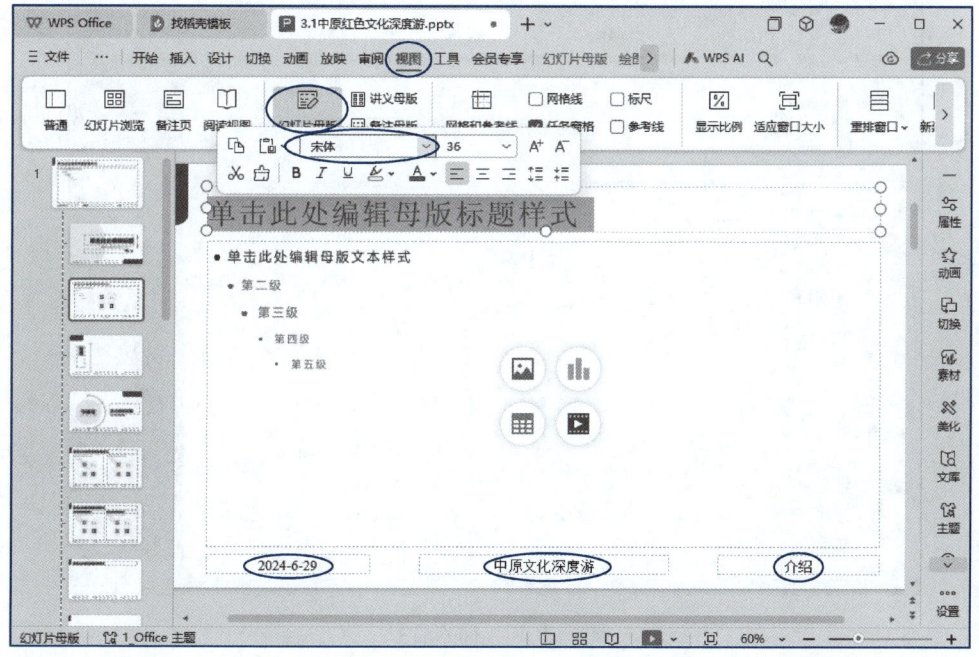

图 3.2.28 母版页眉和页脚及字体设置

2. 应用动画效果

为文本框、图片和图表添加动画效果，使用"动画"选项卡中的预设动画，如渐变、飞入等，如图 3.2.29 所示。

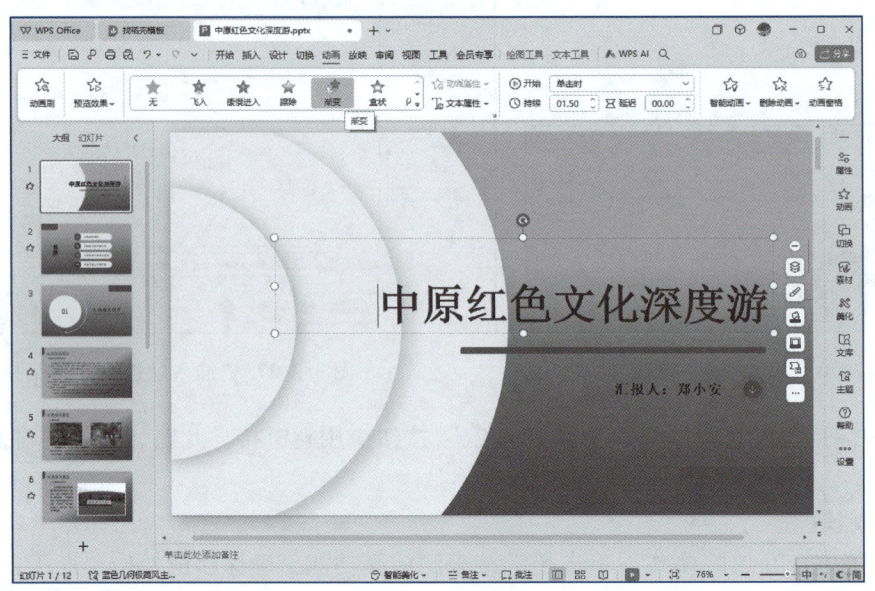

图 3.2.29　文本框"渐变"动画

3. 插入和设置背景音乐

① 单击"插入"选项卡中的"音频"下拉按钮，在弹出的下拉列表中选择"嵌入音频"命令，在打开的对话框中选择一首适合红色文化主题的背景音乐，如图 3.2.30 所示。

图 3.2.30　插入音频

② 设置背景音乐的播放属性。单击"小喇叭"图标，在"音频工具"选项卡中进行设置，如自动播放和循环播放，并调整音量以确保不会影响放映，如图 3.2.31 所示。

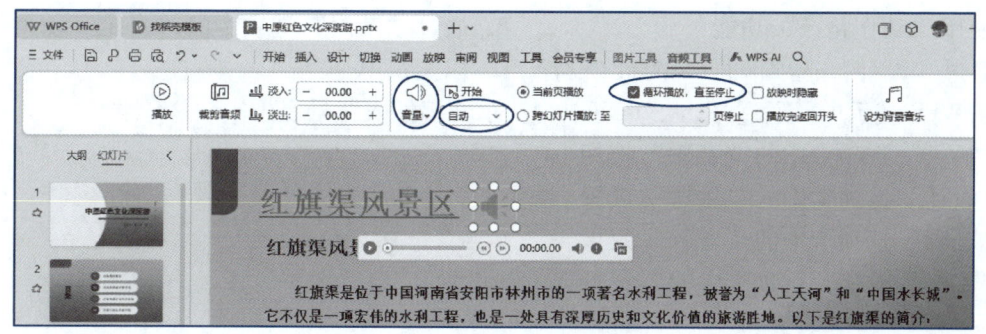

图 3.2.31 背景音乐属性设置

4. 添加互动性超链接

对演示文稿中的"红旗渠风景区"文字设置超链接，链接到外部图片。确保超链接的视觉效果明显，如使用不同的颜色或下画线，以提示观众这些内容是可以单击的，如图 3.2.32 所示。

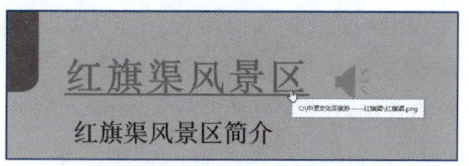

图 3.2.32 链接到红旗渠图片

5. 最终审查与调整

仔细检查每一张幻灯片，确保没有遗漏或错误。必要时可以调整布局、颜色和动画，确保演示文稿的流畅和视觉效果。

 任务评价

1. 自我评价

任 务 要 求	掌握的操作有	仍需加强的有	不理解的有
进入母版视图			
编辑母版			
设置动画效果			
插入背景音乐			
设置超链接			
在本次任务实施过程中，自我评价的结果	A. 优秀　B. 良好	C. 仍需努力	D. 不清楚

2. 测试评价

① 在 WPS 演示中，可以通过（　　）选项卡进入幻灯片母版视图。

A. 视图　　　　　　　B. 设计　　　　　　　C. 动画　　　　　　　D. 幻灯片放映

② 在编辑母版时，添加新占位符的方法是（　　）。

A. 使用"插入"选项卡的"文本框"按钮

B. 在"幻灯片母版"选项卡中单击"插入占位符"按钮

C. 直接在幻灯片上单击并输入文本

D. 以上都不是

③ 在母版视图中，用户通过（　　）可以更改幻灯片的背景颜色。

A. "设计"选项卡中的"背景"按钮　　　B. "动画"选项卡

C. "格式"工具栏　　　　　　　　　　　D. "视图"选项卡

④ 设置动画效果时，（　　）可以自定义动画的运动轨迹。

A. 使用"动作路径"功能　　　　B. 通过"动画"选项卡的"自定义动画"按钮

C. 通过"设计"选项卡的"布局"设置　D. 以上都不是

⑤ 在 WPS 演示中，通过（　　）可以为演示文稿插入背景音乐。

A."插入"选项卡中的"音频"按钮

B."设计"选项卡中的"主题"设置

C."动画"选项卡中的"音频"效果

D."幻灯片放映"选项卡中的"背景音乐"设置

任务拓展

为了进一步增强《绿色校园行动计划》演示文稿的互动性和教育效果，拓展任务要求同学们利用 WPS 演示的高级编辑功能，加入更多的视觉和互动元素。可以使用母版视图来统一幻灯片的布局和风格，通过编辑母版来设置一致的页眉和页脚，以及应用统一的主题样式和背景设计。

在动画效果方面，为文本框、图片和图表添加动画，使演示文稿在展示时更加生动。通过"动画"选项卡选择适合的动画效果，并在"动画窗格"任务窗格中调整动画的顺序、时间和触发方式。

此外，尝试插入背景音乐，为演示文稿创造一个愉悦的观看氛围。在"插入"选项卡中选择音频，插入本地音乐文件，并设置音乐的播放选项。

为了提高演示文稿的实用性和指导性，设置超链接，链接到校园环保活动的网页、资源下载页面或相关教育视频。使演示文稿成为一个互动的平台，可以在放映时通过单击超链接向观众展示更多信息。

任务 3.3　放映《中原红色文化深度游》演示文稿

微课 3-3

放映《中原红色
文化深度游》演
示文稿

任务简介

郑小安同学在精心制作并美化《中原红色文化深度游》演示文稿之后，即将进入任务的展示阶段。他将学习设置幻灯片切换动画效果，使每个转场都流畅而富有吸引力，增强视觉冲击力。接下来，他将掌握 WPS 演示的放映技巧，确保在实际演示中能够流畅地引导观众的注意力，讲述红色文化的故事。此外，为了确保文稿的持久性和可分享性，郑小安还将学习如何打印演示文稿，以及如何将其导出为 PDF 格式或其他格式，以便在不同的平台和设备上进行展示或存档。这一系列的技能将使他的演示文稿不仅在视觉和内容上引人入胜，而且在传播和应用上更加灵活和高效。

知识准备

1. 设置切换幻灯片动画效果

（1）选择和应用切换效果

① 打开动画选项。在 WPS 演示中，选中需要添加切换动画的幻灯片。选择"切换"选项卡，这将展示所有可用的幻灯片切换效果。

② 浏览切换效果。在"切换"选项卡中，用户可以浏览各种预设的幻灯片切换效果。这些效果包括淡入淡出、推移、溶解等，如图 3.3.1 所示。

③ 应用切换效果。用户可以通过单击特定的切换效果，将其立即应用到选中的幻灯片上。例如，幻灯片切换效果选择"新闻快报"，可以通过预览查看其在幻灯片切换时的表现，如图 3.3.2 所示。

图 3.3.1　切换效果预设

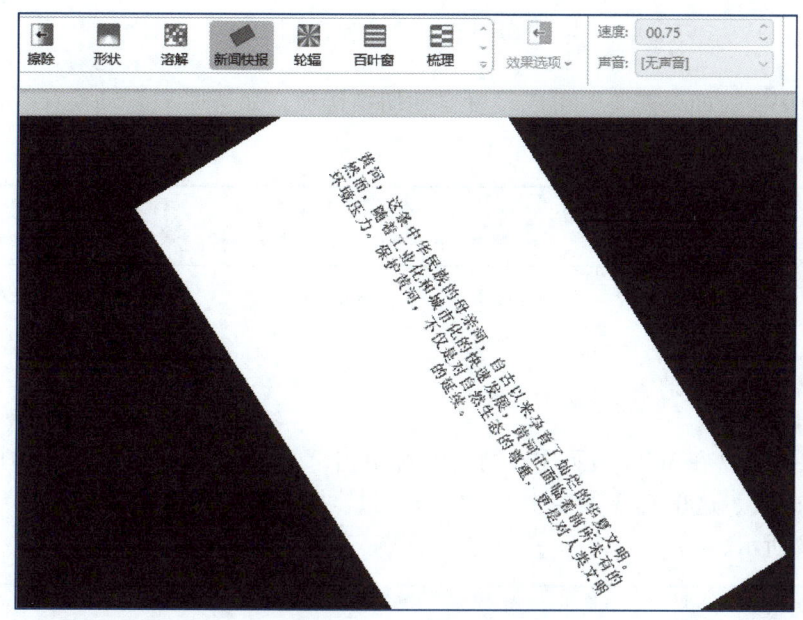

图 3.3.2　切换动画效果预览

（2）自定义切换动画参数

① 调整切换效果设置。应用切换效果后，用户可以进一步单击"效果选项"下拉按钮，在弹出的下拉列表中选择合适的选项，进行切换效果的详细设置，如图 3.3.3 所示。

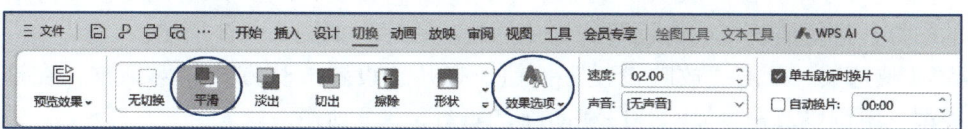

图 3.3.3　效果选项设置

② 设置切换方向或方式。在切换效果设置中，可以选择切换的展开或收缩方式（如扇形展开、盒状展开等），如图 3.3.4 所示。

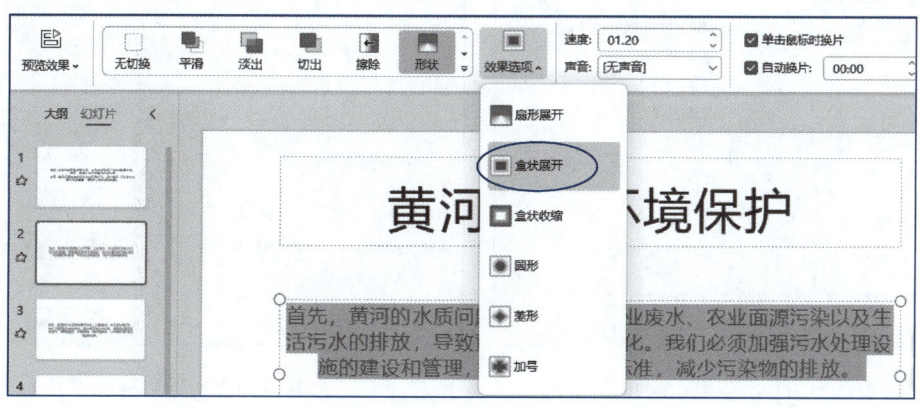

图 3.3.4　切换方式设置

③ 调整切换速度。可以设置切换动画的速度，单击向上箭头按钮为增加时长，单击向下箭头按钮为缩短时长，如图 3.3.5 所示。

图 3.3.5　速度设置

④ 设置自动切换。如果需要，可以设置自动切换选项，如选中"自动换片"复选框，并设置自动切换的时间间隔，如图 3.3.6 所示。

图 3.3.6　自动切换时间设置

2. 放映演示文稿

（1）设置放映类型

① 选择放映方式。在 WPS 演示中，可以通过单击"放映"选项卡中相应的放映按钮来设置演示文稿的放映方式。这里有 3 种主要方式，分别是"从头开始""当页开始"和"演讲者视图"，如图 3.3.7 所示。

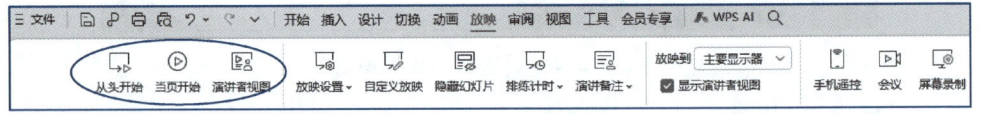

图 3.3.7　放映方式选择

② 指定放映幻灯片。在"放映"选项卡中，单击"自定义放映"按钮，在打开的对话框中选择特定的幻灯片进行放映，或者设置幻灯片的放映顺序，如图 3.3.8 所示。

③ 设置放映选项。单击"放映设置"按钮，打开"设置放映方式"对话框，在这里可以设置放映的类型、范围以及是否显示旁白和动画，如图 3.3.9 所示。

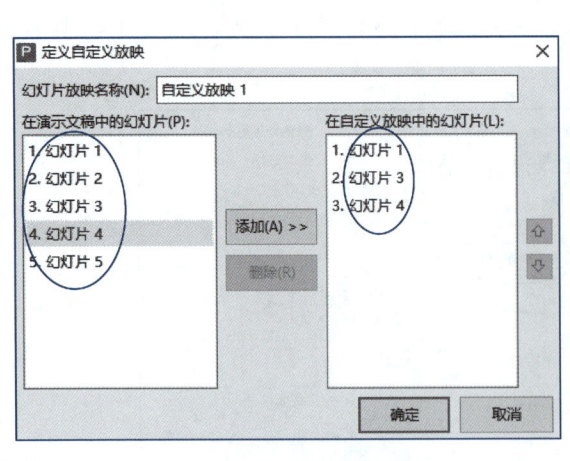

图 3.3.8　自定义放映顺序

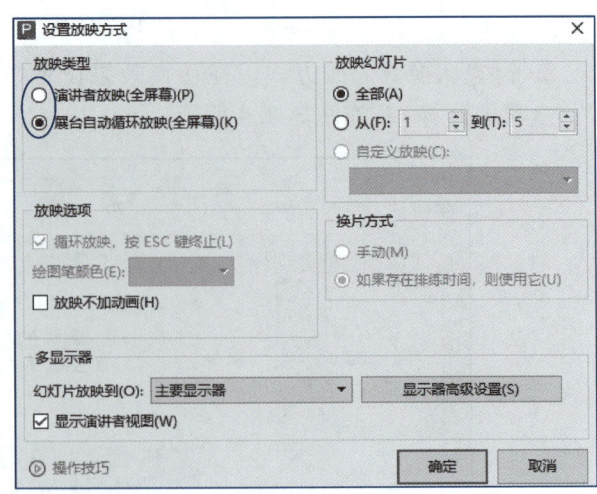

图 3.3.9　设置放映方式

（2）开始放映演示文稿

① 启动放映。单击"放映"选项卡中的"从头开始"或"当页开始"按钮来启动放映，如图 3.3.10 所示。

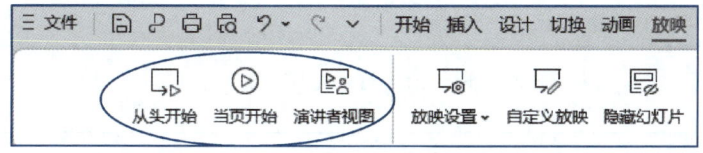

图 3.3.10 启动放映

② 控制放映过程。在放映过程中，用户可以使用键盘上的箭头键、空格键或用鼠标来控制幻灯片的前进和后退。

③ 使用放映工具。WPS 演示提供了"放映"工具栏，其中包含笔、橡皮擦等工具，帮助用户在放映时突出显示重点或进行注释。

④ 放映结束后，按 Esc 键或单击"放映"工具栏中的"结束放映"按钮退出放映模式。

3. 打印演示文稿

（1）设置打印参数

① 进入打印界面。选择"文件"→"打印"命令，打开打印设置界面，如图 3.3.11 所示。

② 选择打印机。在打印设置界面，用户需要从打印机"名称"下拉列表框中选择一台可用的打印机，确保所选打印机已连接并处于就绪状态，如图 3.3.12 所示。

③ 设置打印范围和数量。用户可以指定打印的幻灯片范围，如全部幻灯片或选定幻灯片。同时，设置要打印的份数，如图 3.3.13 所示。

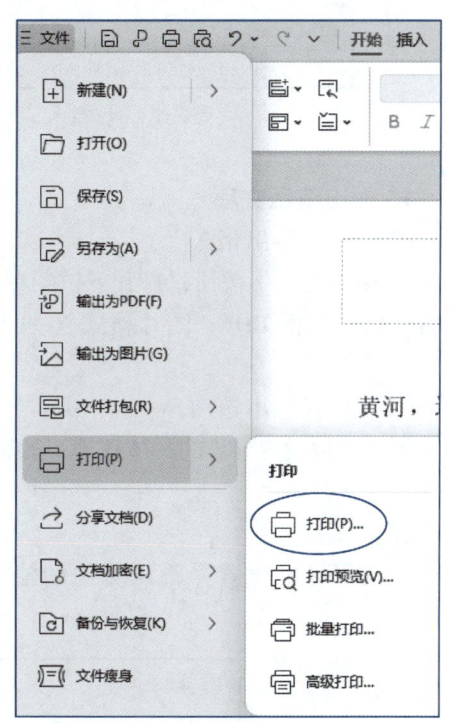

图 3.3.11 演示文稿打印

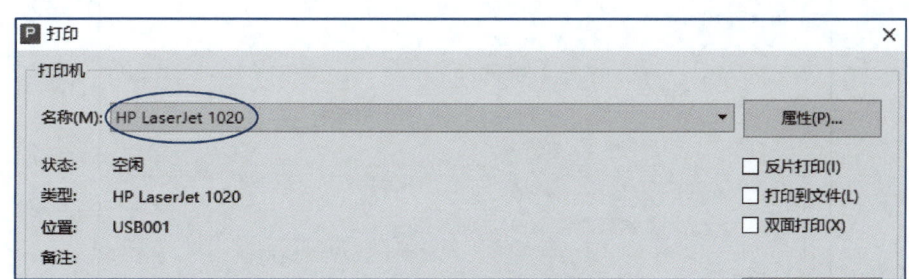

图 3.3.12 选择打印机

④ 设置打印样式。在"讲义"栏中，可以设置每页幻灯片的数量，以及幻灯片的排列顺序，如图 3.3.14 所示。

（2）预览打印效果

在打印之前，可以在"打印"对话框中单击左下角的"预览"按钮检查打印布局和内容，确保符合预期。

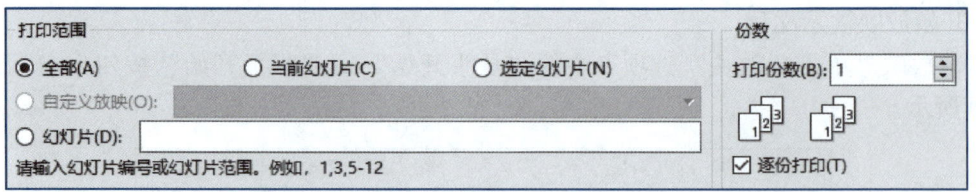

图 3.3.13　指定打印范围及打印份数

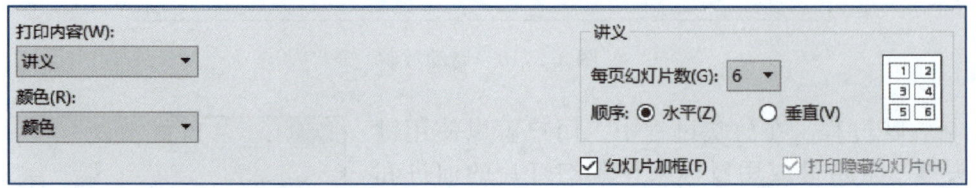

图 3.3.14　打印样式设置

4. 导出演示文稿

（1）选择导出格式

单击"文件"按钮，打开下拉菜单。用户可以从多种格式中选择导出类型，包括 PDF、图片格式（如 JPEG、PNG）等，如图 3.3.15 所示。

（2）设置导出选项

用户可以设置导出的具体选项，如输出内容、权限等，如图 3.3.16 和图 3.3.17 所示。

（3）文件导出

修改好导出设置并确认文件的输出位置后，单击"开始输出"按钮。

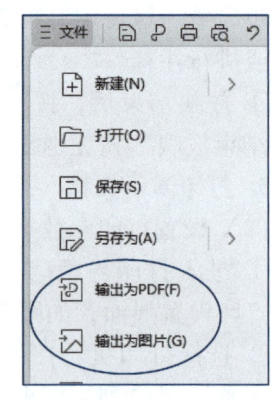

图 3.3.15　演示文稿输出格式选择

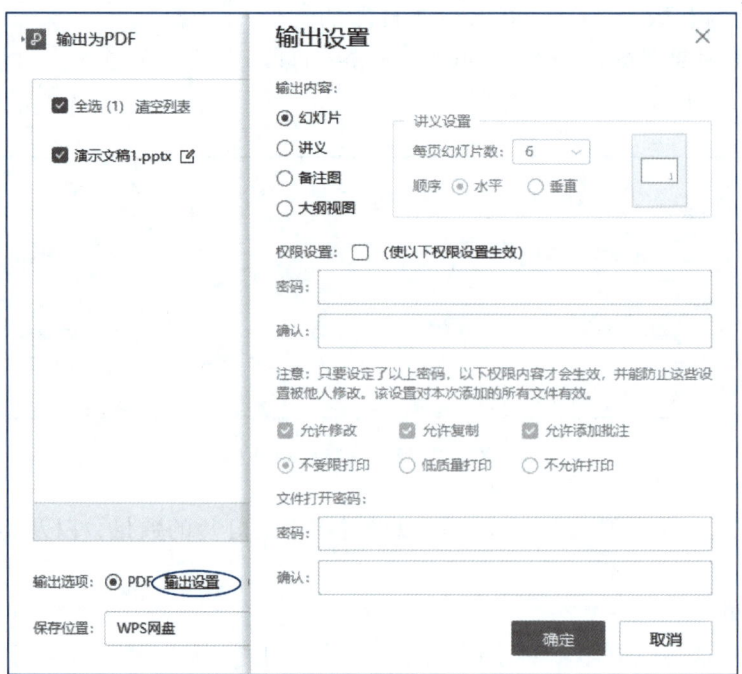

图 3.3.16　以 PDF 格式输出的设置

图 3.3.17　以图片格式输出的设置

任务实施

1. 设置切换幻灯片动画效果

选择平滑的幻灯片动画效果，如"擦除"动画，以保持观众的注意力，如图 3.3.18 所示。

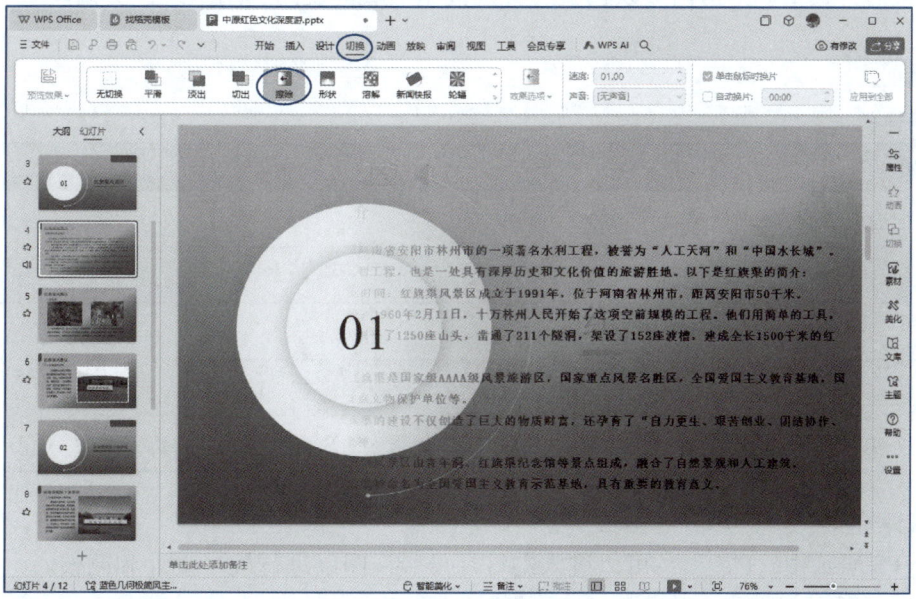

图 3.3.18　擦除动画

2. 放映前的准备

打开《中原红色文化深度游》演示文稿，进行最终的检查，确保所有幻灯片内容、动画和切换效果均符合设计要求。

3. 启动演示文稿放映

单击"放映"选项卡中的"从头开始"按钮，启动演示文稿的放映，如图 3.3.19 所示。

4. 控制放映过程

使用键盘方向键或空格键控制幻灯片的播放，确保放映流程顺畅。

5. 利用放映工具

如需突出显示重点或进行注释，使用左下方"放映"工具栏中的水彩笔、圆珠笔、橡皮擦等工具，如图 3.3.20 所示。

图 3.3.19　开始放映　　　　　　　　图 3.3.20　"放映"工具栏

6. 结束放映并收集反馈

放映结束后，按 Esc 键退出放映模式，并向同学们收集反馈，用于改进文稿。

 任务评价

1. 自我评价

任 务 要 求	掌握的操作有	仍需加强的有	不理解的有
切换幻灯片动画效果			
放映演示文稿			
打印演示文稿			
导出演示文稿			
在本次任务实施过程中，自我评价的结果	A. 优秀　　B. 良好　　C. 仍需努力　　D. 不清楚		

2. 测试评价

① 在 WPS 演示中，（　　）可以进入幻灯片母版视图以进行统一设计和调整。

A. 单击"视图"选项卡中的"幻灯片母版"按钮

B. 单击"设计"选项卡中的"幻灯片母版"按钮

C. 单击"放映"选项卡中的"幻灯片母版"按钮

D. 单击"文件"选项卡中的"幻灯片母版"按钮

② 应用幻灯片切换动画效果后，通过（　　）可以自定义动画参数。

A. 单击"动画"选项卡中的"自定义动画"按钮

B. 单击"切换"选项卡中的"切换选项"按钮

C. 单击"动画"选项卡中的"动画窗格"按钮

D. 单击"幻灯片放映"选项卡中的"动画设置"按钮

③ 在 WPS 演示中，开始放映演示文稿的正确操作是（　　）。

A. 单击"文件"选项卡中的"放映"按钮

B. 单击"放映"选项卡中的"从头开始"按钮

C. 单击"设计"选项卡中的"放映"按钮

D. 单击"视图"选项卡中的"幻灯片放映"按钮

④ 打印演示文稿之前，需要进行的设置是（　　）。

A. 选择打印机，设置打印范围和数量，选择打印版式

B. 设置幻灯片的方向和打印质量

C. 调整页边距和缩放比例

D. 以上所有选项

⑤ 导出演示文稿为 PDF 格式，需要执行以下（　　）操作。

A. 选择"文件"→"输出为 PDF"命令

B. 单击"设计"选项卡中的"输出为 PDF"按钮

C. 单击"幻灯片放映"选项卡中的"输出为 PDF"按钮

D. 单击"视图"选项卡中的"输出为 PDF"按钮

任务拓展

在完成本项目的学习后，请记录并回顾所获得的知识和技能。通过本项目中的任务，如制作《中原红色文化深度游》的演示文稿，有机会深入了解 WPS 演示的多种功能，从基础的设计主题与背景，到高级的动画效果和交互链接，已经走过了一段丰富的学习旅程。

现在，请写下自己的学习心得。思考以下问题：

① 在学习过程中，遇到了哪些挑战，又是如何克服它们的？

② 在解决问题时采取了哪些策略，是否有创新的思维方式？

③ 完成任务时，如何将红色文化的主题与演示文稿的设计相结合？

④ 认为这些新技能将如何帮助你在未来的学习和职业生涯中更有效地沟通和表达？

项目小结

任务 3.1　制作《中原红色文化深度游》演示文稿

① 掌握了 WPS 演示软件的启动与关闭，熟悉了工作界面的构成，包括标题栏、功能区、幻灯片缩略图窗格、编辑区和状态栏。

② 学会了新建演示文稿、设计主题与背景、导入文字素材、插入和编辑对象、复制和删除幻灯片的基本操作。

任务 3.2　美化《中原红色文化深度游》演示文稿

① 学习了进入母版视图、编辑母版、设置动画效果、插入背景音乐和设置超链接的高级技能。

② 掌握了如何美化幻灯片布局、色彩方案、背景图片，以及如何使演示文稿更生动和直观。

任务 3.3　放映《中原红色文化深度游》演示文稿

① 学会了设置切换幻灯片动画效果、放映演示文稿、打印演示文稿和导出演示文稿的方法。

② 掌握了如何流畅地进行演示文稿的放映、控制放映过程，并确保文稿的持久性和可分享性。

③ 通过本项目的学习，我们不仅掌握了 WPS 演示的基本操作和高级技巧，还学会了如何将红色文化的主题与演示文稿的设计相结合，提升了我们的信息技术能力和审美意识。这些技能将帮助我们在未来的学习和职业生涯中更有效地进行信息传递和视觉展示。

 # 项目实训

实训任务单

实 训 任 务	03-制作演示文稿
任务名称	制作《绿色校园行动计划》演示文稿
实训目标	1. 掌握使用演示文稿软件进行信息展示和演讲的能力。 2. 深入了解可持续发展和环保的重要性，思考如何在校园内推广绿色行动。 3. 培养项目管理和团队协作能力，提高公共演讲和沟通技巧
任务描述	本任务要求学生团队制作一份《绿色校园行动计划》的演示文稿，旨在通过演示文稿的形式，向校园社区展示绿色行动的重要性和具体实施计划。学生需要从策划、内容制作到最终演讲，全面参与演示文稿的创作过程
实训要求	1. 根据实训目标，完成《绿色校园行动计划》演示文稿的制作，包括确定主题、内容结构、视觉设计等。 2. 遵循信息传达原则，确保演示文稿清晰、有逻辑和有吸引力。 3. 实施演示文稿制作计划，进行内容的具体制作和演讲练习，并做好记录和反思
实训成果示例	幻灯片 1：封面 标题：《绿色校园行动计划》 副标题：共创可持续发展的校园环境 图片：校园风景或环保图标 演讲者/团队名称 日期 幻灯片 2：目录 简要列出演示文稿的主要内容和结构。 幻灯片 3：活动背景 强调环境保护的重要性和紧迫性。 介绍校园在环保方面的现状和挑战。 ……
实训步骤	1. 主题确定：明确演示文稿的主题和目的。 2. 资料收集：搜集与绿色行动相关的资料、案例和数据。 3. 内容策划：确定演示文稿的大纲和内容要点。 4. 视觉设计：设计演示文稿的版面布局、色彩搭配和图表。 …… （请按照实际操作填写实训步骤）
实训心得	
小组评价	
教师评价	

项目 4　信息检索

项目介绍

在信息爆炸的时代，信息检索技能对于快速获取、分析和利用信息至关重要。本项目旨在培养学生的信息检索能力，教授如何高效地使用搜索引擎和专业数据库，以支持学术研究、市场调研和日常决策。

通过本项目的学习，学生将掌握使用不同信息检索工具和数据库的方法，学会筛选和评估信息的相关性和可靠性，并能够独立完成信息检索任务。通过实施关键词检索和文献数据检索任务，学生将深入理解信息检索的实际应用。

学习目标

【知识目标】

① 理解信息检索的基本原理和方法，掌握使用搜索引擎和数据库的技巧。

② 学会确定检索关键词，理解正确选择关键词在提高检索效率中的作用。

③ 掌握更换检索辅助词以优化搜索结果的策略。

④ 学会使用知网和维普等专业文献数据库进行文献检索。

⑤ 掌握出版物检索的方法，理解出版物在学术研究中的价值。

⑥ 了解评估检索信息的相关性和可靠性的相关知识。

【技能目标】

① 能熟练使用百度等搜索引擎进行关键词检索。

② 能独立使用知网和维普数据库进行文献数据检索。

③ 能高效筛选和评估检索结果，提取有价值的信息。

④ 能根据不同需求选择合适的检索工具和方法。

【素养目标】

① 养成批判性思维，提升对信息质量的判断能力。

② 培养学术诚信，理解在信息检索和使用中应遵循的规范。

任务 4.1　关键词检索：南水北调生态工程

任务简介

教师们为了即将到来的学术研讨会做准备，郑小安同学也对此深感兴趣，着手研究关于"南

微课 4-1

关键词检索：
南水北调生态
工程

111

水北调生态工程"的多方面影响。研究过程中需要利用网络资源，特别是百度搜索引擎，来搜集相关的技术文档、新闻报道、学术文章和政策分析。这项任务不仅要求学生们展示他们对南水北调工程的全面理解，还要求他们展示信息检索和资料整理的能力。

 知识准备

1. 使用百度搜索引擎

（1）打开浏览器

启动计算机上已安装的网络浏览器，如 Microsoft Edge 浏览器。双击桌面中的 Microsoft Edge 浏览器图标，如图 4.1.1 所示。

图 4.1.1　Microsoft Edge 浏览器图标

（2）访问百度首页

在浏览器的地址栏输入百度搜索引擎的官方网址，按 Enter 键，打开百度首页，如图 4.1.2 所示。

图 4.1.2　百度首页

（3）执行搜索操作

在百度首页的搜索框中输入关键词，单击"百度一下"按钮或按 Enter 键开始搜索，如图 4.1.3 所示。

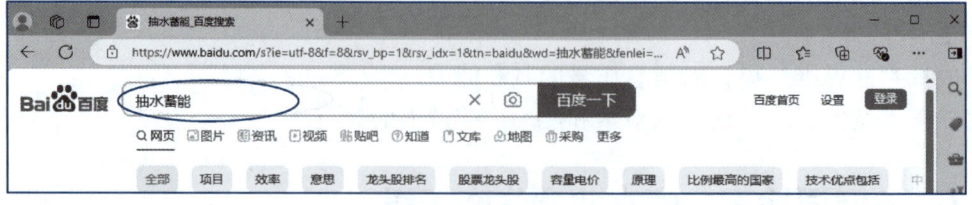

图 4.1.3　执行搜索

2. 确定检索关键词

（1）分析检索需求

明确检索目的，分析需要查找的信息类型，如技术文档、新闻报道或学术文章等。

（2）选择关键词

根据检索需求，选择能够准确描述信息需求的关键词或短语。

（3）验证关键词

在搜索框中输入关键词，观察自动完成和搜索建议，以验证关键词的相关性和准确性，如图 4.1.4 所示。

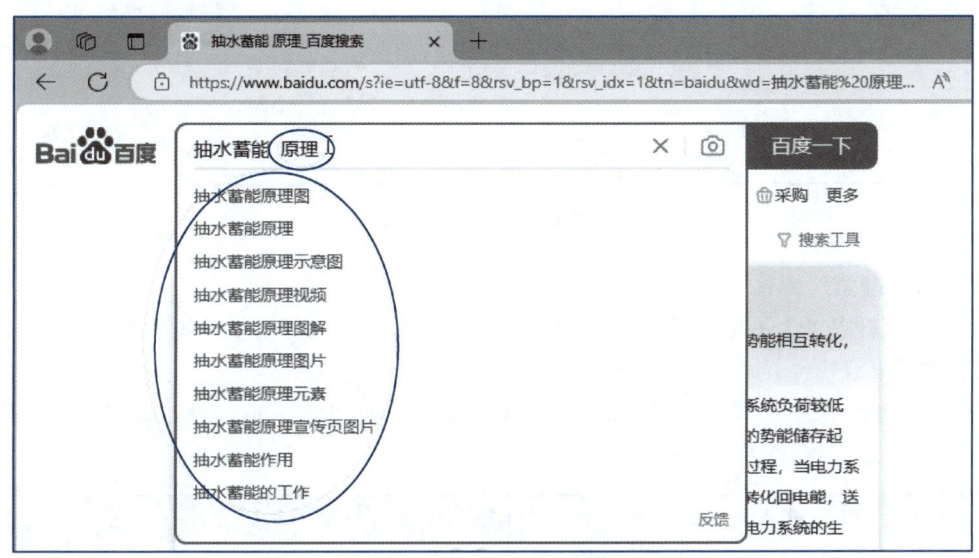

图 4.1.4 确定并验证关键词

3. 更换检索辅助词

（1）评估初始搜索结果

执行搜索后，浏览初始搜索结果，评估其是否满足需求。

（2）选择辅助词

如果初始搜索结果不够精确，选择辅助词以缩小检索范围或增加检索维度。

（3）重新执行搜索

在搜索框中结合关键词和辅助词，重新执行检索以优化结果，如图 4.1.5 所示。

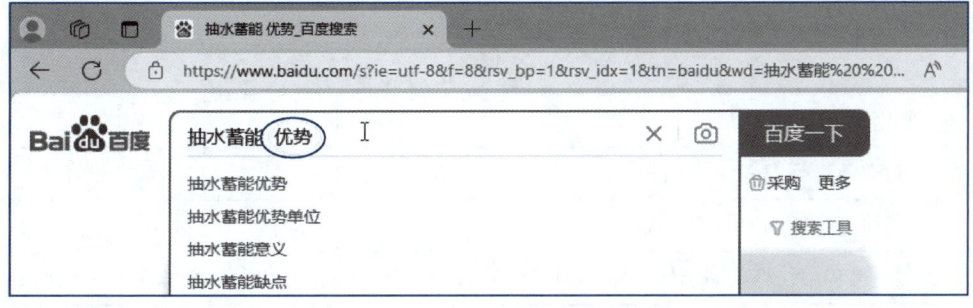

图 4.1.5 更换检索辅助词

 任务实施

1. 启动浏览器并访问百度首页

打开计算机上安装的网络浏览器（如 Microsoft Edge、Chrome 等），在浏览器地址栏输入百度搜索引擎的网址，然后按 Enter 键打开百度首页。

2. 输入检索关键词

在百度首页的搜索框中输入"南水北调生态工程"作为初始检索关键词，如图4.1.6所示。

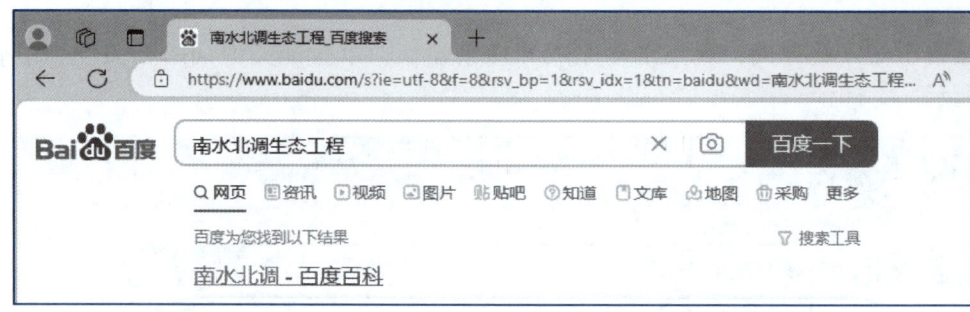

图4.1.6　输入检索关键词

3. 执行初步搜索

单击搜索框右侧的"百度一下"按钮或直接按 Enter 键，执行初步检索操作。

4. 优化搜索

如果初步搜索结果不够精确或全面，考虑添加或更换辅助词，如"南水北调生态工程 影响"或"南水北调 生态工程 效益"，如图4.1.7所示。

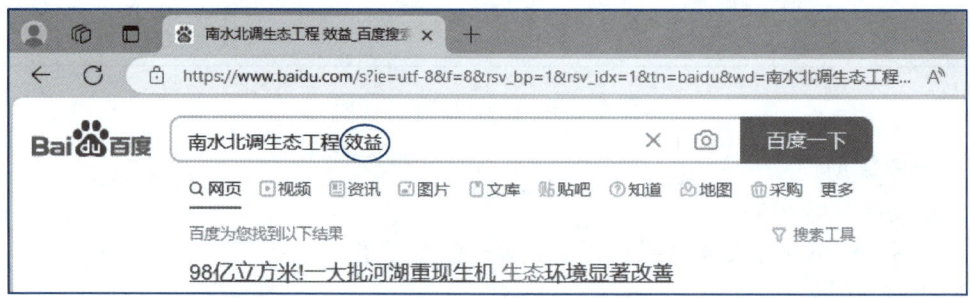

图4.1.7　优化搜索

 任务评价

1. 自我评价

任　务　要　求	掌握的操作有	仍需加强的有	不理解的有
使用百度搜索引擎			
确定检索关键词			
更换检索辅助词			
在本次任务实施过程中，自我评价的结果	A. 优秀　　B. 良好　　C. 仍需努力　　D. 不清楚		

2. 测试评价

① 在使用百度搜索引擎时，快速访问百度首页并开始检索的方法是（　　　）。

A. 在浏览器中输入百度网址并按 Enter 键

B. 在浏览器的地址栏直接搜索"百度"

C. 打开浏览器的历史记录并查找百度的网址

D. 通过其他搜索引擎找到百度的超链接

② 当需要在百度上查找特定的技术文档时，以下（   ）操作是合适的。

A. 直接在搜索框输入"技术文档"并搜索

B. 分析具体需要的技术领域，选择具体的关键词进行检索

C. 使用多个宽泛的关键词以获取更多结果

D. 只使用一个非常专业的术语，以缩小检索范围

 任务拓展

选择一个与学术或兴趣相关的主题，例如"可再生能源技术"，并使用百度搜索引擎进行深入地网络信息检索。熟悉搜索引擎的使用，掌握如何有效地筛选和评估网络信息资源。

任务 4.2 文献数据检索：移民精神家国情怀

微课 4-2
文献数据检索：
移民精神家国
情怀

 任务简介

郑小安着手探索"移民精神家国情怀"这一主题，以深化自己对这一社会现象的理解。他需要通过访问知网、维普数据库及出版物数据服务平台登录自己的账户，并开始在文献检索界面输入与主题相关的关键词。他仔细选择检索字段，以确保能够找到相关度高的学术资料。

知识准备

1. 使用知网文献数据库检索

（1）访问知网并登录账户

① 打开浏览器并访问知网。启动计算机上已安装的网络浏览器，在浏览器地址栏输入知网的官方网址，然后按 Enter 键，打开知网首页，如图 4.2.1 所示。

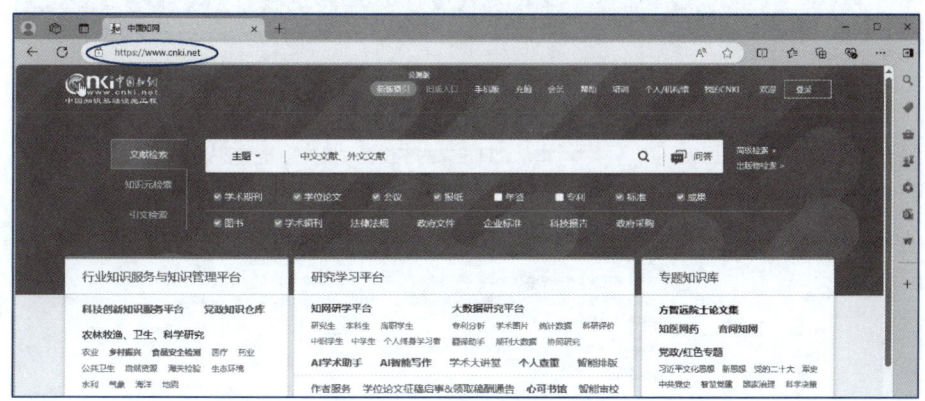

图 4.2.1 打开知网首页

② 登录知网账户。在知网首页上找到并单击"登录"按钮，输入账户名和密码。如果是首次使用，需要注册一个新账户，如图 4.2.2 所示。

（2）执行文献检索操作

① 进入文献检索界面。登录成功后，在首页上选择"文献检索"选项，进入文献检索界面。

② 输入检索词。在检索框中输入想要检索的关键词，如"南水北调"。

③ 选择检索字段。根据需要选择检索词的检索字段，如"主题""关键词""全文"等，如图 4.2.3 所示。

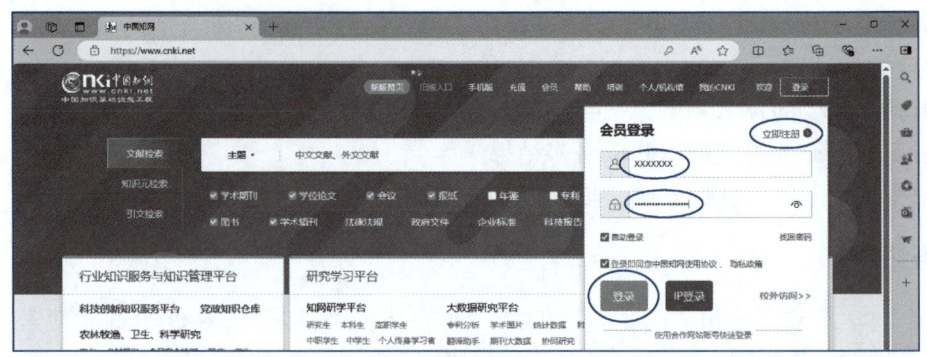

图 4.2.2　登录知网账户

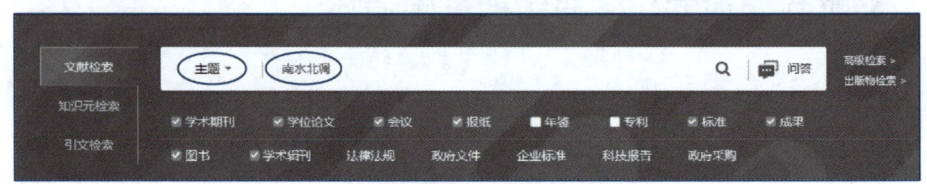

图 4.2.3　在知网中输入并设定检索词

④ 执行检索并浏览结果。单击"检索"按钮或按下 Enter 键执行检索。检索完成后，系统将显示检索结果列表，可以浏览并评估结果的相关性。

⑤ 查看和下载文献。单击感兴趣的文献标题，查看文献摘要等详细信息。如果需要，选择适当的下载格式（如 PDF）下载全文，如图 4.2.4 所示。

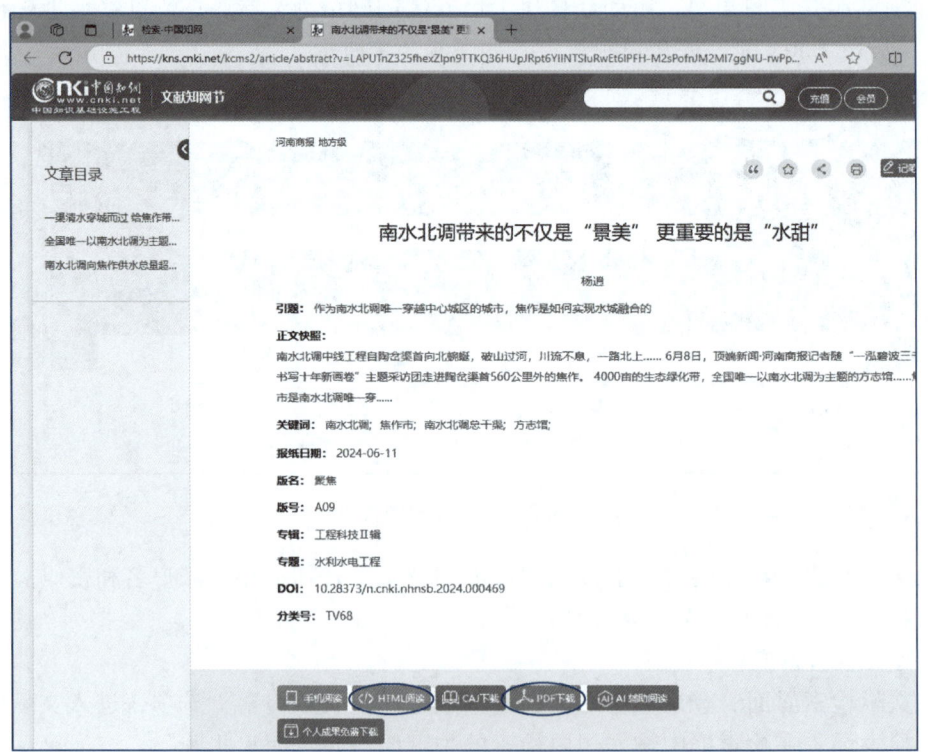

图 4.2.4　查看和下载文献

2. 使用维普数据库检索

（1）访问维普数据库并登录账户

① 打开浏览器并访问维普数据库。启动计算机上已安装的网络浏览器，在浏览器地址栏输入维普数据库的官方网址，然后按 Enter 键，打开维普数据库首页，如图 4.2.5 所示。

图 4.2.5　打开维普数据库官网

② 登录维普账户。在维普数据库首页上单击"登录"按钮，输入账户名和密码。如果是首次使用，需要通过机构订阅或注册一个新账户，如图 4.2.6 所示。

图 4.2.6　登录维普数据库账户

（2）执行文献检索操作

① 进入文献检索界面。成功登录后，在首页上选择"文献检索"选项，进入文献检索界面。

② 输入检索词。在检索框中输入想要检索的关键词，如"水资源管理"。

③ 选择检索范围。根据需要选择检索词的检索范围，如"题名""关键词""摘要"等，如图 4.2.7 所示。

④ 执行检索并浏览结果。单击"检索"按钮或按下 Enter 键执行检索，检索完成后，系统将显示检索结果列表，可以浏览并评估结果的相关性。

⑤ 查看和下载文献。单击感兴趣的文献标题，查看文献摘要等详细信息。如果需要，选择适当的下载格式（如 PDF）下载全文，如图 4.2.8 所示。

图 4.2.7 维普数据库中输入并设定检索词

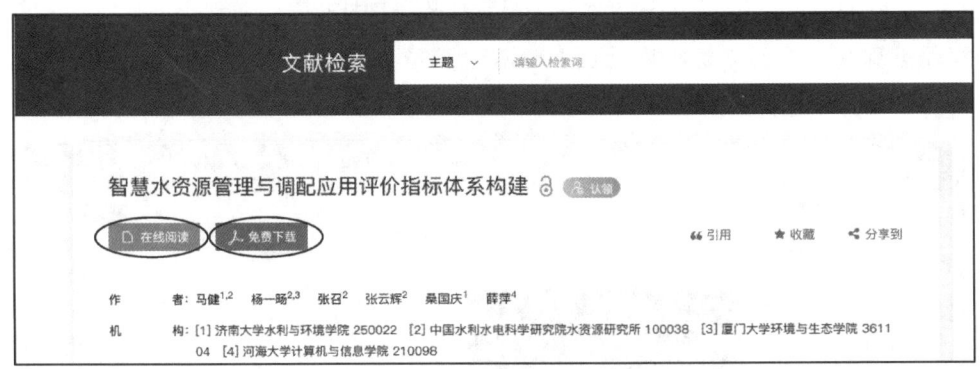

图 4.2.8 查看或下载文献

3. 出版物检索

（1）访问平台并登录

① 打开平台。打开网络浏览器，输入国家版本数据中心网址，然后按 Enter 键，打开出版物平台首页，如图 4.2.9 所示。

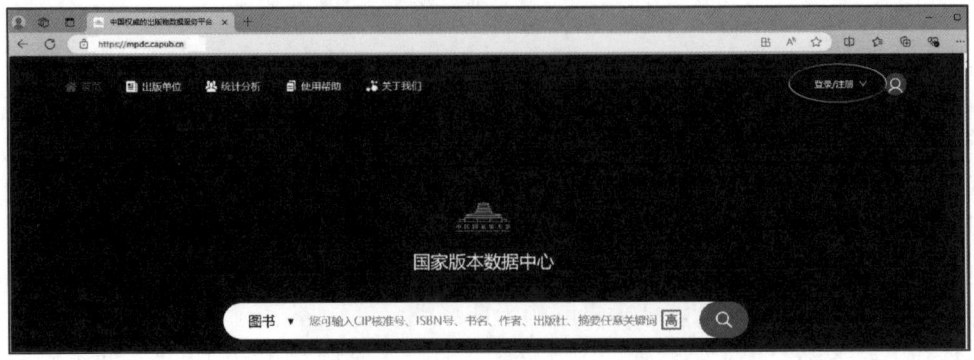

图 4.2.9 打开国家版本数据中心官网

② 注册或登录。如果是首次访问，需要注册一个账户。单击"注册"按钮并按照提示创建账户。如果已有账户，单击"登录"按钮并输入用户名和密码，如图 4.2.10 所示。

图 4.2.10　登录国家版本数据中心账户

（2）使用平台检索出版物

① 进入检索界面。登录成功后，寻找并单击"检索"或"高级检索"按钮，进入检索界面。

② 输入检索词。在检索框中输入想要检索的关键词，如出版物的名称、作者、ISBN 等，如图 4.2.11 所示。

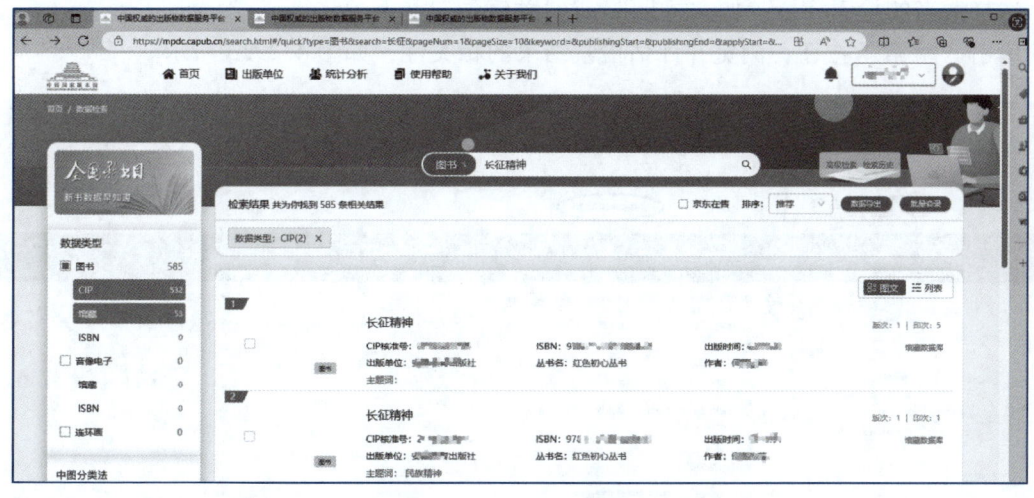

图 4.2.11　在平台中执行检索

③ 设置检索条件。根据需要设置检索条件，如出版日期、出版社、出版物类型等。

④ 执行检索。单击"搜索"按钮或按 Enter 键执行检索。

⑤ 浏览检索结果。系统将显示检索结果列表，可以浏览并评估结果的相关性。

⑥ 查看详细资料。单击感兴趣的出版物，查看详细信息，如摘要、目录、出版社信息等，如图 4.2.12 所示。

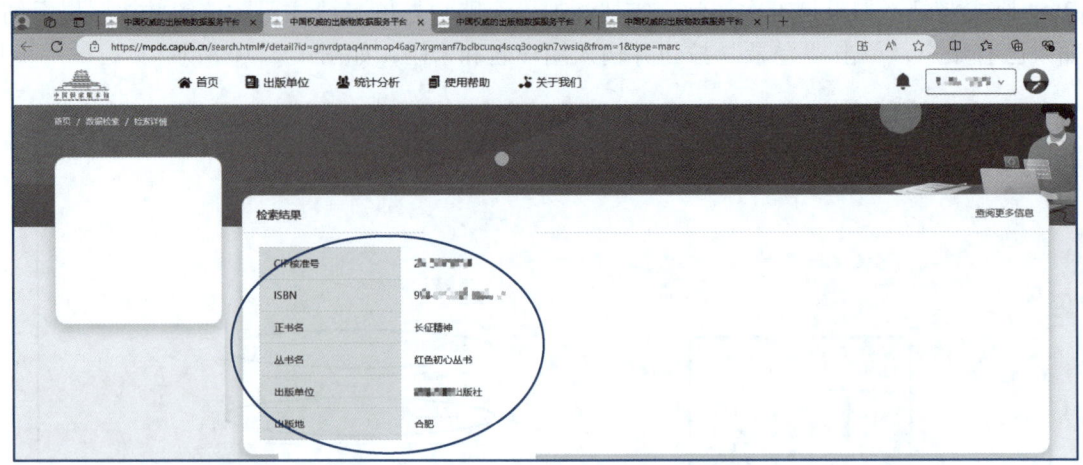

图 4.2.12　查看详情

 任务实施

1. 访问知网并登录账户

① 打开浏览器，在浏览器地址栏输入知网网址，按 Enter 键。

② 单击首页上的"登录"按钮，输入账户名和密码。首次使用者需注册新账户。

2. 执行文献检索操作

① 登录后，选择"文献检索"选项进入检索界面。

② 在检索框中输入关键词，如"移民精神 家国情怀"。

③ 选择适当的检索字段，如"主题"或"关键词"。

④ 单击"检索"按钮，浏览并评估检索结果的相关性，如图 4.2.13 所示。

图 4.2.13　在知网中执行检索

3. 查看和下载文献

① 单击感兴趣的文献标题，查看摘要等详细信息。

② 如需查看全文，选择下载格式（如 PDF）后进行下载，如图 4.2.14 所示。

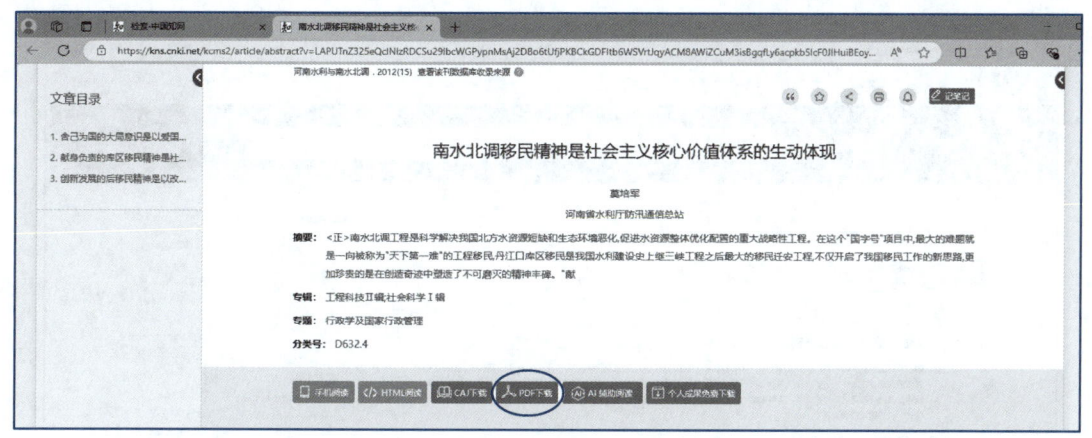

图 4.2.14 文献下载

4. 访问维普数据库并登录账户

① 打开浏览器，访问维普数据库官方网站。

② 单击"登录"按钮，输入账户信息。新用户需注册账户。

5. 在维普数据库执行文献检索

① 成功登录后，选择"文献检索"选项进入检索界面。

② 输入关键词，如"移民精神 家国情怀"。

③ 选择检索范围，如"题名"或"关键词"。

④ 单击"检索"按钮，浏览检索结果并评估相关性，如图 4.2.15 所示。

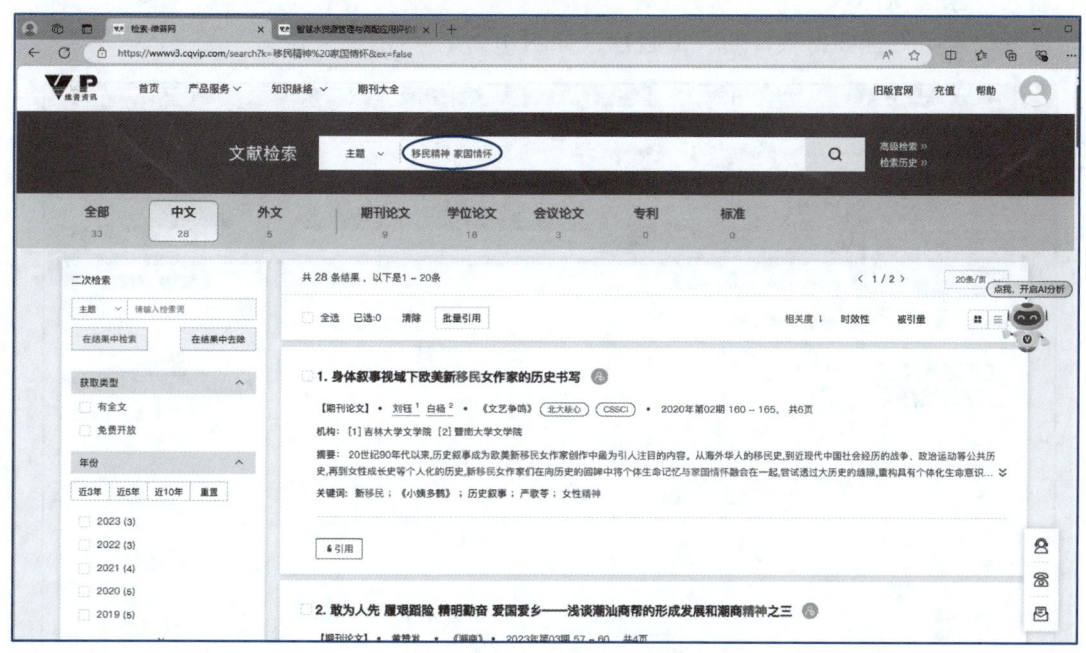

图 4.2.15 在维普数据库中执行检索

6. 从维普数据库查看和下载文献

① 单击感兴趣的文献标题，查看详细信息。

② 如需下载，选择适当格式下载全文，如图 4.2.16 所示。

图 4.2.16　在维普数据库中查看和下载文献

7. 访问出版物数据服务平台并登录

① 打开浏览器，访问国家版本数据中心，导航至平台首页。

② 根据需要注册或登录账户。

8. 使用平台检索出版物

① 登录后，单击"检索"按钮进入检索界面。

② 输入"家国情怀"。

③ 设置检索条件，如出版日期、出版社，如图 4.2.17 所示。

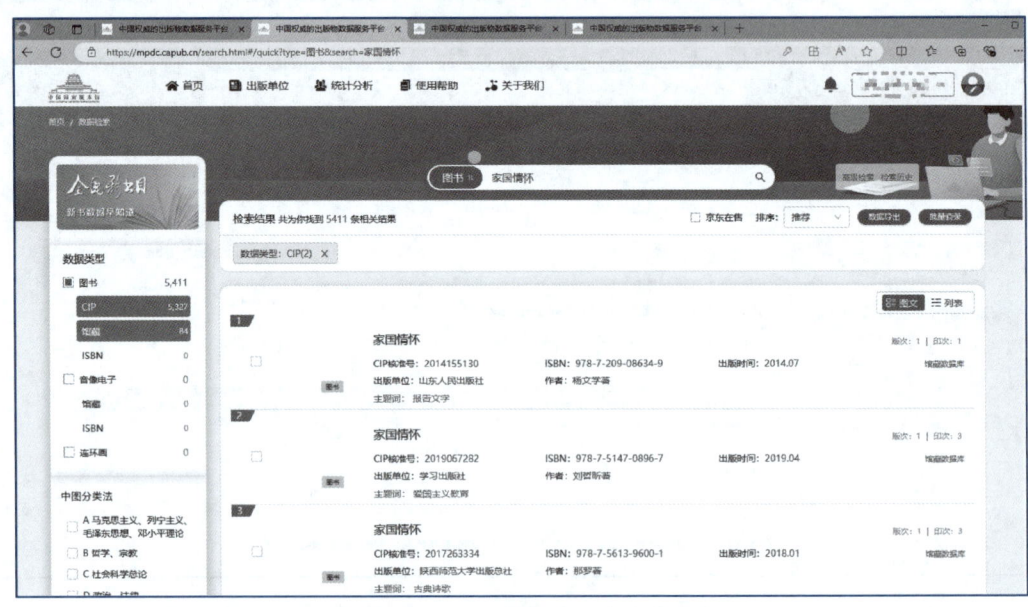

图 4.2.17　执行检索"家国情怀"

9. 浏览和获取出版物信息

① 执行检索，浏览检索结果。

② 单击感兴趣的出版物，查看摘要、目录等信息，如图 4.2.18 所示。

图 4.2.18 查看有关"家国情怀"图书的详情

 任务评价

1. 自我评价

任 务 要 求	掌握的操作有	仍需加强的有	不理解的有
使用知网文献数据库检索			
使用维普数据库检索			
出版物检索			
在本次任务实施过程中，自我评价的结果	A. 优秀 B. 良好 C. 仍需努力 D. 不清楚		

2. 测试评价

① 在知网进行文献检索时，如果需要查找特定主题的文献，应该选择以下（　　）检索字段。

A. 作者　　　　　　B. 标题　　　　　　C. 主题　　　　　　D. 发表日期

② 在维普数据库中检索文献时，若要确保检索结果中包含所有输入的关键词，应该设置的检索条件是（　　）。

A. 使用"或"逻辑　　　　　　　　B. 使用"与"逻辑

C. 使用"非"逻辑　　　　　　　　D. 不设置任何逻辑

③ 在中国权威的出版物数据服务平台（PDC）进行出版物检索时，如果要查找特定作者的所有出版物，应该使用（　　）作为检索条件。

A. 出版日期　　　B. 出版社　　　C. 作者姓名　　　D. ISBN 号

 任务拓展

老师需要同学准备一份关于"城市绿化与生态平衡"的研究报告。

为了完成这项任务，需要利用信息检索技能，从互联网和专业数据库中搜集相关资料。访问知网和维普等学术数据库，利用它们的高级检索功能，输入更为专业的关键词，如"城市生态规划""生物多样性保护"等，查找学术期刊、论文和专业出版物。

搜集到足够的资料后，下一步是对这些材料进行整理。创建一个文档，将搜集到的资料按照主题进行分类，如"城市绿化的好处""生态平衡的重要性""成功案例分析"等。

最后，利用整理好的材料制作成一份PPT演示文稿，为即将到来的研讨会做准备。在演示文稿中，不仅要展示研究成果，更要展示思考过程和对这一议题的深刻理解。

 ## 项目小结

任务4.1　关键词检索：南水北调生态工程
① 学会了如何使用百度搜索引擎进行信息检索。
② 掌握了确定检索关键词的基本技巧。
③ 学习了如何更换和使用检索辅助词以提高搜索效率。

任务4.2　文献数据检索：移民精神家国情怀
① 学会了如何使用知网文献数据库进行文献检索。
② 掌握了使用维普数据库进行数据检索的技能。
③ 学习了出版物的检索方法和技巧，了解了更多关于移民精神的文献资源。

通过本项目的学习，学会了如何进行高效的信息检索，包括使用不同的搜索引擎和数据库，确定关键词和辅助词。这些技能不仅提高了信息获取的效率，也提升了对信息的评估和使用能力。

 ## 项目实训

实训任务单

实 训 任 务	04-信息检索
任务名称	制作《城市绿化与生态平衡》的研究报告
实训目标	1. 掌握使用信息检索工具和方法，收集和整理相关数据和文献。 2. 深入了解城市绿化对生态平衡的影响及其重要性。 3. 培养分析问题、撰写研究报告的能力
任务描述	本任务要求学生通过信息检索，收集有关城市绿化与生态平衡的资料，分析城市绿化在维护生态平衡中的作用，并撰写一份研究报告。学生需要展示其对信息检索、数据分析和报告撰写的全过程的理解与掌握
实训要求	1. 根据实训目标，完成《城市绿化与生态平衡》研究报告的撰写，包括文献综述、数据分析和结论建议。 2. 遵循学术研究原则，确保报告内容的准确性、客观性和创新性。 3. 实施研究计划，进行文献的检索、分析，并做好记录和反思
实训成果示例	1. 活动背景： 随着城市化进程的加快，城市绿化作为改善城市生态环境的重要手段，对维持生态平衡具有重要作用。 2. 活动目标： 分析城市绿化在提高城市空气质量、调节气候、保护生物多样性等方面的作用。 探讨城市绿化在不同城市发展阶段的策略和实践。 提出促进城市绿化与生态平衡协调发展的建议 ……

续表

实训步骤	1. 确定研究主题：明确研究报告的核心议题和研究范围。 2. 文献检索：使用数据库、图书馆资源等工具检索相关文献。 3. 数据收集：搜集城市绿化覆盖率、空气质量指数等相关数据。 …… （请按照实际操作填写实训步骤）
实训心得	
小组评价	
教师评价	

续表

项目 5 信息素养与社会责任

项目介绍

本项目旨在培养学生的信息素养，包括学习快速获取、检索和评估信息，同时强调信息工具的使用、信息道德与责任，以及信息伦理与职业行为自律的重要性。

通过本项目的学习，学生将理解信息素养的多维概念，掌握有效获取和处理信息的技能，学会在信息爆炸的环境下保持批判性思维，确保所获取信息的真实性和可靠性。此外，还将探讨信息使用中的伦理和社会责任问题。

学习目标

【知识目标】

① 理解信息素养的概念及其在现代社会中的重要性。

② 学会获取信息的方法和技巧，掌握不同信息源的检索技术。

③ 掌握信息评价的标准和方法，能够评估信息的相关性、准确性和可靠性。

④ 了解信息工具与技术的使用，提升信息处理的效率。

⑤ 理解信息道德与责任，认识信息使用中的伦理问题。

⑥ 掌握信息伦理与职业行为自律的原则，理解负责任的信息行为。

【技能目标】

① 能熟练运用各种信息工具和技术获取所需信息。

② 能独立完成信息的检索、筛选和评价过程。

③ 能对获取的信息进行有效整合和应用，以支持决策和问题解决。

④ 能识别和遵守信息使用的伦理规范，展现职业行为自律。

【素养目标】

① 培养信息意识，提高对信息价值和风险的敏感性。

② 养成批判性思维，提升对信息来源和内容的判断能力。

③ 培养学术诚信和信息伦理意识，理解信息共享与隐私保护的平衡。

微课 5-1

快速获取有效
信息：走进河
南博物院"虚
拟公社"

任务 5.1 快速获取有效信息：走进河南博物院"虚拟公社"

任务简介

郑小安是一名热衷于历史的大学生，被选为即将到来的校园文化节中"走进河南博物院'虚

126

拟公社'"展览的团队成员。其任务是快速获取有关河南博物院"虚拟公社"的丰富信息。需要利用信息检索技能，从互联网的海量数据中识别出相关度高的权威资料。通过使用搜索引擎，访问知网、维普等专业数据库，以及浏览社交媒体和专业论坛，将搜集关于"虚拟公社"的历史背景、文化意义、展品介绍和观众互动方式的信息。信息整理与存储也是任务的一部分，需要将搜集到的资料系统化地整理，以便于团队成员之间共享和使用。通过这项任务，不仅将深入了解河南博物院的文化精髓，还将锻炼信息搜集、筛选、整理和评估能力。

 知识准备

1. 获取信息

（1）识别信息需求

明确获取信息的目的和范围，包括主题、关键词和信息类型。

（2）选择信息来源

根据需求选择适当的信息源，如数据库、图书馆或专业社区。

（3）获取信息的方式

① 使用搜索引擎，如百度搜索引擎、必应（bing）搜索引擎，如图 5.1.1 所示。

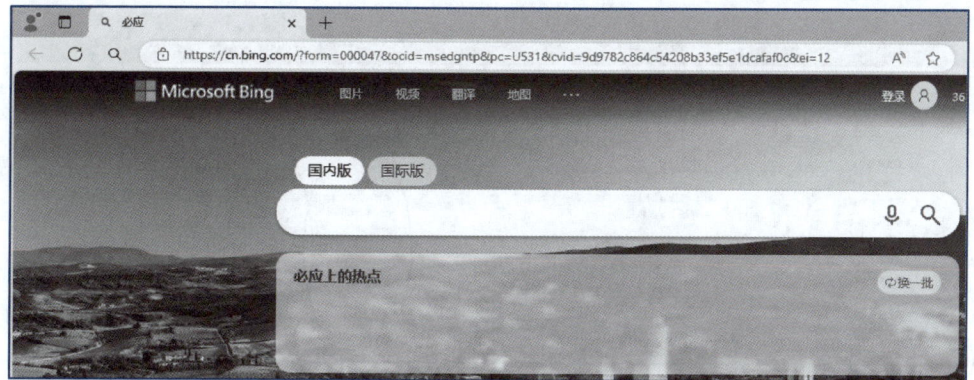

图 5.1.1 必应搜索引擎

② 访问专业数据库，如知网、维普等。

（4）利用社交媒体和论坛

搜索和浏览社交媒体平台和专业论坛，获取行业专家和同行的见解，如知乎、百度贴吧、B站等，如图 5.1.2 所示。

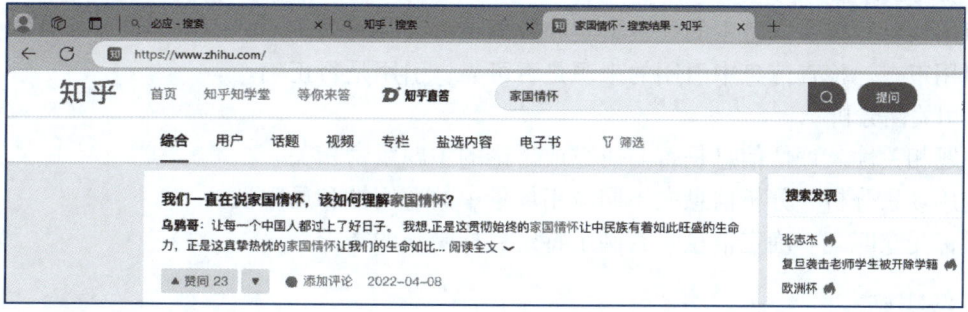

图 5.1.2 知乎检索

（5）信息整理与存储

整理收集到的信息，使用笔记应用或文献管理软件进行存储。

2. 检索信息

这一部分在项目 4 中做了详细的介绍，这里不再赘述，主要通过以下方式检索信息：

① 使用百度搜索引擎。

② 使用知网文献数据库检索。

③ 使用维普数据库检索。

④ 出版物检索。

3. 评价信息

评价信息的过程是确保数据准确性、相关性和可靠性的关键步骤。可以从以下几个方面来评价信息。

（1）数据来源验证

① 验证权威性。检查信息发布的源头是否为业界认可的权威机构。

② 验证发布日期。确认信息的发布时间，以确保数据的时效性，如图 5.1.3 所示。

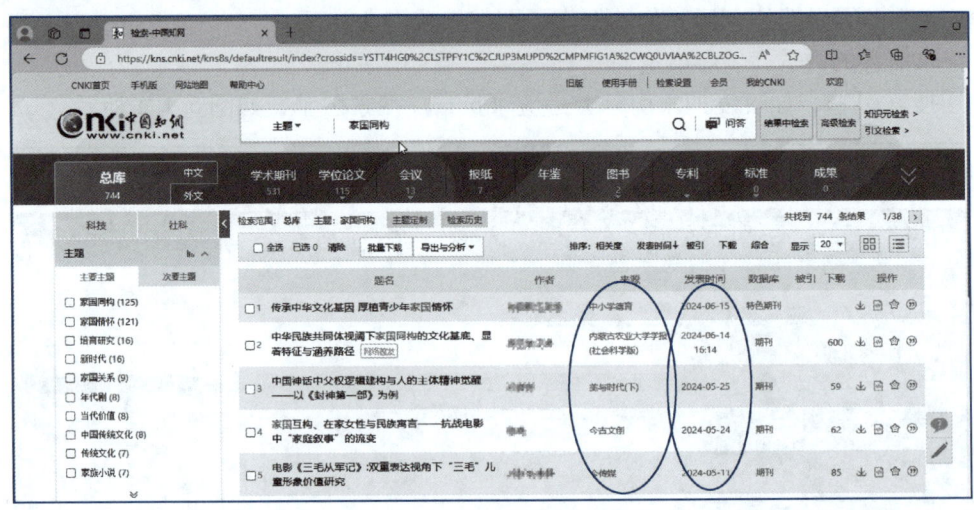

图 5.1.3　数据来源和发布时期

（2）内容一致性检查

① 横向对比。对比同一主题下不同来源的信息，检查是否一致。

② 纵向深入分析。深入分析信息内容，查找数据支持和逻辑论证的一致性。

③ 识别潜在偏差。识别可能存在的个人或组织偏见，评估其对信息客观性的影响。

（3）准确性评估

① 事实核对。核实信息中的关键事实和数据是否准确无误。

② 引用审查。检查信息中引用的来源是否可靠，引用是否正确。

（4）相关性分析

① 主题相关性。评估信息是否与研究或讨论的主题紧密相关。

② 应用场景分析。分析信息在不同应用场景中的适用性和局限性。

③ 目标受众匹配。确定信息是否满足特定目标受众的需求。

 任务实施

1. 明确信息需求

识别信息需求，确定获取信息的目的，如了解河南博物院"虚拟公社"的展览内容、历史背景等。

2. 选择信息来源

根据需求选择信息源，可能包括河南博物院官方网站、社交媒体、专业论坛等，如图 5.1.4 所示。

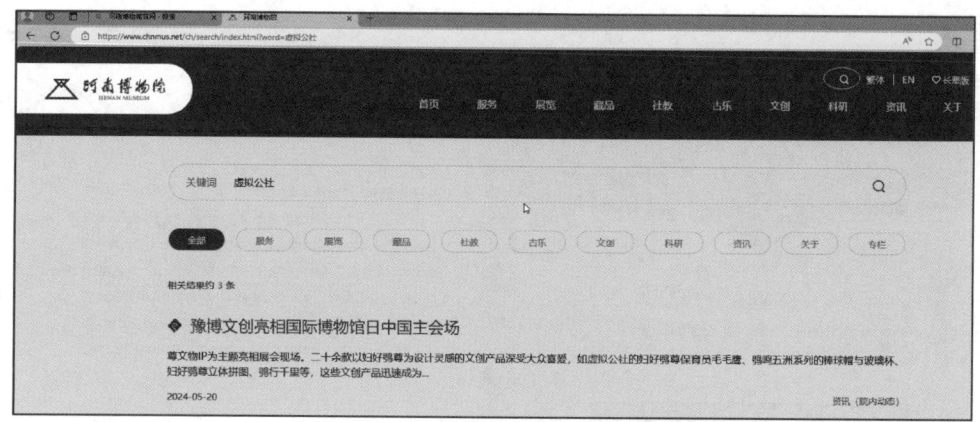

图 5.1.4　河南博物院官方网站

3. 检索信息

① 使用百度搜索引擎，输入"河南博物院 虚拟公社"进行初步信息搜集，如图 5.1.5 所示。

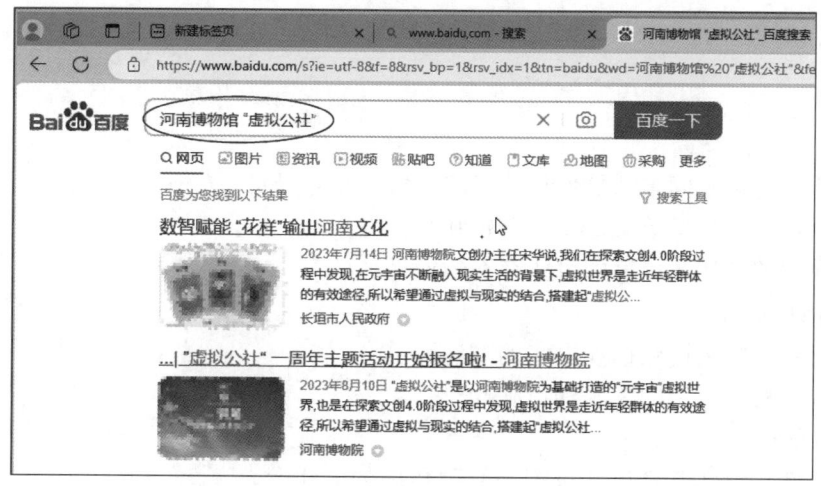

图 5.1.5　百度搜索

② 使用知网文献数据库检索，登录知网，使用"虚拟公社"作为关键词检索相关学术资料，如图 5.1.6 所示。

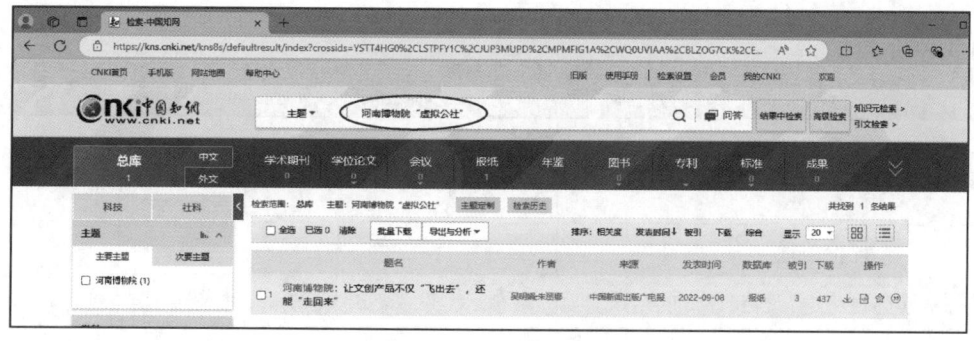

图 5.1.6　知网搜索

4. 信息整理与存储

对搜索到的信息进行归纳整理，可使用 WPS Office 文档保存信息并进行整理，如图 5.1.7 所示。

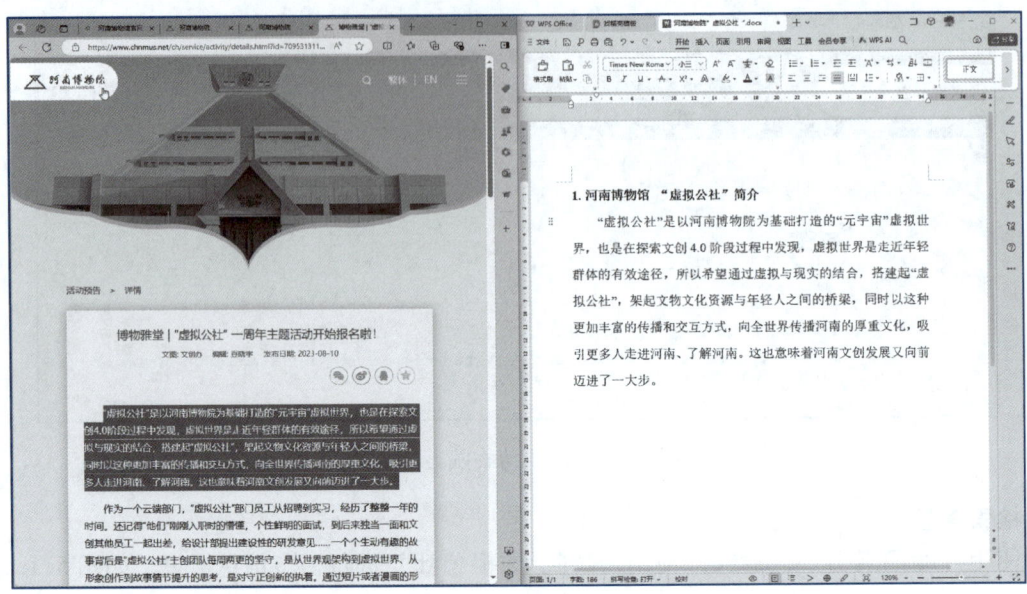

图 5.1.7　信息存储

5. 评价信息

（1）内容一致性检查

① 横向对比：比较不同来源的信息，查找一致点和差异点。

② 纵向深入：深入分析单条信息的逻辑和数据支持。

③ 识别潜在偏差：注意信息中可能存在的偏见。

（2）准确性评估

① 事实核对：核实关键数据和事实的准确性。

② 引用审查：检查引用的来源和正确性。

（3）相关性分析

① 主题相关性：评估信息与"虚拟公社"主题的关联度。

② 应用场景分析：分析信息在实际展览或教育活动中的应用。

③ 目标受众匹配：确定信息适合目标受众为学生。

 任务评价

1. 自我评价

任　务　要　求	掌握的操作有	仍需加强的有	不理解的有
获取信息			
检索信息			
评价信息			
在本次任务实施过程中，自我评价的结果	A. 优秀　　B. 良好	C. 仍需努力	D. 不清楚

2. 测试评价

① 在进行信息检索任务时，以下（　　）操作最适合用于信息的初步筛选和明确需求。

A. 使用搜索引擎进行关键词搜索

B. 直接下载专业数据库中的所有相关文献

C. 在社交媒体上随机浏览帖子

D. 仅阅读图书馆的推荐图书

② 在评价检索到的信息时，以下（　　）系列步骤最有利于确保信息的准确性和相关性。

A. 仅验证信息的发布日期，忽略其他评价标准

B. 对比不同来源的信息，深入分析内容，并核实关键事实

C. 只关注信息的权威性，不考虑时效性和发布者资质

D. 依据个人偏好选择信息源，不进行横向或纵向对比

 任务拓展

郑小安收到老师的委托，需要撰写一篇深入研究中国古代四大发明的文稿，通过精心搜集和筛选来自图书馆、在线数据库和专业网站的权威资料，整理后以清晰的结构和有力的论据呈现每项发明的历史和技术精粹，以此提升研究和写作技能，并为同学们提供丰富的知识分享。

任务 5.2　学会甄别网络信息："微信好友皆为友？"

微课 5–2
学会甄别网络信息："微信好友皆为友？"

 任务简介

在信息技术课堂上，郑小安和小组同学讨论一个信息技术热门话题：如何在微信这个广泛使用的社交平台上，辨别真假好友并确保信息安全？

作为一名学生，他每天都会通过微信与朋友、家人和同学保持联系，分享生活点滴，甚至完成学习任务。然而，随着微信好友数量的增加，郑小安开始意识到并非所有好友请求都出于善意，其中可能隐藏着信息安全风险。为了培养必要的信息素养，学会在数字世界中保护自己，同时也为成为一名负责任的信息技术使用者，郑小安深入了解信息工具与技术的多维度应用，包括从基本的软件安装到复杂的信息筛选，再到信息道德与社会责任的认知等信息技术知识。

 知识准备

1. 信息工具与技术

（1）认识信息工具与技术

① 信息工具与技术的定义。信息工具与技术指的是用于创建、管理、处理和展示信息的软件、硬件和协议。这些工具包括但不限于文字处理软件、电子表格、数据库管理系统、网页浏览器和编程语言。

② 了解信息工具的分类。信息工具可以根据其功能和应用场景被分为不同的类别，如办公自动化工具、图形与图像编辑工具、多媒体制作工具、网络通信工具等。

③ 掌握信息工具的特性。每种信息工具都有其独特的特性和优势，如易用性、功能性、兼容性和安全性。了解这些特性有助于选择适合特定任务的工具。

④ 学习信息工具的发展历程。了解信息工具的发展历程有助于理解当前技术的背景和趋势，以及未来可能的发展方向。

（2）使用信息工具与技术

① 安装与配置信息工具。首先，需要从官方网站或可信的源下载所需的信息工具，并按照提供的指南完成安装过程。安装后，根据个人或组织的需求对工具进行配置。

② 基本操作与功能学习。熟悉信息工具的基本界面和操作流程。这通常包括启动程序、创建新文档、打开现有文档、编辑和保存文档等。

③ 实践与应用。将所学应用于实际工作中，解决具体问题。

- 使用文字处理软件撰写报告。
- 使用电子表格进行数据分析。
- 使用演示软件创作演示文档进行展示。
- 使用浏览器打开搜索引擎进行信息检索。
- 使用通信软件进行交流沟通。

2. 信息道德与责任

（1）信息道德的概念与原则

信息道德是指在信息和通信技术的使用过程中所应遵循的道德规范和价值观念。它包括尊重隐私、数据保护、知识产权和网络行为准则。信息道德的基本原则如下。

- 尊重隐私：保护个人信息不被未授权访问或滥用。
- 数据保护：确保数据的安全性和完整性。
- 知识产权：尊重原创作品的版权，避免侵权行为。
- 网络行为：在网络环境中保持诚信和负责任的行为。

（2）信息责任的承担与实施

信息责任是指个人或组织在使用信息技术时，对其行为可能产生的社会和环境影响负责。信息责任的实施包括以下要点。

- 识别责任：明确在信息处理过程中的责任和义务。
- 风险评估：评估信息处理可能带来的风险和后果。
- 制定政策：实施信息管理政策，以减少风险和履行责任。
- 持续监督：定期审查和更新信息管理政策。

3. 信息伦理与职业行为自律

（1）信息伦理的内涵与要求

信息伦理是指一套指导信息技术专业人士在职业活动中应遵循的道德准则和行为规范。信息伦理的核心要素如下。

- 诚信：在所有职业活动中保持诚实和透明。
- 尊重：尊重用户的权利和隐私。
- 责任：对个人行为及其对他人和社会的影响负责。
- 公正：公平地对待所有利益相关者。

专业人士应将信息伦理的原则融入日常工作中，如在设计系统、处理数据和与同事沟通时体现这些原则。

（2）职业行为自律的重要性与实施

职业行为自律是指专业人士主动遵守职业标准和道德规范，即使在没有外部监督的情况下。

职业行为自律包括以下要点。

- 自我教育：不断学习最新的职业标准和道德规范。
- 自我评估：定期评估自己的职业行为是否符合道德标准。

● 自我纠正：在发现不符合道德规范的行为时，采取措施进行纠正。

职业行为自律的监督与持续改进包括以下要点。

● 同行评审：参与或接受同行评审，以提高职业行为的透明度和质量。

● 持续学习：通过参加研讨会、培训和认证课程，不断提升专业能力和伦理意识。

任务实施

1. 安装使用计算机版微信

微信的基本功能包括社交、支付、公众号等，因此人们将微信定位为网络通信和社交媒体工具。具体安装使用步骤如下。

① 下载安装包。在微信官方网站上找到"微信 Windows 版"下载版，单击"下载"按钮，如图 5.2.1 所示。

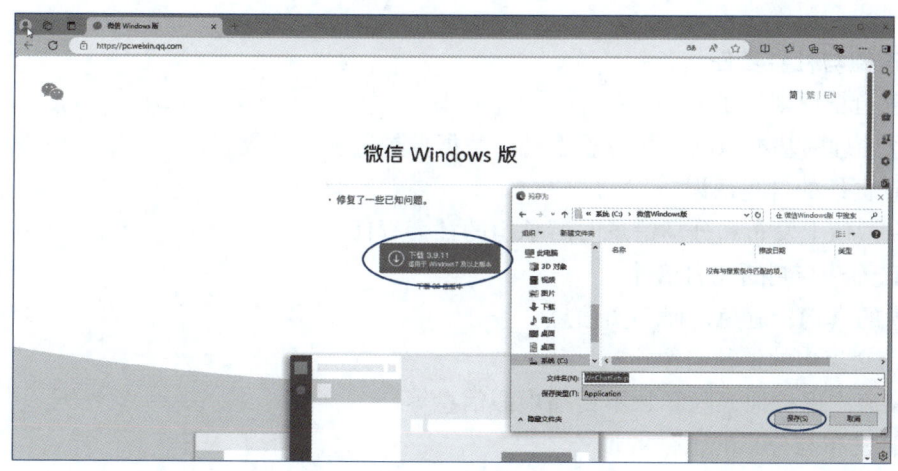

图 5.2.1　下载微信 Windows 版

② 进行安装和设置。下载完成后，找到下载的安装包文件，双击运行。根据安装向导的提示，选择安装路径（默认即可），然后单击"安装"按钮，如图 5.2.2 所示。

③ 登录微信。安装完成后，启动微信计算机版，使用手机微信扫描弹出的二维码进行登录，如图 5.2.3 所示。

④ 学习基本使用方法。学习添加好友、发送消息、分享文档等基本使用方法，如图 5.2.4 和图 5.2.5 所示。

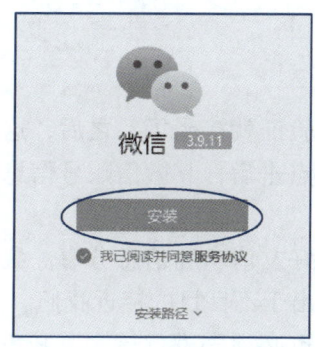

图 5.2.2　安装 Windows
版微信

图 5.2.3　登录微信

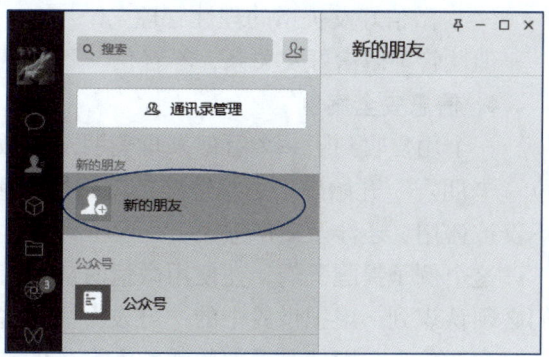

图 5.2.4　添加好友

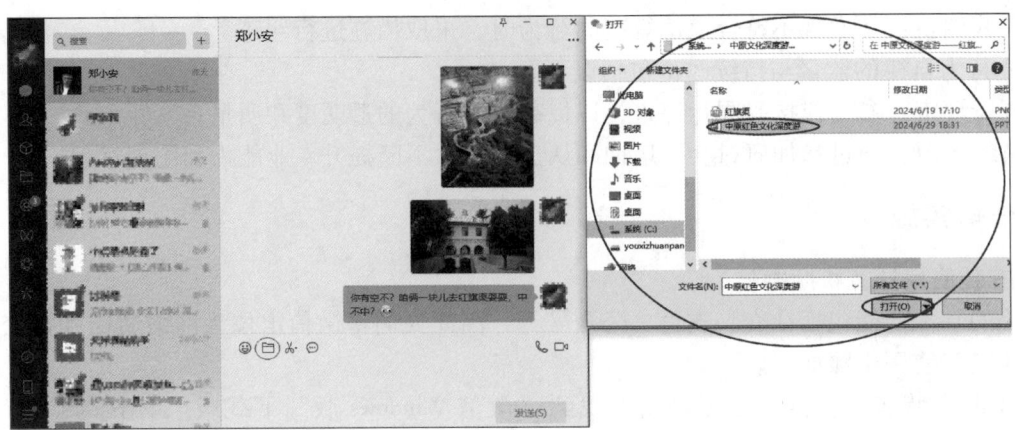

图 5.2.5　分享文档

2. 信息道德与社会责任

（1）信息道德原则的了解

学习信息伦理的基本原则，如尊重隐私、数据保护等。

（2）信息责任的自我认识

认识到在微信上发布和分享信息时所承担的社会责任。

（3）信息筛选与判断能力培养

辨别信息的真伪，避免传播不实信息。

（4）微信交流中的道德自律

在微信交流中保护他人隐私、不传播虚假信息等。

（5）信息发布与分享的道德考量

在发布和分享信息前进行道德自审，确保信息的合法性和道德性。

3. 信息伦理与职业行为自律

（1）自我教育与持续学习

定期通过阅读、研讨会等方式，更新信息伦理和职业行为的知识。

（2）自我评估与行为调整

定期评估自己的微信使用行为，及时调整不符合道德标准的做法。

（3）持续关注使用政策更新

定期查看微信使用政策，根据社会变化和技术发展进行更新。

（4）微信好友关系的理性管理

理性管理微信好友关系，不轻信、不盲从，建立健康的社交网络。

4. 信息安全案例

一个用户收到了一个看似来自老朋友的微信好友请求，没有进一步验证就接受了。之后，这位"老朋友"开始发送一些链接，声称是一些有趣的视频或文章。用户点击后，其微信账号信息不仅被盗用，还涉及财产损失。

这个例子提醒我们，在使用微信时应保持警惕，审慎地评估每一个好友请求和信息分享。我们必须认识到，虚拟世界中的"好友"并不总是真正的朋友，他们可能出于不良目的接近我们。

在微信上，即使是看似熟悉的人发来的涉及财、物的信息或链接，也必须先进行核实，避免因轻信而导致个人信息的泄露或账号被盗用。应该开启微信的隐私保护设置，对好友请求保持警惕，不随意点击不明链接，以此确保信息安全和网络环境的健康。

任务评价

1. 自我评价

任 务 要 求	掌握的操作有	仍需加强的有	不理解的有
使用信息工具与技术			
了解信息道德与社会责任			
认识信息伦理与职业行为自律			
在本次任务实施过程中，自我评价的结果	A. 优秀　　B. 良好　　C. 仍需努力　　D. 不清楚		

2. 测试评价

① 信息道德与社会责任的学习强调了在信息技术使用过程中应遵循的规范。以下（　　）不是信息道德的基本原则。

A. 尊重隐私　　　　B. 数据保护　　　　C. 追求利益最大化　　　　D. 网络行为诚信

② 在信息伦理与职业行为自律的背景下，以下（　　）最能够体现职业行为自律的重要性。

A. 遵循公司制定的所有规则

B. 在没有外部监督的情况下，主动遵守职业标准和道德规范

C. 仅在他人监督下展现道德行为

D. 仅在涉及法律责任时考虑道德问题

 任务拓展

在完成对信息工具与技术、信息道德与社会责任以及信息伦理与职业行为自律的学习之后，请同学们深入思考并撰写自己的心得体会。反思这些知识如何与我们的日常生活和未来职业生涯相联系，考虑将如何应用这些原则来指导自己的网络行为，以及这些学习如何增强了自身的信息安全意识和职业责任感。通过心得体会的撰写，希望同学们能够展现批判性思维以及对信息技术使用道德的承诺。

 项目小结

任务 5.1　快速获取有效信息：走进河南博物院"虚拟公社"

通过本任务，我们学习了如何快速获取和检索信息，并对信息进行有效评价，这增强了我们在数字化时代获取知识的效率和准确性。

任务 5.2　学会甄别网络信息："微信好友皆为友？"

（1）信息工具与技术

掌握了信息工具与技术的基本概念，理解了不同信息工具的分类和特性，学会了如何根据需求选择合适的工具。

（2）信息道德与责任

认识到了作为信息技术用户应承担的道德责任，学会了在信息使用过程中尊重隐私、保护数据和维护知识产权。

（3）信息伦理与职业行为自律

理解了信息伦理的重要性，学会了自我教育、自我评估和自我纠正，提高了职业行为的自律性。

项目实训

实训任务单

实 训 任 务	05-信息素养与社会责任
任务名称	讨论信息素养与社会责任的重要性并撰写会议记录
实训目标	1. 掌握使用信息素养相关的知识和技能，提升个人在信息获取、分析和应用方面的能力。 2. 深入了解社会责任的概念及其在当代社会中的重要性。 3. 培养批判性思维和道德判断力，学会在信息使用中考虑社会影响和伦理问题
任务描述	本任务要求学生通过讨论和撰写会议记录的方式，深入探讨信息素养与社会责任的重要性。学生需要展示其对信息素养的理解、对社会责任的认识以及将两者结合的能力
实训要求	1. 根据实训目标，完成信息素养与社会责任的讨论，并撰写详细的会议记录。 2. 遵循学术讨论和会议记录的规范，确保讨论内容的深度和会议记录的准确性。 3. 实施讨论计划，进行充分的准备和讨论，并做好记录和反思
实训成果示例	一、基本信息 会议主题：信息素养与社会责任的重要性 会议时间：［填写日期和时间］ 会议地点：［填写地点］ 主持人：［填写主持人姓名］ 记录人：［填写记录人姓名］ 参会人员：［列出所有参会人员姓名］ 二、会议议程 1. 开场致辞 2. 信息素养的定义与重要性 3. 社会责任在信息时代的角色 ……
实训步骤	1. 主题准备：确定讨论的主题和子议题，准备相关的资料和案例。 2. 资料收集：搜集有关信息素养和社会责任的文献、案例和数据。 3. 讨论组织：安排讨论的时间、地点和参与人员，确保讨论的有序进行 …… （请按照实际操作填写实训步骤）
实训心得	
小组评价	
教师评价	

项目 6　信创技术

项目介绍

本项目致力于深化学生对信创技术的理解和实践，特别是通过体验统信 UOS 系统，来培养学生的自主学习能力和对国产软件的认同。本项目不仅注重技术操作的掌握，也强调对信创理念和发展趋势的深入探讨。

学习目标

【知识目标】

① 理解信创技术的基础概念、核心价值及其在国家信息化战略中的地位。

② 掌握信创技术的起源、发展过程及其在不同阶段的关键技术和政策支持。

③ 熟悉信创技术中的关键工具和平台，特别是统信 UOS 系统及其特性。

④ 洞察信创技术的未来发展方向，了解可能遇到的技术挑战和市场机遇。

⑤ 学习统信 UOS 系统的基本操作流程，包括系统启动、桌面环境使用等。

⑥ 了解在统信 UOS 系统中安装和使用 WPS 办公软件的方法和技巧。

【技能目标】

① 能够独立完成统信 UOS 操作系统的安装，解决安装过程中的技术问题。

② 熟练掌握统信 UOS 系统的日常使用，包括文件管理、系统设置等。

③ 在统信 UOS 系统环境下，能够高效地使用 WPS 办公软件完成文档编辑、表格处理等任务。

【素养目标】

① 培养适应新技术的学习能力，对信创技术保持持续关注和学习。

② 培养创新思维，探索信创技术在不同领域的应用潜力。

任务 6.1　安装统信 UOS 系统

 任务简介

在当今信息技术飞速发展的时代，国家信息安全和自主可控的重要性日益凸显。为了响应这一国家战略需求，郑小安准备进行一项全新的学习任务——体验信创操作系统，即统信 UOS 系统。本任务旨在通过实际体验，让同学们理解信创技术的核心价值和实践应用。在学习过程中，需要安装统信 UOS 系统，这一国产操作系统以其高度的安全性、稳定性和兼容性而备受关注。本项目将引导同学们了解信创技术的发展历程、技术工具以及面临的挑战和未来发展趋势，确保同

微课 6-1

安装统信 UOS 系统

学们对信创技术有一个全面的认识。同学们不仅能够提升自身的技术实践能力，更能够增强对国产信息技术的信心，为推动国家信息产业的自主创新贡献力量。

 知识准备

1. 信创技术概述

（1）定义与范畴

1）信创技术定义

信创技术，全称为信息化创新技术，是指在信息技术领域内，以自主研发为核心，推动信息产业自主创新和安全可控的一系列技术和解决方案。它涵盖了硬件、软件、服务等多个层面，旨在构建一个独立、安全、高效的信息生态系统。

2）范畴细分

信创技术包括但不限于操作系统、数据库、中间件、应用软件、网络安全等关键领域。这些技术共同构成了信息技术的基础架构，支持着国家信息化建设和数字化转型。

（2）技术架构与核心要素

1）技术架构

信创技术的技术架构通常包括以下几个层次。

- 基础设施层：提供计算、存储和网络等基础资源。
- 平台层：包括操作系统、数据库、中间件等，为应用提供运行环境。
- 应用层：基于平台层开发的各类应用软件，满足不同业务需求。

2）核心要素

- 自主可控：强调技术的自主研发，减少对外依赖，确保技术安全和数据安全。
- 安全合规：符合国家信息安全标准和法律法规，保障信息系统的安全性和可靠性。
- 高效可用：追求高性能、高可用性，满足大规模、高并发的业务需求。

3）创新驱动

信创技术的发展以创新为驱动力，不断推动技术突破和产品升级，以适应不断变化的市场需求和技术进步。

4）生态构建

构建开放、合作的信创技术生态，促进产业链上下游的协同发展，形成良好的产业生态和创新环境。

2. 信创技术发展历程

（1）初始阶段：自主意识觉醒

① 技术起步。在信息化初期，国内对信息技术的依赖主要来自于国外引进的软硬件产品。随着信息安全意识的增强，国内开始意识到构建自主可控的信息技术体系的重要性。

② 政策推动。国家层面出台了一系列政策，鼓励和支持国内信息技术的研发和应用，为信创技术的发展奠定了基础。

（2）发展阶段：技术积累与突破

① 技术研发。国内企业和研究机构加大研发投入，逐步在关键技术领域取得突破，如操作系统、数据库等。

② 产品孵化。随着技术的成熟，一系列具有自主知识产权的信息技术产品开始推向市场，满足特定行业和领域的需求。

③ 市场培育。通过政策扶持和市场需求的双重驱动，信创技术产品开始在国内市场占据一席

之地，逐步建立起用户基础和品牌影响力。

（3）成熟阶段：产业生态形成

① 生态构建。信创技术开始形成完整的产业链，包括硬件制造、软件开发、系统集成等各环节，构建起较为完善的产业生态。

② 标准制定。国家和行业组织开始制定一系列信创技术标准，引导和规范技术发展，提高产品的兼容性和互操作性。

③ 国际合作。在坚持自主可控的基础上，国内信创技术企业也开始积极参与国际交流与合作，推动技术的全球化发展。

（4）创新阶段：技术引领与融合

① 技术创新。信创技术进入深度创新阶段，不断涌现新技术、新产品，如云计算、大数据、人工智能等，推动信息技术的持续进步。

② 跨界融合。信息技术与其他行业深度融合，如工业互联网、智慧城市等，信创技术在更广泛的领域发挥着重要作用。

③ 持续演进。信创技术的发展是一个持续演进的过程，需要不断适应新的技术趋势和市场需求，实现技术的持续优化和升级。

3. 信创技术工具

（1）操作系统

国产操作系统作为信创技术的核心组成部分，包括但不限于麒麟操作系统、统信 UOS 系统等，它们提供了与 Windows、Linux 等操作系统相兼容的用户体验和功能。这些操作系统注重安全性设计，同时通过兼容主流软件和硬件，确保用户在使用过程中的平滑过渡和高效运行。

（2）数据库系统

国产数据库如达梦数据库、金仓数据库等，提供了数据存储、管理和分析的功能，支持大规模数据处理和高并发访问。国产数据库系统设计考虑了高可用性和良好的扩展性，以满足企业级应用的需求。

（3）中间件

中间件如东方通、中创中间件等，提供了应用开发、集成、运行和管理的全套解决方案。中间件还包括消息队列和缓存服务，如 RocketMQ、Redis 等，它们在分布式系统中扮演着重要角色，提高系统性能和可靠性。

（4）应用软件

① 国产办公软件。如 WPS Office，提供了文字处理、表格处理、演示文稿制作等办公自动化功能。

② 行业应用软件。针对特定行业需求，如财务管理、人力资源管理、客户关系管理等，国产应用软件提供了定制化解决方案。

（5）网络安全

① 防火墙与入侵检测。网络安全工具如天融信、启明星辰等，提供了防火墙、入侵检测系统等安全防护措施。

② 数据加密与身份认证。包括数据加密技术、身份认证系统等，以确保数据传输和存储的安全性。

（6）开发工具与环境

① 集成开发环境。提供集成开发环境（IDE），如 Eclipse CDT、Visual Studio 等，支持多种编程语言和开发框架。

② 代码管理与持续集成。版本控制系统如 Git，以及持续集成/持续部署（CI/CD）工具，如 Jenkins，提高了软件开发的效率和质量。

（7）云计算服务

① 云平台。国产云服务提供商如阿里云、腾讯云、华为云等，提供了包括计算、存储、数据库、网络等在内的云计算服务。

② 云安全与合规。提供云服务同时注重数据安全和合规性，以确保企业数据的安全存储和合法使用。

4. 信创技术未来趋势与挑战

（1）信创技术未来趋势

① 智能化与自动化。信创技术将更多地集成人工智能，实现自动化的数据分析、决策支持和智能服务。机器学习技术将被广泛应用于优化算法和提升系统性能，实现更精准的预测和个性化服务。

② 云计算与边缘计算。云原生技术将推动应用和服务的快速迭代和弹性伸缩，满足不断变化的业务需求。边缘计算将数据处理和分析推向网络边缘，减少延迟，提高响应速度。

③ 大数据与物联网。大数据技术将使信创技术更加数据驱动，支持基于数据的洞察和决策。物联网技术将使信创技术互联互通更顺畅，实现设备、数据和服务的无缝集成。

④ 安全性与合规性。随着技术的发展，信创技术将强化安全措施，包括加密技术、安全协议和隐私保护。信创技术将更加注重合法合规，确保技术发展与法律法规同步。

⑤ 国产化与国际化。国产化进程将进一步深化，国产软硬件将在更多关键领域替代进口产品。信创技术企业将积极拓展国际市场，通过技术创新和优质服务提升国际竞争力。

（2）信创技术面临的挑战

① 技术突破与创新。面对国外的技术封锁，信创技术需要在核心技术上实现更多突破。构建一个支持持续创新的生态系统，包括研发投入、人才培养和创新文化。

② 安全性与隐私保护。应对日益复杂的网络安全威胁，如高级持续性威胁（Advanced Persistent Threat，APT）。在数据驱动的环境下，保护用户隐私和数据安全成为一个重要挑战。

③ 法规与标准制定。快速变化的技术环境要求信创技术快速适应新的法规和标准。参与国际标准的制定，提升国产技术在国际舞台上的话语权。

④ 人才培养与知识体系更新。面对快速发展的信创技术，专业人才的培养和供给存在缺口。知识体系需要更新，以更好地适应技术发展和市场需求。

⑤ 技术伦理与社会责任。技术创新需要考虑技术伦理，确保技术进步不损害社会价值和公共利益。信创技术企业需要承担社会责任，通过技术解决社会问题，促进可持续发展。

 任务实施

1. 准备安装环境

确保计算机满足统信 UOS 系统的最低系统要求，包括处理器、内存和硬盘空间。备份重要数据，以防在安装过程中意外丢失。

2. 下载统信 UOS 镜像文件

访问统信 UOS 官方网站，申请并按照提示下载镜像文件，如图 6.1.1 所示。

3. 创建启动介质

① 使用 U 盘作为启动介质，其容量建议不小于 8 GB，如图 6.1.2 所示。

图 6.1.1 访问官网并申请下载镜像文件

图 6.1.2 插入 U 盘

② 解压镜像文件到当前文件夹。右击下载好的镜像文件，在弹出的快捷菜单中选择解压到含有镜像文件名称的命令，如图 6.1.3 所示。

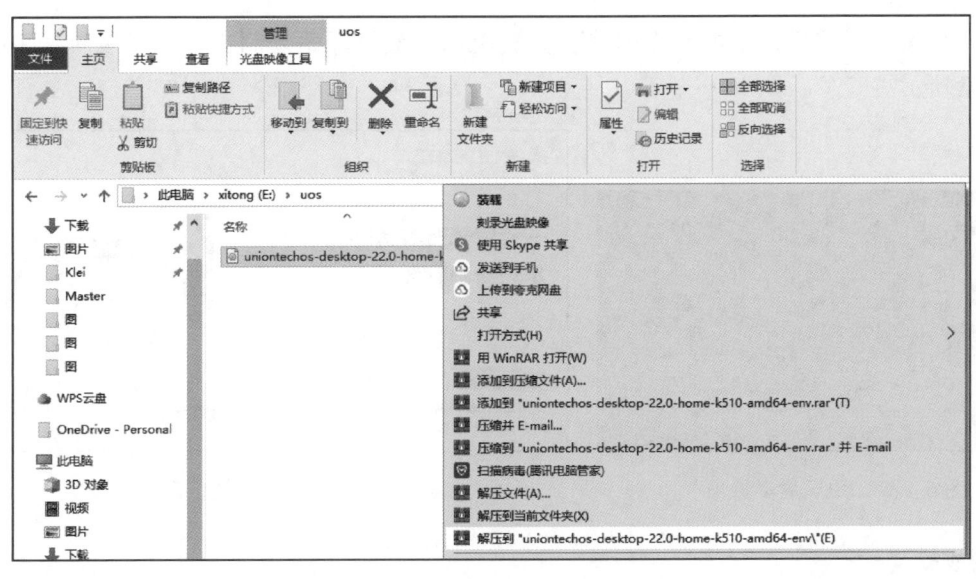

图 6.1.3 解压文件

③ 制作 U 盘启动器。双击打开解压的文件夹，双击"DEEPIN_B"应用程序，将下载的镜像文件写入 U 盘中，制作成可启动的安装介质，如图 6.1.4 所示。

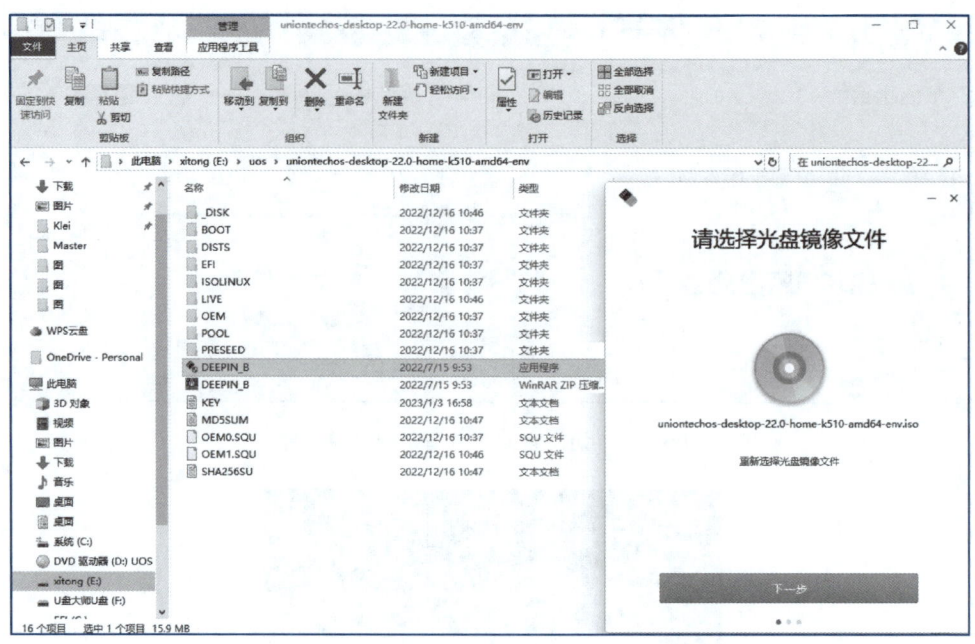

图 6.1.4　制作 U 盘启动器

4. 配置 BIOS/UEFI

① 重启计算机，进入 BIOS/UEFI 设置界面。

② 更改启动顺序，将 U 盘设置为首选启动设备。

5. 启动统信 UOS 安装程序

保存 BIOS/UEFI 设置并重启计算机，计算机将从 U 盘启动介质加载统信 UOS 系统的安装界面，如图 6.1.5 所示。

6. 开始安装

确认分区设置无误后，单击"立即安装"按钮，系统将开始复制文件并安装统信 UOS 系统，如图 6.1.6 所示。

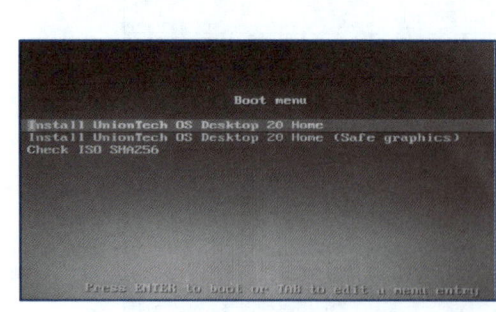

图 6.1.5　BIOS 启动选项

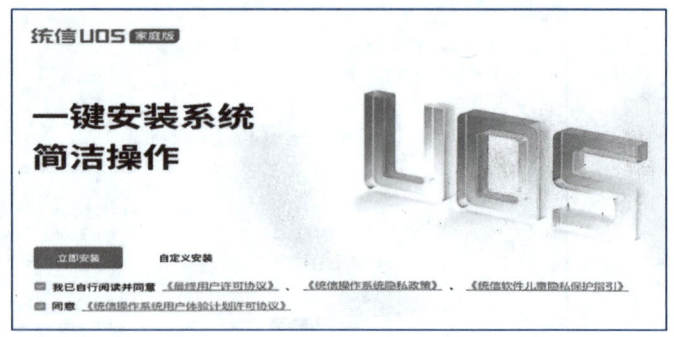

图 6.1.6　安装统信 UOS 系统

7. 完成安装

安装完成后，系统将提示重启计算机，如图 6.1.7 所示。重启时注意移除 U 盘，以避免再次进入安装界面。

8. 初始设置

在首次启动后，按照系统引导完成初始设置，包括创建账户、设置密码等，如图 6.1.8 所示。

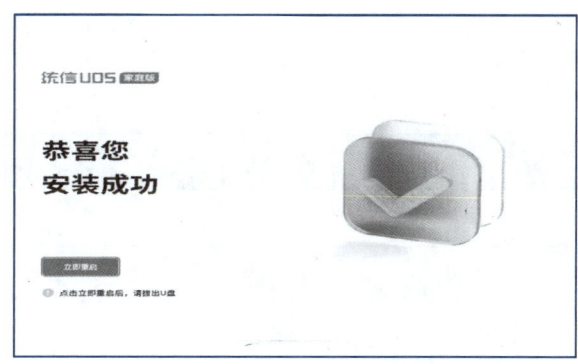

图 6.1.7　统信 UOS 系统安装完成

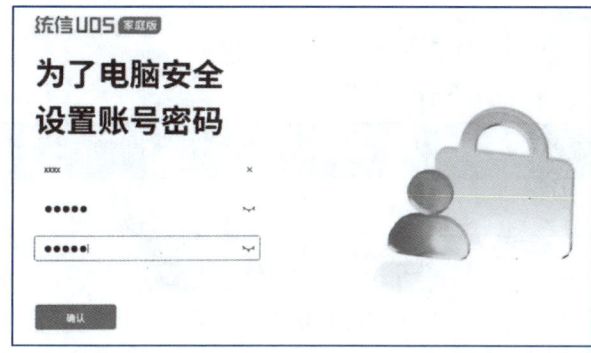

图 6.1.8　创建账户并设置密码

9. 安装驱动程序和系统配置更新

安装系统会自动安装驱动程序，如图 6.1.9 所示。

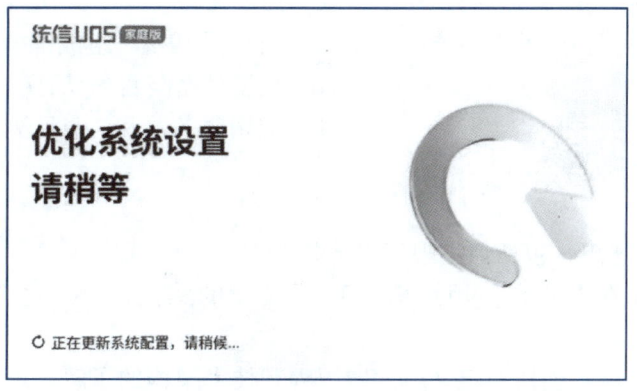

图 6.1.9　系统自动更新

10. 安装完成

安装完成后会自动重启并进入统信 UOS 系统，如图 6.1.10 所示。

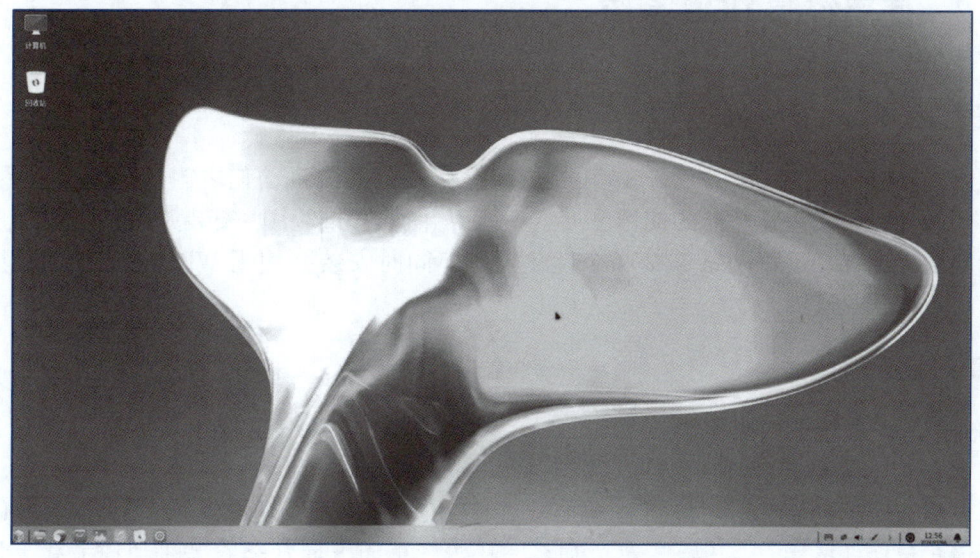

图 6.1.10　统信 UOS 系统安装完成

任务评价

1. 自我评价

任 务 要 求	掌握的操作有	仍需加强的有	不理解的有
了解信创技术发展历程			
认识信创技术工具			
安装统信 UOS 系统			
在本次任务实施过程中，自我评价的结果	A. 优秀　　B. 良好　　C. 仍需努力　　D. 不清楚		

2. 测试评价

① 信创技术发展历程中，（　　）阶段标志着其开始形成完整的产业链。

A. 初始阶段　　　　　　B. 发展阶段　　　　　　C. 成熟阶段　　　　　　D. 创新阶段

② 信创技术工具中，国产操作系统的（　　）特性是其核心组成部分。

A. 安全性与兼容性　　　　　　　　　　B. 数据加密与身份认证

C. 云计算服务　　　　　　　　　　　　D. 应用服务器和消息队列

 任务拓展

请尝试写下自己的感想，包括但不限于以下几个方面。

① **技术体验**：描述在安装和使用统信 UOS 系统时的感受，以及这个过程中遇到的挑战和乐趣。

② **知识收获**：通过对信创技术定义、发展历程和技术架构的了解，思考这些知识如何影响人们对信息技术的认识。

③ **自主创新的重要性**：表达对自主创新在保障信息安全和推动数字化转型中作用的看法。

④ **未来展望**：分享对信创技术未来发展的期待，以及自己如何能够参与其中。

微课 6-2
使用统信 UOS
系统

任务 6.2　使用统信 UOS 系统

 任务简介

郑小安将通过使用统信 UOS 系统，开启国产操作系统办公自动化之旅。我们将从系统启动、桌面概览开始，熟悉文件管理器的使用、搜索功能，并通过软件中心安装并卸载应用程序。还将进一步了解系统设置，进行网络连接和个性化定制，同时安装并使用 WPS 办公软件以提升工作效率。

 知识准备

1. 统信 UOS 系统基本操作

（1）系统启动与桌面环境

按下电源键启动计算机，系统将自动加载统信 UOS 系统。成功登录后，显示统信 UOS 系统的桌面环境，包括任务栏、"开始"菜单和系统托盘。桌面上通常会有若干快捷方式，指向常用的应用程序和文件夹，如图 6.2.1 所示。

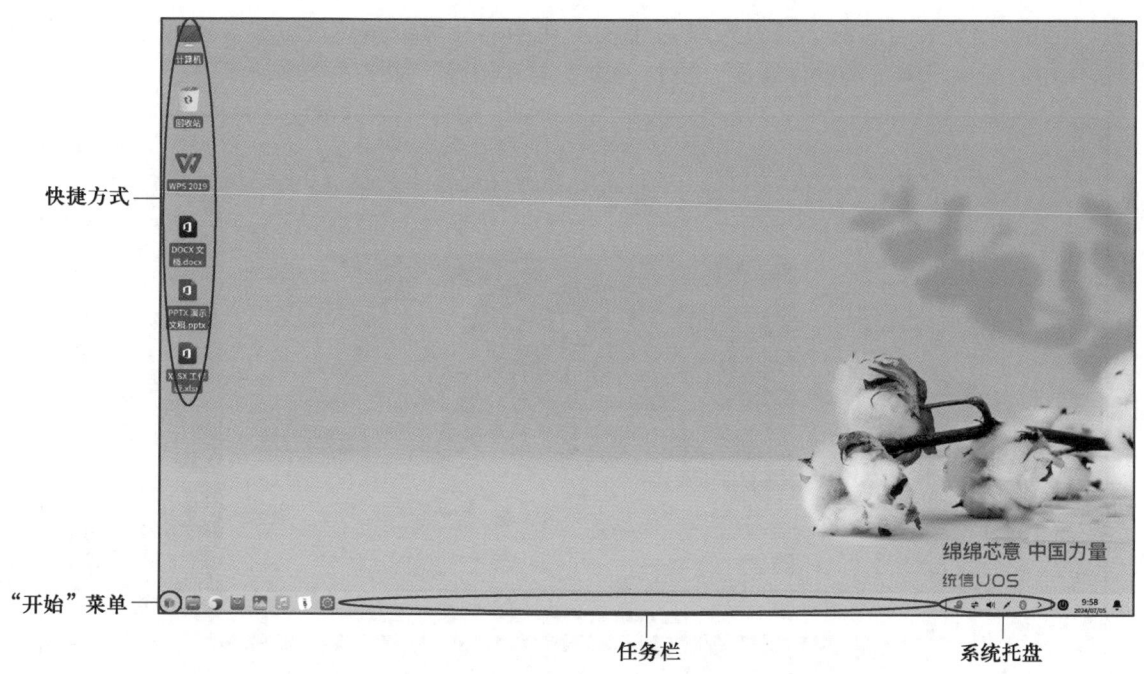

图 6.2.1 桌面概览

（2）文件管理与应用程序操作

① 文件管理器。使用统信 UOS 系统的文件管理器，可以浏览、打开、移动和删除文件和文件夹。文件管理器提供了丰富的右键菜单选项，方便进行文件操作。

② 搜索功能。在文件管理器的搜索框中输入关键词，系统将快速定位到包含该关键词的文件或文件夹，如图 6.2.2 所示。

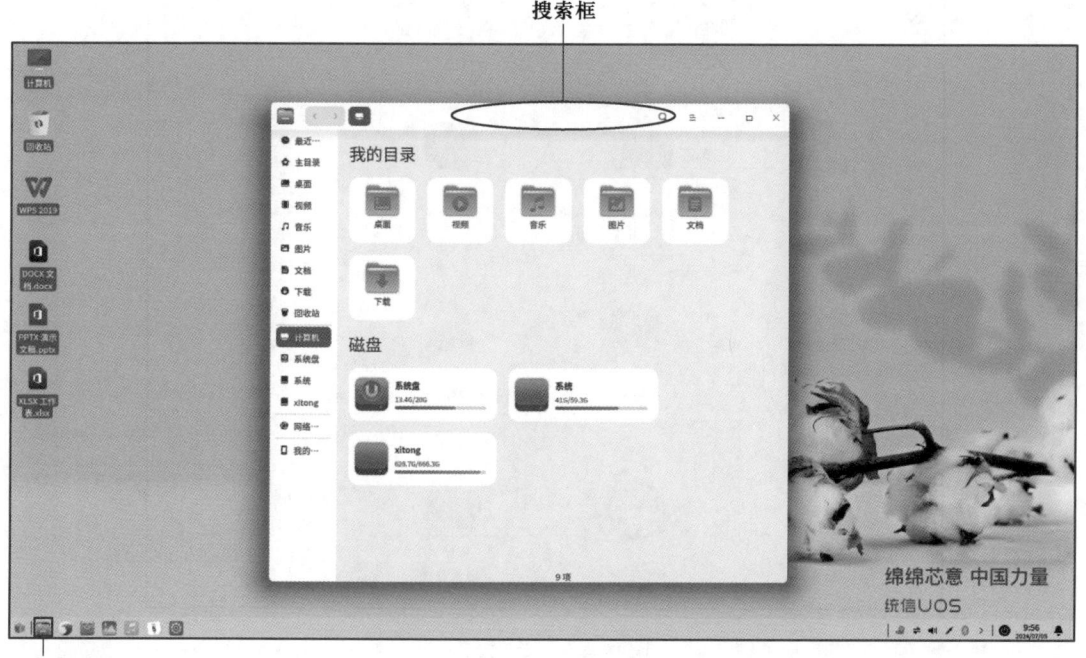

图 6.2.2 文件管理及搜索

③ 应用程序安装与卸载。通过系统自带的应用商店，可以浏览、安装、更新和管理应用程序。软件中心提供了丰富的软件资源，支持一键安装和卸载，如图 6.2.3 所示。

图 6.2.3　应用程序安装与卸载

（3）系统设置与个性化定制

① 系统设置。在"开始"菜单中单击"设置"按钮，在打开的窗口中可以访问系统设置界面，进行网络、显示、声音等设置，如图 6.2.4 所示。

图 6.2.4　系统设置

② 个性化定制。在个性化定制中，可以更改桌面主题、字体大小、任务栏位置等，以满足个性化需求。

（4）互联网访问

统信 UOS 预装了浏览器，可以在"开始"菜单旁单击浏览器图标来访问互联网，如图 6.2.5所示。

图 6.2.5　浏览器

2. 安装 WPS 办公软件

（1）启动应用商店

单击桌面或"开始"菜单中的"应用商店"图标，打开"应用商店"界面，如图 6.2.6所示。

图 6.2.6　打开应用商店

（2）搜索 WPS 并点击安装

在应用商店的搜索栏中输入"WPS"，然后按 Enter 键进行搜索。确认无误后，单击"安装"按钮，如图 6.2.7 所示。

（3）等待安装完成

系统开始下载并安装 WPS Office，安装过程中请耐心等待。

（4）安装完成

安装完成后可以在桌面或"开始"菜单中找到 WPS Office 的快捷方式，如图 6.2.8 所示。

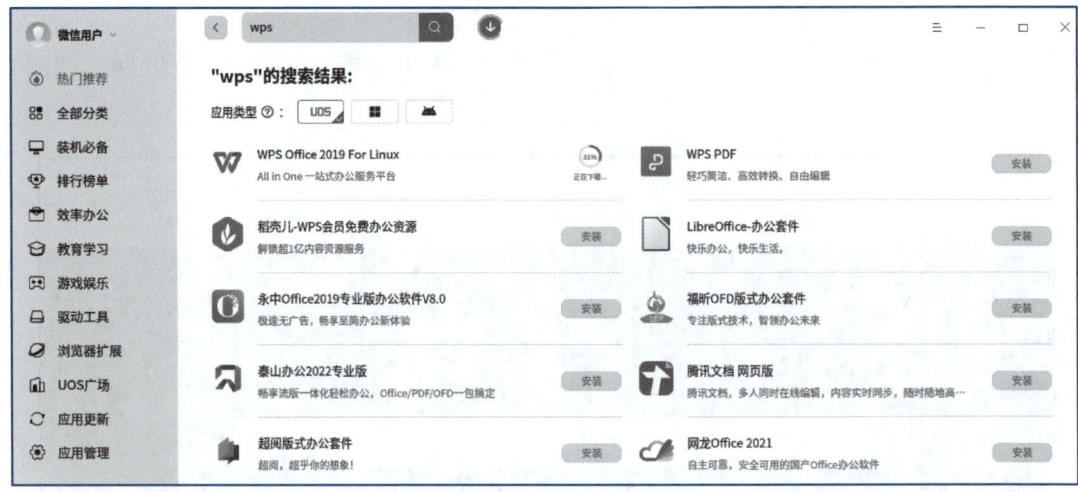

图 6.2.7　搜索 WPS 并安装

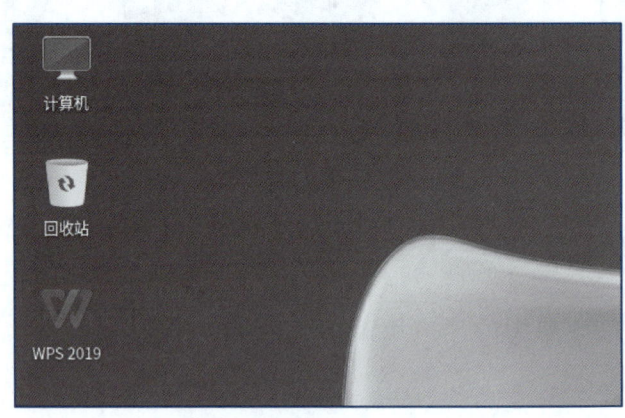

图 6.2.8　WPS Office 安装完成

任务实施

1. 启动 WPS Office

在统信 UOS 系统的桌面或应用程序菜单中，找到 WPS Office 的快捷方式并双击图标启动程序。

2. 创建文档

启动 WPS Office 后，程序会自动打开并显示其主界面。在主界面上，可以单击"新建"按钮来创建一个新的文本文档，如图 6.2.9 所示。

3. 编辑文档

在文档编辑界面，利用 WPS Office 提供的工具和功能进行文本的编辑和格式设置，如图 6.2.10 所示。

4. 保存文档

完成文档编辑后，单击工具栏中的"保存"按钮或按快捷键 Ctrl+S 保存文档。在打开的"另存文件"对话框中，选择文件保存的位置，输入文件名，并选择合适的文件类型，如图 6.2.11 所示。

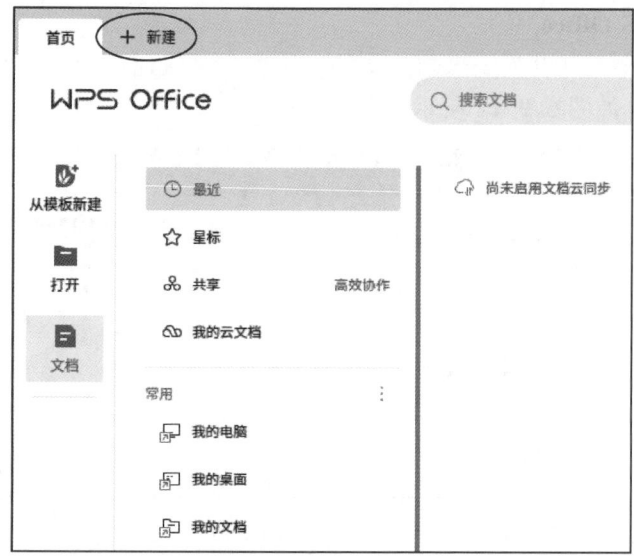

图 6.2.9　新建文档

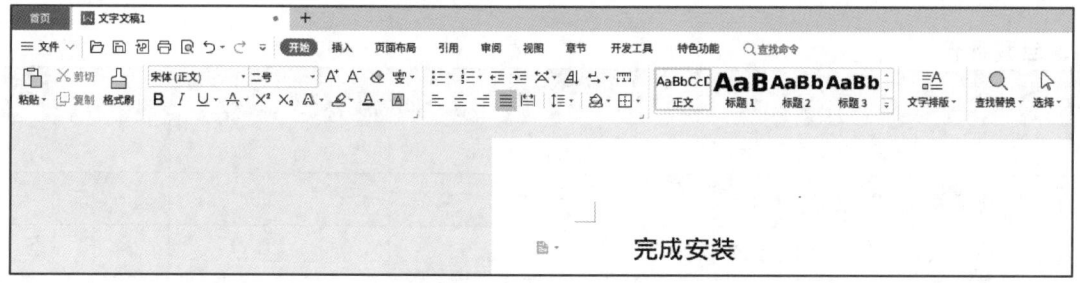

图 6.2.10　编辑文档

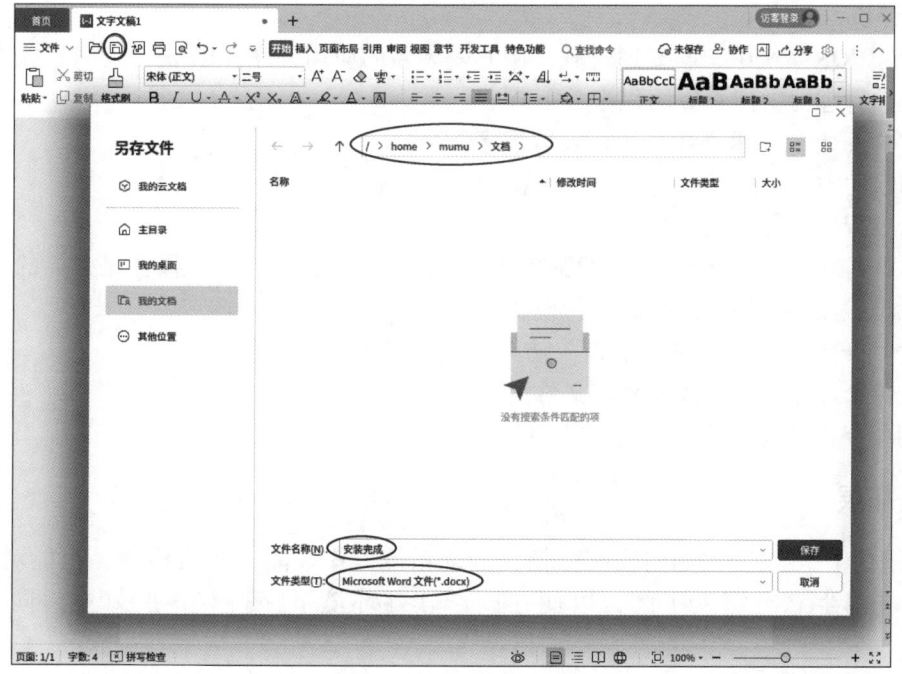

图 6.2.11　保存文档

5. 关闭文档和 WPS Office

如果完成了所有工作，可以关闭当前的文档。接着，可以通过单击 WPS Office 窗口右上角的"关闭"按钮退出程序，如图 6.2.12 所示。

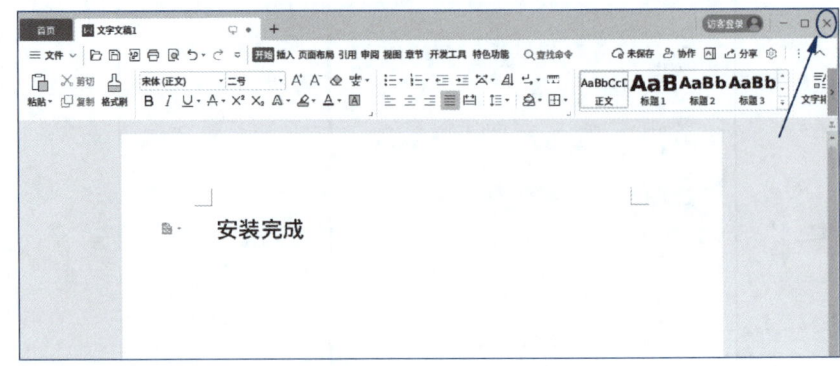

图 6.2.12　关闭文档

 任务评价

1. 自我评价

任 务 要 求	掌握的操作有	仍需加强的有	不理解的有
统信 UOS 系统的基本操作			
在统信 UOS 系统中安装 WPS 办公软件			
在统信 UOS 系统中使用 WPS 办公软件			
在本次任务实施过程中，自我评价的结果	A. 优秀　　B. 良好　　C. 仍需努力　　D. 不清楚		

2. 测试评价

① 在统信 UOS 系统中，若要通过软件中心安装新的应用程序，以下（　　）操作是正确的。

A. 在文件管理器中搜索应用程序并下载

B. 通过"开始"菜单查找并运行安装程序

C. 访问软件中心，搜索应用程序并安装

D. 从命令行界面使用安装命令

② 当需要更改统信 UOS 系统的桌面背景或主题时，以下（　　）操作是必要的。

A. 在系统托盘中选择网络图标进行设置

B. 通过"开始"菜单中的"设置"访问系统设置界面

C. 在文件管理器中直接修改系统文件

D. 使用命令行工具进行个性化设置

 任务拓展

探索在统信 UOS 系统中如何安装微信，加强系统操作技能的实践检验，也能对国产操作系统兼容性和应用生态有深入了解，以便在国产软件环境下保持与亲朋好友、同事间的紧密联系。

项目小结

任务 6.1 安装统信 UOS 系统

① 掌握了安装统信 UOS 系统的完整流程，包括系统启动、硬件检测、驱动程序加载等步骤。

② 学会了如何在统信 UOS 系统中进行基本的系统设置，以适应个性化使用需求。

③ 理解了信创技术的基本概念、发展历程以及面临的未来趋势与挑战，加深了对国产操作系统重要性的认识。

任务 6.2 使用统信 UOS 系统

① 熟悉了统信 UOS 系统的基本操作，包括文件管理、网络设置、浏览器使用等，提高了日常办公的效率。

② 掌握了在统信 UOS 系统中安装和使用 WPS 办公软件的技巧，包括文字处理、表格编辑、演示制作等，增强了办公自动化能力。

 项目实训

实训任务单

实 训 任 务	06-体验统信 UOS 系统
任务名称	在统信 UOS 系统中使用 QQ 邮箱发送邮件
实训目标	1. 掌握使用统信 UOS 系统的基本操作。 2. 深入了解 QQ 邮箱在统信 UOS 系统中的使用方式。 3. 学会在统信 UOS 系统环境下发送电子邮件。
任务描述	本任务要求学生将懂得如何在统信 UOS 系统中设置和使用 QQ 邮箱，完成邮件的发送任务
实训要求	1. 根据实训目标，完成统信 UOS 系统中发送邮件，并熟悉系统操作界面。 2. 遵循操作规范，确保发送的邮件符合网络安全协议。 3. 记录发送邮件过程中遇到的问题及解决方案，与同学分享交流
实训成果示例	1. 熟悉统信 UOS 系统的操作界面。 2. 使用统信 UOS 系统打开浏览器。 3. 使用 QQ 邮箱发送邮件给同学。 ……
实训步骤	1. 创建或登录 QQ 邮箱账号：如果尚未有 QQ 邮箱，指导创建流程；如果已有，指导登录邮箱。 2. 配置邮件客户端：在统信 UOS 系统中打开 QQ 邮箱官网，输入 QQ 邮箱账号和密码。 3. 撰写邮件：打开邮件客户端，撰写一封邮件，包括主题、正文、附件等。 4. 发送邮件：检查邮件内容无误后，发送邮件给指定的收件人。 …… （请按照实际操作填写实训步骤）
实训心得	
小组评价	
教师评价	

拓 展 篇

项目 **7**　信息安全

项目介绍

　　本项目通过一系列实践活动，使学生掌握信息安全的基础知识，提升信息安全意识，并学习网络安全防护技术。学生将通过实际操作，理解信息安全的重要性，识别潜在的网络威胁，并掌握相应的防护措施。最终通过综合评价，检验学生对信息安全知识的掌握程度和应用能力。

学习目标

【知识目标】

① 理解信息安全的基本概念及其在现代社会的重要性。

② 了解信息安全技术的发展历程和当前趋势。

③ 学习信息安全意识和良好习惯的培养方法。

④ 熟悉常见的信息安全技术，如人脸识别，并理解其应用场景。

⑤ 了解网络安全威胁的类型及其防护策略。

【技能目标】

① 能够设计并制作信息安全主题的宣传材料，如海报。

② 能够识别和分析网络安全威胁，并采取有效的防护措施。

③ 能够通过实践活动，提升信息安全防护的实际操作能力。

【素养目标】

① 培养严谨的信息安全意识和规范的操作习惯。

② 提升对信息安全重要性的认识，增强个人的信息保护意识。

③ 形成互帮互助的协作精神，共同提升信息安全防护能力。

任务 **7.1**　设计制作"个人信息安全保卫"主题海报

任务简介

　　郑小安对计算机技术充满热情，但对信息安全的认识还处于起步阶段。随着信息技术的飞速发展，个人信息安全变得尤为重要，特别是对于像郑小安这样经常使用互联网的同学。最近，学校为了提高学生们的信息安全意识，特别设计了一个名为"个人信息安全保卫战"的任务。本任务旨在通过一系列实践活动，让学生们了解信息安全的基本概念、发展历程以及培养良好的信息安全意识和习惯的方法。

微课 **7-1**

设计制作"个人信息安全保卫"主题海报

知识准备

1. 信息安全的基本概念、发展历程

（1）信息安全的定义与基础概念

信息安全是一个多层面的概念，它不仅包括技术层面的保护措施，还涵盖政策、法律、组织文化等多个维度。信息安全的核心目标是维护信息的机密性、完整性和可用性，以对抗各种威胁和风险，如图 7.1.1 所示。

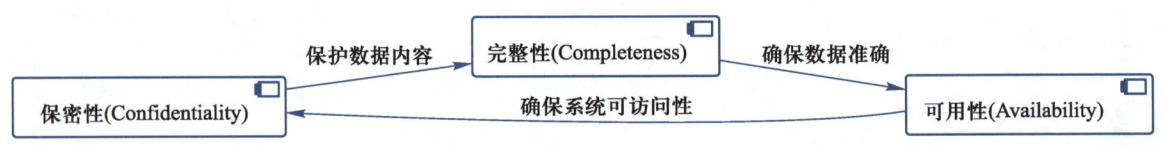

图 7.1.1　信息安全的 3 个核心目标

信息安全是指保护信息及信息系统免受未经授权的访问、使用、泄露、破坏等行为，确保信息的机密性、完整性和可用性。这一概念涵盖了计算机硬件、软件、数据等多方面，要求采取技术和管理上的安全措施，防止信息资产因偶然或恶意的原因而遭受损害。

（2）信息安全包含内容

● 硬件安全：保护网络硬件和存储媒介的安全，确保这些硬件设施不受损害，能够正常工作。

● 软件安全：保障计算机及其网络中的各种软件不被篡改或破坏，功能不会失效，且不被非法复制或误操作。

● 运行服务安全：确保网络中的各信息系统能够正常运行，并能正常地通过网络交流信息。这需要对网络系统中的各种设备运行状况进行监测，及时发现并处理不安全因素。

● 数据安全：保护网络中存在及流通的数据安全，防止数据被篡改、非法增删、复制、解密、显示、使用等。

（3）信息安全的发展历程

信息安全的发展历程大致可以分为以下几个时期。

① 通信安全时期。

时间：主要发生在信息技术不发达的早期阶段。

标志：1949 年信息论创始人香农发表的《保密系统的通信理论》一文，为近代密码理论奠定了基础。

特点：信息安全的范围仅限于保障计算机的实体安全以及通过密码解决通信安全的保密问题。

② 计算机安全时期。

时间：计算机和网络技术的普及和发展早期。

标志：1983 年美国公布了《可信计算机系统评估准则》（TCSEC）。

特点：数据的传输已经可以通过计算机网络来完成，"安全"的概念扩展到了软件与信息内容的安全。

③ 信息通信安全时期。

时间：20 世纪 90 年代，互联网技术的爆炸式发展。

标志：美国发布"信息高速公路"等政策，我国颁布了《中华人民共和国计算机信息系统安全保护条例》。

特点：信息安全成为系统建设中的重要内容之一，信息安全人才培养开始起步，信息安全产业得到发展。

④ 信息安全保障时期。

时间：21 世纪至今。

标志：《信息保障技术框架》（IATF）的发表，以及我国一系列信息安全相关法律法规的出台。

特点：信息安全保障不再只是建立防护屏障，而是建立"深度防御体系"；信息安全已经上升到与政治安全、经济安全、领土安全等并驾齐驱的战略高度。

综上，信息安全的基本概念是保护信息及信息系统免受威胁，确保其机密性、完整性和可用性；而信息安全的发展历程则是一个随着信息技术发展而不断扩展和深化的过程。

2. 信息安全意识和习惯

（1）信息安全意识的培养与深化

① 信息安全意识培养的重要性。信息安全意识是指个人或组织对信息安全威胁的认知和对保护信息资产的重视。意识的培养是构建组织安全防线的基石。

② 信息安全意识培养的策略。

● 教育与培训：定期对学生进行信息安全知识的教育和技能培训。

● 安全文化：通过教师的示范作用，养成以信息安全为核心的网络文化。

● 持续宣传：利用多种媒介和活动，不断强化信息安全的重要性。

③ 信息安全意识深化的方法。

● 案例分析：通过分析真实的安全事件，提高学生对威胁的认识。

● 模拟演练：定期进行安全演练，测试学生的应对能力和组织的安全措施。

● 反馈机制：鼓励学生报告潜在的安全问题，并提供改进建议。

（2）信息安全习惯的养成与实践

良好的信息安全习惯是个人在日常工作中自然遵循的安全行为，对于防范安全风险至关重要。

① 信息安全习惯养成的步骤。

● 明确规范：制定清晰的安全行为规范，如密码管理、数据备份等。

● 日常实践：在日常工作中不断实践这些规范，直至成为习惯。

② 信息安全习惯实践的关键行为。

● 强密码使用：使用复杂且难以猜测的密码，并定期更换。

● 多因素认证：在关键操作中使用多因素认证，增加安全性。

● 数据加密：对敏感数据进行加密处理，保护数据在存储和传输过程中的安全。

任务实施

1. 打开 WPS Office

启动 WPS Office 软件，单击"新建"按钮，在打开的"新建"窗口中选择合适的工具，如"演示"创建一个新文档。

2. 确定海报主题与风格

明确海报的主题为"个人信息安全保卫"，确定海报的风格，如正式、教育性或吸引人的视觉效果。

3. 撰写海报文案

根据知识准备部分，撰写海报的文案，包括信息安全的定义、重要性、基本原则和技术措施等。

4. 收集视觉素材

搜集与信息安全相关的图片，如图 7.1.2 和图 7.1.3 所示。确保素材无版权问题，避免侵权。

图 7.1.2　个人信息安全　　　　　　　　　　　　图 7.1.3　网络信息加密

5. 设计海报布局

在海报上规划文案、图像的位置，使用 WPS Office 的布局工具来安排元素，确保海报的视觉效果平衡。

6. 整合文案与视觉元素

将撰写的文案与搜集的视觉素材结合，调整大小、颜色和位置，确保所有元素协调一致，如图 7.1.4 所示。

图 7.1.4　个人信息安全海报

任务评价

1. 自我评价

任　务　要　求	掌握的操作有	仍需加强的有	不理解的有
信息安全的基本概念			
信息安全的发展历程			
信息安全意识和习惯			
在本次任务实施过程中，自我评价的结果	A. 优秀　　B. 良好　　C. 仍需努力　　D. 不清楚		

2. 测试评价

① 信息安全的定义涉及（　　）方面。

A. 仅技术层面的保护措施

B. 包括技术、政策、法律、组织文化等多个维度

C. 仅包括法律和政策

D. 仅涉及组织文化和风险管理

② 信息安全意识培养的重要性在于（　　）。

A. 它是构建组织安全防线的基石

B. 它仅对技术人员重要

C. 它与组织文化无关

D. 它仅在特定情况下才重要

 任务拓展

郑小安是一名对计算机技术充满热情的高职学生。一天，他收到了一封来自未知发件人的电子邮件，祝贺他赢得了一场他从未参加过的抽奖活动，并要求他点击邮件中的超链接以领取奖品。出于好奇，郑小安点击了超链接，随后被重定向到一个看起来非常正规的网站，网站要求他输入个人信息，包括姓名、地址、电话号码和银行账户信息。

在这个过程中，郑小安开始怀疑这可能是一个网络钓鱼攻击。他决定不提交任何信息，并开始进行一些调查来验证自己的怀疑。

根据上述案例思考以下问题：

① 在收到电子邮件时，应该如何判断其真实性？应该考虑哪些因素？

② 如果已经点击了可疑超链接，应该立即采取哪些措施来保护自己的信息安全？

③ 思考网络钓鱼攻击的常见特征，并讨论为什么这些特征对于识别潜在的网络安全威胁至关重要。

④ 假设郑小安决定不提交个人信息，他应该如何向有关部门报告这种可疑的网络钓鱼攻击？

⑤ 如何利用这次经历来提高自己和周围人的信息安全意识？

任务 7.2　体验刷脸的快捷与风险

 任务简介

郑小安将参与一项名为"体验刷脸的快捷与风险"的实践任务。在本任务中，他将直接感受

微课 7-2
体验刷脸的快
捷与风险

人脸识别技术在校园门禁和手机解锁中的应用，同时学习这项技术可能带来的隐私和安全风险。通过实际操作和案例学习，郑小安将对生物识别技术的利与弊有一个全面的了解。

 知识准备

1. 常见的信息安全技术——人脸识别

（1）人脸识别技术概述

人脸识别技术是一种生物识别技术，它通过分析个人的面部特征信息来验证个体身份。这种技术利用高级的图像处理和模式识别算法，从人脸图像中提取关键特征点，并将其转换为数学表达式，以实现身份的快速匹配和验证。

人脸识别系统通常由人脸检测、特征提取、特征比对和身份验证4个主要模块组成。人脸检测模块负责在图像或视频流中定位人脸区域；特征提取模块分析并提取人脸的关键特征；特征比对模块将提取的特征与数据库中的特征进行匹配；身份验证模块最终确认或拒绝用户的身份，如图7.2.1所示。

（2）人脸识别技术的应用与挑战

① 人脸识别技术的应用场景。人脸识别技术被广泛应用于安全验证、访问控制、监控系统、金融服务和个人身份认证等领域。例如，在机场，人脸识别技术可以用于快速验证旅客的身份，提高安检效率；在智能手机上，它是一种被用于解锁设备的安全方式，如图7.2.2所示。

② 人脸识别技术的准确性。人脸识别技术的准确性受到多种因素的影响，包括图像质量、光照条件、面部表情和姿态变化等。为了提高识别率，研究人员不断优化算法，以减少误识和漏识的情况。

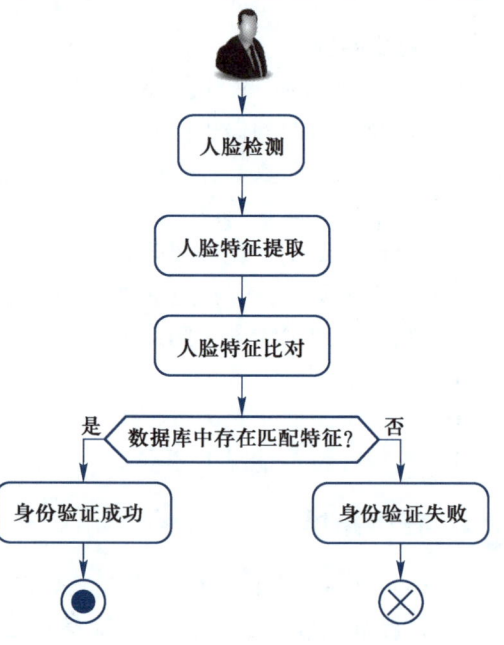

图 7.2.1 人脸识别系统流程

图 7.2.2 人脸识别技术应用场景图

③ 人脸识别技术的安全性与隐私问题。尽管人脸识别技术带来了便利，但其安全性和隐私问题也引起了广泛关注。例如，未经授权的人脸识别可能导致个人隐私泄露。因此，开发安全、可靠的人脸识别系统，同时保护用户隐私，是当前技术发展的重要方向。

④ 人脸识别技术的法律与伦理考量。人脸识别技术的广泛应用也引发了法律和伦理问题。例如，数据保护法规要求对个人生物识别数据进行特殊保护。此外，人脸识别技术的使用需要遵循透明性、公平性和非歧视性原则。

2. 网络安全威胁与防护

（1）网络安全威胁的类型与特征

网络安全威胁是指一系列可能导致网络资源被非法访问、数据泄露、系统破坏或服务中断的风险因素。

① 恶意软件。包括病毒、蠕虫、特洛伊木马等，它们能够自我复制、传播，并对系统造成损害或用于非法获取信息。

② 网络钓鱼。是一种社会工程学攻击手段，攻击者通过伪造的电子邮件、网站等诱骗用户提供敏感信息。

③ 拒绝服务攻击（DoS/DDoS）。旨在通过过载网络或系统资源，使其无法正常提供服务。

④ 数据泄露。通常是指未经授权的访问导致敏感或保密信息外泄。

（2）网络安全防护措施与策略

网络安全防护是一系列技术和管理措施，旨在识别、防御和降低网络安全威胁。

① 防火墙部署。网络安全的基础设施，用于监视和控制进出网络的数据包，防止未授权访问。

② 加密技术应用。数据加密技术通过算法将明文信息转换为密文，以确保数据在存储和传输过程中的安全性。

③ 入侵检测系统（Intrusion Detection System，IDS）。实时监控网络和系统活动，以识别和应对潜在的恶意行为。

④ 安全协议使用。安全协议如 SSL/TLS、SSH 等，为数据传输提供安全层，确保数据交换的完整性和机密性。

⑤ 安全审计与合规性。定期进行安全审计，评估安全措施的有效性，并确保组织遵守相关的法律法规和标准，如图 7.2.3 所示。

⑥ 安全意识教育。提升用户对网络安全威胁的认识，通过教育和培训加强其安全意识。

⑦ 应急响应计划。制订应急响应计划，以便在安全事件发生时迅速有效地应对和恢复服务。

⑧ 定期软件更新与补丁管理。定期更新操作系统和应用程序，修补已知的安全漏洞，降低受攻击风险。

 任务实施

体验学校门禁人脸识别功能。

1. 注册面部信息

前往校园门禁系统管理员处，按照要求拍摄面部照片并录入系统。确保面部信息录入准确，避免因光线、拍摄角度等问题影响识别效果。

2. 初次使用

在管理员的监督下，首次使用面部识别进入校园。观察面部识别的速度和准确性，记录识别过程中遇到的问题。

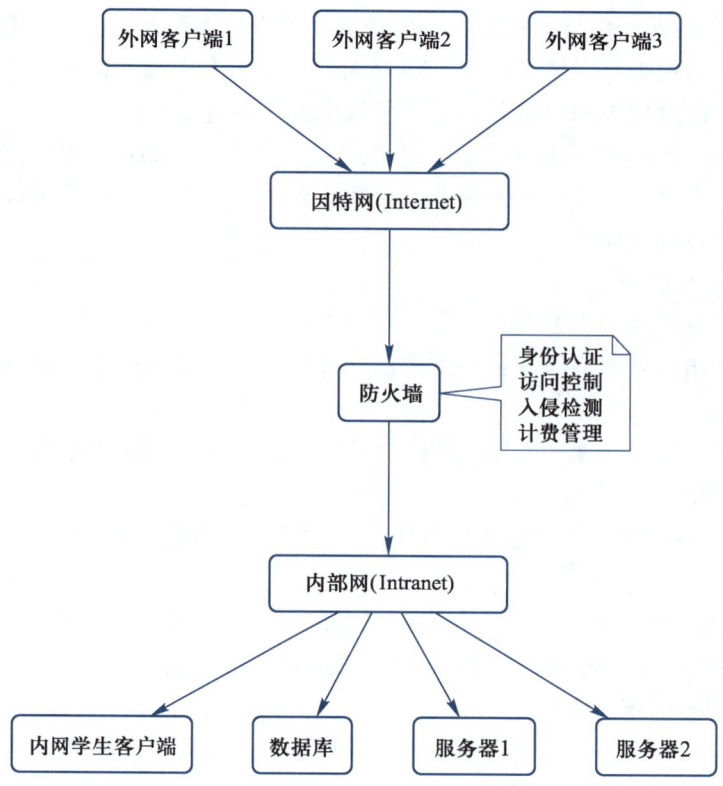

图 7.2.3　网络安全威胁与防护框架

3. 注意事项

① 进入门禁区域时，用户应保持面部清晰可见，避免佩戴帽子、有色眼镜或其他可能影响识别效果的配饰。

② 保持面部表情自然，避免表情剧烈变化，否则可能会影响识别的准确性。

③ 注意不同时间段（如早晨、中午、晚上）识别效果的变化。

4. 问题记录与反馈

记录在使用过程中遇到的问题，如识别失败、识别速度慢等。如果有问题，及时向管理员反馈，了解可能的解决方案。

5. 隐私保护

① 了解并熟悉校园门禁系统的隐私政策，确保知晓面部信息的存储、使用和保护方式。

② 在注册面部信息时，注意查看是否有明确的隐私保护条款，确保个人信息不被滥用。

定期检查个人信息的安全性，确保没有未经授权的访问或泄露。

 任务评价

1. 自我评价

任　务　要　求	掌握的操作有	仍需加强的有	不理解的有
人脸识别的认识			
网络安全威胁与防护			
在本次任务实施过程中，自我评价的结果	A. 优秀　　B. 良好　　C. 仍需努力　　D. 不清楚		

2. 测试评价

① 人脸识别技术的定义涉及（　　）方面。

A. 仅包括图像处理技术

B. 包括图像处理和模式识别算法，用于提取和比对人脸特征

C. 仅用于个人身份的简单验证

D. 只涉及数学表达式的转换

② 人脸识别系统的组成不包括以下（　　）。

A. 人脸检测　　　　B. 特征提取　　　　C. 手动身份验证　　　　D. 特征比对

③ 人脸识别技术在以下（　　）场景中不常用。

A. 机场旅客身份验证　　　　　　　　B. 智能手机设备解锁

C. 传统的密码输入方式　　　　　　　D. 金融服务的个人身份认证

④ 人脸识别技术的准确性可能受到（　　）因素影响。

A. 图像质量　　　B. 光照条件　　　C. 面部表情和姿态变化　　D. 所有以上因素

⑤ 人脸识别技术的安全性与隐私问题主要关注（　　）方面。

A. 技术的便利性　　　　　　　　　　B. 个人隐私泄露风险

C. 技术的成本效益　　　　　　　　　D. 技术的普及速度

 任务拓展

　　体验自动售货机的刷脸支付功能，从选择商品、进行刷脸认证到完成支付，与同学分享操作过程中的每个步骤和感受，同时留意支付过程中的安全提示，并对可能存在的安全风险进行思考。

 # 项目小结

任务 7.1　设计制作"个人信息安全保卫"主题海报

① 学会了信息安全的基本要素，包括机密性、完整性和可用性。

② 理解了信息安全意识的培养策略和深化方法。

③ 掌握了设计海报的基本流程和技巧。

任务 7.2　体验刷脸的快捷与风险

① 学习了人脸识别技术的定义和组成，了解其在不同场景下的应用。

② 掌握了网络安全威胁的类型与特征，以及网络安全防护的基本措施。

③ 体验了刷脸支付的便捷性，并对操作过程中的安全防护措施进行评估。

④ 认识到人脸识别技术可能带来的隐私和安全风险，并思考了相应的防护策略。

 # 项目实训

实训任务单

实 训 任 务	07-信息安全月
任务名称	组织"信息安全月"活动，让更多同学认识到信息安全的重要性
实训目标	1. 掌握使用 WPS Office 进行宣传海报设计。 2. 深入了解信息安全的重要性及其在日常生活和学习中的应用。 3. 策划并实施一系列信息安全相关的教育活动，提升同学们的安全意识

任务描述	活动内容应包括但不限于讲座、研讨会、模拟演练、知识竞赛等。通过这些活动，让同学们更深刻地认识到信息安全的重要性，并学会在实际生活中保护个人信息和网络安全的方法
实训要求	1. 认真完成实训任务，确保活动内容丰富、形式多样、效果显著。 2. 在进行安全宣传时，要遵守学校相关规定和法律法规，确保活动合法合规。 3. 按时提交活动方案，并接受评审和指导
实训成果示例	1. 活动背景 随着信息技术的快速发展，信息安全问题日益凸显。为了增强同学们的信息安全意识，提高自我保护能力，计划在本月开展"信息安全月"活动。 2. 活动目标 提高同学们对信息安全重要性的认识。 教授同学们基本的信息安全防护技能。 通过实际演练，增强同学们应对网络安全威胁的能力。 ……
实训步骤	1. 资料收集 收集信息安全相关的资料和案例。 了解当前信息安全领域的热点问题和最新动态。 2. 活动策划 确定活动主题和形式。 设计活动流程和时间表。 …… （请按照实际操作填写实训步骤）
实训心得	
小组评价	
教师评价	

项目 8　项目管理

项目介绍

　　本项目通过两个任务模块，系统介绍项目管理的基本知识和技能。通过介绍项目从概述、规划、执行到收尾的全过程，旨在培养学生在项目策划、实施和评估方面的能力。通过制作项目计划书和总结汇报，学生将掌握项目规划与策略、执行与控制以及收尾与评估的关键技能。

学习目标

【知识目标】

① 理解项目管理的基本概念，包括项目概述、目标设定、规划与策略。

② 掌握项目规划与策略的制订方法，能够根据项目需求制订合理的项目计划。

③ 学习项目执行与控制的基本原则，理解项目进度管理的重要性。

④ 掌握项目收尾与评估的方法，能够对项目成果进行有效总结和评价。

⑤ 了解创新创业项目的策划与实施流程，能够撰写创新创业项目计划书。

⑥ 掌握研学项目的设计和实施方法，能够策划并执行研学活动。

【技能目标】

① 能够设计并制作项目计划书。

② 能够总结项目实施成果并进行汇报。

③ 能够通过实践活动，提升项目管理的实际操作能力。

④ 能够进行自我评价和接受标准评价，以检验信息安全技能的掌握程度。

【素养目标】

① 培养严谨、规范的项目管理工作习惯，提升项目管理的专业素养。

② 增强团队合作意识，能够在项目实施中发挥协作精神，共同推进项目进展。

③ 提升创新意识和创业精神，能够在项目管理中不断探索新方法，优化项目执行。

任务 8.1　制作"暑读河南"研学项目计划书

任务简介

　　郑小安对于即将到来的暑假充满了期待和好奇。学校为了丰富学生的假期生活并拓展他们的知识视野，特别设计了"暑读河南"研学项目，旨在通过实践活动深入探索河南深厚的文化底蕴。在本任务中，郑小安将有机会参与到一系列精心策划的研学活动中，从知识教育到技能培

微课 8-1
制作"暑读
河南"研学
项目计划书

养，从情感态度的培育到价值观的塑造，全面提升自我。通过实地考察、文化体验和交流互动，郑小安不仅能够学习到河南的历史文化知识，还能够培养批判性思维、沟通协调能力以及社会责任感。

 知识准备

1. 项目概述与目标

（1）项目概述

① 项目背景。在研学项目中，项目背景应详细描述创新创业的动机、市场机会、技术革新或社会需求，为项目的启动提供坚实的基础。

② 项目愿景。阐述项目的长远目标和愿景，包括期望达成的社会影响、技术进步或市场地位。

③ 项目定位。明确项目在目标市场中的定位，包括目标用户群体、竞争优势和差异化策略。

（2）项目目标

① 知识教育目标。是指通过教育使学生掌握一定的知识体系，包括基础学科知识、专业知识以及跨学科知识等。它强调学生对事实、概念、原理和理论的理解和记忆，还包括培养学生的信息素养，即获取、分析、评估和使用信息的能力。

② 技能培养目标。着重于学生实际操作能力的培养，包括思维技能、沟通技能、技术技能等。它不仅包括基础的读、写、算等能力，也包括更高层次的批判性思维、创造性思维、解决问题的能力，还涉及专业技能的培养，如科学实验技能、计算机操作技能、外语交流技能等。

③ 情感态度目标。关注学生的情感发展和态度形成，包括对学习的热情、对他人的尊重、对社会的责任感等。它强调培养学生的自我认知、情绪管理、同理心以及对多元文化和价值观的开放态度，也包括培养学生的团队合作精神、领导能力和公民意识。

④ 价值观塑造目标。其是研学教育中最为深远的目标之一，关注于学生价值观的形成和发展，这包括培养学生的道德观念、社会正义感、个人责任感，旨在帮助学生形成积极的世界观和人生观。

2. 项目规划与策略

（1）项目规划

① 时间线规划。项目规划应明确各阶段的起止时间，包括前期准备、研学活动实施、成果整理和项目评估时间等。

② 资源配置。详细列出项目所需的人力、物资、技术和财务资源，并制订相应的获取和管理策略。

③ 执行步骤。制订具体的执行步骤，包括课程设计、团队组建、合作伙伴协调、风险评估和应对措施。

（2）项目策略

项目策略是实现项目目标的方法论，包括市场定位、创新方法和可持续性发展。

① 市场定位策略。明确项目的目标受众和市场需求，制订相应的宣传和推广计划，以提高项目的吸引力和影响力。

② 创新方法策略。采用创新的教育模式和技术手段，如增强现实（Aumented Reality，AR）、虚拟现实（Virtual Reality，VR）等，以提升研学体验。

③ 可持续性发展策略。制订长期发展计划，确保项目在教育、文化和社会层面的持续贡献和扩展。

④ 风险管理策略。识别项目可能面临的风险，如财务风险、技术风险和市场风险，并制订相应的应对措施。

任务实施

项目团队计划在暑期开展一系列研学活动，时间线规划将确保从活动宣传到执行再到后续评估的每个环节都能按时完成。例如，5月份完成课程设计，6月份进行团队培训，7月和8月实施研学活动，9月份进行成果整理和项目评估。

1. 打开 WPS Office

启动计算机上的 WPS Office 应用程序。

2. 新建项目计划书文档

在 WPS Office 中单击"新建"按钮，在打开窗口中单击"文字"→"空白文档"按钮，创建一个新的文档，命名为"'暑读河南'研学项目计划书"，如图 8.1.1 所示。

图 8.1.1　项目计划书编制

3. 设定文档格式

设置页面布局，包括页边距、纸张大小和方向，确保文档的专业性和易读性。

4. 编写项目概述

撰写项目背景、目的和预期目标，为参与者介绍项目的基本概况，如图 8.1.2 所示。

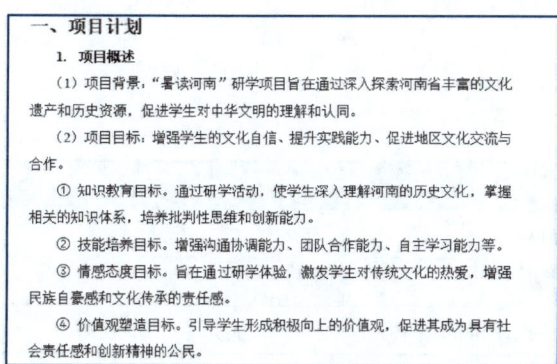

图 8.1.2　项目概述

5. 规划项目时间线

制订详细的时间规划表，包括各个阶段的开始和结束时间。

6. 配置项目资源

列出项目所需的资源，包括人员和物资并规划预算。

7. 风险评估与应对

分析可能的风险因素，并为每个风险点制订应对策略。

8. 宣传推广策略

规划项目的宣传策略，包括宣传材料的设计和推广渠道的选择。

9. 制订执行步骤

描述项目实施具体步骤，确保每个环节都有明确的操作指南，如图8.1.3所示。

10. 成果整理与后续计划

整理项目成果，根据反馈制订后续发展计划。

11. 保存与备份

保存文档并进行备份，以防数据丢失，如图8.1.4所示。

> **7. 执行步骤**
> （1）课程准备，准备研学材料。
> （2）宣传推广，通过社交媒体、学校合作等渠道宣传活动。
> （3）活动组织，确保活动按计划进行，处理现场问题。
> （4）反馈收集，通过问卷调查、访谈等方式收集参与者反馈。

图8.1.3　项目的执行步骤

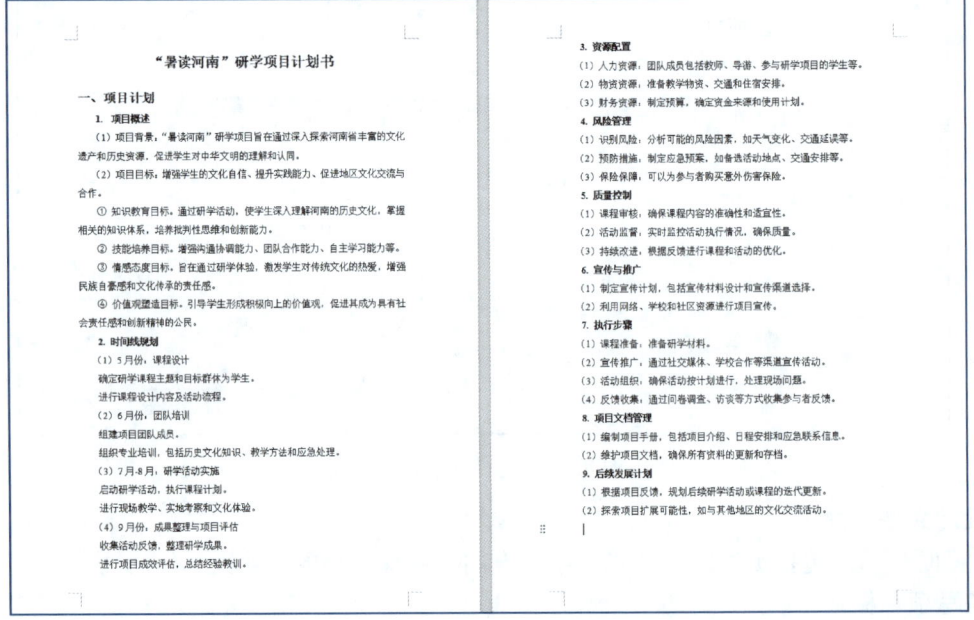

图8.1.4　项目计划书

📋 **任务评价**

1. 自我评价

任 务 要 求	掌握的操作有	仍需加强的有	不理解的有
认识项目概述与目标			
了解项目规划与策略			
在本次任务实施过程中，自我评价的结果	A. 优秀　　B. 良好　　C. 仍需努力　　D. 不清楚		

2. 测试评价

① 项目背景的描述应包括以下（　　　）。

A. 项目的财务预算和资金来源

B. 创新创业的动机、市场机会、技术革新或社会需求

C. 项目团队的成员名单和个人简介

D. 项目的具体执行步骤和时间表

② 项目策略中的市场定位策略应包括以下（   ）方面。

A. 采用创新的教育模式和技术手段

B. 明确项目的目标受众和市场需求，制订相应的宣传和推广计划

C. 识别项目可能面临的风险，并制订缓解措施

D. 制订项目的长期发展计划

 任务拓展

郑小安对信息技术充满兴趣，但对如何将所学知识应用于实际项目还不够熟悉。为了提升自身的实践能力和创新思维，郑小安利用课余时间，结合所学知识，开展一项关于"校园信息技术应用"的调研项目，请帮助郑小安同学一起完成该项目计划书。

任务 8.2   总结与汇报"暑读河南"项目成果

 任务简介

在任务 8.1 中，郑小安同学制作了"暑读河南"研学项目计划书，本任务为任务 8.1 的后续任务。

项目执行与控制是确保研学项目顺利进行的关键。项目团队将通过项目启动与团队动员、详细任务分解与分配、进度跟踪与里程碑设定等策略与方法，确保项目目标的实现。同时，通过质量监控、成本控制、范围管理、风险监测等机制与实践，对项目进行有效控制。

在项目收尾与评估阶段，项目团队将整理与展示研学成果，收集项目验收与反馈，完成财务结算与资源回收，并进行项目文档的归档。此外，通过项目绩效评估、参与者满意度调查、项目过程的回顾与分析，以及经验教训的记录与分享，项目团队将对项目进行全面评估，为持续改进提供依据。

知识准备

1. 项目执行与控制

（1）项目执行的策略与方法

① 项目启动与团队动员。组织项目启动会议，明确项目目标、任务分配和团队角色，确保每个成员理解项目要求。

② 任务分解与分配。将项目目标细化为具体的任务和活动，分配给相应的团队成员或小组，确保任务清晰、责任明确。

③ 进度跟踪与里程碑设定。制订项目时间表，设定关键里程碑，使用项目管理工具跟踪进度，确保项目按计划推进，见表 8.2.1。

表 8.2.1   项目进度跟踪表

活动名称	活动描述	开始日期	结束日期	当前状态	负责人
课程设计	完成研学课程内容的设计	2024-05-01	2024-05-31	计划中	张老师

微课 8-2
总结与汇报
"暑读河南"
项目成果

续表

活动名称	活动描述	开始日期	结束日期	当前状态	负责人
团队培训	对参与教师进行培训	2024-06-01	2024-06-30	计划中	李老师
活动宣传	通过各种渠道进行活动宣传	2024-06-01	2024-06-30	计划中	王老师
研学活动实施	7月和8月的研学活动执行	2024-07-01	2024-08-31	准备中	赵老师
成果整理	收集和整理研学活动成果	2024-09-01	2024-09-15	计划中	钱老师
项目评估	对项目进行总结和评估	2024-09-16	2024-09-30	计划中	孙老师

（2）项目控制的机制与实践

① 质量监控与标准遵循。建立项目质量标准，通过定期审查和测试，确保项目成果符合预定的质量要求。

② 成本控制与预算管理。监控项目成本，确保所有支出在预算范围内，及时调整资源分配，避免超支。

③ 范围管理与变更控制。严格控制项目范围，对任何可能引起范围变化的请求进行审查和批准，确保项目目标不发生偏离。

④ 风险监测。持续监测项目风险，更新风险管理计划，制订应对策略，减少不确定性对项目的影响，如图8.2.1所示。

2. 项目收尾与评估

（1）项目收尾的实施

① 研学成果的整理与展示。收集和整理研学过程中产生的所有成果，包括学生报告、项目日志、照片和视频等，准备最终的成果展示。

② 项目验收与反馈收集。组织项目验收会议，邀请项目利益相关者参与，收集他们对研学成果的反馈和评价。

③ 财务结算与资源回收。完成项目的所有财务结算工作，包括报销、支付和审计等，同时回收和重新分配项目中使用的资源。

④ 项目文档的归档。将项目文档进行归档，包括项目计划书、会议记录、通信记录等，确保未来能够方便地检索和使用。

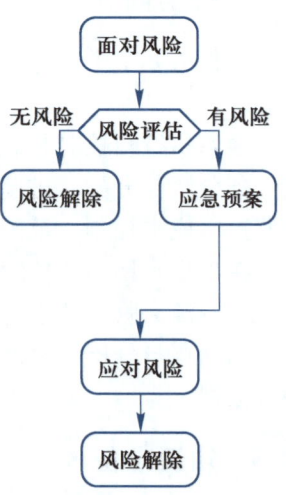

图8.2.1 风险管理流程图

（2）项目评估的执行

① 项目绩效评估。评估项目是否达到了预定的知识教育目标、技能培养目标、情感态度目标和价值观塑造目标。

② 参与者满意度调查。通过问卷调查、访谈等方式，收集参与者对研学项目内容、组织和实施等方面的满意度。

③ 项目过程的回顾与分析。分析项目实施过程中的成功经验和存在的不足，识别改进的机会和潜在的风险。

④ 经验教训的记录与分享。记录项目中获得的经验教训，编制经验教训报告，并在团队和组织内部进行分享，见表8.2.2。

表 8.2.2　项目评估框架表

评估内容	评估指标	评估方法	评估标准	评估结果
知识教育目标	知识掌握程度	测试、问卷	80%以上正确率	
技能培养目标	团队合作能力	同学评估	团队合作评分	
技能培养目标	问题解决能力	实操观察	能独立解决问题	
情感态度目标	学习热情	自我评估	学习热情评分	
情感态度目标	团队归属感	老师沟通	归属感评分	
价值观塑造目标	社会责任认识	行为观察	行为符合社会责任标准	

任务实施

1. 汇总关键成果

精选研学活动中的学生作业、照片、视频等，突出展示学生的参与和学习成果。

2. 制作汇报演示文稿

利用 PPT 演示，制作包含项目亮点、成果展示和反馈摘要的汇报文稿，PPT 的主要内容，见表 8.2.3。

表 8.2.3　制作汇报演示文稿

幻灯片主题	内容描述	备　注
封面	项目名称、汇报标题、项目徽标、汇报日期和地点	简洁明了
项目概述	项目背景、目标和重要性	概述性介绍
项目亮点	突出展示项目的独特之处和创新点	图片或图表展示
成果展示	展示项目成果，如学生作品、活动照片等	视觉元素突出
反馈摘要	汇总参与者的反馈，包括满意度和建议	图表展示数据
风险管理	描述项目中遇到的风险及应对措施	流程图或列表
经验教训	简述项目中学到的关键教训和改进建议	要点列表或框图
结束语	总结汇报要点，致谢	简短精练

3. 分析反馈与评估

整合问卷调查和访谈结果，提取参与者的反馈，评估项目实施的效果。

4. 确定风险应对措施

回顾项目实施中遇到的问题和风险，总结有效的应对策略。

5. 编制经验教训报告

记录项目实施过程中的关键经验和需要改进的地方，编制简洁的经验教训报告，见表 8.2.4。

表 8.2.4　经验教训报告

经验教训分类	具体内容描述	改进建议
项目规划	项目时间线规划需更灵活，以应对不可预见事件	增加时间缓冲，优化日程安排
风险管理	需加强对于外部环境变化的预测和应对措施	定期风险评估，制订应对预案
沟通协调	项目团队内部沟通需更高效，确保信息及时传递	采用高效的沟通工具，定期召开会议

续表

经验教训分类	具体内容描述	改进建议
资源配置	资源分配需更加精确，避免浪费	精确预算，合理分配资源
质量控制	加强对项目成果的质量监控，确保符合标准	定期审查，强化质量标准
参与者反馈	更加重视参与者的反馈，及时调整项目方向	建立反馈机制，快速响应
技术应用	探索更多技术手段以提升研学体验	引入新技术，增强互动性
知识传播	加强项目成果宣传和知识共享，扩大影响力	利用多渠道宣传，促进知识共享
持续学习	鼓励团队成员持续学习新知识、新技能，以适应项目发展	定期培训，鼓励自我提升
后续行动计划	根据项目反馈和评估结果，制订明确的后续行动计划	设定清晰目标，制订实施步骤

6. 组织汇报会议

安排并邀请项目利益相关者参加汇报会议，确保关键信息的有效传达。

7. 进行项目汇报

在会议中清晰、简洁地汇报项目成果、反馈分析、风险管理和经验教训，见表8.2.5。

表8.2.5 项目汇报

汇报环节	内容描述	备注
开场介绍	简短介绍项目背景和汇报目的	—
成果展示	展示项目的关键成果，包括学生作业、照片、视频等	准备多媒体材料
风险管理	描述项目中遇到的风险和采取的应对措施	展示风险管理流程
经验教训	汇报项目实施过程中获得的经验教训以及对未来项目的启示	突出关键教训
互动环节	邀请与会者提问、收集意见和建议	准备回答可能的问题
结束语和致谢	总结汇报要点，对参与者及其反馈表示感谢	—
后续行动计划	简述根据汇报反馈制订的后续行动计划，包括项目优化和改进措施	展示行动计划图表

8. 收集会议反馈

汇报结束后，收集与会者的意见和建议，用于项目持续改进。

9. 归档项目资料

将项目汇报的所有资料、会议记录和反馈进行归档，便于未来参考。

10. 制定后续行动计划

根据汇报和反馈，制订后续行动计划，指导未来项目的优化和改进。

 任务评价

1. 自我评价

任务要求	掌握的操作有	仍需加强的有	不理解的有
项目执行与控制			
项目收尾与评估			
在本次任务实施过程中，自我评价的结果	A. 优秀　　B. 良好	C. 仍需努力	D. 不清楚

172

2. 测试评价

在项目执行的策略与方法中，以下（　　　）是项目启动与团队动员的重要步骤。

A. 制订项目时间表

B. 分配任务和明确团队角色

C. 定期审查和测试项目成果

D. 监控项目成本

 任务拓展

参与了"暑读河南"研学项目，并完成了项目管理的一系列任务后，希望能深入反思并记录下自己的心得体会。思考以下问题并撰写心得体会。

① 在制作"暑读河南"研学项目计划书的过程中，遇到了哪些挑战，又是如何克服这些挑战的？

② 项目规划与策略的制订对整个研学项目的成功有哪些关键影响？

③ 在项目执行与控制阶段，应如何确保项目按计划进行？请分享一些具体的例子。

 # 项目小结

任务 8.1　制作"暑读河南"研学项目计划书

① 学会了如何撰写项目概述，明确项目的目标和意义。

② 掌握了制定项目规划与策略的方法，包括时间管理、资源分配和风险评估。

③ 学习了如何将理论知识应用于实际项目中，提高了分析和规划能力。

任务 8.2　总结与汇报"暑读河南"项目成果

① 学会了在项目执行过程中进行有效的控制和调整，确保项目目标的实现。

② 掌握了项目收尾的关键步骤，包括成果整理、反馈收集和财务结算。

③ 学习了如何进行项目评估，包括绩效评估和经验教训的记录与分享。

 # 项目实训

实训任务单

实训任务	08-"大学生创新创业"项目
任务名称	创作"大学生创新创业"项目计划书
实训目标	1. 掌握使用现代办公软件高效撰写和编辑文档的技能。 2. 深入了解项目规划、管理和执行的关键步骤。 3. 培养实际操作能力，包括项目实施和成果展示
任务描述	本任务要求学生以团队形式，围绕某一社会热点或行业需求，创作具有创新性和市场潜力的创业项目计划书。项目需涵盖但不限于产品/服务的设计、目标市场分析、竞争对手分析、商业模式构建、营销策略制定、财务预算规划等内容
实训要求	1. 根据实训目标，完成项目计划书的撰写，包括项目目标、实施步骤、预期成果等。 2. 遵循项目管理原则，确保计划书的逻辑性、可行性和创新性

实训成果示例	1. 活动背景 　　随着科技的飞速发展、市场需求的日益多元化以及国家政策的积极扶持，创新创业已成为大学生实现自我价值、服务社会的重要途径。 　2. 活动目标 　●激发创新创业意识：激发大学生的创新创业意识，鼓励其勇于尝试，敢于创新。 　●培养创新创业能力：通过项目策划、市场调研、商业模式构建等环节的实践，培养大学生的创新思维、团队协作能力、市场分析能力等创新创业所需的核心能力。 　●营造创新创业氛围：通过活动的持续开展，营造浓厚的创新创业氛围，形成崇尚创新、鼓励创业的良好风尚，为培养更多具有创新精神和实践能力的高素质人才创造有利条件。 　……
实训步骤	1. 组建团队：根据兴趣和专业背景，自由组队，确定团队成员及分工。 2. 选题讨论：团队内部讨论，结合社会热点或行业需求，确定项目方向。 3. 市场调研：设计问卷，收集数据，分析市场现状、竞争对手及目标用户群体。 4. 项目策划：基于调研结果，制定项目计划，包括产品/服务设计、商业模式、营销策略等。 5. 计划书撰写：撰写项目计划书，明确项目目标、实施策略、时间安排和预期成果。 …… （请按照实际操作填写实训步骤）
实训心得	
小组评价	
教师评价	

项目 9 机器人流程自动化 RPA 技术

 项目介绍

本项目通过 2 个任务，探讨机器人流程自动化（RPA）技术的应用。学习目标涵盖 RPA 概念的理解、开发环境的搭建以及对 RPA 机器人运行状态的监控和优化。通过实践操作，参与者将掌握如何利用 RPA 技术实现流程自动化，提升工作效率和准确性。

 学习目标

【知识目标】
① 理解机器人流程自动化（RPA）技术的基本理念和应用场景。
② 掌握 RPA 技术的开发环境安装和配置方法。
③ 了解 RPA 技术在流程自动化中的应用方式和效果。

【技能目标】
① 能够熟练使用 RPA 工具进行流程自动化任务的设计与实施。
② 能够对 RPA 机器人的运行状态进行实时监控和故障排查。
③ 能够及时对 RPA 机器人进行更新和优化，确保其稳定运行。

【素养目标】
① 培养严谨、细致的工作态度，提升对自动化流程的理解和掌控能力。
② 增强持续学习和自我提升的意识，适应技术发展带来的挑战。
③ 强化团队协作精神，提升在集体项目中的贡献和协作能力。

任务 9.1 使用 RPA 机器人预约河南博物院"出彩中原"栏目

 任务简介

最近，学校鼓励同学们探索和实践新兴技术，郑小安对机器人流程自动化（RPA）产生了浓厚的兴趣。RPA 是一种软件技术，能够模拟人类用户的操作行为，自动执行重复性的业务流程任务。通过 RPA，郑小安可以设计一个机器人来完成特定的任务，如预约河南博物院的"出彩中原"栏目。

微课 9-1
使用 RPA 机器人预约河南博物院出彩中原栏目

知识准备

1. RPA 的概念

（1）RPA 定义与基础框架

机器人流程自动化（Robotic Process Automation，RPA）是一种软件技术，它通过模拟人类用户的操作行为来自动执行重复性的业务流程任务。

RPA 系统通常由控制台（Console）、控制中心（Dashboard）、机器人（Robot）和执行器（Executor）等组件构成。控制台用于任务调度和管理，控制中心负责监控和分析机器人的执行情况，机器人是执行任务的主体，执行器则是机器人与应用程序交互的接口。

（2）RPA 的关键特性与应用场景

① 关键特性。

- 易用性：RPA 工具通常具有图形化界面，非技术人员也能通过拖放等操作来设计流程。
- 灵活性：RPA 能够适应不同的应用程序和系统，实现跨平台的自动化。
- 可扩展性：随着业务需求的增长，RPA 可以增加更多的机器人来扩展其处理能力。
- 安全性：RPA 在执行任务时，能够确保数据的安全和合规性。

② 应用场景。RPA 广泛应用于数据录入、报告生成、客户服务、财务审计等多个领域，如图 9.1.1 所示。

图 9.1.1　应用场景

③ 技术实现。RPA 技术实现通常依赖于图像识别、屏幕抓取、API 调用等技术手段。例如，RPA 机器人可以通过屏幕抓取技术识别和填写表单数据。

④ 集成与扩展。RPA 可以与现有的企业系统（如 ERP、CRM）进行集成，实现更深层次的业务流程自动化。此外，RPA 平台也支持通过插件或扩展模块来增加新的功能。

⑤ 维护与优化。RPA 项目需要定期的维护和优化，以适应业务流程的变化和提升性能。例如，通过分析机器人的执行日志可以发现系统运行瓶颈并进行优化。

⑥ 未来趋势。随着人工智能技术的融合，RPA 正朝着智能化方向发展，例如通过机器学习算法来提高任务执行的准确性和效率。

2. 开发环境安装

（1）环境准备与配置要求

① 硬件配置。开发环境通常需要满足一定的硬件要求，包括处理器速度、内存容量和存储空间等。例如，对于大型软件开发项目，推荐使用高性能的 CPU 和至少 16 GB 的内存。

② 操作系统选择。根据开发项目的需求，选择合适的操作系统，如 Windows、Linux 或 macOS。不同的操作系统可能对开发工具和库的兼容性有所不同。

③ 网络连接。确保开发机器具备稳定的网络连接，以便下载软件包、更新和访问远程资源。

（2）开发工具与依赖库安装

① 集成开发环境（IDE）安装。选择并安装适合项目需求的 IDE，如 Eclipse、Visual Studio 或 IntelliJ IDEA 等。

② 编程语言环境配置。安装所需的编程语言环境，如 Java 的 JDK、Python 的解释器等。

③ 依赖库与框架安装。根据项目需求，安装所需的依赖库和框架，如 Node.js 的 npm 包、Python 的 pip 库等。可以通过命令行工具或 IDE 内置的包管理器进行安装。

④ 版本控制工具配置。安装并配置版本控制工具，如 Git，以便于代码的版本管理和团队协作。

⑤ 数据库安装与配置。如果项目需要数据库支持，安装相应的数据库系统，如 MySQL、PostgreSQL 或 MongoDB，并进行基本的配置。

⑥ 开发辅助工具。安装代码编辑器、调试器、性能分析工具等开发辅助工具，以提高开发效率。

⑦ 环境测试。完成安装后，进行环境测试以确保所有组件正常工作，可以通过运行简单的测试程序或脚本来进行测试。

 任务实施

1. 项目初始化与环境搭建

配置开发环境，安装艺赛旗 iS-RPA 软件及其依赖项，如图 9.1.2 所示。

图 9.1.2　艺赛旗 iS-RPA 安装界面

2. 河南博物院网站分析

访问河南博物院官方网站，分析"出彩中原"栏目的预约流程和网页元素。

3. RPA 流程设计

（1）打开 RPA 工具，创建新的流程项目。

（2）使用 RPA 工具的图形化界面，设计预约流程。

① 打开网站操作。拖曳"开始"选项框后的小圆圈，在弹出的快捷窗口搜索框中输入"网站"，单击网站按钮，在网址栏中输入河南博物院网址，在网址前后加上单引号，如图 9.1.3 所示。

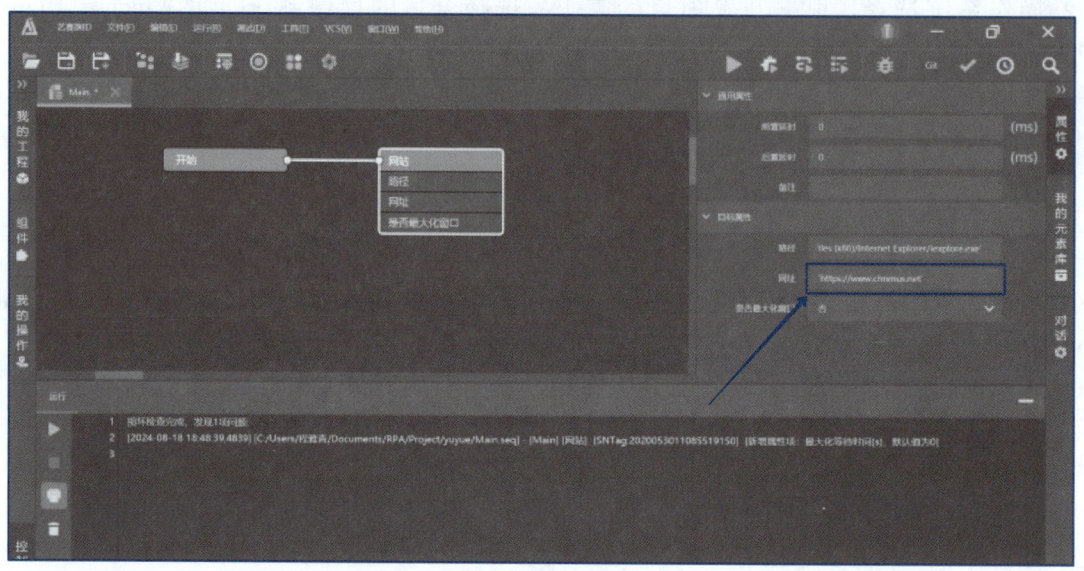

图 9.1.3　打开网站

② 选择"组件"，输入文字"鼠标滚动"让网站能够自动滚动到预约界面，如图 9.1.4 所示。

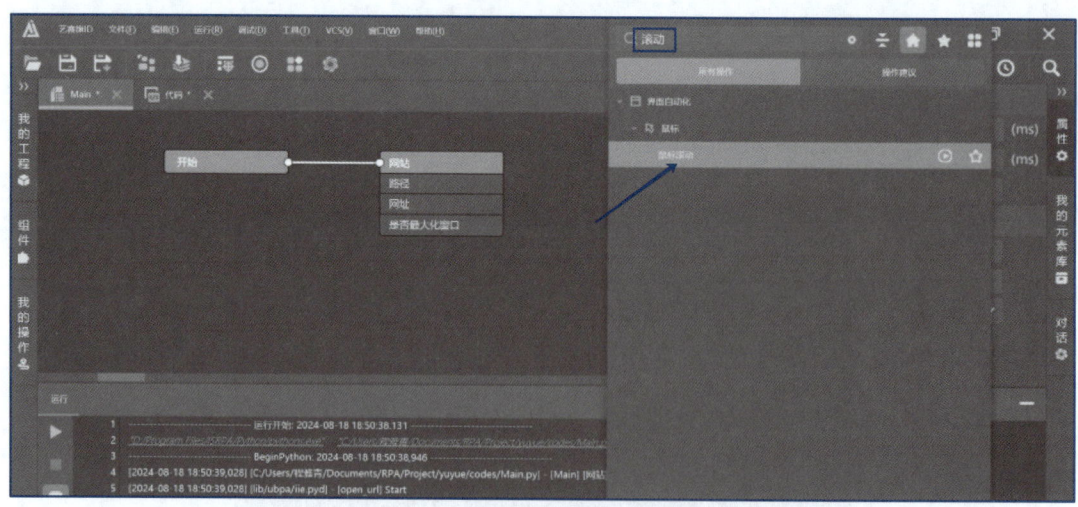

图 9.1.4　选择组件

③ 将网站位置连线至刚增加的组件"鼠标滚动"位置，此时两个模块已连接，同时将通用属性数值进行更改，前置延时 3000 ms，滚动次数"8"，如图 9.1.5 所示。

④ 添加组件"鼠标点击"同时单击拾取，拾取网站需要预约的图片位置，如图 9.1.6 所示。

⑤ 单击运行绿色箭头即可查看制作效果，如图 9.1.7 所示。

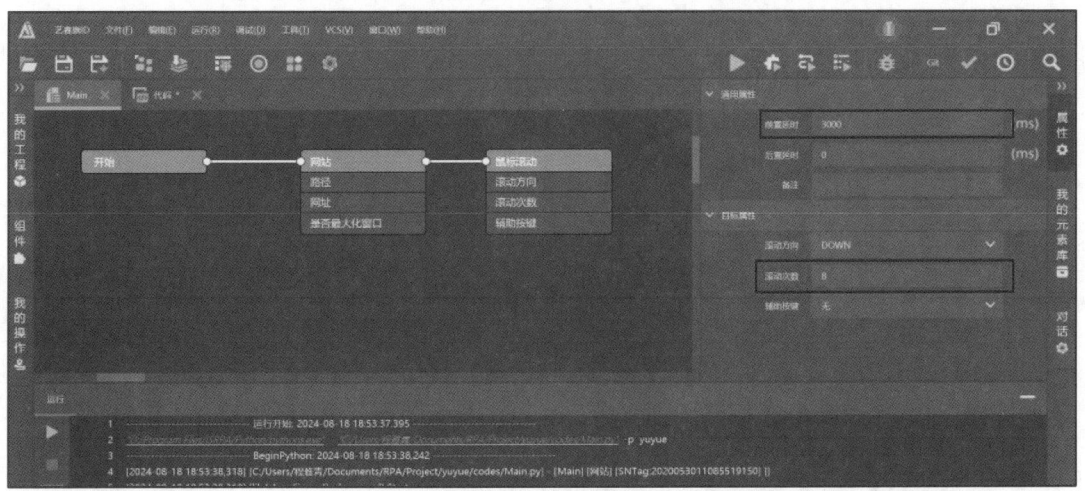

图 9.1.5　更改参数

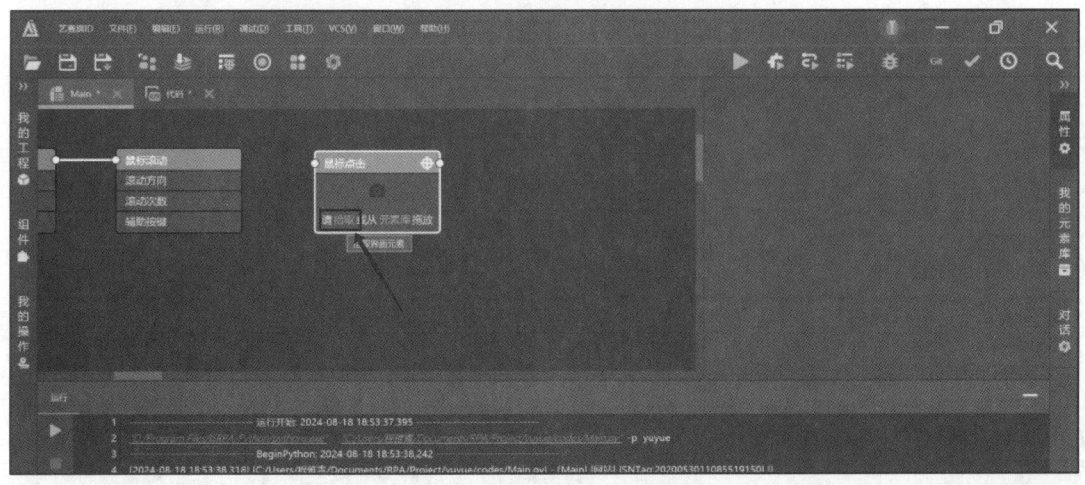

图 9.1.6　添加"鼠标点击"组件

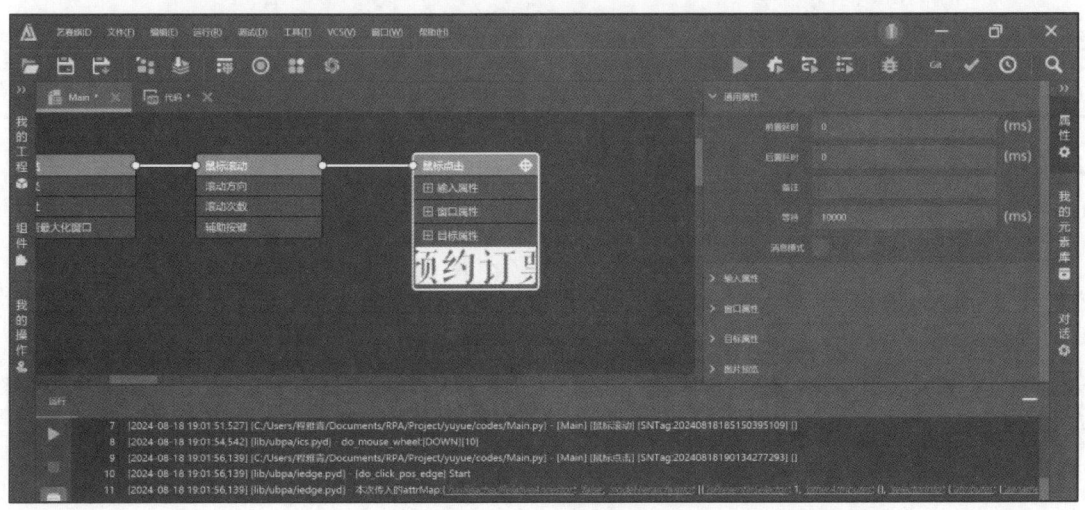

图 9.1.7　查看效果

4. 流程测试

① 在 RPA 工具中运行设计的流程，检查每个步骤是否按预期工作，如图 9.1.8 所示。

179

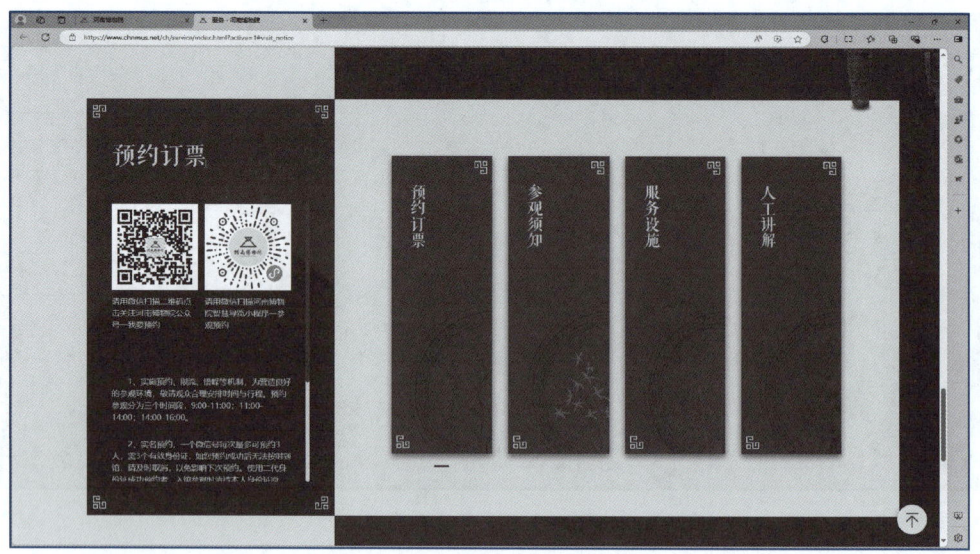

图 9.1.8　测试结果

② 调整和优化流程，确保预约操作的准确性和稳定性。

5. 安全性和合规性检查

① 确保 RPA 流程符合数据保护法规和河南博物院的预约政策。

② 实施适当的安全措施，保护用户信息和预约数据。

6. 维护和优化

定期检查和更新 RPA 流程，以适应网站或预约政策的变化。

 任务评价

1. 自我评价

任 务 要 求	掌握的操作有	仍需加强的有	不理解的有
了解 RPA 的概念			
开发环境安装			
在本次任务实施过程中，自我评价的结果	A. 优秀　　B. 良好　　C. 仍需努力　　D. 不清楚		

2. 测试评价

① RPA 技术的核心功能是通过模拟人类用户的操作行为来自动执行任务，以下（　　）不属于 RPA 系统的基础框架组件。

A. 控制台（Console）　　　　　　　　B. 控制中心（Dashboard）

C. 机器人（Robot）　　　　　　　　　D. 手动执行器（Manual Executor）

② 在 RPA 的关键特性中，以下（　　）不是 RPA 所具备的。

A. 易用性　　　　B. 灵活性　　　　C. 可扩展性　　　　D. 有限的安全性

 任务拓展

设计一个简单的 RPA 项目，目标是自动完成学校图书馆的图书借阅登记流程。本流程包括在图书馆的在线系统中搜索图书、填写借阅信息以及打印借阅凭证。任务要求是创建一个 RPA 机器人，该机器人能够登录图书馆系统，根据给定的图书信息自动搜索并完成借阅登记，最后将借阅凭证保存或发送到指定的电子邮箱。

任务 9.2 使用艺赛旗 iS-RPA 实现登录 QQ 邮箱流程自动化

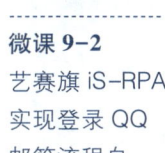

微课 9-2
艺赛旗 iS-RPA
实现登录 QQ
邮箱流程自
动化

 任务简介

郑小安在一次学校的技术竞赛中，他决定利用艺赛旗 iS-RPA 软件实现一个具有挑战性的项目：实现自动登录 QQ 邮箱的流程。该项目不仅考验对 RPA 工具的掌握程度，也是对他分析问题和解决问题能力的一次锻炼。

 知识准备

1. 实时监控 RPA 机器人的运行状态

（1）监控系统架构与组件

① 架构概览。艺赛旗 iS-RPA 的监控系统采用分布式架构，确保对机器人运行状态的实时监控和数据收集。此架构包括数据收集器、中间件、数据库和用户界面。

② 数据收集器。负责在每个机器人实例上运行，实时捕获性能指标和运行日志。

③ 中间件。作为数据传输的桥梁，将收集的数据高效地传输到中央数据库。

④ 数据库。存储所有机器人的性能数据和日志信息，供进一步分析和查询用。

⑤ 用户界面。提供一个图形化仪表板，展示实时数据和历史趋势，使用户能够直观地监控机器人状态，如图 9.2.1 所示。

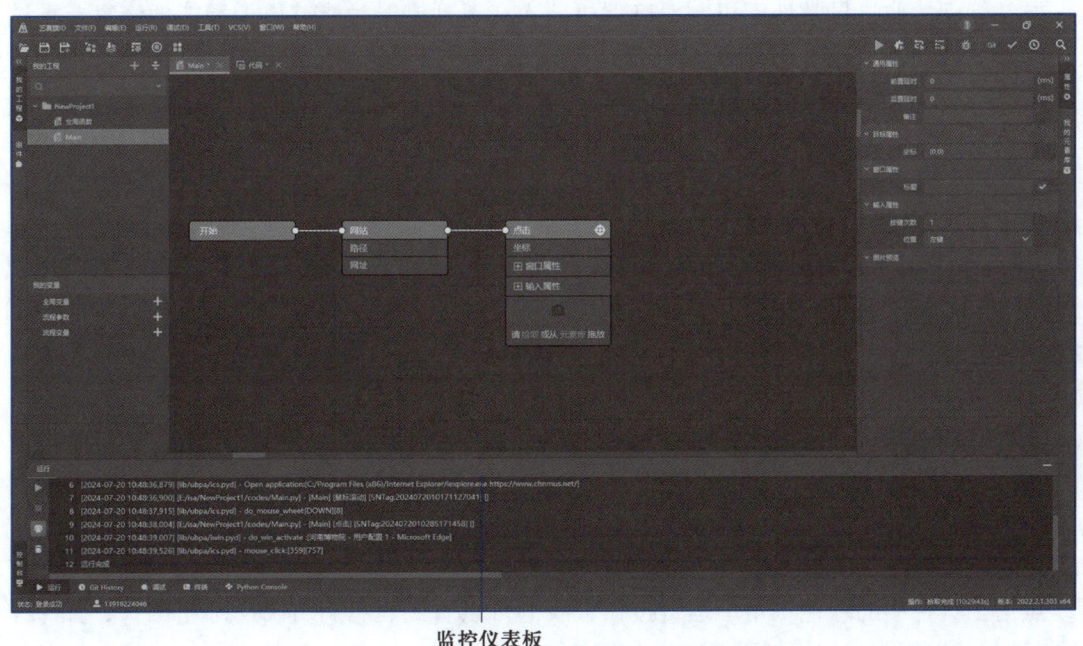

图 9.2.1 监控仪表板

（2）监控功能与实现机制

① 实时数据流。艺赛旗 iS-RPA 监控系统通过 WebSocket 等技术实现实时数据流，确保监控数据的即时性。

181

② 性能指标监控。监控机器人的 CPU 使用率、内存消耗、响应时间和事务成功率等关键性能指标。

③ 异常检测。利用预设的阈值和机器学习算法，系统能够自动识别性能瓶颈和异常行为。

④ 通知与告警。当机器人运行状态发生异常时，系统通过邮件、短信或实时消息推送通知管理员。

⑤ 日志管理。详细记录机器人的操作日志，便于问题追踪和事后分析。

⑥ 历史数据分析。系统支持对历史监控数据的查询和分析，帮助用户识别长期趋势和潜在问题。

2. 及时对 RPA 机器人进行更新和优化

（1）更新和优化策略

① 持续集成。艺赛旗 iS-RPA 采用持续集成的策略，确保代码的迭代和更新能够快速且无缝地集成到现有系统中。

② 自动化测试。通过自动化测试框架，对更新后的机器人进行严格测试，以验证功能的正确性和性能的稳定性。

③ 版本控制。利用版本控制系统，如 Git，对机器人的代码和配置进行版本管理，以追踪变更和支持历史版本的回滚。

（2）优化实施与执行

① 性能分析。艺赛旗 iS-RPA 提供性能分析工具，帮助开发者识别机器人的性能瓶颈和优化点。

② 代码优化。根据性能分析的结果，对机器人的脚本进行重构和优化，提高执行效率。

③ 资源调度优化。调整机器人的资源分配和优先级设置，确保关键任务能够获得足够的资源支持。

④ 异常管理。改进异常处理机制，确保机器人在遇到错误时能够更加智能地恢复或重试。

⑤ 用户反馈循环。建立用户反馈机制，收集用户对机器人性能和功能的反馈，作为优化的依据。

任务实施

1. 需求分析与设计

明确自动化登录 QQ 邮箱的具体需求。设计登录流程的自动化脚本，包括输入账号密码、单击"登录"按钮等操作。

2. 脚本开发

（1）打开 RPA 工具，创建新的流程项目。

（2）使用 RPA 工具的图形化界面，设计预约流程。

① 打开网站操作。拖曳"开始"选项框后的小圆圈，在弹出的快捷窗口搜索框中输入"网站"，单击网站按钮，在网址栏中输入 QQ 邮箱地址，网址放在英文单引号中方便识别，如图 9.2.2 所示。

② 点击工具栏中的绿色三角形运行按钮，我们可以看到运行打开 QQ 邮箱网页，如果未登录过 QQ 邮箱，可以用手机 QQ 扫码登录，如图 9.2.3 所示。

③ 如果过去登录过 QQ 邮箱且选中了"下次自动登录"复选框，则进入网页直接登录到 QQ 邮箱，如图 9.2.4 所示。

3. 脚本测试

运行脚本，检查功能正确性和性能表现，如图 9.2.5 所示。利用艺赛旗 iS-RPA 的自动化测试框架进行测试，确保脚本稳定性。

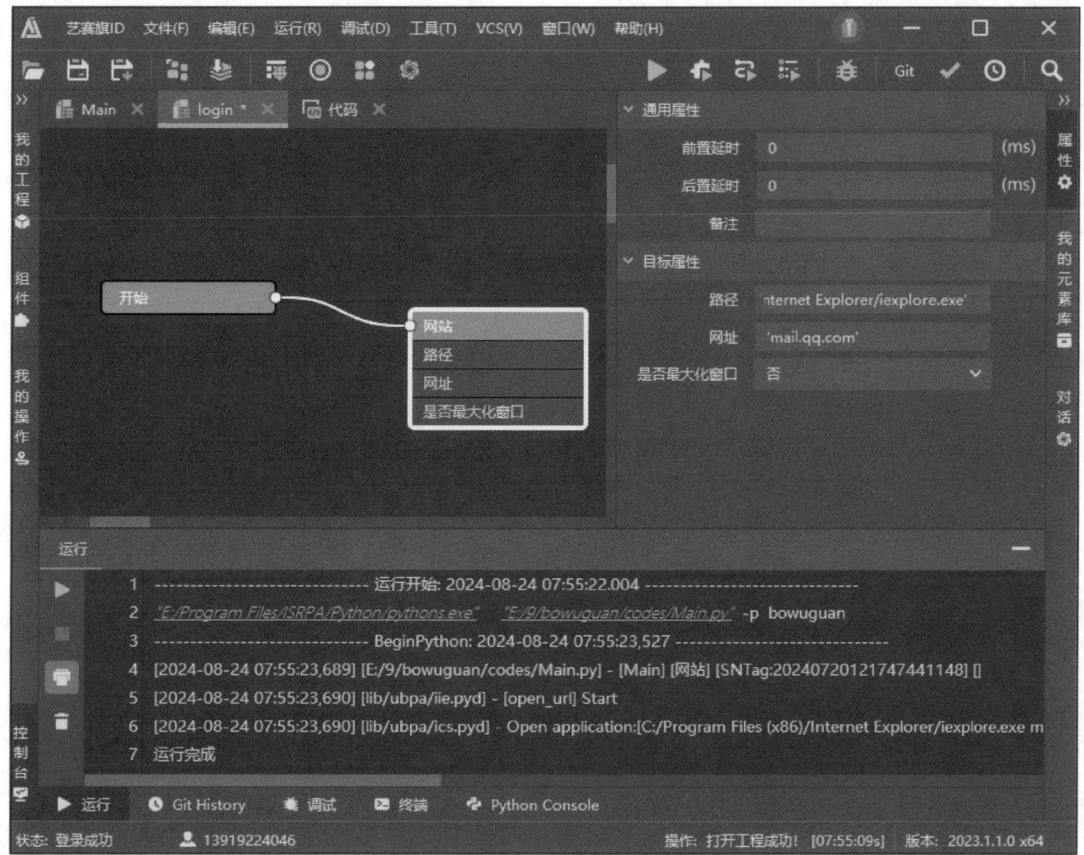

图 9.2.2　打开网站

图 9.2.3　运行自动化脚本

图 9.2.4 "下次自动登录"复选框

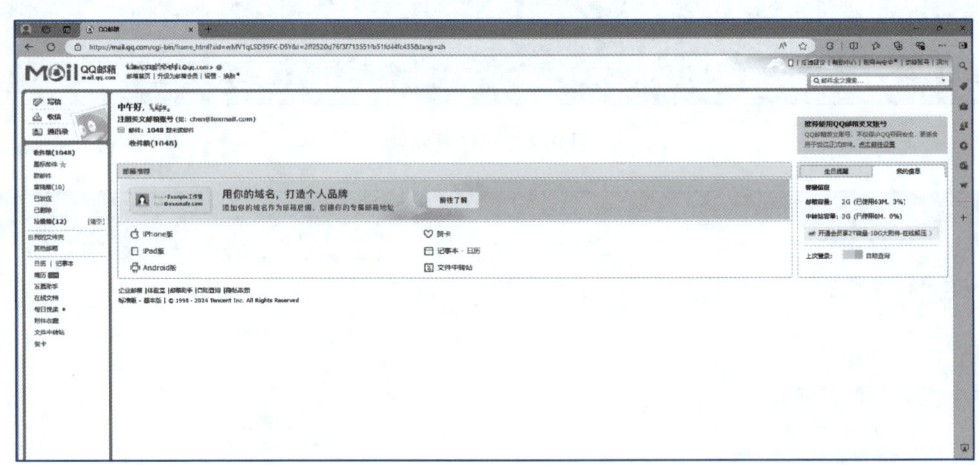

图 9.2.5 脚本运行结果

4. 异常情况应对与调整

配置告警机制，当监控到异常情况时，通过邮件或短信通知管理员。根据异常情况，调整脚本或系统配置，提升机器人的稳定性和可靠性。

 任务评价

1. 自我评价

任 务 要 求	掌握的操作有	仍需加强的有	不理解的有
实时监控 RPA 机器人的运行状态			
及时对 RPA 机器人进行更新和优化			
在本次任务实施过程中，自我评价的结果	A. 优秀　　B. 良好	C. 仍需努力	D. 不清楚

184

2. 测试评价

① 艺赛旗 iS-RPA 监控系统通过（　　）技术实现实时数据流。

A．REST API　　　　B．WebSocket　　　　C．SMTP　　　　D．TCP/IP

② 在艺赛旗 iS-RPA 监控系统中，以下（　　）不是性能指标监控的内容。

A．CPU 使用率　　　　　　　　　　B．内存消耗

C．事务成功率　　　　　　　　　　D．手动输入数据正确答案

 任务拓展

当您完成了本项目中关于机器人流程自动化（RPA）技术的学习和实践后，一定有很多心得体会想要分享。以下是一些引导性的问题，帮助构思和撰写心得体会：

① 在学习 RPA 的基本概念和开发环境安装过程中，遇到了哪些挑战，又是如何克服的？

② 通过任务 9.1 和任务 9.2 的实践，对 RPA 技术的理解有哪些变化或深化？

③ 实时监控 RPA 机器人的运行状态和对机器人进行更新优化带来了哪些新的认识？

④ RPA 技术在未来的工作或学习中将扮演怎样的角色？

请根据这些问题，结合个人体验，写一段心得体会，分享在本项目学习过程中的收获、感悟以及对未来的展望。

 # 项目小结

任务 9.1　使用 RPA 机器人预约河南博物院"出彩中原"栏目

① 学会了 RPA 的基础概念和开发环境的搭建，为实施后续的自动化任务打下了坚实的基础。

② 熟悉了使用 RPA 工具进行业务流程设计和实施的步骤，增强了实际操作能力。

③ 掌握了预约流程自动化的脚本编写和执行，提高了解决实际问题的能力。

任务 9.2　使用艺赛旗 iS-RPA 实现登录 QQ 邮箱流程自动化

① 学会了实时监控 RPA 机器人的运行状态，并对数据进行分析，确保了流程的稳定性。

② 熟悉了对 RPA 机器人进行及时更新和优化的方法，以适应不断变化的需求。

③ 掌握了异常管理和告警机制的配置，提高了对自动化流程的控制能力。

 # 项目实训

实训任务单

实 训 任 务	09-学习使用 RPA
任务名称	使用 RAP 自动化软件发送邮件
实训目标	1. 掌握使用 RPA 工具进行自动化任务设计的基本技能。 2. 深入了解 RPA 技术在实际应用中的优势与挑战。 3. 提升实际操作能力和问题解决能力
任务描述	通过使用 RPA 工具实现自动发送邮件的流程，学习并掌握 RPA 技术的应用
实训要求	1. 了解 RPA 技术的基本理念和操作流程。 2. 掌握 RPA 工具的基本使用方法。 3. 能够独立完成自动化任务的设计和实施

续表

实训成果示例	1. 活动背景：介绍 RPA 技术在现代办公自动化中的应用背景和重要性。 2. 活动目标：通过实训，使学员能够熟练使用 RPA 工具进行自动化任务的设计和实施……
实训步骤	1. 安装并配置 RPA 工具的开发环境。 2. 学习 RPA 工具的基本操作和功能。 3. 设计自动化任务流程，编写相应的自动化脚本。 4. 测试自动化脚本，确保其能够正确执行并达到预期效果。 5. 根据测试结果对脚本进行优化和调整，直至满足需求。 6. 总结实训过程中遇到的问题和解决方案，撰写实训报告…… （请按照实际操作填写实训步骤）
实训心得	
小组评价	
教师评价	

续表

项目 10　程序设计基础

项目介绍

本项目通过一系列编程任务，旨在帮助学习者掌握程序设计的基本思路和流程，理解其在现实生活中的应用价值。通过学习 Python 语言的基础知识和编程实践，学习者将能够编写代码实现特定的功能，如打印地方特产一览表。项目不仅涵盖理论知识的学习，还通过实际操作和任务评价，促进学习者技能的提升和素养的形成。

学习目标

【知识目标】

① 理解程序设计的基本思路和流程，掌握其在实际问题解决中的应用方法。

② 了解 Python 程序设计语言的基本特性及其在编程中的应用价值。

③ 掌握 Python 语言的安装和基本编程技术，能够进行简单的程序编写和调试。

【技能目标】

① 能够独立完成程序设计的基本流程，包括需求分析、伪代码编写、程序实现和测试。

② 能够熟练使用 Python 语言进行程序设计，编写出简洁、高效的代码。

③ 能够根据实际需求，设计并实现功能明确的程序，解决具体问题。

【素养目标】

① 培养严谨的逻辑思维和问题解决能力，提升程序设计的系统性和规范性意识。

② 增强自主学习和探索的能力，培养持续改进和优化程序的意识。

③ 强化团队协作精神，提升沟通和协作能力。

任务 10.1　制作河南特色"河南烩面"伪代码流程

微课 10-1
使用 Python 语言打印河南特产一览表

任务简介

最近，郑小安对河南的传统美食——河南烩面情有独钟。他突发奇想，想要将河南烩面的制作过程转化为一段伪代码，以此展示程序设计的基本思路和流程在日常生活中的应用。通过该任务，他希望能够将河南烩面的传统烹饪技艺以一种新颖、有趣的方式呈现给更多的人。通过这个伪代码流程，不仅能够展示河南烩面的独特魅力，还能够激发同学们对程序设计的兴趣，以及探索将传统知识与现代技术相结合的可能性。这个过程不仅是对河南烩面制作技艺的一次创新性记录，也是程序设计流程在非典型应用场景中的一次有趣尝试。

187

知识准备

1. 程序设计的基本思路和流程

（1）需求分析与规划

① 问题定义。明确程序的目标和功能需求，包括明确程序需要解决的问题、用户期望的功能以及预期的用户体验。

② 可行性研究。评估技术可行性、成本效益和时间框架。这涉及对现有技术、资源和潜在风险的评估。

③ 需求规格说明。详细列出功能需求、性能需求和约束条件，通常包括用户故事、用例和系统需求。

（2）设计

① 架构设计。确定软件的高层结构和组件划分，包括选择合适的架构模式，如 MVC、微服务等。

② 详细设计。细化组件内部的实现细节，涉及数据结构的选择、算法的设计和接口的定义。

③ 接口设计。定义组件之间的交互方式，包括 API 设计、数据交换格式和通信协议。

④ 用户界面设计。设计用户与程序交互的界面。

（3）实现

① 编码。根据设计文档编写代码。编码过程中需要遵循编码标准和最佳实践。

② 代码审查。对编写的代码进行审查，确保质量和一致性。这有助于发现潜在的错误和改进代码。

③ 单元测试。对程序的各个部分进行测试，确保它们按预期工作，通常包括编写测试用例和使用自动化测试工具。

（4）测试

① 集成测试。将各个模块组合在一起进行测试，确保它们协同工作。这有助于发现模块间交互的问题。

② 系统测试。在完整的系统环境中测试程序，确保满足需求规格。这包括功能测试、性能测试和安全性测试。

③ 用户验收测试。让最终用户测试程序，确保满足他们的期望和需求。这有助于收集用户反馈并进行最后的调整。

（5）部署

① 发布准备。准备程序的发布，包括构建、打包和配置。这涉及确保所有依赖项都已解决，并且程序可以在目标环境中运行。

② 部署策略。确定部署计划和回滚策略。这包括选择合适的部署时间窗口和处理可能出现的问题。

③ 上线。将程序部署到生产环境。这通常涉及监控程序的性能和稳定性。

（6）维护

① 错误修复。对用户报告的问题进行修复，包括诊断问题、编写补丁和发布更新。

② 性能优化。持续优化程序的性能，可能涉及重构代码、优化算法或升级硬件。

③ 功能迭代。根据用户反馈和市场变化，不断更新和扩展程序的功能。这有助于保持程序的竞争力和满足用户需求。

2. 程序设计在现实生活中的应用价值

（1）提高生产效率与自动化水平

① 工业自动化。程序设计在工业自动化中的应用，使得机器能够按照预设的逻辑自动执行任

务，从而提高生产效率和降低人力成本。自动化装配线通过程序控制机械臂进行精确操作，如图 10.1.1 所示。

图 10.1.1　自动化装配

② 智能监控系统。在安防监控领域，程序设计使得监控设备能够自动识别异常行为并触发警报，提高了监控的准确性和响应速度。

③ 供应链优化。程序设计在供应链管理中，通过算法优化库存管理和物流调度，减少库存成本并提高供应链的响应速度。

（2）促进社会服务与生活质量提升

① 智能医疗系统。程序设计应用于医疗领域，如电子病历管理、疾病诊断辅助系统等，提高了医疗服务的质量和效率，如图 10.1.2 所示，可以展示患者信息和医疗记录。

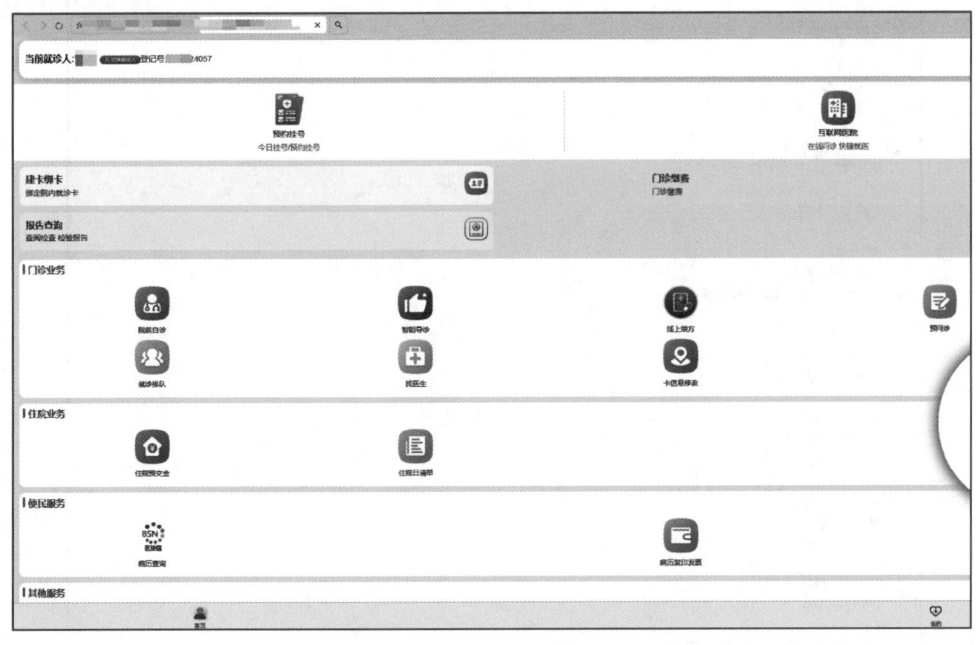

图 10.1.2　微信公众号自助医疗程序

② 智能家居技术。通过程序设计，智能家居系统能够根据用户习惯自动调节家中的环境，如温度、照明等，提升居住舒适度。

③ 交通管理系统。程序设计应用于交通管理，如智能交通信号控制系统，能够根据实时交通流量调整信号灯，减少拥堵。

④ 在线教育平台。程序设计使得教育资源可以数字化，通过在线教育平台，人们可以随时随地获取知识，打破了地理和时间的限制。

⑤ 环境监测与保护。程序设计应用于环境监测，如通过环境传感器收集数据并进行分析，帮助人们更好地理解和保护自然环境。

 任务实施

1. 新建文档

右击桌面空白处，在弹出的快捷菜单中选择"新建"→"文本文档"命令。

2. 编写伪代码

按照程序设计的流程，开始编写伪代码。使用清晰的语言描述每个步骤，可以使用英文单词和简单的控制结构，如 IF、THEN、FOR、WHILE 等。

3. 添加注释

在伪代码中适当添加注释，使用//或#来标识注释内容，帮助解释每个步骤的目的和逻辑。

4. 逻辑结构

使用缩进和换行来表示逻辑结构，如循环和条件判断。

5. 保存文档

完成编写后，保存文档。选择一个能够反映文档内容的文件名，并将文件保存为纯文本格式（txt），如图 10.1.3 所示。

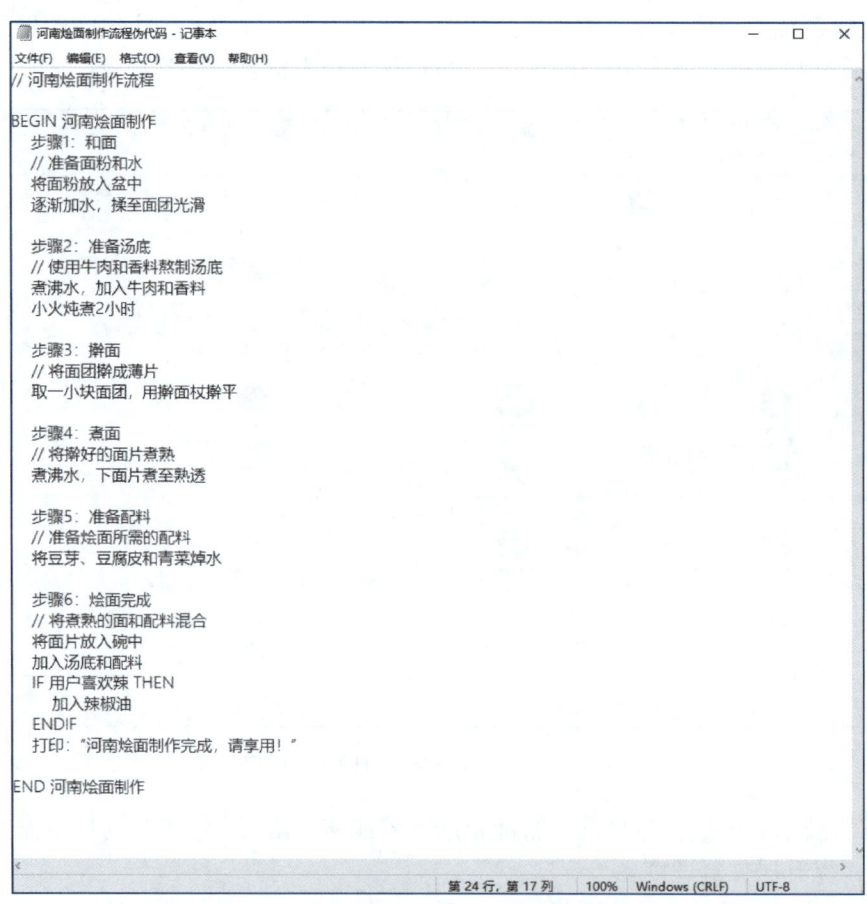

图 10.1.3　制作河南特色"河南烩面"伪代码

任务评价

1. 自我评价

任 务 要 求	掌握的操作有	仍需加强的有	不理解的有
认识程序设计的基本思路和流程			
了解程序设计在现实生活中的应用价值			
在本次任务实施过程中，自我评价的结果	A. 优秀　　B. 良好　　C. 仍需努力　　D. 不清楚		

2. 测试评价

① 程序设计中的"架构设计"阶段主要涉及（　　）。

A. 选择合适的编程语言　　　　　　　　B. 确定软件的高层结构和组件划分

C. 定义数据结构和算法　　　　　　　　D. 进行单元测试

② 程序设计在现实生活中的应用价值之一是提高生产效率与自动化水平，这主要通过以下（　　）实现。

A. 在线教育平台　　　B. 工业自动化　　　C. 环境监测与保护　　　D. 智能家居技术

 任务拓展

编写一段伪代码来模拟一个日常活动，如制作一杯最喜欢的饮料——拿铁咖啡。本任务旨在帮助同学们更好地理解程序设计的基本思路和流程，并且锻炼将现实世界问题转化为伪代码的能力。

任务 10.2　使用 Python 语言打印河南特产一览表

 任务简介

最近，郑小安所在的学校举办了一个以地方文化为主题的编程活动，鼓励学生们利用编程技能来展示和传播本地特色文化。他也决定参与其中，计划编写一个 Python 程序来打印出河南特产的一览表。该任务不仅能够让郑小安展示他的编程技能，还能够向同学们介绍河南丰富的特产。

 知识准备

1. Python 程序设计语言简介及安装

（1）Python 语言概述

语言特点方面，Python 是一种高级的、解释型的编程语言，以其清晰的语法和高代码可读性而闻名。它支持多种编程范式，包括面向对象、命令式、函数式和过程式编程。当前，Python 广泛应用于 Web 开发、数据科学、人工智能、自动化脚本编写等多个领域，拥有一个庞大的标准库和第三方库生态系统。

此外，Python 拥有一个活跃的开发者社区，为初学者和专业人士提供了大量的学习资源、框架和工具。

（2）Python 语言开发环境安装

① 操作系统兼容性。Python 可以在多种操作系统上运行，包括 Windows、macOS 和 Linux，确保选择与用户的操作系统兼容的安装包。

② 下载安装包。访问 Python 官方网站下载适合用户系统的安装包。在下载页面，会看到不同的版本和适用于不同操作系统的安装包选项，如图 10.2.1 所示。

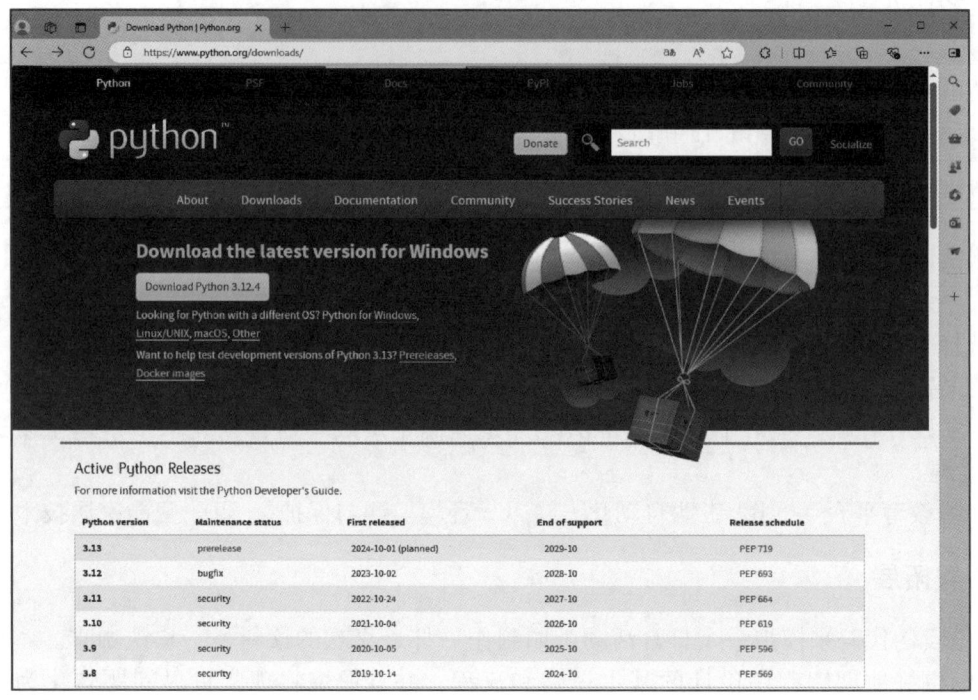

图 10.2.1　下载界面

③ 安装设置。启动安装程序后，首先同意许可证协议，然后单击 Install Now 按钮直接进行安装，如图 10.2.2 所示。

④ 安装完成。等待一段时间后，安装完成，如图 10.2.3 所示。安装完成后，可以通过命令行工具验证 Python 语言开发环境是否安装成功。

图 10.2.2　安装设置

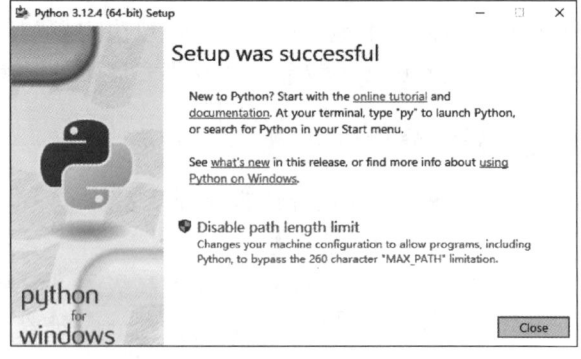

图 10.2.3　安装完成

2. Python 程序设计语言编程基础

① 变量和数据类型。在 Python 中，变量是存储数据值的容器。Python 支持多种数据类型，包括整数（int）、浮点数（float）、字符串（str）和布尔值（bool）等。变量在使用前不需要声明数据类型，Python 会根据赋值自动推断。

② 运算符和表达式。Python 提供了丰富的运算符，包括算术运算符（+、−、*、/等）、比较

运算符（＝＝、！＝、>、<等）和逻辑运算符（and、or、not 等）。表达式是由变量、运算符和函数调用组成的，用于执行计算和操作。

③ 控制结构。Python 使用控制结构来管理代码的执行流程，包括条件语句（if-elif-else）和循环语句（for 和 while）。条件语句用于基于特定条件执行不同的代码块，而循环则用于重复执行一段代码。

 任务实施

1. 安装编辑器

首先安装 PyCharm 编辑器，方便代码调试和编辑，如图 10.2.4 所示。

图 10.2.4　安装 PyCharm 编辑器

2. 打开编辑器创建新项目

在桌面打开 PyCharm 编辑器，并在解释器中创建新项目，如图 10.2.5 所示。

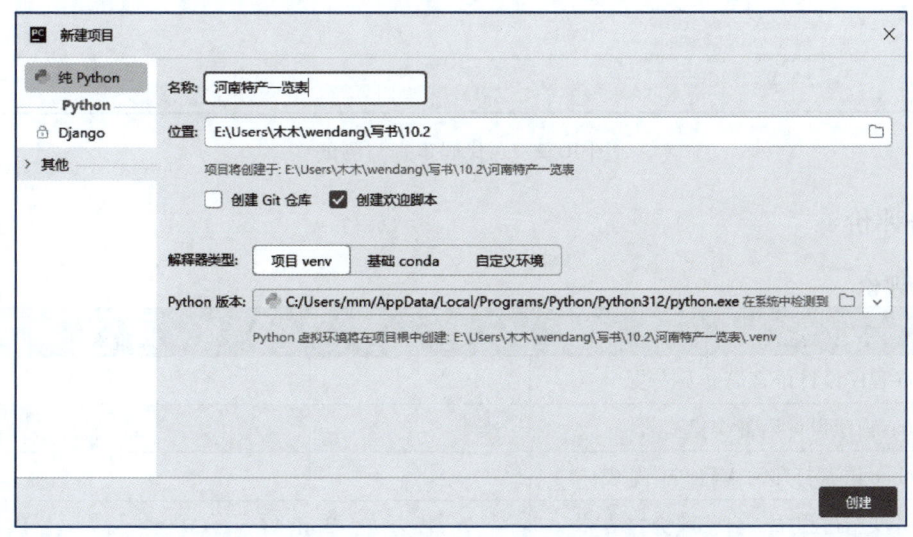

图 10.2.5　打开 PyCharm 编辑器并创建新项目

3. 规划内容

河南特产一览表：

烩面——河南特色传统面食，以其宽厚、筋道著称。

胡辣汤——一种辛辣浓郁的汤品，常作为早餐食用。

油茶——一种传统的早餐饮品，由面粉、花生、核桃等制成。

灌汤包——一种包含肉汤和肉馅的小笼包，以其汤汁丰富而知名。

4. 编写打印函数

定义一个函数 print 函数打印上述内容，如图 10.2.6 所示。

```
print("河南特产一览表：")
print("烩面 —— 河南特色传统面食，以其宽厚、筋道著称。")
print("胡辣汤 —— 一种辛辣浓郁的汤品，常作为早餐食用。")
print("油茶 —— 一种传统的早餐饮品，由面粉、花生、核桃等制成。")
print("灌汤包 —— 一种包含肉汤和肉馅的小笼包，以其汤汁丰富而知名。")
```

图 10.2.6 编写打印函数

5. 代码审查与测试

检查代码是否有语法错误，逻辑是否正确。运行程序，查看控制台输出是否符合预期，按 Enter 键运行代码，如图 10.2.7 所示。

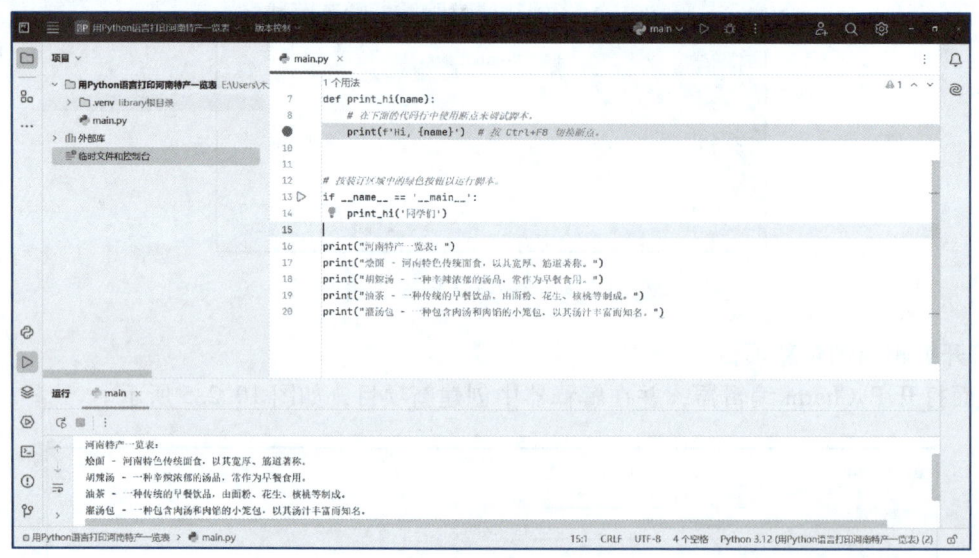

图 10.2.7 代码审查与测试

 任务评价

1. 自我评价

任 务 要 求	掌握的操作有	仍需加强的有	不理解的有
Python 程序设计语言简介及安装			
Python 程序设计语言编程基础			
使用 Python 语言打印河南特产一览表			
在本次任务实施过程中，自我评价的结果	A. 优秀　B. 良好　C. 仍需努力　D. 不清楚		

2. 测试评价

① Python 是一种高级的、解释型的编程语言，它支持多种编程范式。以下（　　）不是 Python 支持的编程范式。

A. 面向对象编程　　B. 命令式编程　　C. 函数式编程　　D. 汇编语言编程

② 安装 Python 语言开发环境包括几个关键步骤，以下（　　　）不是其中的步骤。

A. 检查操作系统兼容性　　　　　　　　　　　B. 下载与系统兼容的安装包

C. 配置安装路径并添加 Python 到环境变量

D. 手动编写代码来测试 Python 是否安装成功

 任务拓展

通过参与本项目的学习，读者已经探索了程序设计的基本思路和流程，体验了将程序设计应用于现实生活中的价值，并亲手实践了两个具体任务：制作河南烩面的伪代码流程和使用 Python 语言打印河南特产一览表。现在，请将这段学习旅程转化为文字，记录下个人的体会和思考。可以从以下几方面思考。

- 知识理解：对程序设计的基本思路和 Python 语言的理解有哪些新的发现或深入的认识？
- 技能掌握：在任务实施过程中，在编程技能上有哪些提升？遇到了哪些挑战，又是如何克服的？
- 问题解决：在编写伪代码和 Python 代码时，是如何解决实际问题的？请分享一次特别的问题解决经历。

 ## 项目小结

任务 10.1　制作河南特色"河南烩面"伪代码流程

① 学会了将实际问题抽象成伪代码的能力。

② 熟悉了程序设计的基本思路和流程。

③ 掌握了将生活场景转化为算法描述的技巧。

任务 10.2　使用 Python 语言打印河南特产一览表

① 学会了 Python 语言的基础语法和编程结构。

② 熟悉了 Python 语言开发环境的安装和配置过程。

③ 掌握了使用 Python 进行数据处理和信息输出的方法。

 ## 项目实训

实训任务单

实 训 任 务	10-打印河南特产名牌
任务名称	使用 Python 打印河南特产名牌
实训目标	1. 掌握使用 Python 语言进行基本编程的能力。 2. 深入了解 Python 在数据处理和信息展示中的应用。 3. 通过实践提升解决实际问题的能力
任务描述	本任务要求使用 Python 语言编写程序，实现河南特产名牌的打印功能。需要理解程序设计的基本概念，并能够将这些概念应用到实际的编程任务中
实训要求	1. 需要独立完成编程任务，确保代码的准确性和可读性。 2. 程序应包含必要的注释，以便于他人理解和维护。 3. 应按时提交程序代码，并准备进行代码演示

续表

实训成果示例	1. 活动背景：为了更好地宣传和展示河南的特产，计划通过编程的方式，自动打印出河南特产的名牌。 2. 活动目标：通过本任务，将学会使用 Python 语言编写程序，实现信息的自动化处理和展示 ……
实训步骤	1. 环境准备：安装 Python 开发环境和必要的开发工具。 2. 需求分析：明确打印河南特产名牌的具体要求和格式。 3. 程序设计：根据需求编写伪代码，设计程序的基本结构。 4. 编码实现：根据设计编写 Python 代码，实现打印功能 …… （请按照实际操作填写实训步骤）
实训心得	
小组评价	
教师评价	

续表

项目 11   大数据技术

项目介绍

本项目通过一系列精心设计的活动，使学习者深入理解并掌握大数据技术的核心原理和应用方法。项目内容涵盖数据采集、处理、存储和分析等关键技术，旨在培养学习者的综合技能和专业素养。通过实际操作和案例分析，学习者将能够体验数据从采集到分析的全过程，提升数据处理能力和解决实际问题的能力。

学习目标

【知识目标】
① 理解大数据技术的基本概念、原理及其在现代社会中的应用场景。
② 理解数据采集与存储技术，包括数据的获取、清洗、转换和加载方法。
③ 熟悉数据处理与分析技术，包括数据挖掘、统计分析和机器学习基础。
④ 了解大数据技术的伦理问题和数据安全的重要性及其在实践中的应用。

【技能目标】
① 能够运用大数据技术进行有效的数据采集、处理和分析。
② 能够设计和实施数据存储解决方案，确保数据的质量和安全。
③ 能够使用数据分析工具对大规模数据集进行探索和解读。
④ 能够遵守大数据项目中的伦理标准和安全规范。

【素养目标】
① 培养数据驱动的决策思维和解决复杂问题的综合能力。
② 形成对数据质量、数据隐私和数据保护的敏感性和责任感。
③ 提升团队合作能力，能够在团队中有效沟通和协作。
④ 培养终身学习的态度，不断更新大数据技术知识，适应技术发展。

任务 11.1   河南特色农产品数据采集与存储技术体验

任务简介

河南有着众多特色农产品，如优质小麦、灵宝苹果、信阳毛尖等，虽品质上乘，却因市场认知度不高而难以走出大山，销往更广阔的市场。面对这一挑战，郑小安同学决定利用自己的计算机与信息技术背景，结合现代农业的发展趋势，提升河南省特色农产品的市场认知度和销售量，

微课 11-1
体验河南特色
农产品数据采
集与存储技术

197

为家乡的农产品打开一扇通往世界的大门。

 知识准备

1. 大数据技术概述

（1）定义与特征

大数据通常指的是传统数据处理技术难以处理的大规模、高增长率和多样化的数据集合。它不仅仅指数据量大，更重要的是数据类型和处理速度的多样性，如图 11.1.1 所示。

在大数据环境下，数据可以是文本、图片、视频、日志文件等多种形式，它们可能来源于社交媒体、传感器网络、在线交易等多种渠道。大数据技术要求能够处理和分析这些数据，以支持快速决策。

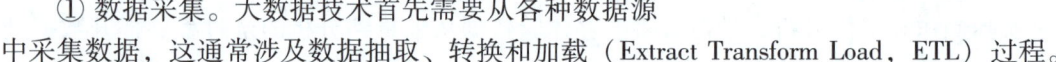

图 11.1.1　大数据的三大特征

（2）技术架构与组件

① 数据采集。大数据技术首先需要从各种数据源中采集数据，这通常涉及数据抽取、转换和加载（Extract Transform Load，ETL）过程。

② 数据存储。对于采集到的数据，需要有效的存储解决方案，如分布式文件系统（Hadoop Distributed File System，HDFS）或 NoSQL 数据库，以支持大规模数据的存储和管理。

③ 数据处理与分析。大数据技术的核心在于对数据进行高效的处理和分析。这通常涉及使用 MapReduce、Spark 等框架来执行复杂的数据处理任务。

④ 数据挖掘与洞察。通过应用机器学习、统计分析等方法，大数据技术能够从海量数据中挖掘出有价值的信息和模式，如图 11.1.2 所示。

2. 数据采集与存储技术

（1）数据采集技术

① 数据源识别。数据采集的第一步是识别数据源，这些数据源可能包括传感器、日志文件、在线交易系统等。数据源的多样性要求采集技术能够适应不同的数据格式和接入方式。

② 数据抽取，是指从数据源中提取所需信息的过程。这通常涉及数据的筛选、清洗和转换，以确保数据的质量和一致性。

③ 数据同步。在多源数据采集场景中，数据同步技术确保来自不同源的数据能够实时或按预定频率更新，以保持数据的时效性和完整性。

（2）数据存储技术

① 数据存储架构。数据存储技术需要考虑数据的规模、访问模式和性能要求。常见的存储架构包括关系数据库、非关系数据库和分布式文件系统。

② 数据持久化。数据持久化是指将数据长期保存在存储介质上，以支持后续的查询和分析。这要求存储系统具备高可靠性和数据保护机制。

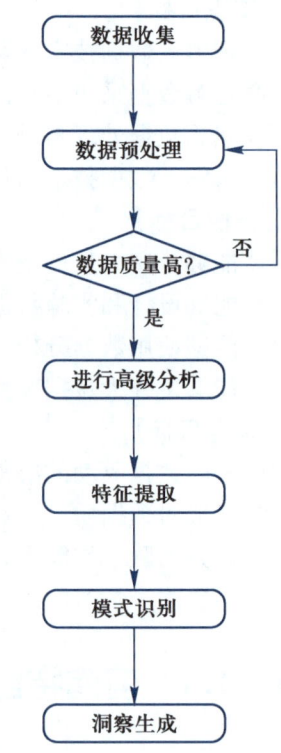

图 11.1.2　数据处理流程

③ 数据索引与优化。为了提高数据检索效率，数据存储系统通常使用索引技术来优化查询性能，如图 11.1.3 所示。此外，数据压缩和分区也是常见的优化手段。

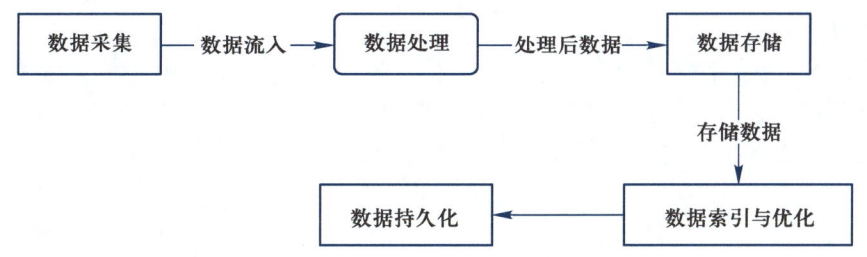

图 11.1.3　数据存储架构

 任务实施

1. 数据收集

① 双击图标打开大数据分析程序 BigDataDemo，单击"下载模版"按钮，如图 11.1.4 所示。

② 按照模版选项，自行搜索河南特色农产品数据填入工作表中，如图 11.1.5 所示。

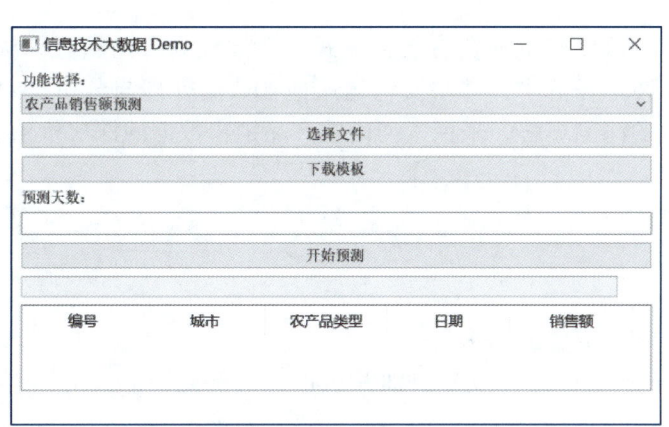

	A	B	C	D	E
1	编号	城市	农产品类型	日期	销售额
2	1	郑州市	大米	8月4日	1000
3	2	郑州市	大米	8月5日	1001
4	3	郑州市	大米	8月6日	1002
5	4	郑州市	大米	8月7日	1003
6	5	郑州市	大米	8月8日	1004
7	6	郑州市	大米	8月9日	1005
8	7	郑州市	大米	8月10日	1006
9	8	郑州市	大米	8月11日	1007
10	9	郑州市	大米	8月12日	1008
11	10	郑州市	大米	8月13日	1009
12	11	郑州市	大米	8月14日	1010
13	12	郑州市	大米	8月15日	1011
14	13	郑州市	大米	8月16日	1012
15	14	郑州市	大米	8月17日	1013
16	15	郑州市	大米	8月18日	1014
17	16	郑州市	大米	8月19日	1015
18	17	郑州市	大米	8月20日	1016
19	18	郑州市	大米	8月21日	1017

图 11.1.4　下载模板　　　　　　　　　　图 11.1.5　数据收集

2. 数据处理

① 检查所录入的数据，保证数据的准确性。

② 核对数据源，确保数据来源可靠。

③ 检查数据是否完整，没有遗漏或错误。

3. 数据存储

根据数据量、访问频率和预算选择存储架构，本任务中的数据采用逗号分隔值文件来储存数据，以便于后续进行数据分析。

 任务评价

1. 自我评价

任　务　要　求	掌握的操作有	仍需加强的有	不理解的有
大数据技术概述			
了解数据采集与存储技术			
在本次任务实施过程中，自我评价的结果	A. 优秀　　B. 良好	C. 仍需努力	D. 不清楚

2. 测试评价

① 大数据技术通常被描述为具有三个主要特征，被称为"3V"，这些特征不包括以下（　　）。

A. 体量（Volume）　　B. 速度（Velocity）　　C. 价值（Value）　　D. 种类（Variety）

② 在大数据环境下，数据类型可以非常多样化，以下（　　）一般不是大数据环境下可能包含的数据类型。

A. 文本　　　　　　　　B. 图片　　　　　　　　C. 视频　　　　　　　　D. 结构化数据

 任务拓展

郑小安计划利用他在农业数据采集中获得的技能，来监测和分析城市交通流量，识别交通拥堵的热点区域，并提出改善交通状况的策略。

任务 11.2　分析河南农产品销售数据

 任务简介

通过深入分析河南农产品销售数据，不仅可以揭示消费者行为模式，还能预测市场趋势，从而帮助当地农民和企业更有效地推广产品。在本任务中，郑小安将运用他在数据处理与分析技术方面的知识，结合对大数据技术伦理与安全的深刻理解，来探索河南农产品销售数据的深层价值。

 知识准备

1. 数据处理与分析技术

（1）数据处理基础

数据处理一般包括数据清洗、数据转换和数据集成等步骤。

① 数据清洗。数据清洗是数据处理的首要步骤，它涉及识别并纠正（或删除）数据中的错误、重复或不完整的记录，如图 11.2.1 所示。

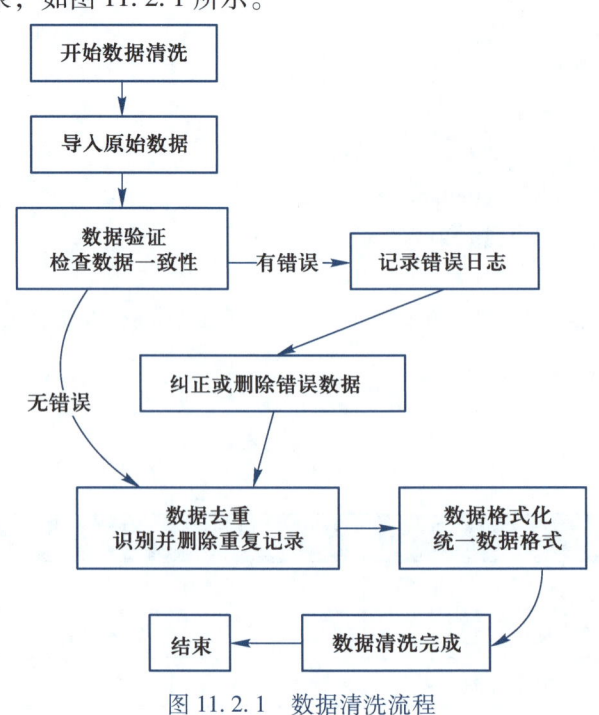

图 11.2.1　数据清洗流程

200

② 数据转换。数据转换是指将数据从一种格式或结构转换为另一种，以便于分析。这可能包括数据归一化、编码转换或数据聚合。

③ 数据集成。数据集成是将来自不同源的数据合并到一个一致的数据存储中，以支持后续的分析工作。

（2）数据分析方法

① 描述性分析，是对数据进行汇总和描述，以提供对数据的基本理解。这包括计算平均值、中位数、众数等统计度量。

② 探索性分析，是一种更深入的数据探索，旨在发现数据中的模式和关联。这通常涉及数据可视化技术，如散点图、箱线图等。

③ 推断性分析，是指使用统计模型来预测或推断数据中的趋势和关系。这包括回归分析、假设检验等方法。

④ 预测性分析，是指利用历史数据来预测未来事件或趋势。这通常涉及机器学习算法，如分类、聚类或时间序列分析，如图 11.2.2 所示。

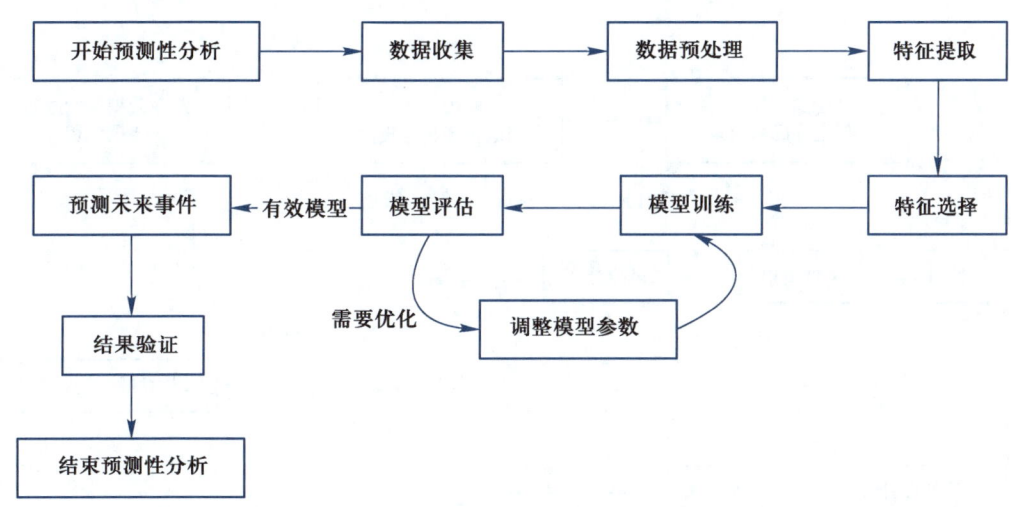

图 11.2.2　数据预测性分析

2. 大数据技术的伦理与安全

（1）伦理问题

① 数据隐私是大数据伦理中的核心问题之一，它涉及个人数据的收集、使用和存储是否符合隐私保护的标准，如图 11.2.3 所示。

② 知情同意。其原则要求在收集个人数据之前，必须向数据主体明确告知数据的使用目的、范围和潜在风险，并获取其同意。

③ 数据使用的道德边界。在大数据应用中，需要考虑数据使用的道德边界，避免数据滥用，如应考虑基于数据的用户画像和定向广告可能引发的歧视问题。

（2）数据安全

① 数据保护。数据保护包括采取技术和管理措施来防止数据丢失、滥用或未经授权的访问。这可能涉及数据访问权限的严格控制和数据备份策略。

② 安全合规性。随着数据保护法规的日益严格，组织必须确保其数据处理活动符合相关的法律和行业标准，如《中华人民共和国数据安全法》。

③ 风险评估与管理。组织应定期进行数据安全风险评估，并制定相应的风险管理计划，以识别和缓解潜在的安全威胁，如图 11.2.4 所示。

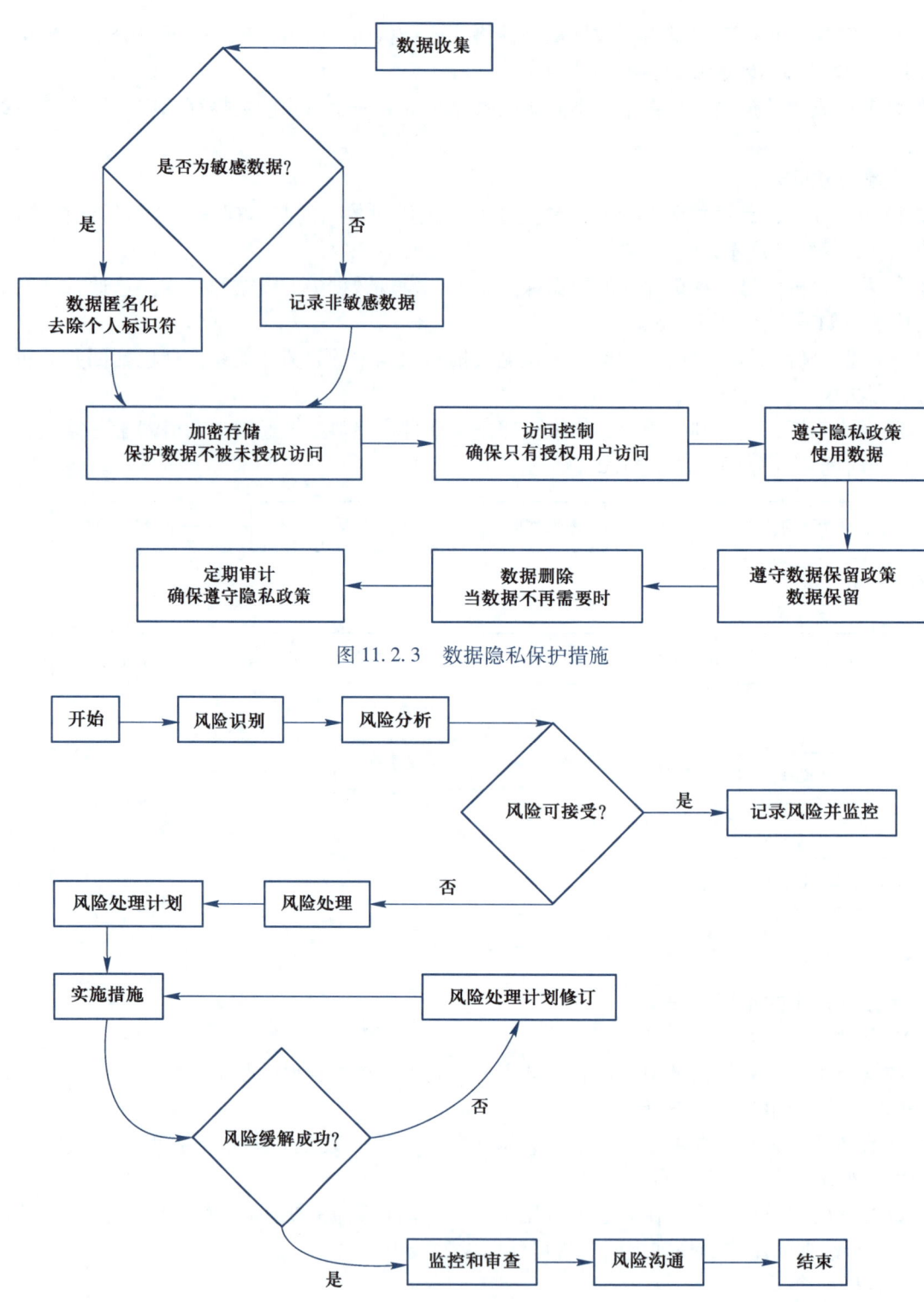

图 11.2.3　数据隐私保护措施

图 11.2.4　数据安全风险评估

任务实施

BigDataDemo 是一款进行数据分析和数据预测程序，使用它来完成河南特色农产品数据分析预测任务。

1. 打开 BigDataDemo 大数据分析程序

双击图标打开大数据分析程序 BigDataDemo 后，在主界面可以按照实际要完成的数据分析进行功能选择、下载模版、预测天数等操作，如图 11.2.5 所示。

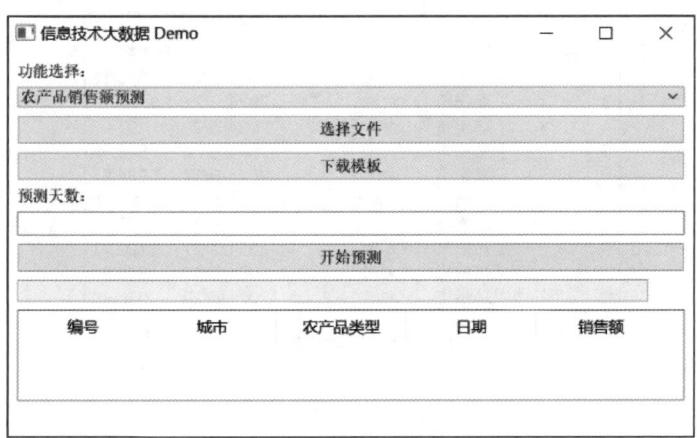

图 11.2.5　BigDataDemo 主界面

2. 选择文件

单击选择文件，选择上个任务中采集并处理完成的逗号分隔值文件，作为大数据分析程序提供数据来源，如图 11.2.6 所示。

3. 开始预测

在下载模版上方显示上传成功后，输入需要预测的天数，单击"开始预测"按钮，就可以实现河南农产品销售额预测，如图 11.2.7 所示。

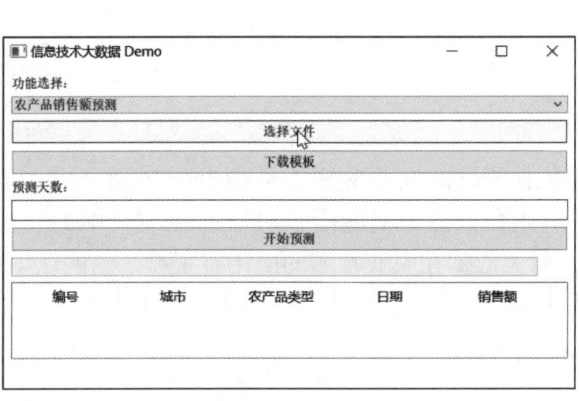

图 11.2.6　选择文件　　　　　　　　　　图 11.2.7　开始预测

4. 预测结果

单击"开始预测"按钮后，会在计算机桌面生成预测结果文件，打开预测结果文件，可以看到根据所给数据而预测的新结果，如图 11.2.8 所示。

	A	B	C	D	E
1	编号	城市	农产品类型	日期	销售额
2	1	郑州市	大米	2024/8/20	1075.12
3	2	郑州市	大米	2024/8/21	1116.53
4	3	郑州市	大米	2024/8/22	974.7
5	4	郑州市	大米	2024/8/23	884.48
6	5	郑州市	大米	2024/8/24	984.91
7	6	郑州市	大米	2024/8/25	899.18
8	7	郑州市	大米	2024/8/26	925.78
9	8	郑州市	大米	2024/8/27	1102.71
10	9	郑州市	大米	2024/8/28	846.84
11	10	郑州市	大米	2024/8/29	936.96

图 11.2.8　预测结果展示

任务评价

1. 自我评价

任 务 要 求	掌握的操作有	仍需加强的有	不理解的有
数据处理与分析技术			
大数据技术的伦理与安全			
在本次任务实施过程中，自我评价的结果	A. 优秀　　B. 良好　　C. 仍需努力　　D. 不清楚		

2. 测试评价

① 在数据处理基础中，数据清洗的目的是（　　　）。

A. 增加数据量

B. 转换数据格式

C. 识别并纠正数据错误

D. 合并不同来源的数据

② 数据转换在数据分析中扮演的角色是（　　　）。

A. 确保数据安全

B. 提供数据的基本理解

C. 将数据转换为统一格式以便于分析

D. 处理数据的各种格式问题

任务拓展

通过参与任务，读者已经探索了大数据技术在农业领域的实际应用。从数据采集到分析，再到存储和伦理考量，请考虑以下几个问题来构思心得体会：任务实施后，对自己在项目中的表现有何评价？还有哪些地方可以改进？通过这些任务，对大数据在农业领域的应用有了哪些新的认识？

项目小结

任务 11.1　河南特色农产品数据采集与存储技术体验

① 学会了使用大数据技术进行有效的数据采集和存储。通过本任务，了解了数据采集的基本

流程和技术，包括数据的识别、收集、清洗和转换。

② 了解了数据存储技术，包括分布式文件系统和数据库的应用，以及如何确保数据的安全性和可访问性。

③ 掌握了数据的初步处理和分析技能，为进一步的深入分析打下了基础。

任务 11.2　分析河南农产品销售数据

① 学会了应用数据处理与分析技术来提取有价值的信息。本任务强化了对数据的描述性分析、探索性分析、推断性分析和预测性分析的理解和应用。

② 熟悉了大数据技术的伦理与安全问题，包括数据隐私保护、知情同意和数据使用的道德边界。

③ 掌握了在数据分析过程中确保数据安全和合规性的重要性，以及如何进行风险评估和管理。

 ## 项目实训

实训任务单

实 训 任 务	11-体验大数据技术
任务名称	探索大数据技术在特色农产品中的应用
实训目标	1. 掌握大数据技术的基础概念及其在农业领域的应用框架。 2. 深入了解数据采集、处理、存储和分析的关键技术和方法。 3. 策划并实施基于大数据技术的农产品市场分析和推广策略
任务描述	本次实训旨在通过实践活动，使学习者掌握大数据技术在农产品领域的应用。学习者将通过设计数据采集方案、优化数据处理流程、应用数据分析方法，深刻理解大数据技术如何提升农产品的市场竞争力和品牌影响力
实训要求	1. 认真完成实训任务，确保活动内容具有实践价值、创新性和可操作性。 2. 在数据采集和分析过程中，严格遵守数据保护法规，确保个人信息和数据安全。 3. 按时提交详细的实训报告，包括方案设计、实施过程和分析结果，接受专业评审和指导
实训成果示例	1. 活动背景：在信息技术快速发展的背景下，大数据技术为农产品的精准营销和品牌推广提供了新的机遇。 2. 活动目标：提升学习者对大数据技术在农产品市场分析中应用的认识。通过案例研究和实际操作，增强学习者解决实际问题的大数据应用能力 ……
实训步骤	1. 资料收集：搜集有关大数据技术在农业领域的应用资料，了解当前的技术趋势和成功案例。 2. 知识学习：系统学习大数据技术的理论基础，包括数据挖掘、机器学习等分析方法。 3. 方案设计：基于学习成果，设计针对特定农产品的数据采集和分析方案 …… （请按照实际操作填写实训步骤）
实训心得	
小组评价	
教师评价	

项目 12　人工智能

项目介绍

人工智能（Artificial Intelligence，AI）是研究、开发利用数字计算机或者数字计算机控制的机器模拟、延伸和扩展人的智能、感知环境、获取知识并使用知识获得最佳结果的理论、方法、技术及应用系统的技术科学。人工智能技术的出现，有力地推动了新质生产力的发展，使传统的职业行业和工作岗位面临颠覆性的改变。

本项目通过 2 个典型任务，分别以百度文心一言和文心一格两个工具为例，介绍 AI 工具在文档生成、处理及图像生成、编辑领域的应用，使同学们通过实践体验人工智能的发展和应用。

学习目标

【知识目标】
① 掌握人工智能的基本概念及其核心要素。
② 了解人工智能的发展历程和主要阶段。
③ 了解中国人工智能的发展现状和前景预测。

【技能目标】
① 能够运用百度文心一言工具制作文稿。
② 学会使用关键词表述写作需求。
③ 学会与人工智能工具进行交流。

【素养目标】
① 培养对人工智能技术的兴趣和好奇心。
② 提高跨学科融合与创新的思维能力。
③ 形成精益求精的工作态度。

任务 12.1　编写《AIGC 的自我介绍》演讲稿

任务简介

很多同学对人工智能工具的使用很感兴趣，老师为科技小组安排了一个讨论，主题为 AIGC 技术的发展及应用。郑小安同学需要为此次交流准备一个演讲，他尝试用百度文心一言工具来制作，题目拟为《AIGC 的自我介绍》。

知识准备

1. 人工智能（AI）和人工智能生成内容

人工智能是一个广泛的概念，涵盖了机器学习、深度学习、自然语言处理、计算机视觉等多个子领域。它的目标是让计算机系统能够执行复杂的任务，模拟甚至超越人类的智能。这些任务包括理解人类语言、识别图像、进行决策、规划行动等。

人工智能生成内容（Artificial Intelligence Generated Content，AIGC）是人工智能技术在内容创作领域的一个具体应用。它利用生成对抗网络、大型预训练模型等技术，通过学习和分析大量数据，自动创建出文本、图像、音频和视频等内容。AIGC 的出现极大地提高了内容创作的效率和质量，为创作者提供了新的创作方式和灵感来源。

2. 人工智能发展阶段

① 符号主义阶段（20 世纪 40 年代—60 年代）。这个阶段主要基于专家系统和符号逻辑推理，通过人工编写规则和知识库来实现推理和决策。

② 连接主义阶段（20 世纪 60 年代—80 年代）。这个阶段开始强调仿人脑模型，关注模拟神经网络的计算模型，将神经元之间的联结关系作为人工神经网络的基础以实现机器学习和模式识别。

③ 行为主义阶段（20 世纪 80 年代—2000 年）。行为主义又称进化主义或控制论学派，主要原理为控制论及感知–动作型控制系统，强调对行为和反馈的研究，通过训练和奖惩机制来实现人工智能的学习。

④ 深度学习阶段（2000 年至今）。这个阶段采用神经网络和深度学习算法，通过多层次的非线性变换来提取特征和表示数据。深度学习技术逐渐在各领域开始应用，尤其在机器视觉、自然语言处理、机器翻译、路径规划等领域取得了显著成绩。

近年来，中国在人工智能领域取得了显著的进展，不仅在算法、硬件等方面取得了重要突破，还在产业应用、政策环境等方面形成了良好的发展态势。未来，随着技术的不断创新和应用场景的不断拓展，中国人工智能产业有望继续保持高速发展态势。

3. 人工智能的应用领域

目前人工智能的应用广泛且多样，涵盖了多个领域。以下是人工智能技术在各领域的一些主要应用。

① 农业。人工智能技术在农业中发挥了重要作用，包括无人机喷洒农药、农作物状态实时监控、物料采购、数据收集、灌溉、收获和销售等，大大提高了农业的产量，减少了人工成本和时间成本。

② 通信。人工智能在通信领域的应用包括智能外呼系统、客户数据处理（如订单管理系统）、通信故障排除、病毒和骚扰信息拦截等。

③ 医疗。人工智能在医疗领域的应用包括健康监测、自动提示用药时间和禁忌、剩余药量等智能服药系统，以及预测疾病风险、个性化治疗、药物研发、机器人助手、遥感健康监测、医疗文档处理、智能调度和运营等。此外，AI 还可用于基因组学，识别基因、突变和变异，预测基因功能、疾病风险和治疗反应。

④ 社会治安。人工智能在安防监控、电信诈骗数据锁定、犯罪分子抓捕以及消防抢险等领域也发挥了重要作用。

4. AIGC 的应用

AIGC 的应用已经深入到生活的方方面面，为人们的生活和工作带来了极大的便利。常见的应用如下。

① 文本生成。AIGC 技术在文本生成领域具有巨大潜力，也可用于创建智能对话系统，提高用户与人工智能之间的交互体验。

② 图像生成。是 AIGC 技术中的一个热门应用领域，消费者可以使用文本提示词生成绘画作品。

③ 音频和视频创作与生成。AIGC 技术在音频和视频领域也发挥了重要作用，包括语音合成技术用于虚拟助手和语音翻译，以及生成式人工智能用于音乐创作。

④ 电影与游戏。AIGC 在电影和游戏领域为创意带来了新的可能性，可以用于生成虚拟角色、场景和动画。

⑤ 科研与创新。AIGC 技术在科学研究领域发挥着越来越重要的作用，还可以应用于药物设计、材料科学等领域，加速技术创新和发展。

5. 人工智能与安全

人工智能的发展需要建立在大量数据的信息技术应用之上，这就不可避免地涉及个人信息的合理使用问题，而人工智能技术的发展也使得侵犯个人隐私的行为更为便利，因此相关法律和标准应该为个人隐私提供更强有力的保护。

到目前为止，不但要着眼于是否能够发展出人工智能，也必须同时考虑是否应该发展人工智能。如果人工智能技术的影响更可能是负面的，而不是正面的，那么该领域里的工作者就有道德上的义务改变其研究方向。人工智能技术与人类生活的高度融合是未来社会发展的必然趋势，而技术的"双刃剑"属性也决定了其必须面对科技伦理问题。国家新一代人工智能治理专业委员会最新发布的《新一代人工智能伦理规范》中明确指出人工智能各类活动应遵循增进人类福祉、促进公平公正、保护隐私安全、确保可控可信、强化责任担当、提升伦理素养等六项基本伦理规范。这是我国促进新一代人工智能健康发展，加强人工智能法律、伦理、社会问题研究，积极推动人工智能全球治理的一项重要成果。为了使人工智能技术朝着正确的方向发展，不但要从技术层面、制度规范层面、可持续发展层面考虑，更需要加强人类自身道德修养，通过相关法律制度来规范人工智能技术发展，只有这样才能创造未来更加美好的"智能"世界。

 任务实施

1. 进入文心一言官网

启动浏览器进入百度文心一言官网，如图 12.1.1 所示。目前文心一言 App 已正式上线，用户也可在手机端使用。

图 12.1.1 "文心一言"官网

2. 注册账号

为了后续方便使用，可在百度官网上注册一个账号或使用已有的百度账号进行登录。如果没有百度账号，可按照提示进行注册。

3. 选择功能和场景

登录百度 AI 开放平台，选择"文心一言"产品，进入"控制台"页面。在这里，可以创建应用、管理 API 密钥等操作。

在百度文心一言的界面上会展示各种功能和场景供选择，如写文章、写文案、AI 绘画等。根据自己的需求选择相应的功能和场景，其界面如图 12.1.2 所示。

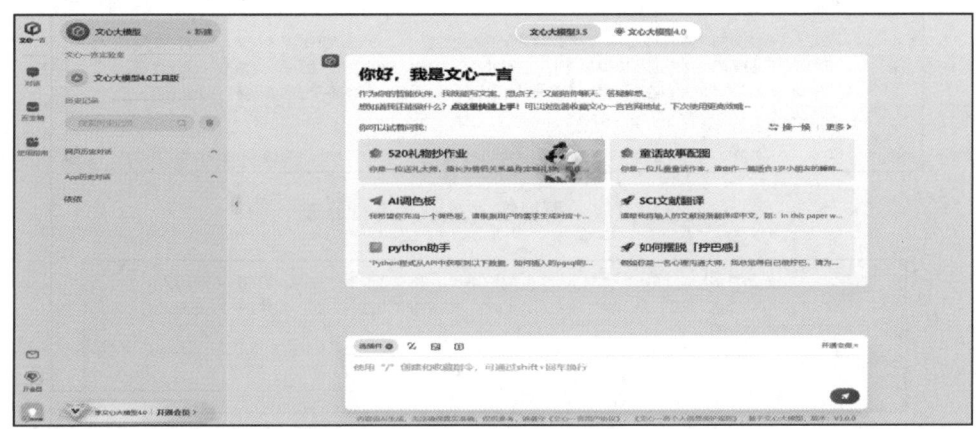

图 12.1.2 文心一言界面

4. 生成文本内容

在文心一言平台输入相关关键词和要点，获取写作建议和参考语句。根据需要在文心一言的输入框中输入郑小安的编写需要，如"请帮我写一篇 AIGC 的自我介绍，内容主要包括人工智能技术的概念、发展过程、应用领域以及未来发展趋势，阅读对象为高等职业院校一年级学生"。文心一言根据需要生成以下文本（供参考，实际操作结果可能不完全相同），如图 12.1.3 所示。

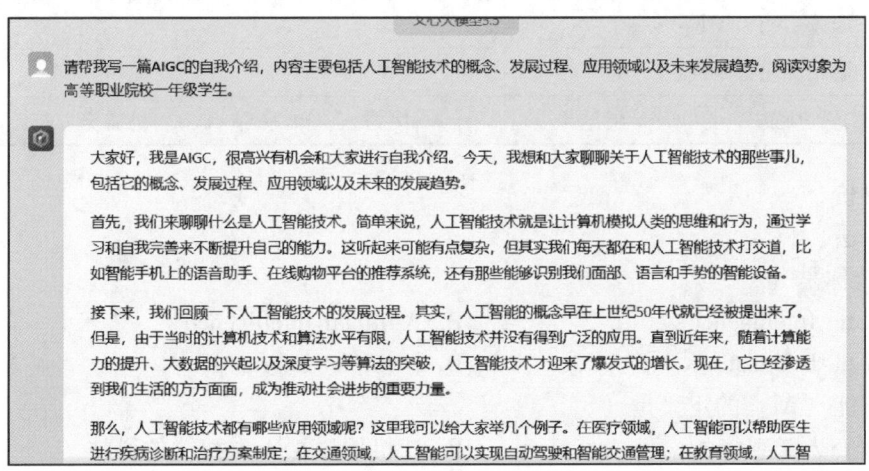

图 12.1.3 文心一言生成文本内容

5. 修改编辑

如需对原文进行润色，可继续对文心一言输入指令，如"请把上文修改得生动一些"，文心一言将对原文进行编写风格的修改，生成新文稿，如图 12.1.4 所示。

6. 导出文本

反复修改完善后，导出文本内容，进行最后的排版与修订。单击生成文本右下角的分享或复制按钮，获取文本，进行文字或语气上的修改，完成文稿，如图 12.1.5 所示。

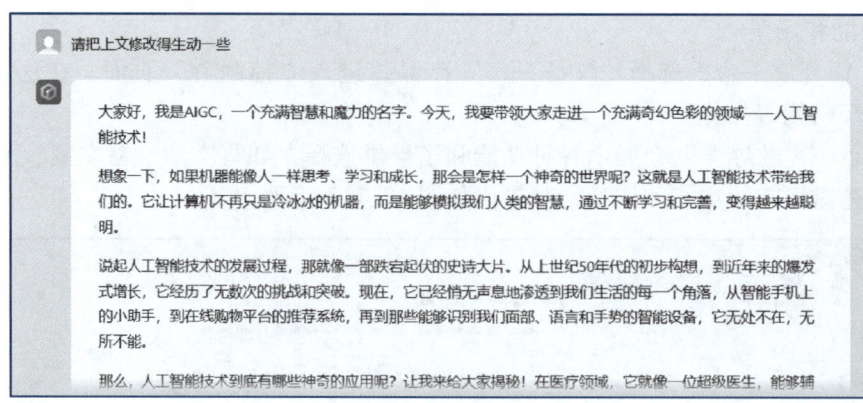

图 12.1.4　根据需要对原文进行修改

图 12.1.5　获取文本

 任务评价

1. 自我评价

任 务 要 求	掌握的操作有	仍需加强的有	不理解的有
文心一言操作界面			
选择功能和场景			
输入优化指令词			
在本次任务实施过程中，自我评价的结果	A. 优秀　　B. 良好　　C. 仍需努力　　D. 不清楚		

2. 测试评价

（1）选择题

① AI 的全称是（　　　）。

A. Automatic Intelligence　　　　　　B. Artificial Intelligence

C. Automatic Information　　　　　　D. Artificial Information

② 人工智能（AI）的定义是（　　　）。

A. 一种研究人类智能的学科　　　　　B. 让机器模拟人类智能的科技

C. 提高计算机应用能力的方法　　　　D. 一种新型的科学技术

③ 关于人工智能的叙述不正确的是（　　　）。

A. 人工智能技术与其他科学技术相结合极大地提高了应用技术的智能水平

B. 人工智能是科学技术发展的趋势

C. 由于人工智能的系统研究是从 20 世纪 50 年代才开始的，非常新，所以十分重要

D. 人工智能极大地促进了社会的发展

④ 下面人工智能发展方向中，可能存在风险的是（　　　）。

A. 人们可能由于自动化而失业

B. 人工智能的成功可能意味着人类的终结

C. 人工智能系统的使用可能会走向不期望的终点

D. 人们会失去作为人独一无二的感觉

（2）简答题

① 展开想象，谈谈你认为人工智能对未来生活会产生哪些影响？

② 请查阅相关资料，阐述以下问题：人工智能对本专业有哪些作用？本专业相应的岗位会被人工智能所取代吗？你应该如何去应对这些变化？

 任务拓展

请以小组形式进行团队合作开展活动，对日常生活中人工智能的应用技术进行归纳、分析，并编写形成汇报 PPT 作为作业提交。

任务 12.2 用文心一格绘制《我的家乡》写意插图

 任务简介

微课 12-2
使用文心一格
绘制《我的家
乡》写意插图

家乡对每个人的意义是多方面的，它不仅是地理上的标识，更是情感、记忆和文化的归宿。为充分调动优秀大学生热爱家乡、心系家乡、发展家乡的热情，发挥青年人才思想活跃、善于传播、富于创造的聪明才智，推动青春与乡村振兴双向奔赴，为助推乡村全面振兴出谋划策，当好"家乡推介官"。校团委举行了"我是家乡推介官，我的家乡我代言"系列活动。郑小安同学使用文心一格生成了《我的家乡》插图。

知识准备

文心一格是百度依托飞桨、文心大模型的技术创新，推出的 AI 艺术和创意辅助平台，是一款基于人工智能技术的图片生成工具。它能够根据用户输入的文字描述，快速生成符合要求的图片或画作。这一技术的出现，极大地拓展了创意设计的可能性，降低了艺术创作的门槛，让更多人能够享受创作的乐趣。

1. 首页介绍

在使用文心一格工具时，首先要简单了解其界面。首页上方为菜单栏，右侧是个人信息区域，下方的图片区域分为探索创作和下载图库。新用户一开始会有免费的电量值。每次 AI 绘图都会消耗一定的电量，想要获取更多免费电量的话可以参与签到、分享等任务，或者开通会员，如图 12.2.1 所示。

图 12.2.1　文心一格首页

随机点进去探索创作的某张图片，图片下面会显示该作品的提示词。然后单击"创作相似"按钮，工具会给自动导入相同的参数设置，这样就能生成相似的图片类型，如图 12.2.2 所示。

(a)

(b)　　　　　　　　　　　　　　　(c)

图 12.2.2　创作相似图片

2. AI 创作

AI 创作界面分为文本输入和图像处理两部分，只需要输入提示词，便可以让 AI 创建精美的图片，所以图片的提示词有着很重要的作用。

在 AI 绘图中，图片提示词的书写形式是：图片主体+细节词+修饰词。用普通提示词，创作出来的图片如图 12.2.3 所示。添加了修饰词描述后，创作出来的图片如图 12.2.4 所示，提示词描述越详细，细节越丰富。

图 12.2.3　普通关键词　　　　　　　　　图 12.2.4　添加修饰词后

3. 画面风格

文心一格支持多种不同的风格，如国风、油画、水彩、动漫、写实等，可根据个人喜好选择希望的画作风格。可以自定义风格词，也可以在常见参数中选择风格词。不同画面风格的图像对比如图 12.2.5 所示。

     (a)   (b)

图 12.2.5　不同画面风格

4. 生成技巧

（1）风格生成

① 试试添加"国潮""国风"等，感受中国风的魅力。

② 试试混合两种代表性的风格，如"赛博朋克，扁平化设计""皮克斯动画，赛博朋克"。

③ 添加"扁平化风格，Logo"等，可以设计出各类图标等，如"猫猫头像，扁平化风格"。

④ 指定颜色，或添加"烟雾缭绕""火焰""烟尘""花瓣"，生成画面的氛围感更饱满。

⑤ "水彩""水墨"与古诗组合，画面意境会有提升。

⑥ 想要卡通头像和拟人化动物吗？试试关键词"卡通手绘""治愈风"。

（2）人像生成

① 添加"仙鹤、月亮、楼阁、小屋、街道、玫瑰、机械"，画面会更饱满。

② 添加"精致面容、唯美、CG 感、细节清晰"等，人物刻画会更细致。

（3）创意生成

发挥想象力，如"中西混搭"场景。

 任务实施

1. 注册与登录

访问文心一格的官方网站，单击"注册"按钮，填写个人信息和邮箱地址。前往邮箱激活账户，完成注册。如果已有百度账号，可以直接使用百度账号登录。

2. 进入创作页面

登录成功后，单击"AI 创作"或"立即创作"按钮，进入智能生成页面。在左侧的输入框中，输入想要作为画作主题的创意文字。这些文字将成为 AI 生成画作的基础。

3. 选择画作风格与画布

在左侧调整设置的板块可以看到画面风格的选择。同时，还需要选择画布的比例，是竖图、方图还是横图？这取决于想要展示的画面效果，如图 12.2.6 所示。

4. 调整生成数量

拖动滑块或选择相应的数量，确定希望生成的画作数量。每生成一幅画作可能需要消耗一定的"电量"，因此不要选择过多的数量。灵感模式有助于提升画作风格的多样性，特别是在一次创作多张时效果更佳。开启灵感模式可能会使生成的画面与原始提示词不完全一致，如图12.2.7所示。

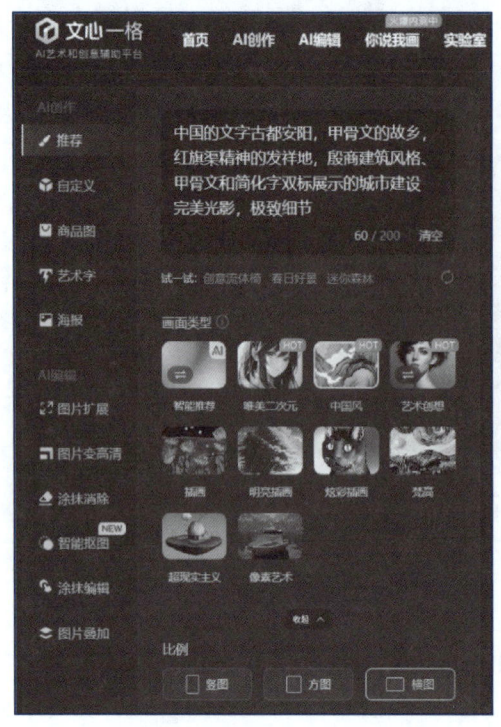

图 12.2.6　选择画作风格与画布

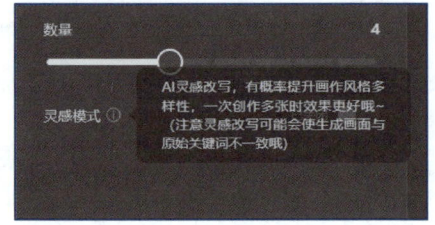

图 12.2.7　生成数量和灵感模式

5. 选择生图模式

可以选择"电量生图模式"或"免费生图模式"。免费生图模式通常为会员专享权益。完成上述设置后，单击"立即生成"按钮。稍等片刻，就可以在右侧创作页面看到 AI 根据输入的创意文字、选择的风格和画幅生成的独特画作，如图12.2.8所示。生成画作后，可以对画作进行打分、下载、分享、加入收藏夹、公开或删除等操作。此外，还可以通过单击右上角的"创意管理"按钮查看全部作品和公开状态。

图 12.2.8　生成效果

任务评价

1. 自我评价

任 务 要 求	掌握的操作有	仍需加强的有	不理解的有
文心一格基础操作			
输入创意文字			
选择风格与画布			
调整生成数量			
在本次任务实施过程中，自我评价的结果	A. 优秀　　B. 良好　　C. 仍需努力　　D. 不清楚		

2. 测试评价

① 下列选项中没有用到人工智能的是（　　　）。

A. 机器人 AlphaGo 挑战围棋世界冠军李世石

B. 开车时使用高德地图进行导航

C. 带虚拟现实头盔后，看到的影像将能完整地把你包围。

D. 阅读外国文献时遇到看不懂的文字，使用百度翻译

② 在手机上按住"麦克风"按钮后，对手机讲话，能将声音信息识别并转换为文本信息。这主要采用的技术是（　　　）。

A. 人工智能技术　　　　　　　　B. 视频技术

C. 虚拟现实　　　　　　　　　　D. 数据压缩技术

③ 下列各项中，不属于微信小程序 AI 应用的是（　　　）。

A. 猜画小歌　　　　　　　　　　B. 形色识花

C. QQ　　　　　　　　　　　　　D. 旧照片修复

④ 下列各项中，不属于生物识别技术的是（　　　）。

A. 指静脉识别　　　　　　　　　B. 掌纹识别

C. 虹膜识别　　　　　　　　　　D. 字体识别

 任务拓展

在生活中很多相机 App 都具有美颜效果，它们可以自动检测出画面中的人脸，并对人脸轮廓、皮肤颜色加以调整，使人脸变得更漂亮。请结合美颜相机的 AI 工具应用进行案例分析，以小组为单位，合理分工，并制作 PPT 进行汇报。

 项目小结

本项目通过理解人工智能的概念，了解人工智能的发展历程及中国人工智能的发展现状，熟悉人工智能的应用领域，体验人工智能工具的使用，一起探索了人工智能的世界。

项目实训

实训任务单

实 训 任 务	12-使用人工智能工具
任务名称	用文心一言编写《我的故乡——新郑市观音寺镇介绍》
实训目标	1. 掌握使用文心一言人工智能技术辅助写作的方法和技巧。 2. 深入了解新郑市观音寺镇的历史文化、地理环境、经济发展和风土人情。 3. 编写一篇结构清晰、内容充实、语言优美的文章
任务描述	使用文心一言人工智能技术，辅助郑小安同学编写一篇文章，以新郑市观音寺镇为例，全面介绍该镇的历史文化、地理环境、经济发展、风土人情等
实训要求	1. 认真完成实训任务，确保文章内容充实、结构清晰、语言优美。 2. 在使用文心一言等人工智能技术时，要遵守相关规定和法律法规，不得侵犯他人权益。 3. 按时提交实训成果，并接受评审和指导
实训成果示例	《我的故乡——新郑市观音寺镇介绍》 　　我的家乡，新郑市观音寺镇，位于河南省中部，是一座历史悠久、文化底蕴深厚的小镇。这里山清水秀、人杰地灵，是我心中永远的牵挂和回忆。 　　观音寺镇的历史可以追溯到数千年前，这里曾是古代文明的发源地之一。在漫长的历史长河中，这里孕育了众多杰出的人物和灿烂的文化。如今，我们仍然可以在镇上的古迹中感受到那份历史的厚重和文化的底蕴 　　…… （请继续按照实训步骤完成文章的其余部分）
实训步骤	1. 资料收集： 收集关于新郑市观音寺镇的历史资料、地理数据、经济发展数据和风土人情介绍。 了解该镇的特色文化、名胜古迹、特色产业和民俗活动。 2. 文章构思： 　　…… （请按照实际操作填写实训步骤）
实训心得	
小组评价	
教师评价	

项目 13　云计算

项目介绍

本项目旨在通过一系列任务，引导学习者深入理解云计算的基础知识、服务模式及其在现代技术中的应用。学习目标涵盖知识掌握、技能提升和素养培养，包括云计算的定义、特点、发展过程，以及不同服务模式如 IaaS、PaaS、SaaS 的应用场景分析。通过任务实施，学习者将绘制云计算发展史思维导图，设计针对地方特色农产品的平台推广技术方案，评价和拓展所学知识，以提升对云计算技术的综合应用能力。

学习目标

【知识目标】

① 理解云计算的定义、核心特点以及与传统计算模式的区别。

② 掌握云计算的发展历程，包括关键技术里程碑和行业转折点。

③ 熟悉云计算的服务模式，包括 IaaS、PaaS、SaaS 等，并理解它们的服务特点和应用场景。

【技能目标】

① 能够独立绘制云计算发展史思维导图，准确反映云计算的演进和关键事件。

② 能够根据河南特色农产品平台的推广需求，设计合适的云计算服务模式和技术方案。

③ 能够运用云计算技术进行数据分析、存储管理和应用部署。

④ 能够评估和选择适合特定应用场景的云计算服务，解决实际问题。

【素养目标】

① 培养对云计算技术的深入理解和批判性思维，形成对新兴技术的敏锐洞察力。

② 培养良好的信息素养，包括数据安全意识、隐私保护意识和合规使用技术的习惯。

任务 13.1　绘制云计算发展史思维导图

 任务简介

随着科技的飞速发展，云计算作为一项革命性技术，已经成为现代信息技术领域不可或缺的一部分。郑小安决定深入探究云计算的起源、发展以及未来趋势，并通过绘制思维导图的方式，将这一复杂主题以直观、清晰的形式展现出来。

微课 13-1
绘制云计算发展史思维导图

217

知识准备

1. 云计算定义与特点

（1）云计算基础概念

① 云计算定义。云计算是一种通过互联网提供按需访问计算资源（如服务器、存储、数据库、网络、软件等）的服务模式。它允许用户在没有物理硬件的情况下，通过网络访问和使用这些资源，从而实现资源的弹性扩展和按需付费。

② 服务模型。云计算通常分为 3 个层次的服务模型，分别是基础设施即服务（Infrastructure as a Service，IaaS）、平台即服务（Platform as a Service，PaaS）和软件即服务（Software as a Service，SaaS）。IaaS 提供虚拟化的计算资源，PaaS 提供应用程序开发和部署的平台，SaaS 则提供通过互联网访问的应用程序。

③ 部署模型。云计算的部署模型包括公有云、私有云和混合云。公有云服务由第三方提供商运营；私有云则是在企业内部构建的专用云环境；混合云结合了公有云和私有云的特点，以满足不同的业务需求。

（2）云计算核心特点

云计算的核心特点包括弹性扩展、多租户架构和按需付费。

① 弹性扩展。云计算资源可以根据用户需求动态扩展或缩减，实现资源的最优利用，如图 13.1.1 所示。

② 多租户架构。云计算平台通常采用多租户架构，允许多个用户共享相同的物理资源，但每个用户的数据和应用程序都是隔离的，确保安全性和隐私性。

③ 按需付费。用户可以根据实际使用量支付费用，而不是为固定的硬件和软件资源支付成本。这种计费模式使得企业能够更加灵活地管理 IT 成本。

2. 云计算的发展过程

（1）早期概念与技术萌芽

① 网格计算。云计算的早期概念可追溯至 20 世纪 90 年代的网格计算，它允许分布式计算资源的共享和协作。网格计算主要应用于科学研究和大规模计算任务。

② 虚拟化技术。虚拟化技术的发展为云计算提供了基础。通过虚拟化，一台物理服务器可以运行多个操作系统和应用程序，提高了资源的利用率。

③ 服务导向架构（Service-Oriented Architecture，SOA）。SOA 作为一种软件设计模式，促进了服务的标准化和重用，为云计算的服务模型奠定了基础。

（2）云计算的商业化与成熟

进入 21 世纪，随着公有云服务的推出，云计算开始商业化，公有云服务开始兴起。这些服务为企业提供按需、可扩展的计算资源。

随着企业对数据安全和合规性的需求增加，私有云和混合云应运而生。私有云为企业内部提供云服务，而混合云结合了公有云和私有云的优势。

云原生技术，如容器化（Docker）和微服务架构，进一步推动了云计算的发展。这些技术提高了应用程序的可移植性和可扩展性。

 任务实施

1. 准备工具

选择一个思维导图软件，如 MindManager、XMind 或在线工具如 Coggle。

2. 确定中心主题

中心主题为"云计算发展史"。

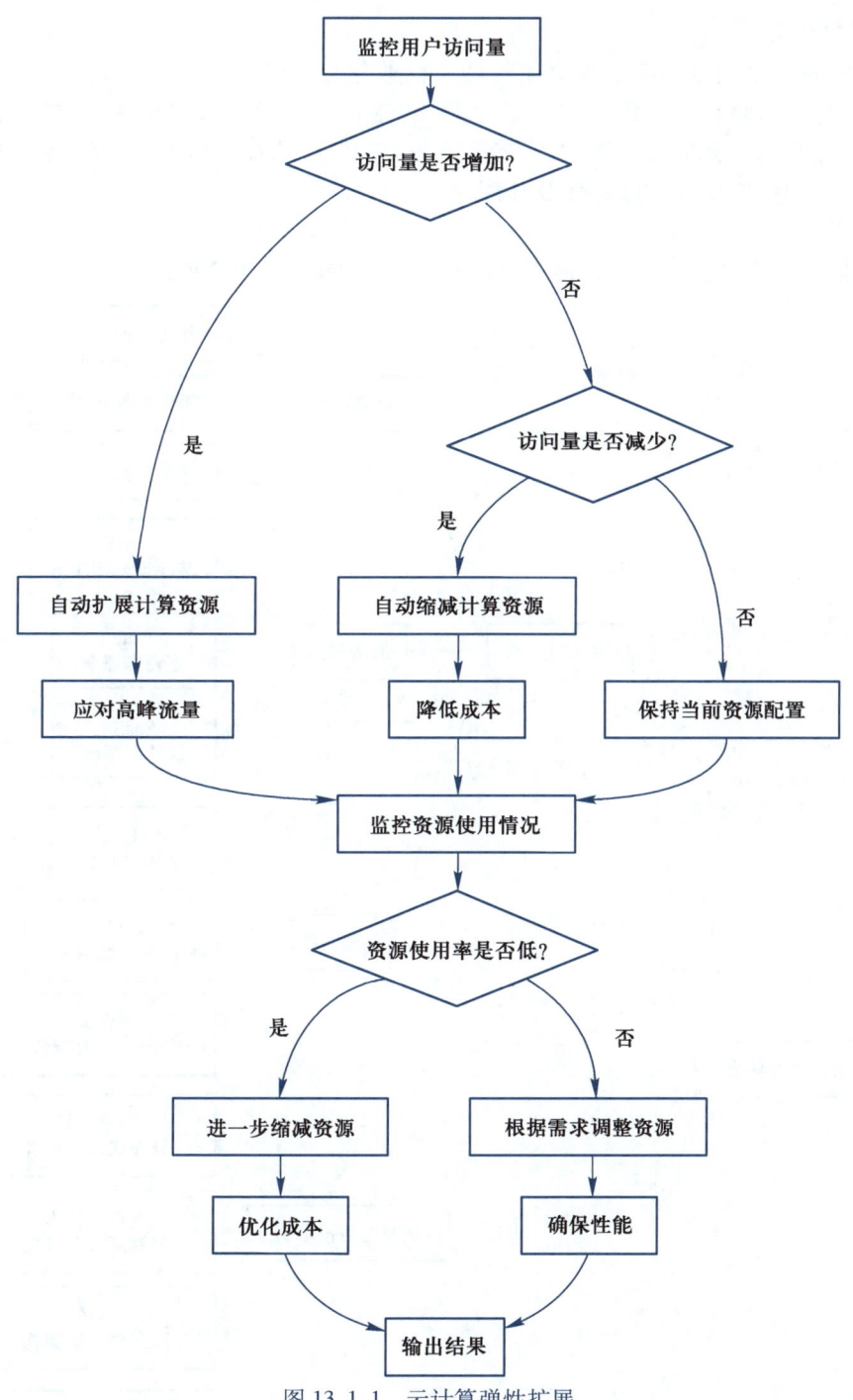

图 13.1.1　云计算弹性扩展

3. 绘制主分支

主分支包括"定义与特点"和"发展过程"。

4. 定义与特点分支

进一步细分为"基础概念""服务模型"和"部署模型"。

"基础概念"下可以添加"按需访问""资源弹性扩展"和"按需付费"。"服务模型"下添加"IaaS""PaaS"和"SaaS"，并简要描述每个模型的特点。"部署模型"下添加"公有云""私有云"和"混合云"，并解释每种部署方式的适用场景。

219

5. 发展过程分支

进一步细分为"早期概念与技术萌芽"和"商业化与成熟"。

"早期概念与技术萌芽"下添加"网格计算""虚拟化技术"和"SOA"，并解释它们对云计算的贡献。"商业化与成熟"下添加"公有云服务兴起""私有云与混合云发展"和"云原生技术"，并描述它们如何推动云计算的普及和深化。

6. 最终呈现

确保导图整洁、信息层次分明，便于理解和传达，如图 13.1.2 所示。

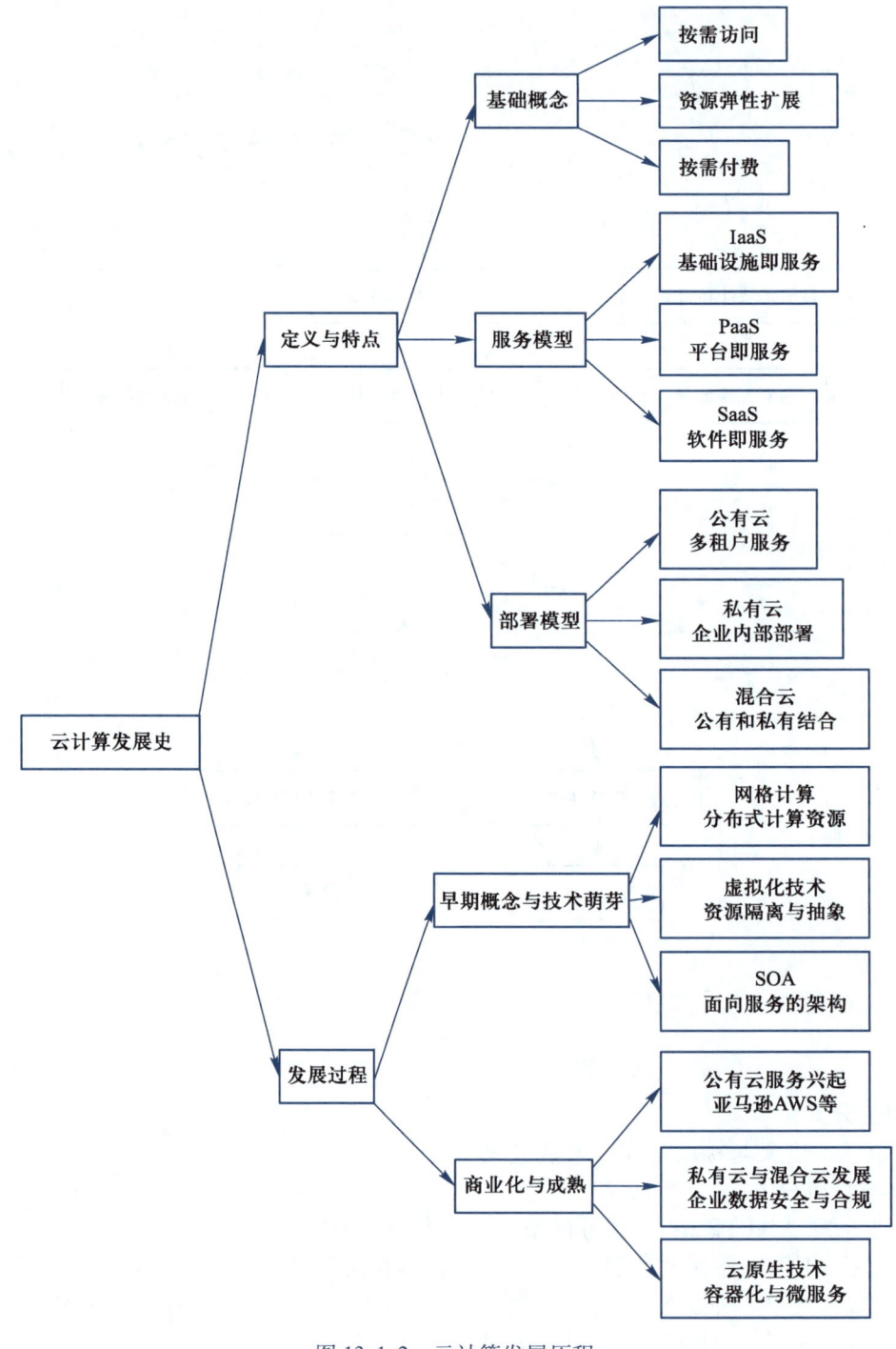

图 13.1.2　云计算发展历程

任务评价

1. 自我评价

任 务 要 求	掌握的操作有	仍需加强的有	不理解的有
认识云计算的定义与特点			
了解云计算的发展历程			
在本次任务实施过程中，自我评价的结果	A. 优秀 B. 良好 C. 仍需努力 D. 不清楚		

2. 测试评价

① 云计算服务模式允许用户通过互联网访问（　　）类型的资源。

A. 仅限软件

B. 仅限硬件

C. 服务器、存储、数据库、网络、软件等

D. 仅限于数据库和网络

② 云计算的服务模型不包括以下（　　）。

A. 基础设施即服务（IaaS）

B. 平台即服务（PaaS）

C. 硬件即服务（HaaS）

D. 软件即服务（SaaS）

 任务拓展

创建一个基于云计算的个人网站，可以选择创建一个个人博客、一个小型的在线相册，或者一个简单的信息分享平台。接着，使用一个公有云服务提供商，选择适合的云服务模型，如 IaaS 或 PaaS，来部署个人网站。

任务 13.2　设计河南特色农产品平台推广技术方案

微课 **13-2**
设计河南特色
农产品平台推
广技术方案

 任务简介

郑小安打算设计一个基于云计算服务模式的技术方案，来推广河南的特色农产品。他计划深入分析 IaaS、PaaS 和 SaaS 等不同云计算服务的应用场景，以构建一个既展示河南农产品特色又提供卓越用户体验的在线平台，促进当地农产品的销售，同时丰富自己在云计算领域的知识和实践。

 **知识准备**

1. 云计算的服务模式

（1）基本云交付模型服务层次

一般分为基础设施即服务（IaaS）、平台即服务（PaaS）和软件即服务（SaaS）3 个层次。

（2）部署模型

① 公有云。公有云服务由第三方云服务提供商运营，服务面向公众或大型用户群体。公有云具有成本效益高、易于访问和扩展性强的特点。

② 私有云。私有云是为单一组织建立的云环境，通常部署在组织的内部数据中心或作为专用的托管服务。私有云提供了更高的安全性和控制能力。

③ 混合云。混合云结合了公有云和私有云的特点，允许数据和应用程序在两者之间移动，以利用每种部署模型的优势，如图 13.2.1 所示。

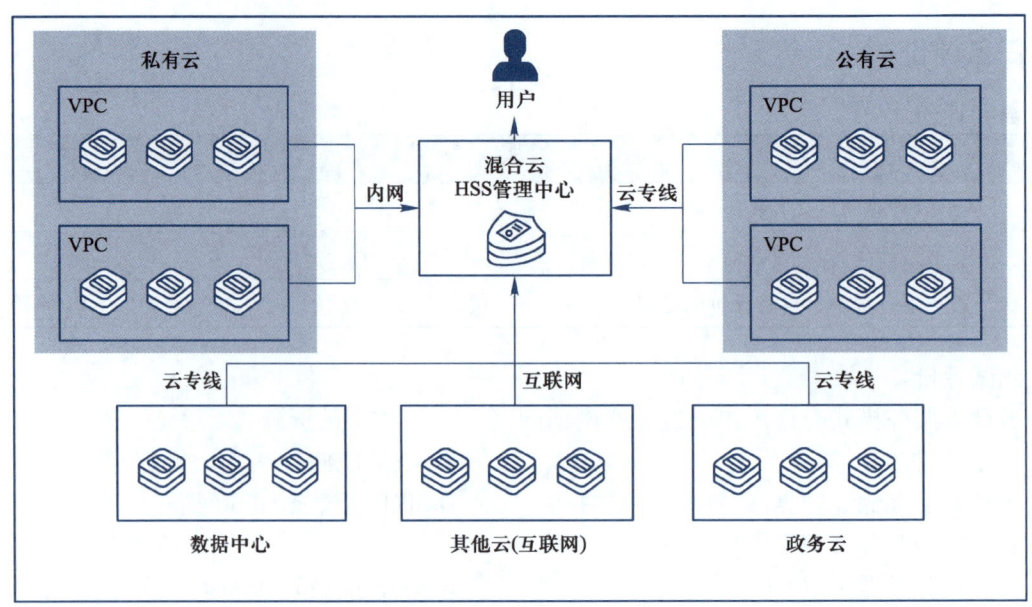

图 13.2.1　混合云架构

2. 分析不同云计算服务模式（如 IaaS、PaaS、SaaS）应用场景

（1）基础设施即服务（IaaS）

IaaS 提供虚拟化的计算资源，包括服务器、存储和网络硬件。它允许用户通过互联网访问这些资源，实现硬件资源的弹性扩展和缩减，如图 13.2.2 所示。

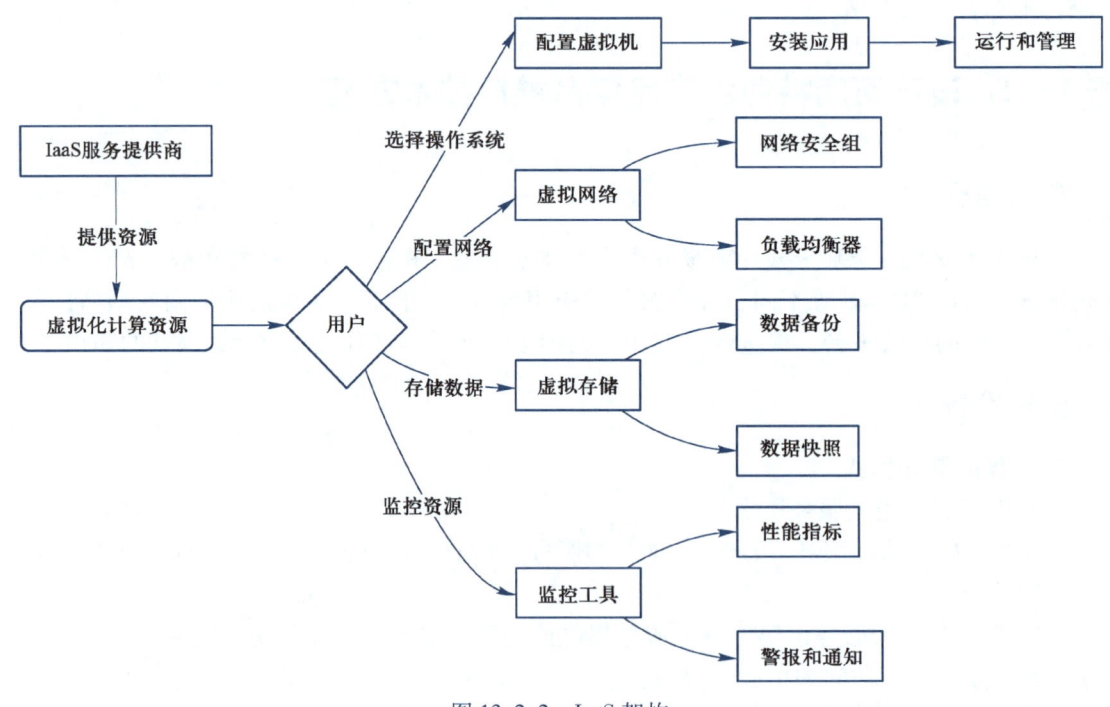

图 13.2.2　IaaS 架构

IaaS 适用于需要高度可定制化和控制底层硬件的企业和开发者。例如，大规模数据存储和计算密集型应用可以利用 IaaS 来快速扩展资源。

（2）平台即服务（PaaS）

PaaS 提供了一个平台，包括操作系统、数据库和开发工具，使得开发者能够专注于应用程序的编码而无须管理底层硬件或操作系统，如图 13.2.3 所示。

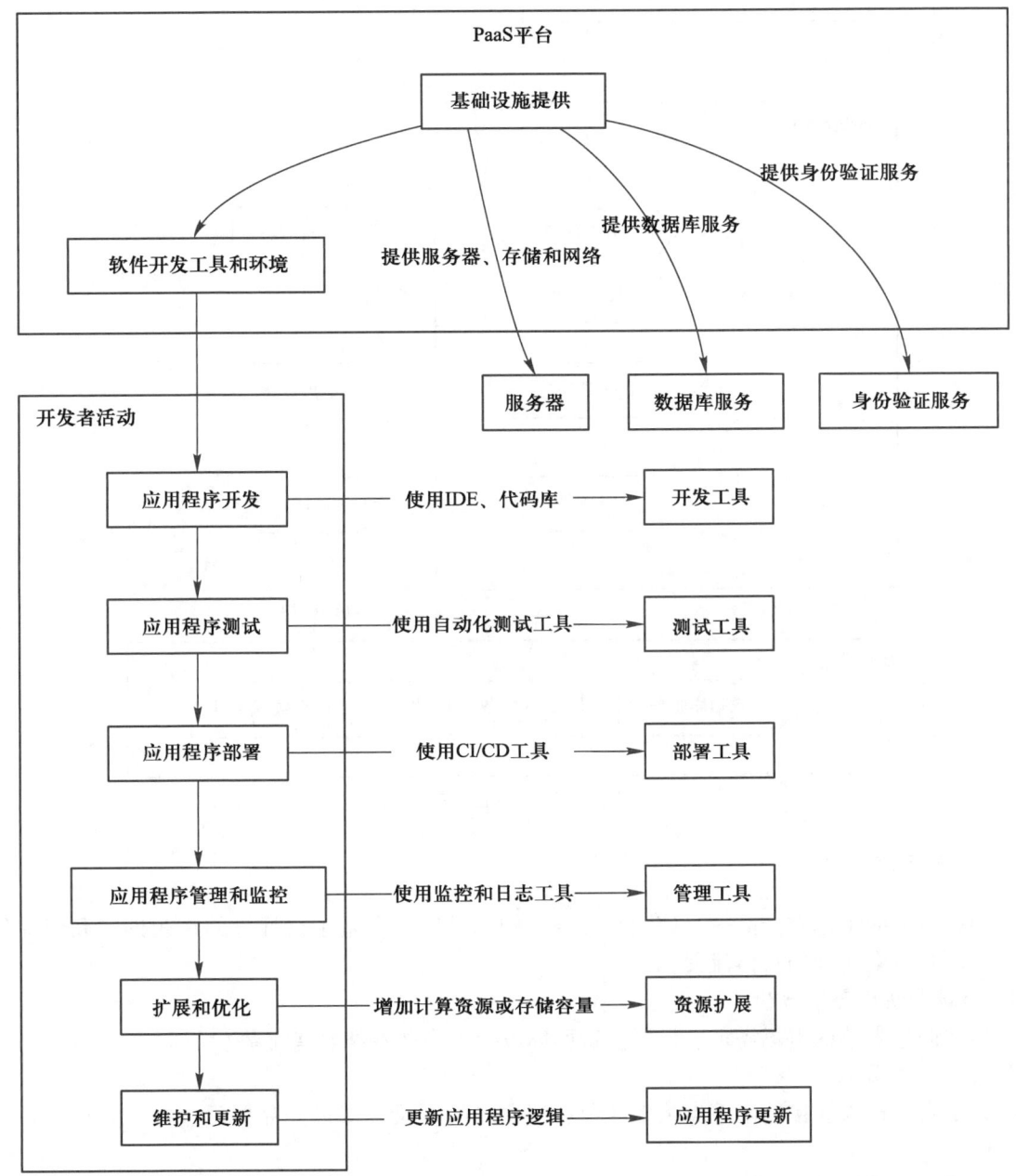

图 13.2.3　PaaS 架构

PaaS 适合快速开发和部署应用程序的场景，特别是对于那些希望减少维护工作量、快速迭代产品的开发团队。例如，初创公司可以使用 PaaS 来快速推出其最小可行产品（Minimum Viable Product，MVP）。

（3）软件即服务（SaaS）

SaaS 通过互联网提供完整功能的应用程序，用户可以直接通过浏览器访问，无需安装任何软件。SaaS 通常以订阅模式提供，易于使用和维护，如图 13.2.4 所示。

SaaS 适用于需要快速部署和易于访问的企业应用，如客户关系管理（Customer Relationship Management，CRM）、电子邮件服务和在线办公软件。例如，一个销售团队可以使用 SaaS CRM 系统来管理客户信息和跟踪销售机会，而无需担心软件的安装和更新问题。

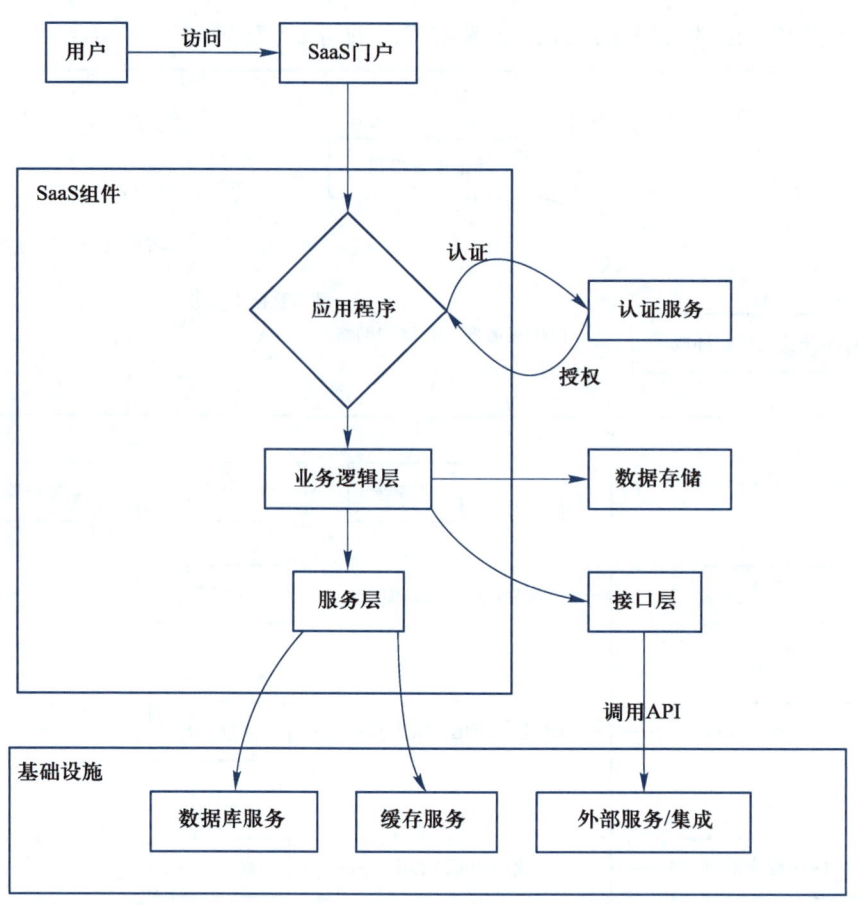

图 13.2.4 SaaS 架构

任务实施

以河南著名的特色农产品——信阳毛尖茶为例，设计一个基于云计算的在线推广和销售平台方案，以下是方案实施的具体流程。

1. 市场调研与需求分析

调研信阳毛尖茶的市场需求、目标消费群体以及潜在的在线销售优势。

2. 确定平台定位

明确平台将作为连接信阳毛尖茶生产者和消费者的桥梁，提供产品展示、文化介绍、在线交易等功能。

3. 选择云计算服务模型

考虑到茶叶电商平台的特点，选择 SaaS 模型来快速部署，利用成熟的电子商务平台服务，减少开发时间和成本。

4. 设计平台功能

设计用户友好的界面，包括产品展示区、用户评论、在线支付、订单管理等。

5. 配置云资源

根据预期访问量配置云服务器、数据库和存储资源，确保平台的稳定性和可扩展性。

6. 开发电子商务功能

开发商品管理、用户账户、购物车、支付接口等电子商务核心功能。

7. 实现文化展示

利用多媒体内容，如视频、图片和文字，展示信阳毛尖茶的文化背景和制作工艺。

8. 安全性设置

实施 SSL 加密、数据备份和用户隐私保护等安全措施，确保交易安全和用户信息安全。

9. 用户界面（UI）与用户体验（UX）设计

设计直观、易用的界面，优化用户购买流程，提高用户体验。

10. 集成第三方服务

集成物流跟踪、客户服务等第三方服务，提升平台的服务能力。

11. 测试平台功能

进行全面的系统测试，包括功能测试、性能测试和用户接受度测试，确保平台的可靠性。

12. 上线准备

准备上线所需的各项资源，包括服务器部署、域名注册和 SSL 证书申请。

13. 市场推广

制订并实施市场推广计划，利用社交媒体、搜索引擎优化（Search Engine Optimization，SEO）和在线广告吸引潜在顾客。

14. 收集用户反馈

上线后，积极收集用户反馈，及时响应用户需求，持续优化平台。

15. 监控与维护

监控平台性能和用户活动，定期维护系统，确保平台长期稳定运行。

 任务评价

1. 自我评价

任　务　要　求	掌握的操作有	仍需加强的有	不理解的有
了解云计算的服务模式			
认识分析不同云计算服务模式应用场景			
在本次任务实施过程中，自我评价的结果	A. 优秀　　B. 良好　　C. 仍需努力　　D. 不清楚		

2. 测试评价

① 在云计算中，（　　）服务模式允许用户通过互联网访问完整的应用程序，而无须在本地安装任何软件。

A. 基础设施即服务（IaaS）　　　　　B. 平台即服务（PaaS）

C. 软件即服务（SaaS）　　　　　　D. 数据即服务（DaaS）

② 以下（　　）最准确地描述了私有云的特点。

A. 面向公众或大型用户群体　　　　B. 通常部署在组织的内部数据中心

C. 易于访问和扩展性大　　　　　　D. 所有维护和升级由服务提供商负责

任务拓展

在完成本项目的学习后，通过思考以下问题，撰写一段个人的心得体会。

① 通过本项目的学习，你对云计算的定义和特点有哪些新的认识？云计算的发展过程给你带来了哪些启发？

② 在绘制云计算发展史思维导图的过程中，你是否掌握了有效整理和呈现信息的方法？这个技能如何帮助你更好地理解云计算的复杂概念？

③ 在设计河南特色农产品平台推广技术方案时，你如何应用云计算服务模式来解决问题？这个经历如何提升了你的技术应用能力和创新思维？

④ 在完成心得的过程中，你是否进行了更深入的调查或案例分析？这些额外的探索如何丰富了你对云计算在实际应用中的理解？

 ## 项目小结

任务 13.1　绘制云计算发展史思维导图
① 学会了收集和整理云计算的关键概念、发展历程以及主要事件的技能。
② 熟悉了使用思维导图工具来可视化信息，并构建知识框架的过程。
③ 掌握了将复杂信息以逻辑清晰、易于理解的方式呈现的方法。

任务 13.2　设计河南特色农产品平台推广技术方案
① 学会了分析不同云计算服务模式（如 IaaS、PaaS、SaaS）的特点和适用场景。
② 熟悉了如何根据实际需求选择合适的云计算服务模式来构建平台。
③ 掌握了设计技术方案的基本流程，包括需求分析、方案设计、实施计划和评估反馈。

 ## 项目实训

实训任务单

实 训 任 务	13-云计算
任务名称	展示河南特色农产品平台推广技术方案
实训目标	1. 掌握云计算技术在农产品推广中的应用方法。 2. 深入了解云计算服务模式及其在电商平台的实施策略。 3. 设计并展示一个创新的技术方案，以推广河南特色农产品
任务描述	本任务旨在通过云计算技术方案的设计和展示，提升学习者对云计算在现代农产品推广中应用的理解。学习者需要结合云计算的特点，设计一个技术方案，以促进河南特色农产品的在线销售和品牌推广
实训要求	1. 学习并掌握云计算的基础知识和关键技术。 2. 调研河南特色农产品的市场现状和需求。 3. 具体创新思维，设计一个切实可行的技术方案
实训成果示例	1. 活动背景：随着云计算技术的快速发展，其在电子商务领域的应用日益广泛。河南作为农业大省，拥有丰富的特色农产品资源，通过技术创新提升市场竞争力。 2. 活动目标： 展示云计算技术在农产品电商平台中的应用潜力。 提出创新的云计算服务模式，满足农产品推广的特定需求 ……
实训步骤	1. 调研分析：收集河南特色农产品的相关信息，分析市场需求和潜在客户。 2. 知识学习：系统学习云计算的基础知识，掌握不同服务模式的特点。 3. 方案设计：基于调研和学习成果，设计技术方案，包括架构设计、服务选择、成本预算等 …… （请按照实际操作填写实训步骤）
实训心得	
小组评价	
教师评价	

项目 14 物联网

项目介绍

物联网（Internet of Things，IoT）是一个由互联网、传统电信网、传感器网络等多种网络组成的网络概念，它允许物体与物体之间进行信息交换和通信。物联网技术使得各种信息传感设备，如射频识别（Radio Frequency Identification，RFID）设备、红外感应器、全球定位系统（Global Positioning System，GPS）和激光扫描器等，与互联网相连接，实现智能化识别、定位、跟踪、监控和管理。

物联网的核心在于"物物相连"，即将现实世界中的物品通过传感器等设备接入网络，实现智能化识别、定位、追踪、监控和管理。这不仅极大地提高了生产效率和生活便利性，也为数据收集、分析和应用提供了新的维度。

物联网的应用范围非常广泛，包括智能家居、智慧城市、工业自动化、健康医疗、农业监控、环境监测、交通管理等多个领域。随着技术的不断发展，物联网正逐渐渗透到日常生活的方方面面，推动着社会向更加智能化、自动化的方向发展。

学习目标

【知识目标】
① 理解物联网（IoT）的基本概念、关键技术和架构组成。
② 掌握物联网的通信协议、数据管理与安全基础。
③ 学习物联网在智能教室和智慧家居中的典型应用案例。

【技能目标】
① 能够设计并实施物联网解决方案，如智能教室设备控制。
② 能够使用相关软件和工具进行物联网设备的配置和管理。

【素养目标】
① 培养创新思维和解决复杂物联网问题的能力。
② 形成良好的物联网技术实践习惯和规范操作意识。

任务 14.1 体验智能教室设备控制

任务简介

郑小安对新兴科技充满好奇。一天，学校引进了一批智能教室设备，这些设备能够通过语音

微课 14-1
体验智能教室
设备控制

指令或者手机应用进行控制，从而实现对教室环境的智能管理。郑小安对此感到非常兴奋，他决定亲自体验一下这些智能设备。

 知识准备

1. 物联网概述

（1）物联网定义与架构

物联网（Internet of Things，IoT）指的是通过各种信息传感设备，如射频识别（RFID）、红外感应器、全球定位系统、激光扫描器等，实时采集任何需要监控、连接、互动的物体的信息，并通过互联网进行信息交换与通信，以实现智能化识别、定位、跟踪、监控和管理的网络。

物联网的架构通常分为感知层、网络层、平台层和应用层4个层次，如图14.1.1所示。感知层负责收集物理世界的数据；网络层负责数据的传输；平台层进行数据处理和分析；应用层则根据分析结果提供服务。物联网架构的4个层次相互协作，确保信息的高效流动和智能化处理。

（2）物联网关键技术与应用领域

物联网的关键技术包括传感器技术、通信技术、数据处理技术以及安全技术。传感器技术是物联网的基石，负责收集数据；通信技术确保数据的传输；数据处理技术涉及数据的存储、分析和挖掘；安全技术则保障数据的安全性和隐私性。

物联网的应用领域广泛，包括智能家居、智能交通、智能医疗、工业自动化等。例如，在智能家居领域，通过物联网技术，用户可以远程控制家中的电器设备，实现家庭环境的智能化管理。

物联网的发展面临着技术标准不统一、安全性问题、隐私保护等挑战。同时，物联网也为各行各业带来了巨大的发展机遇，通过智能化改造，可以提高生产效率，优化资源配置，创造新的商业模式。

2. 物联网核心技术

（1）感知与识别技术

① 传感器技术。传感器是物联网的"感知器官"，负责收集环境中的温度、湿度、光照强度、压力等物理量，并将其转换为电信号。传感器技术的发展对物联网的精确度和灵敏度至关重要。传感器的类型多样，包括温度传感器、湿度传感器、光电传感器等，每种传感器都针对特定的测量需求设计。如图14.1.2所示，展示了不同类型的传感器。

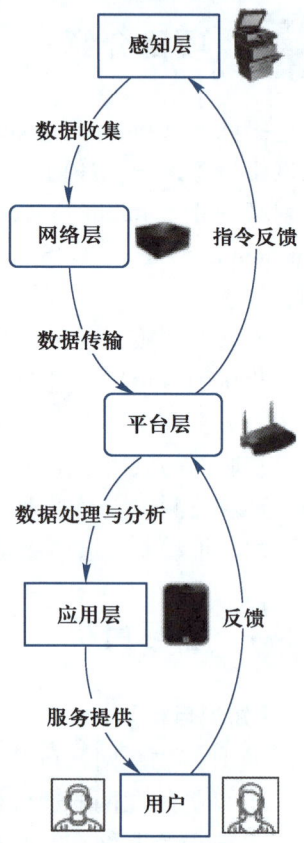

图 14.1.1　物联网架构的 4 个层次的相互关系

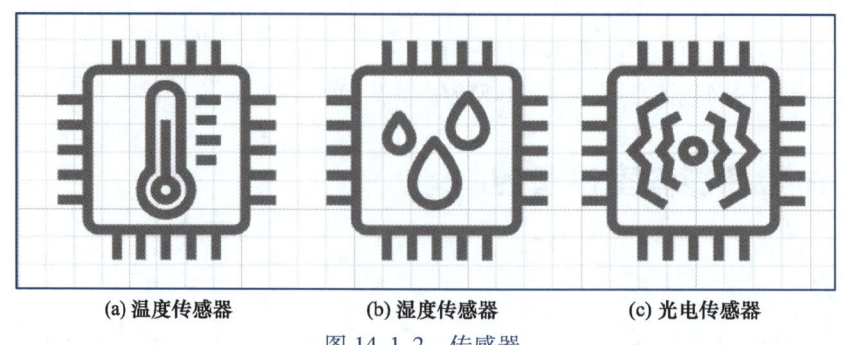

(a) 温度传感器　　　(b) 湿度传感器　　　(c) 光电传感器

图 14.1.2　传感器

228

　　② RFID 技术。RFID 技术是一种无线通信技术，用于自动识别和跟踪带有 RFID 标签的物品。RFID 技术可用于远距离、高速度的数据读取，极大地提高了物品管理的效率。如图 14.1.3 所示，展示了 RFID 系统的基本组成和工作流程。

　　（2）网络与通信技术

　　物联网设备之间以及与互联网的通信需要依赖标准化的通信协议。这些协议包括 MQTT（Message Queuing Telemetry Transport）、CoAP（Constrained Application Protocol）等，它们针对物联网的低功耗、低带宽和高延迟特性进行了优化。

　　物联网的网络架构通常包括星形、网状、树形等拓扑结构，以适应不同的应用场景和需求。例如，智能家居可能采用星形结构，而工业自动化可能采用更为复杂的网状结构。如图 14.1.4 所示，展示了物联网网络架构的几种典型拓扑。

　　随着物联网设备的增多，数据量急剧上升，中心化的数据处理方式面临挑战。边缘计算技术通过在网络边缘进行数据处理和分析，减少了数据传输的延迟，提高了系统的响应速度和可靠性。

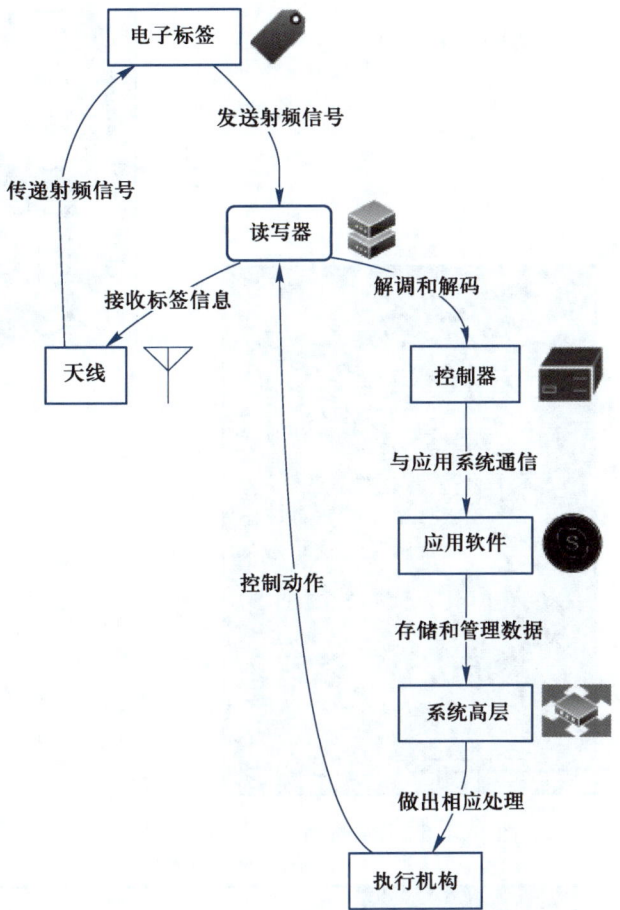

图 14.1.3　RFID 系统的基本组成和工作流程

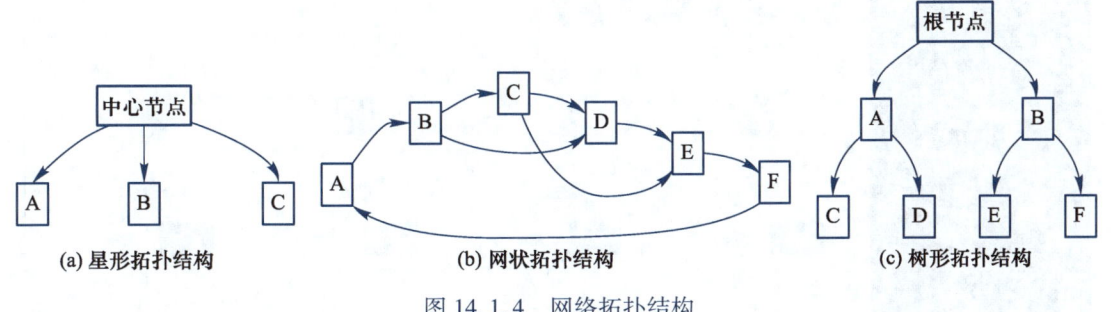

图 14.1.4　网络拓扑结构

任务实施

1. 感知层的配置

　　首先需要进行设备识别，确定所有需要使用的物联网设备，包括传感器和执行器，如图 14.1.5 所示。

　　① 固件烧录：对设备进行固件烧录，确保设备具备基本的运行能力，如图 14.1.6 所示。

　　② 参数配置：根据不同类型的传感器（如温度、湿度、光照强度等），配置相应的参数，以确保传感器能够正确收集数据，如图 14.1.7 所示。

229

电脑USB

5V电源适配器

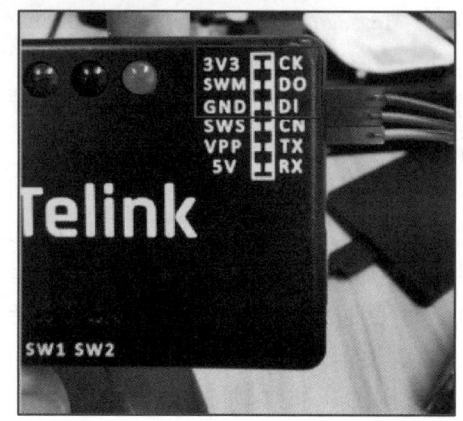

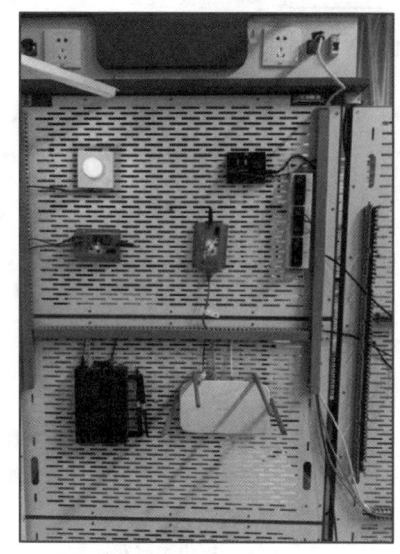

图 14.1.5　设备配置

图 14.1.6　固件烧录

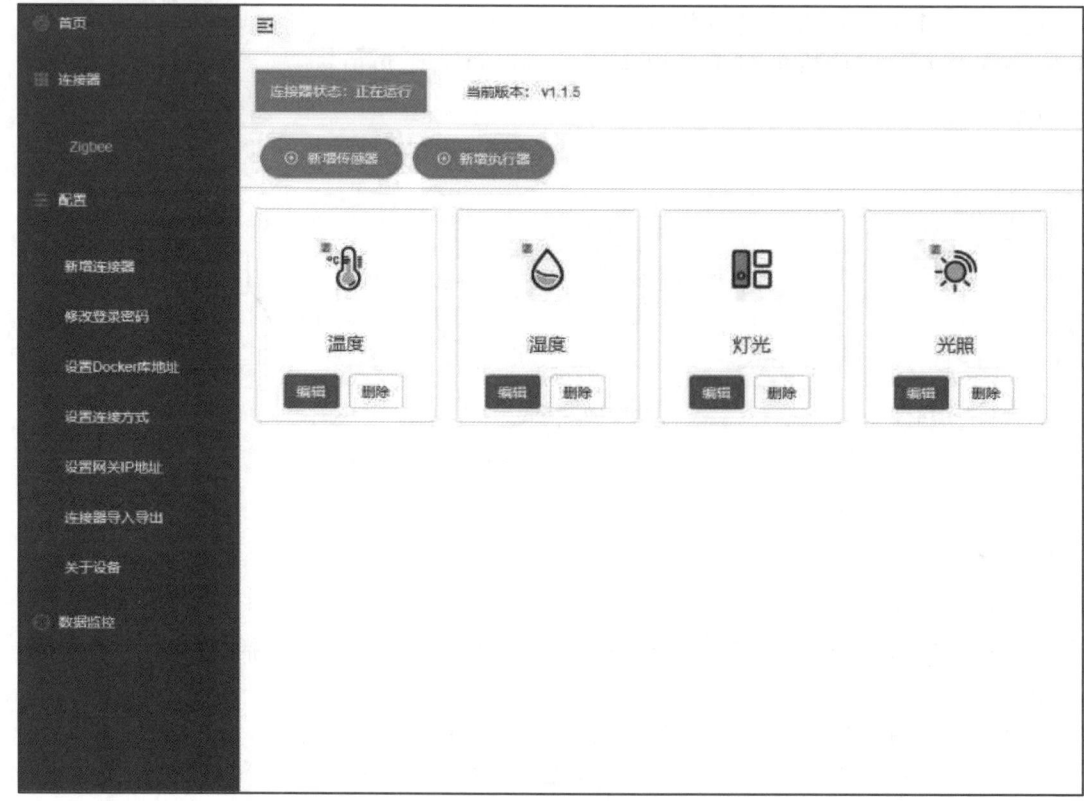

图 14.1.7　参数配置

2. 网络层的配置

① 中心网关设置：配置中心网关，这是物联网设备与互联网连接的桥梁。

② 路由器配置：配置路由器，确保网关能够连接到外网，如图 14.1.8 所示。

图 14.1.8　网络层的配置

③ 通信协议设置：根据设备需求，设置合适的通信协议，如 MQTT 或 CoAP。

④ ZigBee 网络配置：使用 ZigBee 技术，需要在网关上添加 ZigBee 模块，并配置相应的网络，将传感器和执行器加入网络。

3. 平台层的配置

① 云平台选择：选择一个第三方云平台，用于设备的远程管理和数据的存储。

② 设备关联：在云平台上关联物联网设备，确保设备能够上线并被远程监控。

③ 数据监控：通过云平台监控设备收集的数据，确保数据的准确性和完整性。

4. 应用层的开发

① 数据分析：对收集到的数据进行分析，以识别教室环境的当前状态和需求。

② 智能控制逻辑开发：根据数据分析结果，开发智能控制逻辑，实现教室环境的自动调节。

③ 用户界面设计：设计用户界面，使用户能够通过手机 App 或语音指令控制智能设备，如图 14.1.9 所示。

图 14.1.9　用户界面设计

231

任务评价

1. 自我评价

任 务 要 求	掌握的操作有	仍需加强的有	不理解的有
物联网的概述			
认识物联网核心技术			
在本次任务实施过程中，自我评价的结果	A. 优秀　　B. 良好　　C. 仍需努力　　D. 不清楚		

2. 测试评价

① 物联网（IoT）的基本定义涉及以下（　　　）技术。

A. 通过互联网连接的个人计算机

B. 利用传感器收集数据并通过互联网进行通信的设备网络

C. 仅使用红外感应器的设备

D. 仅限于智能家居的自动化系统

② 物联网架构中，（　　　）负责数据的收集。

A. 感知层　　　　B. 网络层　　　　C. 平台层　　　　D. 应用层

 任务拓展

体验智能家居系统将从选择智能设备开始，学习如何将它们接入网络，并通过手机应用或语音命令进行控制。探索设备配置、实时操作以及自动化规则的设置，体验如何通过技术提升家居的便利性和舒适度。

任务 14.2　互动游戏：智慧家居挑战赛

 任务简介

郑小安作为高职的一名学生，对新兴科技充满热情。随着学校引入了一系列智能家居设备，他和同学们被邀请参加一个名为"智慧家居挑战赛"的互动游戏。这项任务旨在通过一系列富有趣味性和挑战性的活动，让学生们深入体验智能家居技术，并探索其在日常生活中的潜在应用。

 知识准备

典型物联网应用系统

（1）智能家居系统

① 系统组成。智能家居系统是物联网技术在居住环境中的应用，它通过集成各种传感器、智能控制器和执行器，实现对家居环境的自动化控制和优化。这些设备通过网络互联，形成一个智能控制网络，能够响应用户指令或自动执行预设的控制逻辑。

② 关键技术。智能家居系统的关键技术包括无线通信技术（如 Wi-Fi、ZigBee、Bluetooth 等）、设备互联标准（如 ZigBee、Z-Wave 等）、以及用户界面设计。这些技术确保了设备的互联互通和用户友好的操作体验。

③ 应用场景。智能家居系统可以应用于多种场景，如智能照明控制、温湿度调节、安全监控、能源管理等。例如，通过智能温控器，系统可以根据室内外温差自动调节空调温度，实现节

能和舒适。

（2）智能工业系统

① 系统架构。智能工业系统是物联网技术在工业生产中的应用，它通常由感知层、网络层、处理层和执行层组成。感知层负责收集生产线上的各种数据，网络层负责数据传输，处理层进行数据分析和决策，执行层根据决策结果控制生产设备。

② 数据采集与分析。智能工业系统中的数据采集是基础，包括温度、压力、速度等生产参数的实时监测。这些数据通过网络传输到处理层，利用大数据和人工智能技术进行分析，以优化生产流程、预测设备故障、降低能耗等。

③ 自动化与优化。智能工业系统通过自动化控制提高生产效率和产品质量。例如，通过机器视觉系统检测产品质量，通过预测性维护减少设备故障停机时间。此外，系统还可以根据市场需求和资源状况自动调整生产计划，实现生产过程的优化。

任务实施

1. 设备准备与环境搭建

① 清点并准备所有必要的智能家居设备，包括智能灯泡、温湿度传感器、智能插座、安全摄像头等。

② 确保所有设备具备电源供应，并处于待连接状态。

2. 网络配置与设备连接

① 配置家庭 Wi-Fi 网络，确保所有设备能够接入网络。

② 通过智能家居中心或相应的手机应用，将所有设备添加至网络，并进行初步配置。

3. 系统编程与自动化规则设置

① 编写简单的自动化脚本，例如，当室内温度超过设定值时，自动启动空调。

② 设定安全监控规则，如门窗传感器被触发时，发送警报至用户手机。

4. 用户界面设计与优化

① 设计直观易用的用户界面，确保用户能够轻松控制家中的智能设备。

② 根据用户反馈，调整界面布局和操作流程，提升用户体验。

5. 场景模拟与功能测试

① 模拟不同的家居场景，如离家、回家、睡眠模式，测试自动化规则的执行情况。

② 检查系统响应速度和设备执行准确性，确保系统稳定运行。

6. 团队合作与创意发挥

① 分组进行任务实施，每个团队负责设计并实现一个智能家居场景。

② 鼓励团队成员发挥创意，探索智能家居的新颖应用。

7. 系统演示与评估

① 各团队展示他们的智能家居场景设计和实现效果。

② 评估各团队的系统功能性、创新性和用户体验。

任务评价

1. 自我评价

任　务　要　求	掌握的操作有	仍需加强的有	不理解的有
认识典型物联网应用系统			
在本次任务实施过程中，自我评价的结果	A. 优秀　　B. 良好	C. 仍需努力	D. 不清楚

2. 测试评价

① 智能家居系统中，以下（　　）技术是实现设备互联互通的关键。

A. 人工智能算法　　B. 无线通信技术　　C. 云计算服务　　D. 数据库管理

② 在智能工业系统中，以下（　　）活动是处理层的主要任务。

A. 收集生产线数据　　　　　　　　B. 传输生产数据

C. 分析生产数据并做出决策　　　　D. 控制生产设备

 任务拓展

通过参与本项目的学习，已经有机会深入探索物联网的世界，体验智能教室设备控制，并参与到智慧家居挑战赛的互动游戏中。在这个过程中，不仅获得了宝贵的知识和技能，更有可能对物联网的潜力和应用有了更深刻的理解，请同学们回顾整个学习旅程，并写下自己的心得体会。

项目小结

任务 14.1　体验智能教室设备控制

① 学会了物联网设备的操控技能，包括智能教室中各种设备的使用和基本编程。

② 熟悉了物联网系统的基本组成，包括感知层、网络层、平台层和应用层的功能和作用。

③ 掌握了物联网设备互联互通的原理，理解了设备通信协议的重要性。

任务 14.2　互动游戏：智慧家居挑战赛

① 学会了智能家居系统的设计和实现，包括智能照明、温湿度控制等场景的搭建。

② 熟悉了智能家居系统中用户界面的设计原则，理解了用户体验的重要性。

③ 掌握了智能家居自动化规则的设置，理解了大数据和人工智能在智能家居中的应用。

项目实训

实训任务单

实 训 任 务	14-物联网
任务名称	参与智能家居挑战赛
实训目标	1. 掌握物联网设备的使用和配置方法。 2. 深入了解物联网技术在智能家居领域的应用
任务描述	本次实训任务旨在通过智能家居挑战赛，使学习者能够实际体验物联网技术的应用。学习者将通过实际操作物联网设备，理解其工作原理，并探索如何将这些技术应用于提升家居生活的智能化水平
实训要求	1. 学习并理解物联网的基础概念和技术架构。 2. 熟悉智能家居系统中的设备类型及其功能。 3. 创新设计智能家居场景，实现设备间的互联互通
实训成果示例	活动背景：随着物联网技术的快速发展，智能家居已成为提升现代生活质量的重要手段。本次智能家居挑战赛旨在激发学习者的创新思维，探索物联网技术在家居自动化和智能化中的应用。 活动目标： 展示物联网技术在智能家居中的集成应用。 在智能家居设计和实施过程中，培养学习者解决问题的能力 ……

续表

实训步骤	1. 理论学习：掌握物联网的基本概念、关键技术和智能家居系统的设计原则。 2. 设备熟悉：了解并操作各类智能家居设备，包括传感器、控制器等。 3. 方案设计：基于学习成果，设计智能家居系统方案，包括设备选择、网络架构和用户交互界面 …… （请按照实际操作填写实训步骤）
实训心得	
小组评价	
教师评价	

项目 15　现代通信网络技术

项目介绍

本项目旨在通过现代通信网络技术，培养学生对 5G 通信技术及其在自动驾驶等领域应用的深入理解。通过一系列精心设计的实践活动，学习者将掌握通信技术的发展历程、关键技术及其与其他信息技术的融合应用。

学习目标

【知识目标】
① 理解现代通信技术的发展历程、关键技术及其未来趋势。
② 掌握现代通信技术与其他信息技术的融合应用。
③ 熟悉 5G 技术的应用场景、基本特点及其关键技术。
④ 了解 5G 技术在自动驾驶等智慧交通领域的应用。

【技能目标】
① 能够运用现代通信技术解决实际问题。
② 能够分析 5G 技术在不同应用场景下的优势和局限。
③ 能够通过实践活动体验 5G 技术，并评估其在自动驾驶等领域的实施效果。

【素养目标】
① 培养对现代通信技术发展的持续关注和学习的兴趣。
② 形成对技术融合与创新的深刻理解，提升跨学科思维能力。
③ 培养严谨的科学态度和规范的技术应用习惯。
④ 增强团队协作和交流能力，提升解决复杂问题的综合素养。

微课 15-1
踏上现代通信
技术的时间
隧道之旅

任务 15.1　踏上现代通信技术的时间隧道之旅

任务简介

郑小安参加了一次名为"时间隧道之旅"的特殊活动，穿越历史的长河，深入了解现代通信技术的演进及其与信息技术的融合。从电报到 5G，他目睹了通信技术如何不断突破距离的束缚，实现信息的即时传递。同时，他认识到现代通信技术并非孤立，而是与人工智能、物联网等技术领域紧密相连，共同构建了一个庞大的技术生态系统，为人类社会的进步和创新提供了动力。

知识准备

1. 现代通信技术的发展历程及未来趋势

（1）技术演进的里程碑

① 电报与电话的诞生。19 世纪中叶，电报的发明标志着现代通信技术的第一次革命。随后，电话的出现进一步缩短了人与人之间的沟通距离。电报与电话的发明，为现代通信技术奠定了基础，如图 15.1.1 和图 15.1.2 所示。

图 15.1.1　电话机　　　　　　　　图 15.1.2　电报机

② 无线电技术的兴起。20 世纪初，无线电技术使通信摆脱了物理线路的限制，实现了远距离无线通信，为广播和电视的普及提供了可能。

③ 数字通信的突破。20 世纪中后期，数字通信技术的发展，使得信息传输更加高效、安全。数字信号处理技术的引入，为通信技术带来了质的飞跃。

④ 移动通信的兴起。从 1G 到 5G，移动通信技术的发展极大地提高了通信的便捷性，使人们能够随时随地进行通信。

⑤ 互联网的普及。20 世纪末，互联网的兴起彻底改变了信息传播的方式，实现了全球范围内的信息共享。

（2）未来趋势的展望

① 5G 技术的全面部署。5G 技术以其高速率、低延迟、大连接数的特点，为物联网、自动驾驶、远程医疗等领域带来革命性的变化。5G 技术的全面部署，极大地推动社会数字化转型，如图 15.1.3 所示。

② 6G 技术的预研。6G 技术预计将在 2030 年左右商用，其将实现更广泛的频谱利用、更高效的网络架构，为全息通信、量子通信等前沿技术提供支持。

图 15.1.3　5G 技术

③ 人工智能与通信技术的融合。人工智能技术的发展将使通信网络更加智能化，实现网络资源的最优配置和故障的自动诊断。

④ 量子通信的探索。量子通信以其绝对的安全性，将成为未来通信技术的重要发展方向，为信息安全提供新的解决方案。

⑤ 卫星互联网的扩展。通过部署大量低轨道卫星，实现全球范围内的高速互联网接入，尤其是在偏远地区，卫星互联网技术在远程医疗中的应用效果显著。

2. 现代通信技术与其他信息技术的融合发展

（1）技术融合的多维视角

① 物联网（IoT）的兴起。物联网技术将通信技术与传感器、执行器等物理设备相结合，实现了设备的智能化和互联互通。

② 云计算与通信技术的协同。云计算提供了强大的计算资源和存储能力，与通信技术相结合，支持了大规模数据的实时处理和分析。

③ 人工智能（AI）在通信中的应用。AI技术通过机器学习和深度学习算法，优化了通信网络的资源分配、故障检测和用户行为预测。

④ 大数据与通信技术的深度整合。大数据技术通过分析通信网络中产生的海量数据，为网络优化、用户行为分析和市场预测提供了支持。

⑤ 区块链技术在通信安全中的应用。区块链技术以其去中心化和不可篡改的特性，为通信安全提供了新的解决方案，尤其是在身份验证和数据完整性方面。

（2）技术融合的未来展望

① 边缘计算的发展趋势。边缘计算将数据处理和分析任务从云端转移到网络边缘，以减少延迟，提高响应速度。

② 量子通信与经典通信的融合。量子通信技术，特别是量子密钥分发（Quantum Key Distribution，QKD），将与经典通信技术结合，提供更高级别的通信安全。

③ 虚拟现实（Virtual Reality，VR）与增强现实（Augmented Reatity，AR）在通信中的应用。VR和AR技术结合通信技术，为用户提供沉浸式体验，广泛应用于教育、娱乐和远程协作等领域。

④ 智能交通系统的构建。智能交通系统通过融合通信技术、AI、大数据和物联网，实现交通流量的实时监控和优化管理。智能交通系统的构建，展示了不同技术如何协同工作以提高交通效率。

任务实施

1. 打开 WPS Office

启动 WPS Office 程序，创建一个新的空白文档。

2. 设置页面布局

转到"页面"选项卡，选择"纸张方向"，然后选择"横向"以获得更宽的页面布局。

3. 绘制时间轴

转到"插入"选项卡，单击"形状"按钮，在箭头汇总中选择"燕尾型"

4. 添加时间标记

使用文本框或直接在时间轴上添加文本，标记出 1G 到 5G 的关键年份。

5. 填写时间节点信息

在每个时间节点旁边添加文本框，输入名称和简要描述。

6. 美化时间轴

调整时间轴和时间节点的颜色、线条粗细等，以增强视觉效果。可以为时间节点添加不同的颜色或图案，以区分不同的时代。

7. 调整布局

根据需要调整时间节点和文本框的位置，确保它们沿着时间轴整齐排列，整体效果如图 15.1.4 所示。

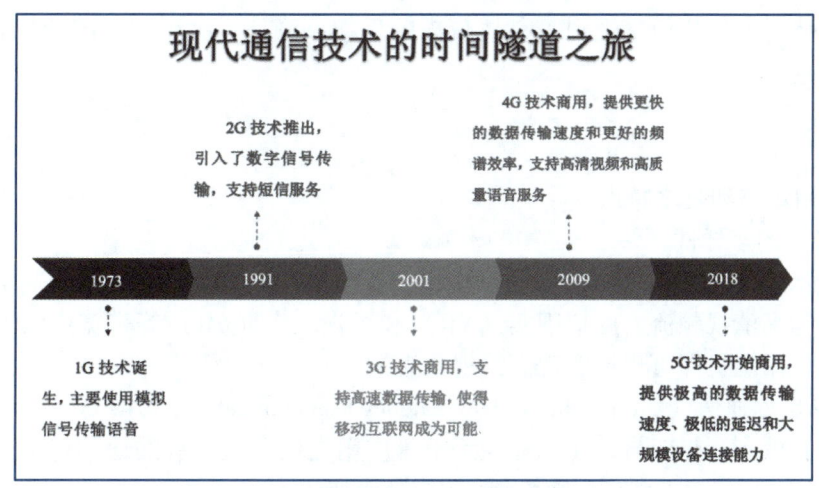

图 15.1.4　现代通信技术的时间隧道之旅时间轴

 任务评价

1. 自我评价

任　务　要　求	掌握的操作有	仍需加强的有	不理解的有
认识现代通信技术的发展历程及未来趋势			
了解现代通信技术与其他信息技术的融合发展			
在本次任务实施过程中，自我评价的结果	A. 优秀　　B. 良好　　C. 仍需努力　　D. 不清楚		

2. 测试评价

① 在现代通信技术的发展历程中，（　　）技术使得通信摆脱了物理线路的限制，实现了远距离无线通信。

A. 电报　　　　　B. 电话　　　　　C. 无线电技术　　　D. 数字通信

② 5G 技术在以下（　　）领域中的应用，使得医生可以在千里之外通过 5G 网络实时控制手术机器人完成复杂的手术操作。

A. 物联网　　　B. 自动驾驶　　　C. 远程医疗　　　D. 卫星互联网

 任务拓展

随着河南信息生活馆的门扉缓缓打开，我们踏入了一个充满科技魅力的新世界。在这里，每一项展示，每一个互动体验，都是现代通信技术发展的缩影。从隔空互动到 5G 应用，从智慧医疗到家庭自动化，每一步都让我们对信息通信有了更加深刻的理解。现在，请将这次旅程中的所见所感，所思所悟，凝聚成文字，记录下个人心得体会，讲述体验和思考。

任务 15.2　VR 游戏：体验自动驾驶

 任务简介

郑小安将戴上虚拟现实头盔，沉浸在一个由 5G 技术驱动的自动驾驶体验中。通过 VR 技术，他能够逼真地感受到 5G 网络的高速率和低延迟带来的流畅体验，仿佛亲自驾驶着未来汽车在道路上飞驰。这次体验不仅让他享受到了科技带来的乐趣，更是一次深入了解 5G 技术及其在自动驾驶领域应用的绝佳机会。

 知识准备

1. 5G 的应用场景和基本特点

（1）应用场景的多样性

① 增强型移动宽带（Enhanced Mobile Broadband，eMBB）。5G 技术以其极高的数据传输速率和大容量特性，为高清视频流、虚拟现实（VR）和增强现实（AR）等带宽密集型应用提供了强大支持。例如，使用手机即可现场实现高清视频直播。

② 超可靠低延迟通信（Ultra Reliable Low Latency Communication，URLLC）。5G 通过减少网络延迟，为自动驾驶汽车、工业自动化和遥控手术等应用提供了超可靠的通信保障。在自动驾驶领域，5G 的低延迟特性，确保了车辆能够实时响应环境变化。

③ 大规模机器类通信（Massive Machine Type Communication，mMTC）。5G 网络能够支持大量设备的连接，适用于物联网（IoT）场景，如智能城市、智能家居和智能农业等。智能城市中，5G 网络连接的传感器和设备，共同工作以优化城市管理和提高生活质量。

（2）基本特点的技术深度

① 高频谱效率。5G 技术采用先进的无线接入技术，如 OFDM（正交频分复用）和 LDPC（低密度奇偶校验）编码，显著提高了频谱的使用效率，提升了数据传输的速率和可靠性。

② 网络切片。5G 允许在同一物理网络上创建多个虚拟网络，以满足不同服务需求的服务质量（QoS）和性能要求，为不同的服务需求提供了定制化的网络环境，如图 15.2.1 所示。

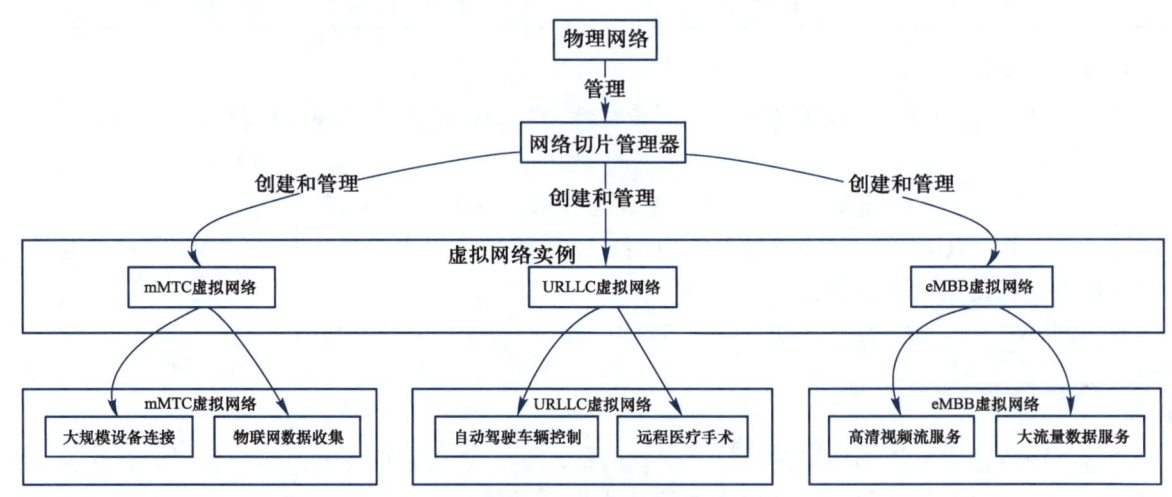

图 15.2.1　网络切片技术

③ 边缘计算。5G 通过将数据处理和存储推向网络边缘，即更靠近数据源的地方，减少了延迟，提高了服务响应速度。边缘计算的架构，展示了数据处理在网络边缘的分布情况。

2. 5G 关键技术

（1）基础性技术

① 新型无线接入技术。5G 引入了先进的无线接入技术，包括 OFDM 和 LDPC 编码，这些技术显著提高了数据传输速率和通信可靠性。OFDM 技术通过频谱的高效分割，提升了数据传输的速率和可靠性。

② 大规模 MIMO 技术。5G 网络采用大规模 MIMO 技术，通过使用大量天线阵列来提高频谱

效率和信号质量。大规模 MIMO 技术，通过精确的波束成型技术，增强了信号的定向传输能力，如图 15.2.2 所示。

③ 高频谱利用技术。5G 技术通过高频谱利用技术，如毫米波通信，扩展了可用频谱资源，尽管其传播距离较短，但提供了极高的数据传输速率。毫米波通信的应用，展示了 5G 如何在高频段实现高速数据传输。

（2）网络架构创新

服务化架构（Service‐Based Architecture，SBA）。5G 采用服务化架构，将网络功能以服务的形式提供，增强了网络的灵活性和可扩展性。服务化架构的设计，通过模块化设计，简化了网络功能的集成和管理，如图 15.2.3 所示。

图 15.2.2　天线阵列

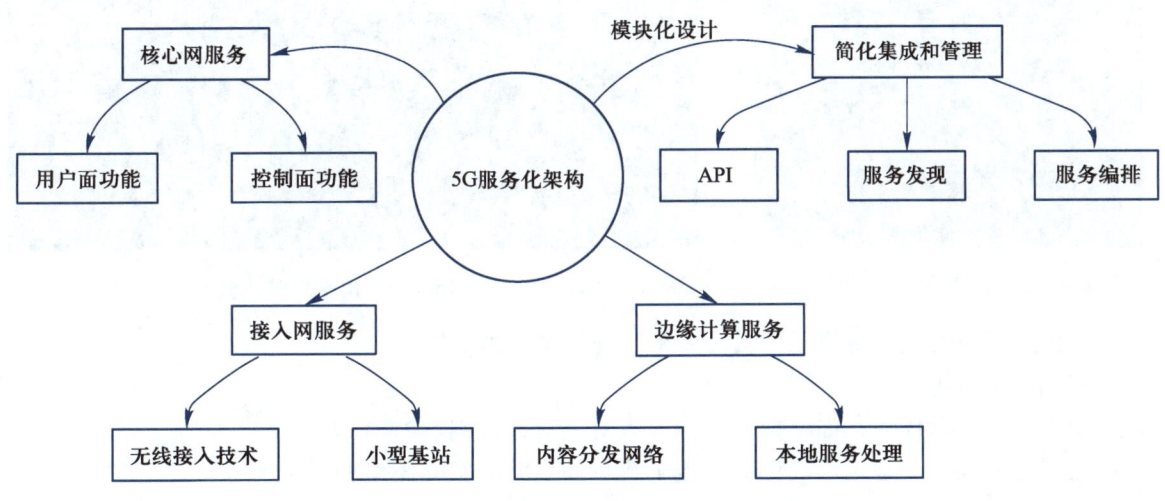

图 15.2.3　5G 服务化架构

任务实施

1. 进入虚拟现实教室

① 按照课程安排，学生到达虚拟现实教室。

② 教室内配备有先进的 VR 设备，包括头戴显示器、手柄、传感器等，如图 15.2.4 所示。

2. 安全教育与设备检查

① 进行安全教育，讲解佩戴 VR 设备的正确方法和注意事项。

② 确保每位学生都能安全、舒适地进行体验。

3. 引导佩戴 VR 设备

① 逐一检查每位学生的设备连接情况，确保所有设备正常工作。

② 学生在老师的指导下，正确佩戴头戴显示器，并调整到合适的位置。

4. 手柄操作学习

① 演示如何使用手柄进行基本操作，如移动、旋转视角等。

② 学生跟随老师的指导，熟悉手柄的操作方式。

5. 启动虚拟体验软件

① 控制台启动虚拟体验软件。

② 学生通过 VR 设备进入虚拟的自动驾驶体验环境。

6. 体验自动驾驶

① 学生在虚拟环境中体验自动驾驶，感受未来交通方式。

② 通过方向盘选择不同的驾驶模式和路线，进行模拟驾驶，如图 15.2.5 所示。

7. 互动体验与讨论

① 在体验过程中，学生可以通过 VR 设备与其他学生进行交流和讨论。

② 分享各自的观察和感受，讨论自动驾驶技术的优势和潜在问题。

8. 补充讲解

① 提供自动驾驶技术的历史背景和当前发展趋势。

图 15.2.4　VR 体验驾驶设备　　　　图 15.2.5　仿真驾驶体验

② 帮助学生更好地理解自动驾驶技术的重要性和影响。

9. 互动任务设置

① 设置一些互动任务，如模拟紧急情况应对、交通规则学习等。

② 通过这些任务，学生可以更深入地了解自动驾驶的实际操作和安全要求。

任务评价

1. 自我评价

任 务 要 求	掌握的操作有	仍需加强的有	不理解的有
了解 5G 的应用场景、基本特点			
了解 5G 关键技术			
在本次任务实施过程中，自我评价的结果	A. 优秀　　B. 良好　　C. 仍需努力　　D. 不清楚		

2. 测试评价

① 5G 技术在增强型移动宽带（eMBB）应用场景中，主要支持（　　）类型的应用。

A. 物联网（IoT）设备连接

B. 高清视频流、虚拟现实（VR）和增强现实（AR）

C. 工业自动化和遥控手术

D. 智能城市和智能家居的传感器数据收集

② 5G 技术中的超可靠低延迟通信（URLLC）主要为（　　）应用提供通信保障。

A. 增强型移动宽带（eMBB）　　　　　　B. 大规模机器类通信（mMTC）

C. 自动驾驶汽车、工业自动化和遥控手术　　D. 网络切片和边缘计算

任务拓展

回答以下问题，并写下心得体会：

① 在沉浸于 5G 和 VR 技术结合的自动驾驶体验中，感受到了哪些 5G 技术的关键特点？它与传统的网络体验有何不同？

② 如何理解 5G 技术在自动驾驶领域的应用？它解决了哪些传统技术难以克服的问题？

③ 体验后，对 5G 时代的未来交通有何期待或设想？5G 技术还将如何改变人们的生活？

项目小结

任务 15.1　踏上现代通信技术的时间隧道之旅

① 学会了现代通信技术的发展历程及其与未来趋势的联系。

② 熟悉了现代通信技术与其他信息技术的融合方式。

③ 掌握了对现代通信技术发展脉络的理解和分析能力。

任务 15.2　VR 游戏：体验自动驾驶

① 学会了 5G 技术的应用场景和基本特点，对增强型移动宽带（eMBB）、超可靠低延迟通信（URLLC）和大规模机器类通信（mMTC）有了深入理解。

② 熟悉了 5G 的关键技术，包括新型无线接入技术、大规模 MIMO 技术、高频谱利用技术和网络切片技术。

③ 掌握了 5G 技术在自动驾驶等实际应用中的操作和体验技巧。

项目实训

实训任务单

实 训 任 务	15-现代通信网络技术
任务名称	体验自动驾驶公交（5G+智慧交通）
实训目标	1. 了解现代通信技术，特别是 5G 技术，体验自动驾驶公交。 2. 深入了解 5G 技术在自动驾驶领域的应用及其关键技术。 3. 培养团队协作和项目管理的能力，提升解决实际问题的能力
任务描述	通过体验 5G 技术在自动驾驶中的应用，参与者将学习 5G 技术的基本特点和关键技术，感受 5G 技术带来的高速度、低延迟等优势
实训要求	1. 完成 5G 技术及其在自动驾驶中应用的知识学习。 2. 完成自动驾驶公交体验并写一份体验心得
实训成果示例	**体验乘坐自动驾驶公交心得** 　　在参与了基于 5G 技术的自动驾驶公交车体验后，我对这项前沿技术有了更为直观和深刻的认识。以下是我对此次体验的几点心得体会。 　　1. 技术感受 　　郑州东区北龙湖自动驾驶 1 号线场站的自动驾驶公交车，运用北斗、5G、智能化、网联化技术，实现"人—车—路—网—云"一体化协同控制，通过云控平台进行实时监控、健康自检、远程升级、自主泊车、自动充电、一键发车、智能召唤、远程驾驶等多项工作，改变了传统的车辆调度模式，实现了人机共驾、超级巡航、自主避障、精确进站、车路协同信号优先、盲区监测预警等自动驾驶功能，更加可控、高效。 　　2. 安全性认识 　　……

续表

实训步骤	1. 资料收集 收集 5G 技术及其在自动驾驶中应用的相关资料。 了解 5G 技术的关键特点，如高速度、低延迟等。 2. 知识学习 学习 5G 技术的基本工作原理和关键技术。 理解 5G 技术如何支持自动驾驶系统的运行。 …… （请按照实际操作填写实训步骤）
实训心得	
小组评价	
教师评价	

续表

项目 16　数字媒体技术

项目介绍

本项目通过数字媒体技术的应用，旨在培养学生在数字文本和视频处理方面的专业技能。项目涵盖从基础概念理解到实际应用的全过程，通过制作邀请函和动作教程等任务，学习者将掌握数字媒体的基本概念、文本处理技术、视频拍摄与美化技术。通过任务实施、评价和拓展，学习者不仅能够提升专业技能，还能培养自我评价和反思的能力，进一步增强实际操作能力和创新思维。

学习目标

【知识目标】
① 理解数字媒体的基本概念及其在现代社会中的应用。
② 掌握数字文本处理技术，包括编辑、排版和设计。
③ 熟悉数字视频技术的基础知识，包括视频拍摄、编辑和后期制作。
④ 学习拍摄技巧和视频美化技术，以提升视觉表达效果。

【技能目标】
① 能够独立制作数字邀请函，包括文本编辑、版面设计和视觉元素的整合。
② 能够运用数字媒体技术制作高质量的动作教程视频。
③ 熟练操作相关软件工具，进行数字媒体内容的创作和编辑。
④ 能够对数字媒体作品进行自我评价，并根据反馈进行优化。

【素养目标】
① 培养对数字媒体技术的敏感度和创新意识。
② 形成规范的数字媒体内容制作流程和质量控制意识。
③ 提升跨学科整合能力，能够在不同领域应用数字媒体技术。

任务 16.1　制作"迎五一，赏牡丹"邀请函

任务简介

郑小安打算制作一份邀请函，以庆祝即将到来的五一劳动节并迎接牡丹花展。这份邀请函不仅要传达节日的喜悦和对牡丹花的赞美，还要展现出郑小安对数字媒体概念的理解和对数字文本处理技术的掌握。他将运用所学，精心设计邀请函的版面，挑选牡丹花的精美图片，以及五一劳动节的元素，通过文字和视觉的结合，创造出一份既美观又具有感染力的邀请函。

微课 16-1
制作"迎五一，赏牡丹"邀请函

知识准备

1. 数字媒体概念

（1）定义与特性

数字媒体指的是通过数字技术制作、编辑和展示的媒体内容，它能够以数字形式存储、处理和传播信息。这种媒体形式具有高度的可编辑性、可访问性和互动性。

数字媒体具有以下特性：

● 可复制性，内容可以无损耗地复制。

● 可压缩性，允许通过压缩技术减少文件大小。

● 可搜索性，便于通过关键词快速定位内容。

● 可链接性，允许内容之间建立链接。

● 可交互性，允许用户与内容进行互动。

（2）分类与应用

① 传统数字媒体。包括数字图像、数字音频和数字视频等，它们是数字媒体的基础形式，广泛应用于娱乐、教育和商业领域。

② 交互式数字媒体。如在线游戏、虚拟现实（VR）和增强现实（AR），这些媒体形式允许用户更深层次地参与和体验。

③ 社交数字媒体。社交媒体平台如微信、QQ等，它们允许用户创建、分享和讨论内容，具有强大的社交网络功能，如图 16.1.1 所示，在朋友圈分享自己的生活。

图 16.1.1 在朋友圈分享自己的生活

2. 数字文本处理技术

可以用基础篇所学的 WPS Office 自动化办公软件来完成数字文本的处理。

（1）基础文本处理操作

① 文本编辑基础。涉及文本的创建、输入、编辑、保存和删除等基本操作。这些操作是数字文本处理的起点，为进一步的文本处理和排版奠定基础。

② 文本格式设置。包括字体、字号、颜色、加粗、斜体、下画线等属性的调整，使得文本在视觉上更具吸引力和可读性。

③ 文本结构化。通过段落、标题、列表等元素对文本进行组织，提高其逻辑性和层次感。

（2）高级文本处理技术

① 样式和模板应用。利用预设的样式和模板快速统一文档的格式，提高文档的一致性和美观度。样式可以应用于字体、段落、列表等，模板则可以应用于整个文档的布局。

② 文本自动化处理。通过宏、脚本或编程语言实现文本的自动处理，如自动格式化、数据提取、内容填充等，提高工作效率。

（3）文本排版与设计

① 页面布局设计。设计文本和图像在页面上的布局，包括页边距、分栏、页眉、页脚等，以提高文档的整体视觉效果。

② 版面元素应用。利用图像、图表、图形等元素丰富文档内容，增强信息的传达效果。

③ 交互式元素添加。在文档中添加超链接、按钮、表单等交互式元素，提升文档的互动性和用户体验。

任务实施

1. 素材准备

在电脑上搜索并选择高质量的牡丹花图片，挑选适合的背景音乐，如图 16.1.2 所示。

图 16.1.2 素材准备

2. 下载并安装剪映

访问剪映官方网站或应用商店，下载适用于计算机的剪映软件，安装软件并启动。

3. 创建新项目，导入素材并排序

打开剪映软件，选择"开始创作"。单击"导入"按钮，选择"图片"或"音乐"，导入之前准备好的素材，如图 16.1.3 所示。

图 16.1.3 导入素材

247

按照既定的顺序将导入的图片素材拖动到下方时间轴中，如图 16.1.4 所示。

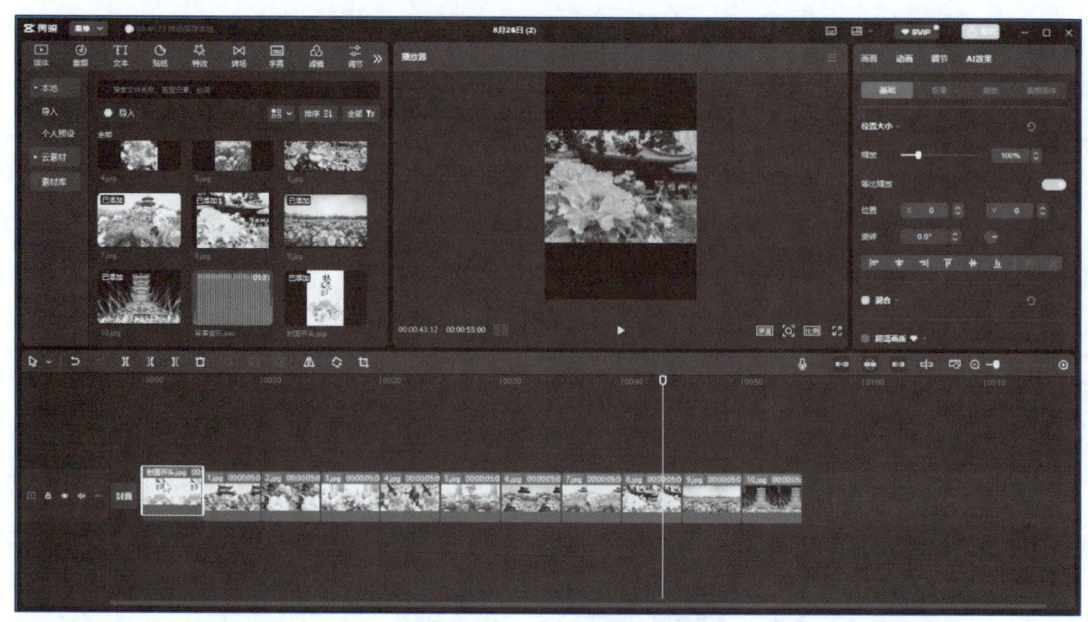

图 16.1.4　素材排序

4. 编辑背景

为了添加一些文字，或者填充图片周围黑色区域，使用"画面"选项卡，背景填充选择"模糊"，即可填充图案外围区域，使视频更美观，如图 16.1.5 所示。

图 16.1.5　编辑背景

5. 编辑邀请函内容

在"文本"选项卡中选择"花字"选项，选择你喜欢的花字，在右侧文本框中输入内容。调整文本样式，包括字体、大小、颜色和对齐方式。

6. 添加动画效果

选择图片，单击"动画"菜单项，为每个元素选择适合的动画效果和时长，如图 16.1.6 所示。

图 16.1.6 添加动画效果

7. 设置背景音乐

将音乐素材拖动到时间线上，并调整其长度以匹配视频，如图 16.1.7 所示。

图 16.1.7 设置背景音乐

8. 预览和调整

单击"播放"按钮，观看整个视频。如有需要，返回编辑界面调整细节。

9. 导出视频

单击"导出"或"发布"按钮，选择视频分辨率和格式。确认导出设置，等待视频渲染完成，如图 16.1.8 所示。

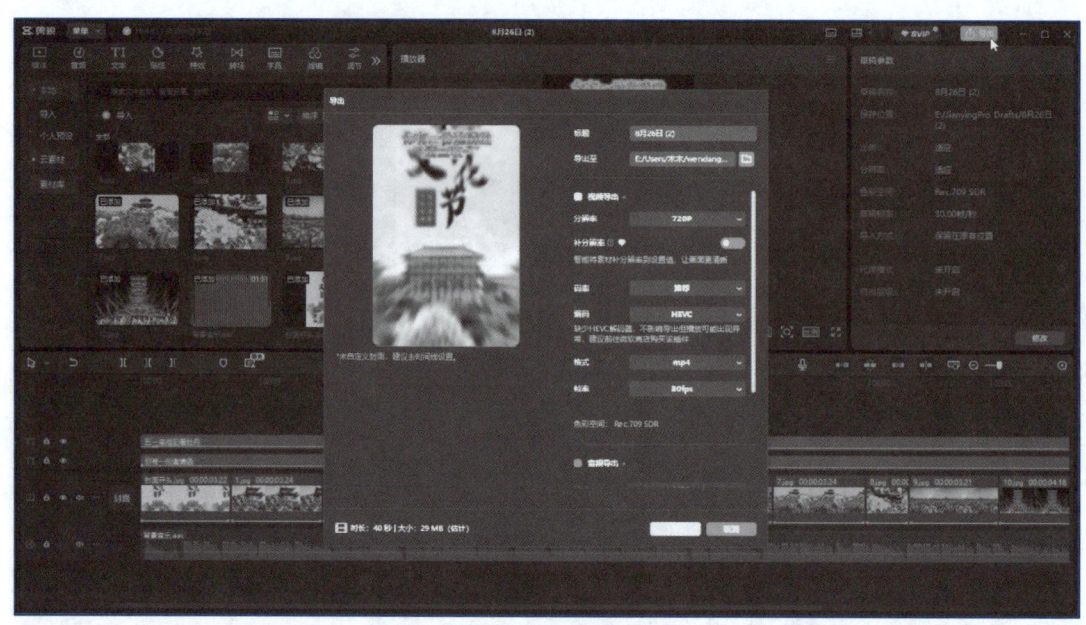

图 16.1.8　导出视频

10. 分享邀请函

导出后的视频保存在计算机的指定文件夹中，使用微信、QQ 分享视频文件给好友。

 任务评价

1. 自我评价

任 务 要 求	掌握的操作有	仍需加强的有	不理解的有
数字媒体概念			
数字文本处理技术			
在本次任务实施过程中，自我评价的结果	A. 优秀　　B. 良好　　C. 仍需努力　　D. 不清楚		

2. 测试评价

① 数字媒体具有多种特性，其中包括（　　　）。

A. 可复制性　　B. 可压缩性　　C. 可搜索性　　D. 以上所有选项

② 数字文本处理技术中的文本自动化处理，通常涉及以下（　　　）技术。

A. 宏　　　　　B. 脚本　　　　　C. 编程语言　　D. 以上所有选项

 任务拓展

制作一份校园文化节的邀请函。这份邀请函是展示学校精神和学生创意的重要媒介，郑小安将运用他在数字媒体和文本处理技术方面的知识，精心策划和设计。他将收集活动信息，挑选和编辑图像，撰写引人入胜的文案，并利用排版软件将内容布局得既美观又易于理解。此外，可以巧妙地加入互动元素，如超链接和二维码，使邀请函不仅是信息的载体，也是连接读者与活动的桥梁。

任务 16.2　制作"少林八段锦"动作教程

微课 16-2
制作"少林
八段锦"动
作教程

 任务简介

郑小安正致力于制作一套"少林八段锦"动作教程，旨在将这一古老而有益的健身术普及给更广泛的群体。凭借他在数字视频技术方面的知识，郑小安将通过精心策划和执行拍摄，捕捉每个动作的精髓，利用视频编辑软件进行后期处理，包括剪辑、调色和添加字幕说明，以确保教程既准确又易于理解。他的目标是创作一个既美观又实用的视频教程，让学习者能够轻松跟随并掌握少林八段锦的每一个动作，从而推广这一有益于身心健康的传统运动。

知识准备

1. 数字视频技术

（1）基础概念与原理

数字视频指的是通过数字技术捕捉、编码、存储、处理和显示的动态图像序列。与传统的模拟视频相比，数字视频提供了更高的图像质量和更灵活的编辑能力。数字视频技术依赖于各种编码标准，如 H.264、HEVC（H.265）等，这些标准定义了视频数据的压缩和传输方式，以优化存储和带宽使用。

帧率（FPS）和分辨率是影响视频质量的关键参数。帧率高的视频能提供更流畅的动态效果，而分辨率则决定了视频的清晰度。

（2）视频捕获与编辑

① 视频捕获技术。涉及使用数字摄像机或其他图像捕捉设备录制视频。高质量的视频捕获需要考虑光照条件、镜头选择和稳定性等因素。

② 非线性编辑（Non-Linear Editing，NLE）。数字视频编辑的核心，非线性编辑允许用户在不按照录制顺序的情况下编辑视频片段，提供了极大的灵活性和创造力，如图 16.2.1 所示。

图 16.2.1　非线性编辑自由排列视频先后顺序

③ 视频效果与滤镜。现代视频编辑软件提供了各种效果和滤镜，如色彩校正、过渡效果、文字叠加等，用于增强视频的视觉表现力。

（3）视频后期处理

① 色彩校正与分级。在视频拍摄完成后，色彩校正是调整视频色彩使其更加生动和一致的重要步骤。色彩分级则用于创造特定的视觉风格或情绪。

② 音频编辑与同步。除了视觉元素外，音频编辑也是视频后期处理的重要组成部分。它包括调整音量、添加音效和背景音乐，以及确保音频与视频的同步。

③ 渲染与输出。视频编辑完成后，需要渲染成最终格式，这一步骤涉及将所有编辑元素合成为单一的视频文件。输出时，可以根据需要选择不同的分辨率、编码格式和比特率，如图 16.2.2 所示。

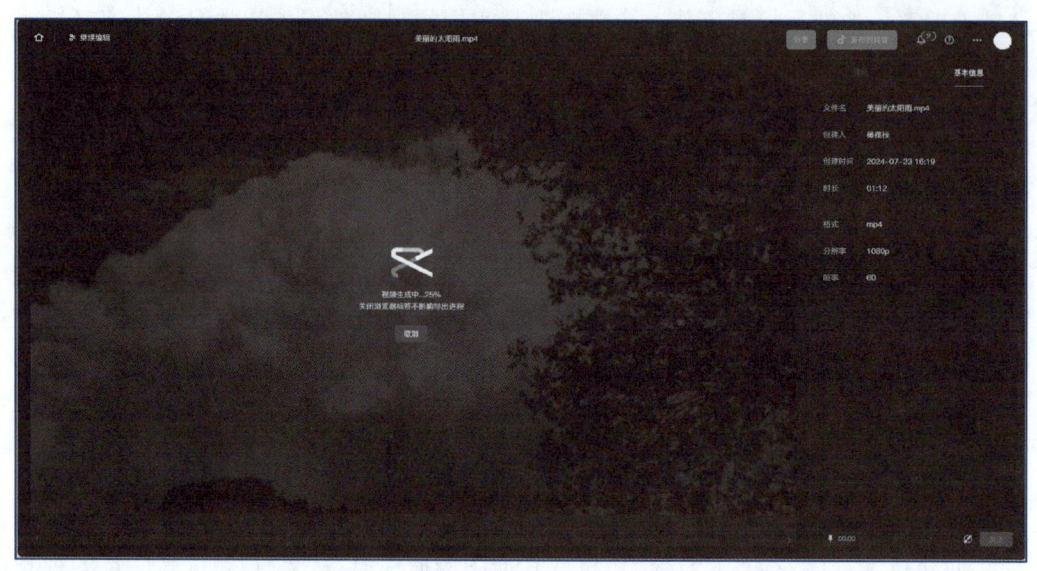

图 16.2.2　渲染与输出

2. 拍摄和美化技术

（1）拍摄技术基础

① 摄像机操作原理。了解摄像机的基本操作，包括调整焦距、光圈和快门速度，以适应不同的拍摄环境和创造所需要的视觉效果。

② 拍摄模式选择。根据拍摄内容和目的，选择合适的拍摄模式，如自动模式、手动模式、光圈优先或快门优先等。

③ 光线与构图。掌握光线的运用和构图技巧，包括自然光和人造光的使用，以及遵循构图原则，如三分法等，以增强视觉吸引力，如图 16.2.3 所示。

（2）视频美化技术

① 色彩校正。在视频拍摄后，通过调整色彩平衡、对比度和饱和度等参数，确保视频色彩的真实性和一致性。

② 视频滤镜和效果。应用各种视频滤镜和效果，如黑白、复古、模糊或锐化等，为视频增添特定的氛围或风格。

图 16.2.3　光线与构图

③ 动态效果和过渡。在视频编辑过程中，使用动态效果和过渡技术，如缩放、平移、淡入淡出等，以增强视觉流动性和连贯性，如图 16.2.4 所示。

图 16.2.4 添加滤镜与动画

（3）后期编辑与优化

① 非破坏性编辑。采用非破坏性编辑技术，保留原始素材的完整性，允许在后期编辑中灵活调整而不影响素材原始质量。

② 音频同步与增强。确保视频中的音频与画面同步，并使用音频编辑工具进行优化，如降噪、音量平衡和添加背景音乐等。

 任务实施

1. 项目规划与准备

① 确定教程目标与受众。明确教程的教学目的和预期观众，以便设计合适的内容和风格。

② 收集与学习资料。搜集少林八段锦的标准动作描述和视频资料，确保教程的准确性，具体招式如下。

第一式：双手托天理三焦。

第二式：左右开弓似射雕。

第三式：调理脾胃须单举。

第四式：五劳七伤向后瞧。

第五式：摇头摆尾去心火。

第六式：双手攀足固肾腰。

第七式：攒拳怒目增气力。

第八式：背后七颠百病消。

2. 拍摄策划

① 制订拍摄计划。根据动作教程的需求，规划拍摄流程、场景设置和所需设备。

② 准备拍摄场地。选择适合拍摄的场地，并确保光线充足且均匀。

3. 视频拍摄

① 使用摄像机进行拍摄。调整焦距、光圈和快门速度，捕捉清晰的动作画面。

② 选择拍摄模式，根据拍摄环境选择手动或自动模式，确保画面效果。

4. 视频编辑

① 导入素材至非线性编辑软件。将拍摄的视频素材导入编辑软件，准备进行剪辑。

253

②应用视频效果与滤镜，增强视觉效果。根据需要添加色彩校正、过渡效果和文字说明，如图 16.2.5 所示。

图 16.2.5　视频编辑

5. 后期处理

①进行色彩校正与分级，确保视频色彩的一致性和生动性。

②编辑与同步音频，调整音量并添加合适的背景音乐或效果音。

6. 最终审查与调整

①观看编辑后的视频，评估动作的准确性和视频的流畅性。

②根据反馈进行必要的调整，优化视频内容和表现。

7. 视频输出

设置导出参数，选择适合的分辨率和编码格式，确保视频质量和兼容性，如图 16.2.6 所示。

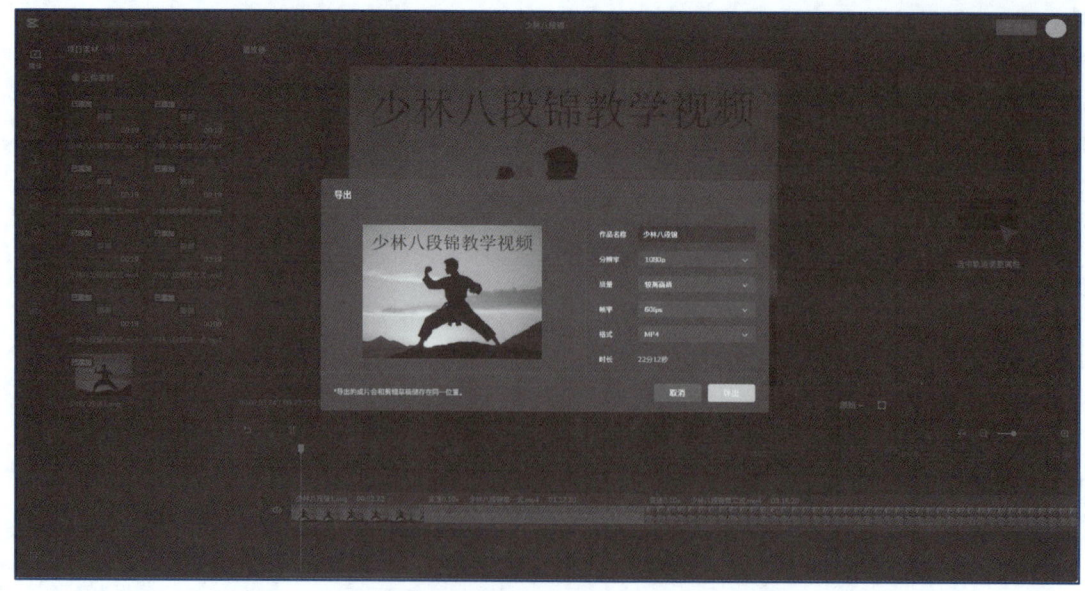

图 16.2.6　输出设置

任务评价

1. 自我评价

任 务 要 求	掌握的操作有	仍需加强的有	不理解的有
了解数字视频技术			
认识拍摄和美化技术			
在本次任务实施过程中，自我评价的结果	A. 优秀　　B. 良好　　C. 仍需努力　　D. 不清楚		

2. 测试评价

① 数字视频技术中，用于优化视频存储和带宽使用的压缩和传输方式是由（　　）定义的。

A. 摄像机分辨率　　　B. 视频帧率　　　C. 视频编码标准　　　D. 视频文件格式

② 在进行视频捕获时，以下（　　）因素对于保证视频质量至关重要。

A. 摄像机的价格　　　　　　　　B. 光照条件和镜头选择

C. 摄像机的像素　　　　　　　　D. 拍摄者的知名度

 任务拓展

在完成"迎五一，赏牡丹"邀请函和"少林八段锦"动作教程这两个项目后，相信你对数字媒体技术有了一定的认识，请回顾并记录学习过程和成果。可以根据自己的经历和感受，写一段心得体会，分享自己的收获和挑战。

 项目小结

任务 16.1　制作"迎五一，赏牡丹"邀请函

① 学会了数字媒体和数字文本处理技术的应用，能够将理论知识转化为实际操作。

② 熟悉了邀请函的设计流程，包括主题确定、内容策划和视觉排版。

③ 掌握了使用数字工具进行文本编辑、格式设置和最终的审阅与调整。

任务 16.2　制作"少林八段锦"动作教程

① 学会了使用数字视频技术进行动作教程的拍摄与录制。

② 熟悉了拍摄技巧和美化技术，提升了视频内容的视觉表现力。

③ 掌握了非线性编辑的流程，包括视频剪辑、色彩校正、音频编辑与同步，以及最终的视频渲染与输出。

 项目实训

实训任务单

实 训 任 务	16-数字媒体技术
任务名称	分享"少林八段锦"制作过程与成果
实训目标	1. 掌握使用数字媒体技术进行视频内容的制作和编辑。 2. 深入了解数字视频技术的应用以及拍摄和美化技术的重要性。 3. 培养创意思维和审美能力，提高数字媒体内容创作水平

任务描述	学习者可通过制作"少林八段锦"动作教程视频，实践应用数字视频技术，包括拍摄技巧、视频编辑、后期美化等，最终分享制作过程和成果
实训要求	1. 完成数字媒体概念和数字文本处理技术相关知识学习。 2. 掌握数字视频的基础技术，包括拍摄技巧和视频编辑流程。 3. 制作高质量的"少林八段锦"动作教程视频，并进行分享
实训成果示例	1. 活动目标： 制作一部介绍"少林八段锦"的高质量视频教程。 提升学习者在数字媒体制作方面的技能和创意表达能力。 通过分享视频，推广中华优秀传统文化 ……
实训步骤	1. 资料收集与知识学习： 收集有关"少林八段锦"的资料和已有的视频教程。 学习数字媒体的基本概念和数字文本处理技术。 2. 拍摄准备： 准备拍摄所需的设备和场地。 确定拍摄角度、光线和背景等。 3. 视频拍摄： 按照计划进行"少林八段锦"动作的拍摄。 确保动作的准确性和画面的清晰度 …… （请按照实际操作填写实训步骤）
实训心得	
小组评价	
教师评价	

项目 17 区块链技术

项目介绍

本项目深入探索区块链技术，旨在帮助学生理解区块链的基本原理、结构及其应用场景。通过实践活动，学习者将掌握区块链技术的核心概念、加密技术与安全性，并探讨其在数字身份认证和电子投票等领域的创新应用。本项目强调知识与技能的结合，鼓励学习者通过实际操作来深化对区块链技术的认识，并评估其在现代社会中的潜在价值和发展趋势。

学习目标

【知识目标】

① 理解区块链技术的基本概念、原理及其在不同领域的应用。

② 掌握区块链的基本原理与结构，了解其在数据存储和验证中的作用。

③ 学习加密技术与安全性，理解其在区块链中的重要性。

④ 了解区块链技术的价值和未来发展趋势，预见其在社会变革中的潜力。

【技能目标】

① 能够应用区块链技术进行数据的存储、验证和安全保护。

② 能够设计和实施基于区块链的数字身份认证系统。

③ 能够开发和维护基于区块链的电子投票系统。

【素养目标】

① 培养对区块链技术的敏感性和创新意识，增强技术应用的前瞻性。

② 形成规范的技术操作习惯，提升在区块链领域的专业素养。

③ 提升社会责任感，理解区块链技术在促进社会公正和透明度方面的作用。

任务 17.1 我查查：信阳毛尖有了"电子身份证"

任务简介

郑小安了解到信阳毛尖茶叶通过区块链技术获得了"电子身份证"，这项技术以其去中心化、数据不可篡改的特性，使得茶叶的种植、采摘、加工到销售的每一个环节都能被透明地记录和追溯。这种创新的应用不仅提升了信阳毛尖的品牌信誉，还为消费者提供了更多的信任和透明度，让郑小安对区块链技术在其他领域如金融、医疗、教育等的潜在应用充满了好奇和探索欲。

微课 17-1

我查查：信阳毛尖有了"电子身份证"

257

知识准备

1. 区块链技术

区块链技术是一种创新的分布式账本系统，其核心优势在于数据的去中心化存储、不可篡改性和透明性。通过加密技术，每个区块包含前一个区块的哈希值，确保了链式结构的安全性和完整性。共识机制如工作量证明（Proot of Work，PoW）、权益证明（Proot of Stake，PoS）和委托权益证明（Delegated Proot of Stake，DPoS）等，保证了网络中所有节点对交易的一致性认可。智能合约作为自动执行的程序，能够在满足预设条件时自动执行交易，进一步增强了区块链的功能性。此外，区块链技术还支持数字货币的去中心化发行和流通，提供了一种新型的价值存储和交换媒介。这些特性使得区块链在金融、供应链管理、身份验证等多个领域展现出广泛的应用潜力。

2. 区块链的基本原理与结构

（1）区块链的基本概念

区块链是一种分布式账本技术，其核心在于数据的去中心化存储。每个节点都保存着区块链的完整副本，确保了数据的一致性和可靠性。每个区块包含一组交易记录和前一个区块的哈希值，形成一个不断增长的链式结构，确保了数据的不可篡改性。每个区块都包含一个时间戳，记录了区块生成的时间，确保了区块链的有序性，如图 17.1.1 所示。

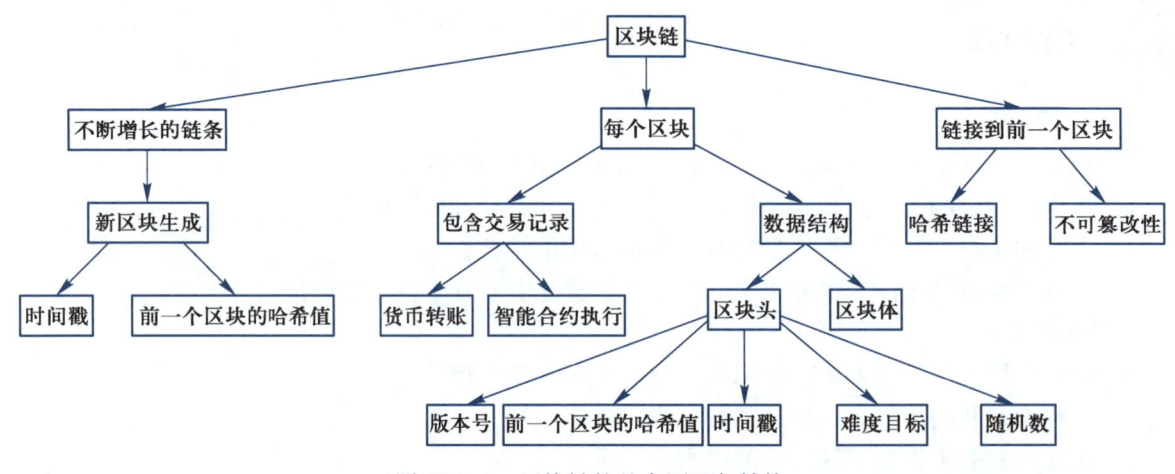

图 17.1.1　区块链的基本原理与结构

（2）区块链的核心技术

① 加密技术。区块链利用非对称加密技术对交易进行签名和验证，确保了交易的安全性和参与者的身份验证。

② 共识机制。区块链网络中的节点通过共识机制达成一致，决定哪些交易可以被添加到区块链中。常见的共识机制包括工作量证明（PoW）、权益证明（PoS）和委托权益证明（DPoS）。

③ 智能合约。智能合约是一种在区块链上自动执行、控制或文档化事件和行动的计算机程序。它允许在没有中介的情况下执行可信的交易，如图 17.1.2 所示。

（3）区块链的网络结构

区块链网络采用点对点（P2P）网络结构，每个节点既是数据的接收者也是数据的发送者，保证了网络的去中心化和抗审查性。在区块链网络中，全节点保存整个区块链的完整副本，而轻节点只保存部分数据，降低了存储和计算需求，如图 17.1.3 所示。

（4）区块链的应用场景

① 数字货币。区块链技术最初被应用于数字货币的发行和流通，提供了一种去中心化的货币形式。

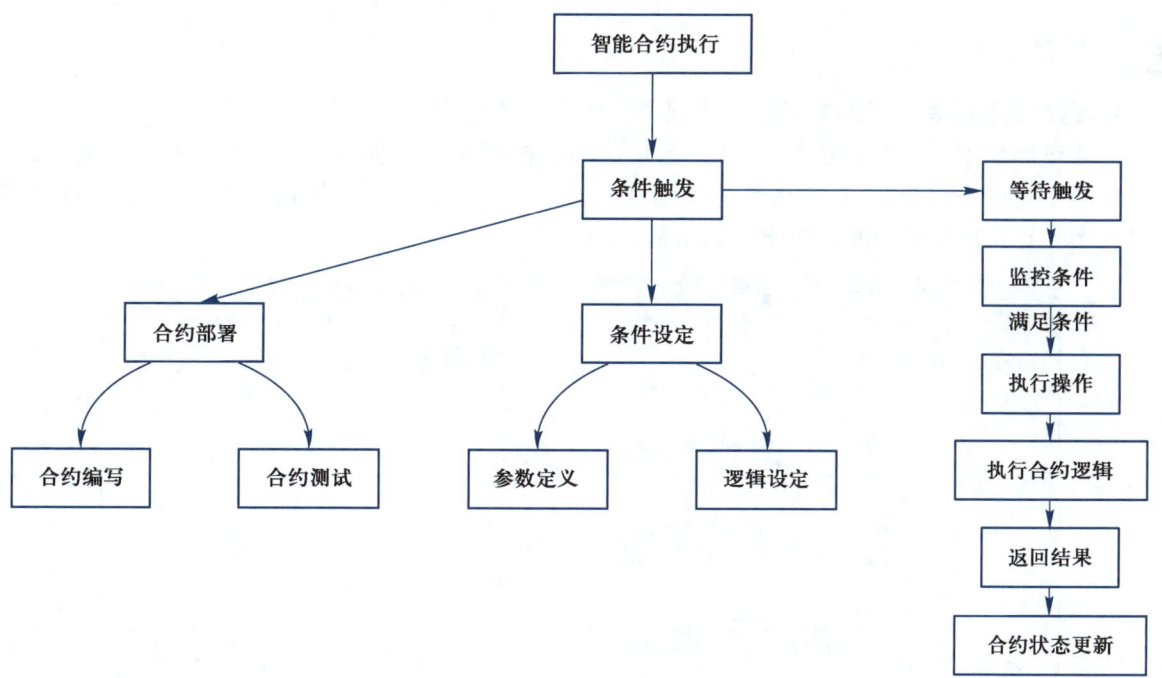

图 17.1.2　智能合约的执行过程

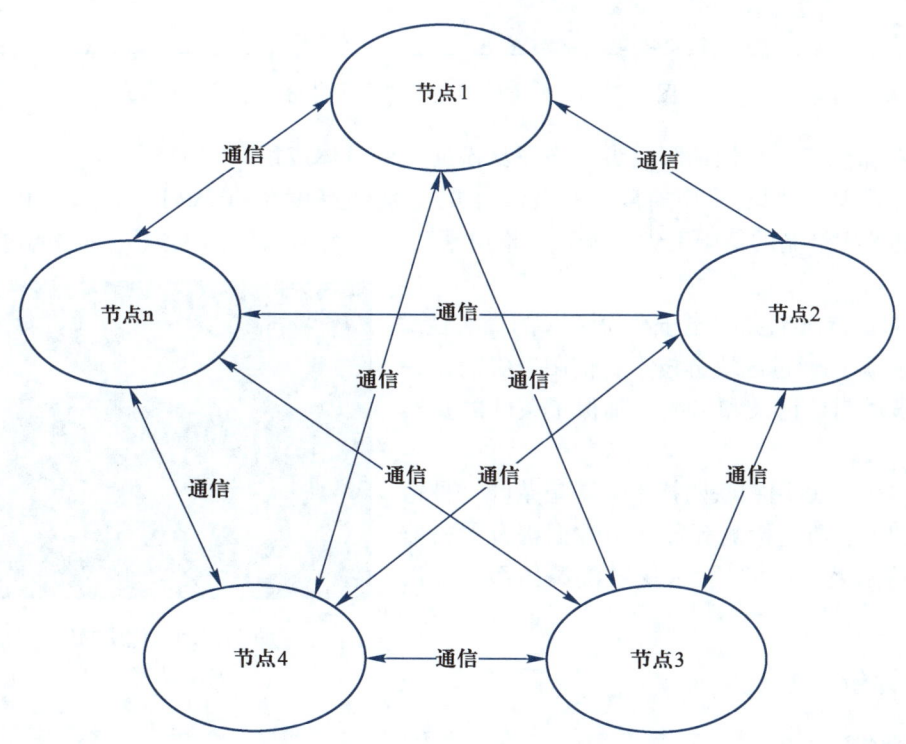

图 17.1.3　区块链的网络结构

② 供应链管理。区块链技术可以用于供应链管理，通过记录商品的来源和流转过程，提高供应链的透明度和效率。

③ 身份验证。利用区块链技术可以创建去中心化的身份验证系统，提高身份验证的安全性和便捷性。

259

任务实施

1. 通过百度检索，了解信阳毛尖"电子身份证"的背景

区块链溯源体系：信阳毛尖"521"区块链溯源体系上线，意味着信阳八大山头的茶叶都有了专属的"电子身份证"。这一体系通过物联网技术，采集茶叶种植管理、生产加工、质量检测等各环节数据，构建防伪溯源功能，如图 17.1.4 所示。

图 17.1.4　检索信阳毛尖"电子身份证"

2. 通过检索信息，查询信阳毛尖"电子身份证"的具体应用

溯源码（标识）：只有采用摘自"八大名山头"、海拔高度在 300 m 以上、2 年内未使用化肥农药的茶园的茶青炒制的信阳毛尖，才有资格申请"八大名山头信阳毛尖"溯源码（标识），如图 17.1.5 所示。

3. 如何验证信阳毛尖"电子身份证"的真实性

① 防伪溯源：通过区块链技术，信阳毛尖的每一个环节都能被透明地记录和追溯，确保了茶叶的真实性和品质。

② 数据采集：运用物联网技术，采集茶叶、种植管理、生产加工、质量检测等各环节数据都有严格监控，构建了信阳毛尖"521"区块链溯源体系，所以质量有保证。

图 17.1.5　优质的信阳毛尖

任务评价

1. 自我评价

任 务 要 求	掌握的操作有	仍需加强的有	不理解的有
区块链技术简介			
区块链的基本原理与结构			
区块链技术的实际应用			
在本次任务实施过程中，自我评价的结果	A. 优秀　　B. 良好　　C. 仍需努力　　D. 不清楚		

2. 测试评价

① 区块链技术的核心优势不包括以下（　　）。

A. 数据的去中心化存储　　　B. 数据的可篡改性

C. 数据的透明性　　　　　　D. 通过加密技术确保链式结构的安全性和完整性

② 以下（　　）不是区块链网络中常见的共识机制。

A. 工作量证明（PoW）　　　B. 权益证明（PoS）

C. 委托权益证明（DPoS）　　D. 随机选择证明（RPoW）

 任务拓展

郑小安决定探究区块链技术在加密货币领域的应用。他将从理解区块链的基本原理出发，研究其如何支撑加密货币的发行、交易和安全性，在网络上通过实际案例，感受区块链技术在金融领域的实际运作和创新潜力，并探讨加密货币的存在对于传统货币的影响。

任务 17.2　电子投票：最受欢迎的河南美食

微课 17-2

电子投票：
最受欢迎的
河南美食

 **任务简介**

郑小安所在的班级接到了一个特别的任务——组织一次电子投票活动，主题是"最受欢迎的河南美食"。这个活动不仅是一次简单的学生活动，更是一个实践信息技术与社会应用的绝佳机会。郑小安和同学们需要利用他们所学到的加密技术和区块链技术，设计并实现一个安全、可靠的电子投票系统。

知识准备

1. 加密技术与安全性

（1）加密技术

加密技术是指通过特定的算法将数据转换成不可直接阅读的形式，以保护数据不被未授权访问。这种转换过程称为加密，而将加密数据还原为原始数据的过程称为解密。加密技术的核心在于确保数据在传输和存储过程中的安全，防止数据泄露或被篡改。

加密技术主要分为对称加密和非对称加密两种类型。对称加密使用相同的密钥进行加密和解密，其优点是加密和解密速度快，但密钥管理较为复杂。非对称加密则使用一对密钥，即公钥和私钥，公钥用于加密，私钥用于解密，其安全性更高，但加密和解密速度较慢。

加密技术广泛应用于网络通信、数据存储、身份认证等领域。在网络通信中，加密技术可以保护数据传输过程中的隐私和完整性；在数据存储中，加密技术可以防止存储在硬盘上的数据被未授权访问；在身份认证中，加密技术可以确保用户身份的验证过程不被伪造，如图 17.2.1 所示。

（2）安全性分析

① 安全性需求。安全性需求包括数据的机密性、完整性、可用性和不可否认性。机密性是指保护数据不被未授权访问；完整性

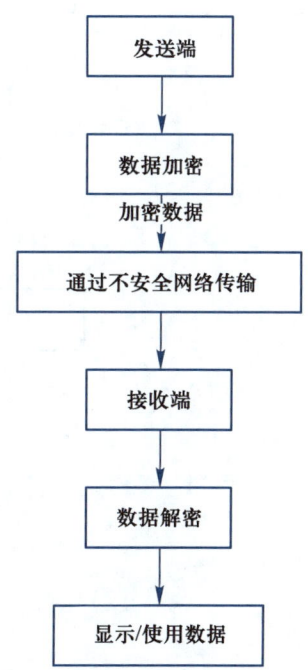

图 17.2.1　加密技术在数据
传输过程中的应用

是指确保数据在传输和存储过程中不被篡改；可用性是指确保授权用户能够随时访问数据；不可否认性是指确保用户不能否认其行为。

② 安全性威胁。常见的安全性威胁包括数据泄露、数据篡改、服务拒绝攻击（Denial of Service，DoS）、身份冒充等。数据泄露是指数据被未授权访问或获取；数据篡改是指数据在传输或存储过程中被非法修改；服务拒绝攻击是指通过大量请求消耗系统资源，使合法用户无法访问服务；身份冒充是指攻击者伪装成合法用户进行非法操作。

③ 安全性措施。为了应对安全性威胁，可以采取多种措施，如使用强密码策略、实施访问控制、采用多因素认证、定期进行安全审计等。强密码策略可以提高密码的安全性，防止密码被轻易破解；访问控制可以限制用户对资源的访问权限，防止未授权访问；多因素认证可以增加身份验证的安全性，防止身份被冒充；安全审计可以发现并修复系统中的安全漏洞。

2. 区块链技术的价值和未来发展趋势

（1）区块链技术的价值

区块链技术的核心特性之一是其分散式的账本，这种账本记录所有交易，并由网络中的参与者共同维护，如图 17.2.2 所示。

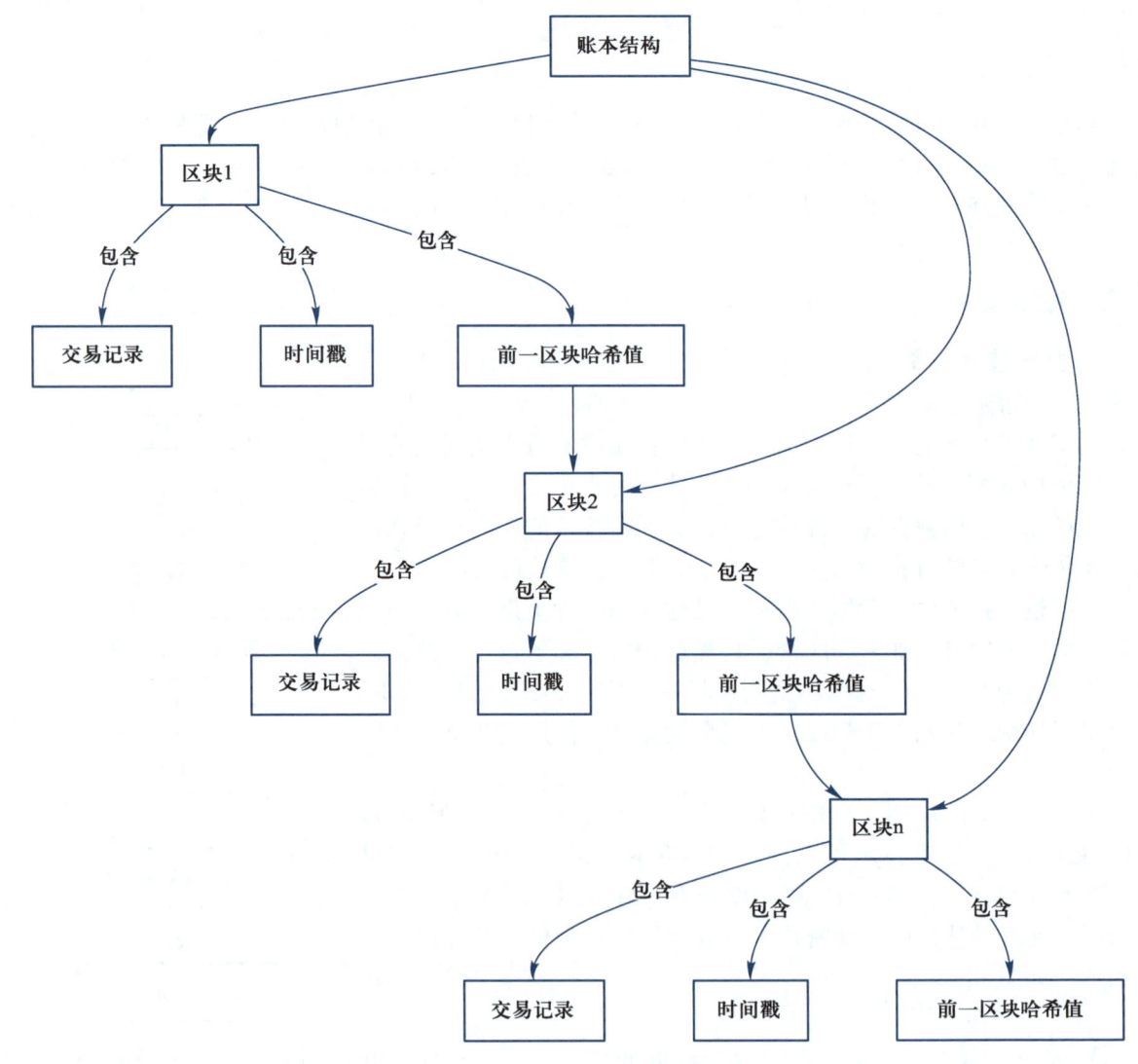

图 17.2.2　账本结构

区块链通过使用哈希函数和链式结构，确保一旦数据被添加到链中，就无法被更改。这种不可篡改性为数据存储和交易提供了强大的安全性保障。

区块链技术集成了智能合约，这是一种自动执行、控制或文档化事件和行动的计算机程序。智能合约的引入，提高了业务流程的自动化和透明度。

区块链技术在金融、供应链管理、医疗健康、版权保护等多个领域都显示出巨大的应用潜力。其去中心化的特性使得交易更快捷、成本更低。

（2）区块链技术的未来发展趋势

① 技术进步。随着技术的不断发展，区块链技术也在不断进步，包括处理速度、扩展性、安全性等方面。例如，分片技术、侧链技术的应用可以提高区块链的交易处理能力和扩展性。

② 法规与政策。随着区块链技术应用的普及，相关的法规和政策也在不断完善。合理的监管不仅有助于保护消费者权益，也能推动技术的健康发展。

③ 跨链技术。未来的区块链技术将更加注重不同区块链系统之间的互操作性。跨链技术的发展，使得不同区块链资产和信息可以互相流通，极大地扩展了区块链的应用场景。

④ 安全性挑战。随着区块链技术的发展，新的安全威胁也在不断出现，包括 51%攻击、智能合约漏洞等。因此，未来的区块链技术需要不断加强安全性，确保系统的稳定和可靠。

 任务实施

通过微信小程序创建一个简单的投票。以下是详细的步骤。

1. 打开微信

2. 进入小程序

点击微信主界面的"发现"选项，然后选择"小程序"，如图 17.2.3 所示。

3. 搜索投票小程序

在小程序页面的搜索栏中输入"投票"或"腾讯投票"，然后选择相应的小程序。例如，可以使用"腾讯投票"，如图 17.2.4 所示。

4. 创建投票

进入投票小程序后，选择创建投票的选项。通常会有"单选投票"或"多选投票"选项，如图 17.2.5 所示。

5. 设置投票标题和选项

输入投票的标题，如"最受欢迎的河南美食"。

添加投票选项。可以输入一些河南美食的名称，如"烩面""胡辣汤""鸡蛋灌饼"等，如图 17.2.6 所示。

6. 设置投票规则

确定是否允许用户多选，以及是否需要用户实名投票（匿名或实名）。

设置投票的开始和结束时间。

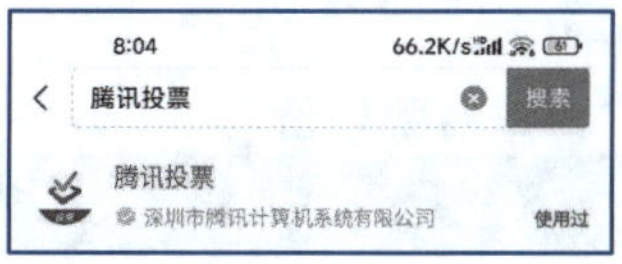

7. 发布投票

确认所有设置后，单击"发布"或"完成"按钮，生成投票。

8. 分享投票

发布投票后，你可以通过微信直接分享投票到朋友圈，邀请大家参与投票，如图 17.2.7 所示。

图 17.2.3　进入小程序

图 17.2.4　搜索
"腾讯投票"小程序

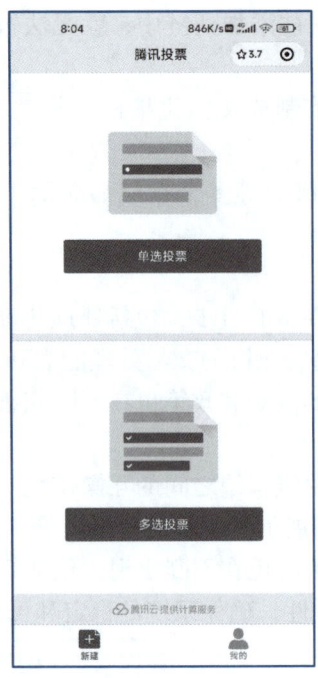

图 17.2.5　创建投票　　　　　　　图 17.2.6　设置投票标题和选项

9. 结束投票并公布结果

投票结束后，可以在小程序中查看最终的投票结果，并公布最受欢迎的美食，如图 17.2.8 所示。

图 17.2.7　分享投票　　　　　　　图 17.2.8　公布结果

 任务评价

1. 自我评价

任 务 要 求	掌握的操作有	仍需加强的有	不理解的有
加密技术与安全性			
区块链技术的价值和未来发展趋势			
创建投票			
在本次任务实施过程中，自我评价的结果	A. 优秀　　B. 良好　　C. 仍需努力　　D. 不清楚		

2. 测试评价

① 加密技术的核心目的是（　　　）。

A. 提高数据传输速度

B. 确保数据在传输和存储过程中的安全

C. 增加数据存储容量

D. 减少数据存储成本

② 区块链技术的核心特性之一是（　　　）。

A. 中心化账本　　　B. 分散式账本　　　C. 单一账本　　　D. 集中式存储

 任务拓展

在深入探索了区块链技术及其在现代生活中的应用后，我们完成了两项任务，这些任务不仅让我们对区块链和加密技术有了更深刻的理解，也让我们亲身体验了这些技术如何改变我们的日常生活。

思考以下问题：

① 在完成这些任务的过程中，你学到了哪些新知识？

② 这些技术如何影响了你对未来技术应用的看法？

③ 你认为这些技术在未来还能在哪些领域发挥作用？

 项目小结

任务 17.1　我查查：信阳毛尖有了"电子身份证"

① 学会了区块链技术的基础知识，理解了其核心概念和优势。

② 熟悉了区块链的基本原理与结构，为深入应用打下了基础。

③ 懂得了区块链如何为商品创建"电子身份证"的技能，提升了产品透明度和信任度。

任务 17.2　电子投票：最受欢迎的河南美食

① 学会了加密技术与安全性的相关知识，认识到了数据保护的重要性。

② 熟悉了区块链技术的价值和未来发展趋势，拓宽了技术视野。

③ 掌握了如何利用微信小程序创建电子投票的方法。

项目实训

实训任务单

实 训 任 务	17-区块链技术
任务名称	制作电子投票：最受欢迎的河南农产品
实训目标	1. 掌握使用区块链技术进行电子投票系统的设计与实现。 2. 深入了解区块链在确保投票公正性、安全性方面的优势。 3. 培养解决实际问题的能力，提升技术应用与创新思维
任务描述	学习者将利用区块链技术制作一个电子投票系统，用于评选最受欢迎的河南农产品。本任务旨在实践区块链技术在提升投票透明度和安全性方面的应用
实训要求	1. 完成区块链技术及其在电子投票中应用的知识学习。 2. 设计并实现一个基于区块链的电子投票系统。 3. 进行系统测试，确保投票过程的公正性和数据的不可篡改性

续表

实训成果示例	设计标题为"最受欢迎的河南农产品"。 添加投票选项。可以输入一些河南特色农产品的名称，如"信阳毛尖""西峡猕猴桃""临颍辣椒"等 ……
实训步骤	1. 打开微信。 2. 进入小程序： 点击微信主界面的"发现"选项，然后选择"小程序"。 3. 搜索投票小程序： 在小程序页面的搜索栏中输入"投票"或"腾讯投票"，然后选择相应的小程序。例如，可以使用"腾讯投票" …… （请按照实际操作填写实训步骤）
实训心得	
小组评价	
教师评价	

续表

项目 18　虚拟现实技术

项目介绍

本项目通过 2 个任务模块，系统介绍虚拟现实技术，包括其基础理论、硬件与软件的配置，以及如何利用这些技术实现虚拟环境中的沉浸式体验，如参观河南博物院等文化场所。

学习目标

【知识目标】
① 理解虚拟现实技术的基本原理和应用场景。
② 掌握虚拟现实硬件和软件的基本配置和使用方法。
③ 了解虚拟现实应用开发的基本流程和常用工具。
④ 掌握虚拟现实环境中模型的制作和应用。

【技能目标】
① 能够使用虚拟现实技术进行沉浸式体验，如参观河南博物院。
② 能够利用虚拟现实开发工具完成基本的虚拟现实应用制作。
③ 能够进行虚拟现实环境中的模型制作和场景布置。
④ 能够对虚拟现实应用进行效果评估和优化。

【素养目标】
① 培养严谨、细致的虚拟现实应用开发习惯。
② 提升团队协作和问题解决的能力，增强创新意识和实践能力。

任务 18.1　VR 体验：参观河南博物院

 任务简介

随着虚拟现实技术的发展，郑小安有机会通过一种全新的方式探索和体验历史。在这个任务中，他将利用虚拟现实技术，体验一次与众不同的参观之旅——河南博物院。通过网站进入河南博物院虚拟展厅，他可以置身于河南博物院的虚拟环境中，感受古代文明的辉煌。

微课 18-1
VR 体验：参观河南博物院

 知识准备

1. 虚拟现实技术概述
（1）虚拟现实技术定义与发展历程
虚拟现实（Virtual Reality，VR）是一种通过计算机模拟生成的三维环境，使用户能够通过视觉、听觉甚至触觉等多种感官进行交互。这种技术可以让用户感觉自己仿佛置身于一个完全不同的世界中，如图 18.1.1 所示。

从 20 世纪 60 年代至今，虚拟现实技术经历了从实验室到消费市场的演变。

（2）虚拟现实技术的组成与关键技术

① 硬件系统。虚拟现实系统的硬件部分主要包括头戴显示器（Head Mount Display，HMD）、传感器、输入设备（如手柄、手套）、音频输出设备等。头戴显示器是虚拟现实体验的核心，通过高分辨率和低延迟的显示为用户提供视觉体验。

② 软件系统。软件部分则涉及虚拟环境的构建、渲染、交互逻辑的实现等。虚拟环境的构建是虚拟现实技术中的关键环节，需要利用 3D 建模软件和图形引擎来创建逼真的虚拟场景。

③ 交互技术。虚拟现实中的交互技术是实现用户与虚拟环境互动的关键。交互技术包括手势识别、眼球追踪、语音识别等多种形式。通过这些技术，用户可以更自然地与虚拟世界进行互动，增强沉浸感，如图 18.1.2 所示。

图 18.1.1　虚拟世界

图 18.1.2　交互技术

2. 虚拟现实硬件与软件基础

（1）硬件基础

① 头戴显示器（HMD）。HMD 是虚拟现实体验的核心设备，通过高分辨率显示屏和低延迟技术，为用户呈现沉浸式视觉体验。头戴显示器通常配备有内置传感器，用于追踪用户的头部和眼睛运动，实现视角的自然变化。现代头戴显示器设计注重舒适性和佩戴的便捷性，以适应长时间使用，如图 18.1.3 所示。

② 传感器系统。传感器在虚拟现实系统中用于捕捉用户的运动和姿态，常见的传感器包括陀螺仪、加速度计和磁力计。传感器系统通过精确地捕捉用户的头部和手部运动，确保虚拟环境中的交互自然流畅。传感器数据的实时处理是实现高质量虚拟现实体验的关键。

③ 输入设备。输入设备如手柄、手套和运动捕捉设备，允许用户与虚拟环境进行交互。输入设备

图 18.1.3　头戴显示器

的设计必须考虑易用性和精确性，确保用户能够自然地表达意图。例如，通过手势识别技术，用户可以进行抓取、推动等动作，增强交互的真实感，如图 18.1.4 和图 18.1.5 所示。

图 18.1.4 控制手柄

图 18.1.5 仿真手套

（2）软件基础

① 渲染引擎。渲染引擎是虚拟现实软件的核心，负责生成逼真的三维场景和视觉效果。常用的渲染引擎有 Unity 和 Unreal Engine，提供了强大的图形处理能力和物理模拟功能，支持开发者创建复杂的虚拟环境。如图 18.1.6 所示，渲染引擎需要优化资源管理，确保高帧率输出，提升用户体验。

图 18.1.6 渲染引擎

② 物理模拟。物理模拟软件在虚拟现实中用于模拟现实世界的物理现象，如重力、碰撞和流体动力学。通过精确计算物体的运动和相互作用，增强虚拟环境的真实感。例如，在模拟建筑倒塌的场景中，物理模拟可以提供逼真的破坏效果。

③ 交互逻辑。交互逻辑软件负责处理用户输入和虚拟环境之间的交互，确保用户的操作能够得到及时和准确的反馈。需要考虑用户的行为习惯和预期反应，设计直观易用的交互方式。

④ 内容管理系统。内容管理系统用于组织和管理虚拟现实应用中的资源，如模型、纹理和音频文件。需要提供高效的资源加载和更新机制，确保虚拟现实体验的流畅性。通过内容管理系统，开发者可以方便地维护和更新虚拟现实应用，满足不断变化的用户需求。

 任务实施

1. 打开浏览器

在浏览器中搜索"河南博物院虚拟展厅"，搜索结果如图 18.1.7 所示。

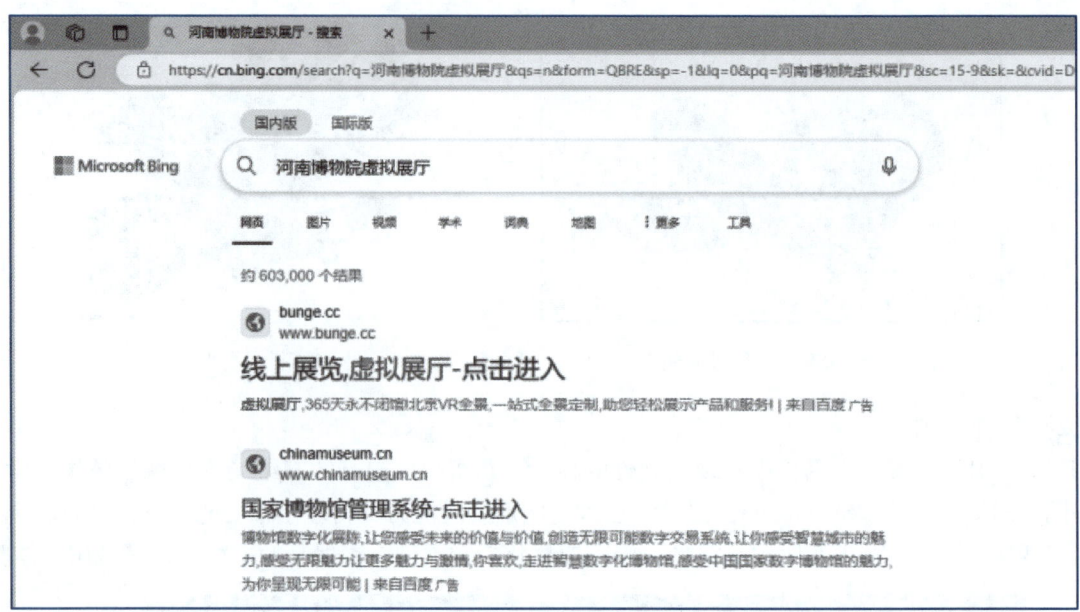

图 18.1.7　搜索"河南博物院虚拟展厅"结果

2. 访问官方网站

打开官方网站链接，可以看到不同主题的虚拟展厅，如图 18.1.8 所示。

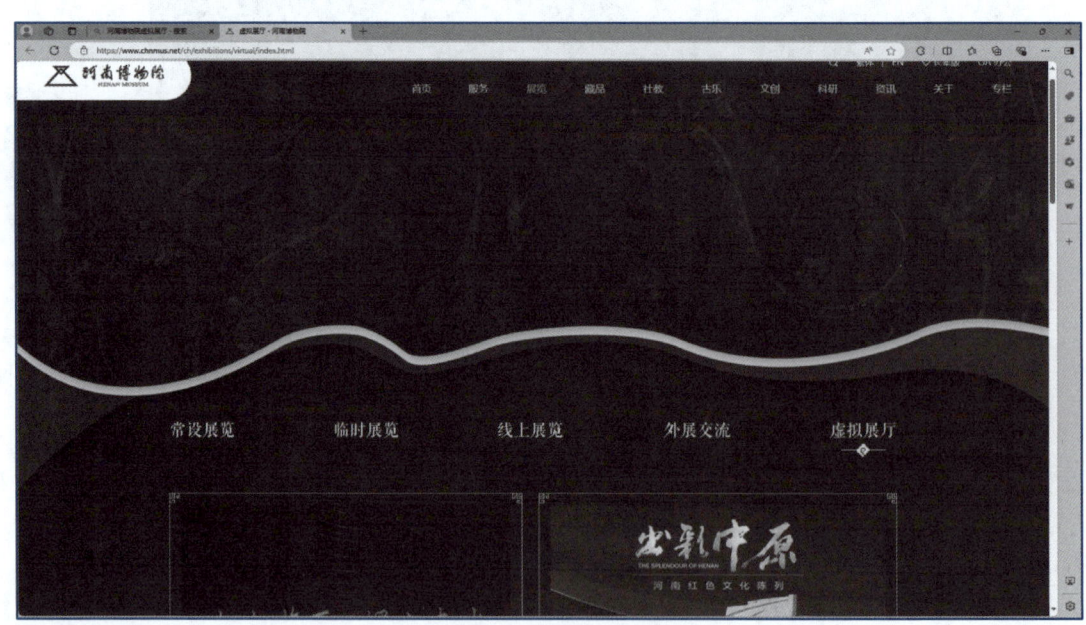

图 18.1.8　访问官方网站

3. 选择展厅

在虚拟展厅中选择感兴趣的展厅，如"泱泱华夏，择中建都"虚拟主题展厅。

4. 体验线上参观河南博物院

通过虚拟展厅进入河南博物院的虚拟环境，体验古代文明和历史文物展区。可以通过手柄选择感兴趣的展品，获取详细的文字和语音介绍。在历史文物展区，还可以近距离观察并模拟文物制作过程，提升对历史文化的理解，如图 18.1.9 所示。

教师可以在旁适时提供历史背景和文化知识的补充讲解，帮助同学们更好地理解每件文物的历史意义和艺术价值。

图 18.1.9　体验线上参观河南博物院

5. 互动体验与讨论

在参观过程中，可以与其他同学进行交流和讨论，分享各自的观察和感受。教师可以引导学生进行小组讨论，鼓励他们从不同角度思考和探讨历史文化问题。还可以通过设置了一些互动任务，如模拟考古挖掘、文物修复等，更深入地体验历史文化的魅力。

 任务评价

1. 自我评价

任 务 要 求	掌握的操作有	仍需加强的有	不理解的有
虚拟现实技术概述			
了解虚拟现实硬件			
理解虚拟现实软件基础			
在本次任务实施过程中，自我评价的结果	A. 优秀　　B. 良好	C. 仍需努力	D. 不清楚

2. 测试评价

虚拟现实技术允许用户通过视觉、听觉甚至触觉等多种感官进行交互，以下（　　）不是虚拟现实技术的特点。

A. 高分辨率显示屏　　B. 低延迟技术　　C. 单一感官交互　　D. 多感官交互

 任务拓展

在完成学习后，深入思考并记录一下自己的体验和感受。根据自己对下列问题的思考撰写心得体会：

① 通过这次任务，对虚拟现实技术有了哪些新的认识？它与传统的参观体验有何不同？

② 在 VR 环境中参观河南博物院，有哪些特别的感受？这种沉浸式体验是否对历史文化有了更深的理解？

微课 18-2

VR 制作：介绍我的母校

任务 18.2　VR 制作：介绍我的母校

 任务简介

郑小安有机会参与一项特别的项目——利用虚拟现实技术介绍自己的母校。该任务不仅让他能够展示学校的美丽校园和丰富的教育资源，还能锻炼他在虚拟现实应用开发方面的技能。通过本任务，郑小安将学习如何使用专业的虚拟现实开发工具，从基础的模型制作到复杂的场景设计。他将深入了解虚拟现实应用的开发流程，掌握必要的技术，如 3D 建模、场景渲染和用户交互设计。

 知识准备

1. 虚拟现实应用开发流程和工具

（1）开发流程概述

① 需求分析。在虚拟现实应用开发的初始阶段，需求分析是关键步骤。开发者需要明确应用的目标用户、功能需求和预期效果。

② 设计阶段。设计阶段包括概念设计、界面设计和交互设计。概念设计定义了应用的基本框架和功能模块；界面设计关注用户界面的布局和视觉元素；交互设计则关注用户与应用之间的交互逻辑。

③ 实现与开发。在这个阶段，开发者将根据设计文档使用编程语言和开发工具实现应用的功能。其涉及编写代码、集成第三方库和调试程序，确保应用的稳定性和性能。开发者需要不断测试和优化代码，解决开发过程中遇到的问题。

④ 测试与评估。开发完成后，应用需要经过严格的测试和评估，以确保其满足设计要求和用户需求。测试与评估包括功能测试、性能测试和用户体验测试。测试结果将指导开发者进行必要的调整和优化。

（2）开发工具介绍

① 3D 建模工具。虚拟现实应用通常需要复杂的三维模型来构建虚拟环境。3D 建模工具如 Blender、Maya 和 3ds Max 是常用的选择。3D 建模工具允许开发者创建和编辑三维模型，并导入到虚拟现实应用中，如图 18.2.1 所示。

图 18.2.1　Maya 软件界面

② 渲染引擎。渲染引擎如 Unity 和 Unreal Engine 是虚拟现实应用开发的核心。它们提供了强大的图形处理能力和物理模拟功能，支持开发者创建逼真的虚拟场景，如图 18.2.2 所示。

图 18.2.2　Unity 软件界面

③ 交互设计工具。为了实现用户与虚拟环境的自然交互，开发者需要使用交互设计工具来设计和实现交互逻辑。如 Unity 的 Input System 和 Unreal Engine 的蓝图系统，提供了直观的界面来设置用户输入和应用响应，如图 18.2.3 所示。

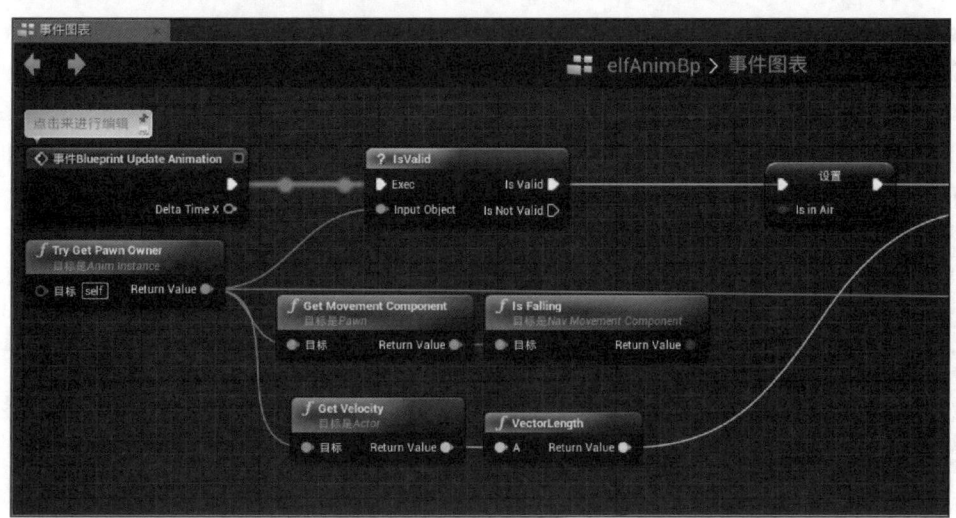

图 18.2.3　交互设计工具

④ 内容管理系统。虚拟现实应用中往往包含大量的资源，如模型、纹理和音频文件。内容管理系统如 Unity 的 Asset Bundles 和 Unreal Engine 的 Content Browser，帮助开发者高效地组织和管理这些资源。

2. 模型制作

（1）模型制作基础

① 概念定义。在模型制作之前，首先需要明确模型的目的和用途。这涉及对模型的尺寸、比例和功能进行预设。

② 选择建模软件。选择合适的 3D 建模软件是关键步骤，常用的软件包括 Blender、Maya、

273

3ds Max 等。选择建模软件时需要考虑软件的功能、易用性和与渲染引擎的兼容性。如图 18.2.4 所示，Blender 是一款功能强大的开源 3D 建模软件，广泛应用于虚拟现实模型制作。

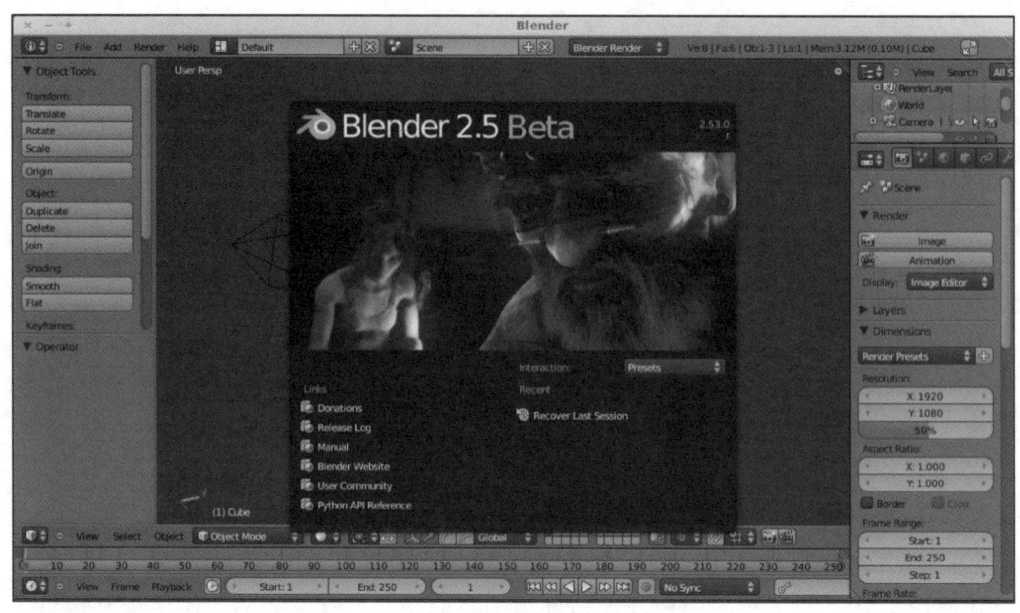

图 18.2.4　Blender 软件界面

③ 基本建模操作。在 3D 建模软件中，进行基本的建模操作，如创建几何体、编辑顶点、边和面。基本建模操作是构建模型的基础，需要掌握各种建模工具和技巧。例如，使用挤出工具创建墙体，或使用旋转工具生成圆柱体。

（2）高级建模技术。

① 多边形建模。多边形建模是一种常用的建模技术，通过编辑多边形的顶点、边和面来细化模型的细节。其允许更灵活地控制模型的形状和细节，适合创建复杂的几何形状。如图 18.2.5 所示，通过多边形建模可以创建具有复杂细节的造型。

② 材质和纹理应用。为模型添加材质和纹理是提升视觉效果的重要步骤。材质定义了模型表面的物理属性，如反射率和粗糙度；纹理则提供了表面的细节和颜色。

③ 细节增强。细节增强包括添加额外的装饰元素、调整模型的比例和优化模型的拓扑结构。

④ 模型优化。在模型制作完成后，进行模型优化是确保其在虚拟现实环境中表现良好的关键步骤。模型优化包括减少多边形数量、优化纹理分辨率和调整模型的细节级别（Levels of Detail，LOD）。如图 18.2.6 所示，通过模型优化可以减少渲染负担，提高虚拟现实应用的流畅度。

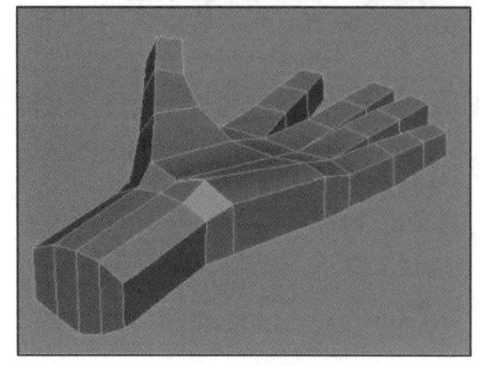

图 18.2.5　手部造型建模

图 18.2.6　模型优化后

任务实施

1. 拍摄准备

在手机的应用商店中下载安装如视 VR 全景拍摄软件,如图 18.2.7 所示。

2. 开始采集

打开如视 VR,点击下方"开始采集"按钮,如图 18.2.8 所示。

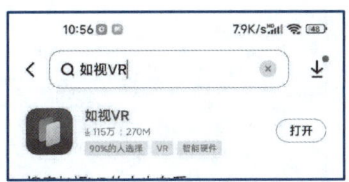

图 18.2.7　软件下载

图 18.2.8　开始采集

按照中间文本指示及右上角动画演示进行拍照采集,共 20 张照片,如图 18.2.9 所示。采集完成后,软件自动合成采集的照片并生成全景照片,稍等一段时间。

3. 编辑与调整

编辑全景照片的基本信息,可以修改名称、介绍、地址等信息,如图 18.2.10 所示。再更改照片界面展示效果,如切换初始视角,添加入场动画、背景音乐等,如图 18.2.11 所示。

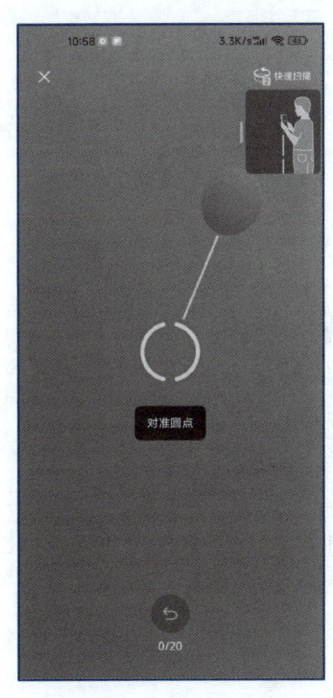

图 18.2.9　采集照片

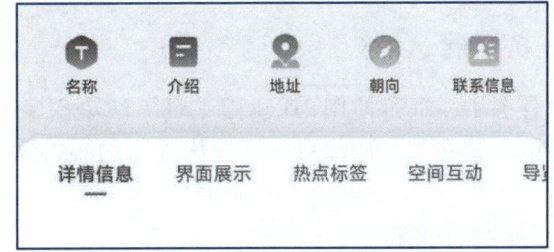

图 18.2.10　编辑基本信息

4. VR 体验测试

全景照片编辑好后,可以点击右上角的"完成"按钮分享给同学,如图 18.2.12 所示。邀请同学体验你制作好的 VR 全景照片,确保其流畅性和互动性。

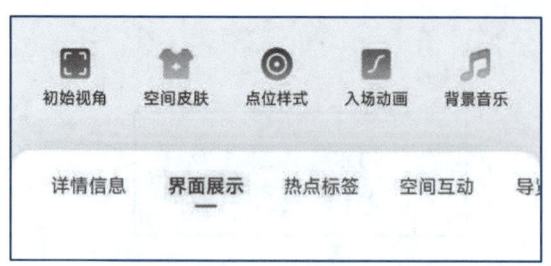

图 18.2.11 调整界面展示

图 18.2.12 分享给同学

 任务评价

1. 自我评价

任 务 要 求	掌握的操作有	仍需加强的有	不理解的有
认识虚拟现实应用开发流程和工具			
了解模型制作			
VR 制作：介绍我的母校			
在本次任务实施过程中，自我评价的结果	A. 优秀　　B. 良好　　C. 仍需努力　　D. 不清楚		

2. 测试评价

① 在虚拟现实应用开发中，需求分析的主要目的是（　　）。

A. 确定应用的目标用户和功能需求　　　　B. 选择适合的 3D 建模软件

C. 设计用户界面的布局　　　　　　　　　D. 编写代码实现应用功能

② 在虚拟现实应用的设计阶段，以下（　　）不是设计阶段的组成部分。

A. 概念设计　　　　B. 界面设计　　　　C. 编写代码　　　　D. 交互设计

 任务拓展

在本任务中，通过使用 3D 建模工具、渲染引擎和交互设计工具，掌握了将创意转化为虚拟现实体验的关键技能。请你写下这段旅程中的心得体会，并与同学分享项目过程中的成长和收获。

 ## 项目小结

任务 18.1　VR 体验：参观河南博物院

① 学会了虚拟现实技术的基础知识，包括其定义、发展历程以及在文化教育中的应用。

② 熟悉了虚拟现实硬件与软件的构成，理解了头戴显示器、传感器、输入设备和音频输出设备在 VR 体验中的作用。

③ 掌握了虚拟现实体验的基本操作，通过实际操作体验了河南博物院的虚拟参观，增强了对历史文化的认识。

任务 18.2　VR 制作：介绍我的母校

① 学会了虚拟现实应用的开发流程，从需求分析到设计、实现与开发，再到测试与评估，全面了解了 VR 应用的制作过程。

② 熟悉了虚拟现实开发工具的使用，包括 3D 建模工具、渲染引擎、交互设计工具和内容管理系统，这些工具为创建高质量的 VR 体验提供了支持。

③ 掌握了模型制作的技巧，通过实际操作学会了概念定义、选择建模软件、进行基本建模操作以及高级建模技术，提升了在虚拟现实环境中构建复杂模型的能力。

 # 项目实训

实训任务单

实 训 任 务	18-介绍我的母校
任务名称	使用 Maya 制作：学校名称 3D 建模
实训目标	1. 掌握使用 Maya 模型制作的基本使用技能。 2. 深入了解虚拟现实在教育和文化传播中的应用
任务描述	通过 3D 建模软件技术，制作一个母校名称的 3D 模型
实训要求	1. 认真完成实训任务，确保母校名称 3D 效果逼真、视觉效果良好。 2. 按时提交项目方案和最终成果，并接受评审和指导
实训成果示例	活动背景： 随着虚拟现实技术的不断发展，其在教育领域的应用越来越广泛。为了更好地展示母校的风采，计划制作一个简单的 3D 建模，让学生能够通过实操基本掌握 3D 建模软件的使用技能。 活动目标： 1. 提高学生对母校的认识和了解。 2. 展示母校的历史、建筑和文化特色
实训步骤	需求分析： 确定 3D 建模的目标用户和功能需求。 设计应用的基本框架和功能模块。 设计阶段： 进行概念设计，绘制草图或使用 3D 软件创建初步的模型布局 …… （请按照实际操作填写实训步骤）
实训心得	
小组评价	
教师评价	

▮▮参考文献

［1］ 肖正兴，聂哲，王铮钧，等．人工智能应用基础［M］．北京：高等教育出版社，2019.

［2］ 眭碧霞．信息技术基础（WPS Office）［M］．2版．北京：高等教育出版社，2021.

［3］ 陈驰，于晶，马红霞．云计算安全［M］．北京：电子工业出版社，2020.

［4］ 张雪萍，唐万梅，景雪琴．Python 程序设计［M］．北京：电子工业出版社，2019.

［5］ 宗平，秦军．物联网技术与应用［M］．北京：电子工业出版社，2021.

［6］ 岳广鹏．人机交互变革时代［M］．北京：新华出版社，2021.

［7］ 杨耿，李钦，谭旭．人工智能综合应用开发实战［M］．北京：高等教育出版社，2023.

［8］ 朱戈，黄锐，蒋莉珍．基于虚幻引擎的桂林博物馆交互展示设计研究［J］．桂林航天工业学院学报，2024，29（1）：108-115.

郑重声明

高等教育出版社依法对本书享有专有出版权。任何未经许可的复制、销售行为均违反《中华人民共和国著作权法》，其行为人将承担相应的民事责任和行政责任；构成犯罪的，将被依法追究刑事责任。为了维护市场秩序，保护读者的合法权益，避免读者误用盗版书造成不良后果，我社将配合行政执法部门和司法机关对违法犯罪的单位和个人进行严厉打击。社会各界人士如发现上述侵权行为，希望及时举报，我社将奖励举报有功人员。

反盗版举报电话　（010）58581999　58582371
反盗版举报邮箱　dd@hep.com.cn
通信地址　北京市西城区德外大街 4 号
　　　　　高等教育出版社知识产权与法律事务部
邮政编码　100120

读者意见反馈

为收集对教材的意见建议，进一步完善教材编写并做好服务工作，读者可将对本教材的意见建议通过如下渠道反馈至我社。

咨询电话　400-810-0598
反馈邮箱　gjdzfwb@pub.hep.cn
通信地址　北京市朝阳区惠新东街 4 号富盛大厦 1 座
　　　　　高等教育出版社总编辑办公室
邮政编码　100029

资源获取说明

授课教师如需获得本书配套教辅资源，请登录"高等教育出版社产品信息检索系统"（xuanshu.hep.com.cn）搜索下载。首次使用本系统的用户，请先进行注册并完成教师资格认证。